Hanspeter Ricklin

REGRESSIONS HYPNOSE

Probleme aufdecken und auflösen,
Situationen neu bewerten

Mit über
100 Seiten
Tipps für den
Praxisalltag

INHALTSVERZEICHNIS

–

VORWORT

–

Eines Abends im Ohrensessel …

Wie, noch ein Buch über Hypnose? Gibt es davon nicht schon genug? Ist nicht längst alles gesagt? Ich gebe zu, dass diese Fragen nur allzu berechtigt sind. Auch ich stelle sie mir bisweilen, wenn ich auf ein neues Literaturwerk über Hypnosetherapie stoße. Als das Lesen eines solchen mich mal wieder etwas desillusioniert von meinem Ohrensessel aufstehen ließ, hatte ich genug. Ich fragte mich, warum es eigentlich praktisch keine Fachbücher über die von mir seit vielen Jahren praktizierte, aufdeckende und auflösende Regressionshypnose gibt. Am Thema kann das nicht liegen, denn dieses moderne Hypnose-Verfahren ist hoch effizient und folgt einem einfachen Workflow. Ich beschloss daher, die Sache selbst in die Hand zu nehmen; all das, was die aufdeckende und auflösende Hypnose wirklich ist und kann, in einem gut lesbaren, ebenso fachlich fundierten wie verständlichen und unterhaltsamen Buch abzubilden, das gleichzeitig auch spannend ist. Denn Hypnose wirkt nicht nur auf einfache und effektive Weise, sondern sie bringt uns auch an längst vergessene Orte oder zu verdrängten Ereignissen in der Kindheit zurück. Und sie kann, richtig angewendet, das Leben nachhaltig positiv verändern. Wie ich das gemeinsam mit meinen Klienten hinbekomme, werde ich Ihnen in diesem Buch anschaulich schildern.

Als das Lesen eines neuen Literaturwerks über Hypnosetherapie mich mal wieder desillusioniert von meinem Ohrensessel aufstehen ließ, hatte ich genug.

Die Idee, selbst ein Buch über Hypnose herauszugeben, hatte ich freilich nicht erst an jenem Abend im Ohrensessel. Es hatte bis dahin vielleicht einfach nur der Zündfunke gefehlt – und ein geeigneter Autor, der mich dabei unterstützen könnte. Diesen fand ich in dem Journalisten Michael Gänzler, der sich seit einigen Jahren mit dem Thema Hypnose beschäftigt, also das nötige Expertenwissen mitbrachte. Freilich war die ursprüngliche Idee für das Buch eine andere. Denn seit Jahren arbeite ich mit meiner Methode der aufdeckenden Hypnose erfolgreich unter anderem auch mit Menschen, die mit der Diagnose Burnout in verschiedensten Therapien stecken. Nie hatte ich jedoch einen Fall mit der Diagnose „Burnout“, bei dem tatsächlich zu viel Arbeit Ursache war. Man brennt nicht durch die Arbeit aus, sondern weil man mit der Umgebung, dem Chef, der Art der Tätigkeit und

Freilich war die ursprüngliche Idee für das Buch eine andere.

wie sie auszuführen ist oder mit dem Anspruch an sich selbst nicht zurechtkommt. Auch das Festhalten an einer Beziehung mit dem falschen Menschen oder falsch verstandene Höflichkeit, die zu häufigen, überfordernden Gefälligkeiten führt, können Burnout-Verursacher sein. Die wahren Ursachen von Burnout – Anker beziehungsweise Trigger aus der Jugend sowie die Ängste, die dahinter stecken: Darüber wollte ich ursprünglich also schreiben.

Darüber wollte ich ursprünglich schreiben: die wahren Ursachen von Burnout – Anker beziehungsweise Trigger aus der Jugend sowie die Ängste, die dahinter stecken.

Konkret reifte der Plan, unter die Buchautoren zu gehen, letztendlich, als meine Frau mir über die Weiterbildung zum Thema Burnout berichtete, an der sie von Berufs wegen teilgenommen hatte. Sie arbeitet in einem Altersheim. Der Dozent hatte den Teilnehmern dem Bericht meiner Frau zufolge erklärt, dass Burnout durch Überforderung entstehe und man sich zu wenig Pausen gönne. Man habe angesichts der herrschenden Arbeitsbedingungen, Vorgaben und Anforderungen in diesem Beruf aber praktisch keine Chance, auf sich selber zu schauen. Und wer im Burnout drin stecke, der komme da selber nicht mehr raus. Es helfe nur sich abzugrenzen. Wie dies konkret gelingen kann, hatte der Vortragende auf Nachfrage einer Teilnehmerin allerdings nicht sagen können.[1] Meine Frau war deshalb sehr frustriert von der Weiterbildung nach Hause gekommen. Diese sei „sehr informativ, aber ohne praktischen Wert" gewesen.

Ich nahm mir vor, diesen praktischen Wert zu liefern. Mit dem vorliegenden Buch ist es soweit. Freilich geht es in diesem nicht speziell um Burnout. Ich habe sehr schnell gemerkt, dass eine solche Einengung des Blickwinkels der aufdeckenden, auflösenden Regressionshypnose nicht gerecht würde. Sie ist, wie wir noch sehen werden, eine universell einsetzbare Methode. Daher wollte ich einen Schritt weitergehen und aufzeigen, was alles möglich ist. Dass ein Lehrbuch über meine Art zu hypnotisieren entstehen würde, ahnte ich zu Beginn des Projektes nicht. Für was Frust und Langeweile im Ohrensessel doch gut sein können ...

Ich wollte einen Schritt weitergehen und aufzeigen, was alles möglich ist.

---

1) Mehr zu Burnout und Hypnose s. Pkt. 1.9.1.7, S. 171

Hypnose: Ein schlafender Hund?

Noch ein Buch über Hypnose also. Denn es ist noch längst nicht alles gesagt. Und wir alle, die wir uns mit Hypnose beschäftigen, Hypnose bei uns selbst oder anderen Menschen anwenden und für die diese wunderbare Therapieform zu praktizieren vielleicht sogar Berufung ist, haben noch viel zu tun. Das Berufsfeld beziehungsweise der Markt für Hypnosetherapien ist, gelinde gesagt, stark ausbaufähig, denn die Menschen schlucken Tabletten wie die Wahnsinnigen: Die Pharmaindustrie setzte laut des Branchendienstes IQVIA im Jahr 2017 allein in Deutschland rund 41,5 Milliarden Euro um. Sie erwirtschaftet damit dem Statistischen Bundesamt zufolge fast ein Prozent der Bruttowertschöpfung. Die Menschen in diesem Land geben pro Kopf fast 575 Euro pro Jahr für Arzneimittel aus. Eine Hypnosetherapie kostet in der Regel weniger – und die Ausgabe fällt nur einmal an. Weltweit betrachtet, ist der Pharmamarkt sogar ein Billionengeschäft. Dazu noch eine Zahl: Ein mit Experten des Gesundheitsministeriums, des Versicherungsamtes und der gesetzlichen Krankenkassen besetzter Schätzerkreis prognostizierte für das Jahr 2018 Ausgaben im deutschen Gesundheitswesen in Höhe von rund 236,4 Milliarden Euro – eine Steigerung um noch einmal zehn Milliarden Euro gegenüber dem Jahr zuvor.[2)] Viele dieser Milliarden könnten eingespart werden, wenn man die gesundheitlichen Probleme der Menschen an der Wurzel behandeln würde, statt nur die Symptome zu kurieren. So verweist etwa Rainer Schäfert, Chefarzt Psychosomatik an der Universitätsklinik Basel, darauf, dass eine Behandlung in Hypnose die Nebenwirkungen medikamentöser Therapien vermeidet, selbst aber keine Nebenwirkungen hat: „Hypnose kann dabei helfen, Kosten einzusparen." (Schäfert)[3)].

Die Menschen in Deutschland geben pro Kopf fast 575 Euro pro Jahr für Arzneimittel aus.

Bei den Menschen ist diese Botschaft aber noch nicht angekommen: Laut einer Umfrage des Online-Netzwerkes Statista vom Oktober 2016[4)] kennt die Hälfte der 18-

Die Botschaft, dass eine Hypnosetherapie keine Nebenwirkungen wie Tabletten hat und Kosten sparen kann, ist bei den Menschen noch nicht angekommen.

2) https://de.statista.com/statistik/daten/studie/73331/umfrage/einschaetzung-der-einnahmen-und-ausgaben-der-gkv/
3) Zitat in: https://www.watson.ch/schweiz/gesundheit/379330591-hypnose-ist-in-schweizer-spitaelern-auf-dem-vormarsch-und-soll-sogar-die-kosten-senken
4) https://de.statista.com/statistik/daten/studie/630941/umfrage/umfrage-zur-nutzung-von-hypnose-behandlungen-in-deutschland-nach-altersgruppen/

bis 29-Jährigen in Deutschland den Begriff Hypnose nicht, interessiert sich nicht dafür oder lehnt eine Hypnosetherapie rundweg ab. Lediglich vier Prozent haben es schon einmal mit einer solchen versucht. Immerhin 45 Prozent der Befragten gaben an, sich eine Hypnosetherapie als Möglichkeit vorstellen zu können. Ein Prozent geht sogar regelmäßig zur Hypnose. Wie bitte, regelmäßig zur Hypnose? Sehr erstaunlich! Wer das muss, sollte über einen Wechsel des Therapeuten nachdenken, denn dieses Therapieverfahren ist kein Perpetuum mobile. Im Idealfall, der eher Regel als Ausnahme ist, sollte das Problem, weswegen Menschen zu mir in die Praxis kommen, in maximal drei bis vier Sitzungen aufgelöst sein. Ich werde Ihnen in diesem Buch zeigen, dass das kein Hexenwerk ist.

Wie bitte, regelmäßig zur Hypnose? Sehr erstaunlich!

Hypnose in den Medien: Alles fake news?

Wenig erstaunlich also, dass sich in einem so großen Bereich des Nichtwissens Vorurteile, falsche Vorstellungen und fake news über Hypnose hartnäckig halten können. Wenn ich gelegentlich die aktuellen News-Beiträge über Hypnose überfliege, die mir die Internet-Suchmaschine Google anzeigt, stehen mir bisweilen die noch vorhandenen Haare meilenweit zu Berge. Da betitelte zum Beispiel der Autor eines Berichts über die Pläne, mit denen der deutsche Autozulieferer Bosch den Nutzern von Elektrofahrzeugen die Angst davor nehmen will, mangels Reichweite auf offener Straße stehen zu bleiben, doch glatt mit der Frage: „Mehr Hypnose als Therapie?“[5]

Bei den aktuellen News-Beiträgen über Hypnose, die mir Google anzeigt, stehen mir bisweilen die noch vorhandenen Haare meilenweit zu Berge.

Ich fragte mich verwirrt, was diese denn nun mit dem Thema zu tun hat, außer, dass Menschen mit Hilfe einer Hypnosetherapie Ängste besiegen können – und warum der Autor zwischen Hypnose und Therapie trennt, schließlich **ist** die Hypnose eine Therapie. Die Antwort sollte

---

5) https://www.n–tv.de/auto/Bosch-Programm-gegen-die-Strom-Angst-article20308034.html

ich erst im letzten Absatz zu lesen bekommen und sie zeigte erschreckendes Nichtwissen. Dort heißt es (inklusive Rechtschreibfehlern): „Was das System aber nach wie vor nicht kann ist die Reichweite der Akkumulatoren verlängern oder die Wartezeiten an den Ladestopps verkürzen. Insofern ist die Bosch-Psycho-Couch mehr Hypnose als Therapie in Bezug auf die Elektromobilität." Ein völlig verunglücktes Bild! Der Satz zeigt zudem, wie tief verankert das Vorurteil von der Hypnose als Psycho-Blendwerk ist.

Dass Hypnose in den Mainstream-Medien meist nur für spektakuläre Schlagzeilen gut ist und dort häufig in einen alternativlos falschen Zusammenhang gestellt wird, zeigt auch das Pech einer Frau aus dem Schweizer Ort Küssnacht (Kanton Schwyz). Sie hob auf Anweisung eines ihr eigentlich unbekannten Mannes 900 Franken von ihrem Konto ab und übergab ihm diese, ohne sich hernach daran erinnern zu können. Polizei und Medien vermuten dahinter eine neue Betrugsmasche, bei der die Täter ihre meist weiblichen Opfer hypnotisieren würden.[6] Tatsächlich reden sie auf die Frauen ein, bringen sie zum Lachen, hängen ihnen eine Kette um und legen ihnen einen Ring an.

Hypnose ist in den Mainstream-Medien meist nur für spektakuläre Schlagzeilen gut.

Ich halte diese These der Ermittler für irreführend und unverantwortlich. Meine Vermutung ist, dass der Täter einfache Verwirrungstechniken und NLP nutzte oder die Frau schlicht übertölpelte, um sie zum Abheben des Geldes zu bringen. Hypnose wird hier nur als Vorwand oder Ausrede benutzt.[7]

Solche und ähnliche Berichte zeigen, dass es tatsächlich noch viel zu tun gibt für alle, denen das Therapieverfahren Hypnose am Herzen liegt, weil man die Menschen damit von Grund auf und nachhaltig von ihrem Leiden befreien kann. Dieses Buch will dazu einen wertvollen Beitrag leisten. Es ist ebenso Lehrbuch wie unterhaltender, verständlicher, informativer Lesestoff. Ich richte mich vor

Es ist ebenso Lehrbuch wie unterhaltender, verständlicher, informativer Lesestoff.

6) http://www.20min.ch/schweiz/zentralschweiz/story/900-Franken-weg---stand-Opfer-unter-Hypnose--30677029
7) Dazu gibt es einige schöne Videos von Derren Brown, zum Beispiel dieses: https://youtu.be/DR4y5iX4uRY

Nicht zuletzt gibt dieses Buch interessierten Laien hilfreiche und wertvolle Informationen über die älteste und effektivste Methode, Menschen zu helfen.

allem an angehende und praktizierende Hypnosetherapeuten, die sich in aufdeckender/-lösender Regressionshypnose weiterbilden möchten. Es wird also durchaus etwas Vorwissen vorausgesetzt. Für viele Hypnosetherapeuten ist dies eine ganz neue Technik, für andere lediglich eine Variante oder eine Vertiefung. In jedem Fall lässt sich die Methode problemlos und hervorragend mit allen mir bekannten Hypnosetechniken kombinieren. Das Buch eignet sich meiner Meinung nach aber auch sehr gut für Psychotherapeuten und Psychiater, die zusätzlich Hypnose anbieten oder sich einfach informieren möchten. Nicht zuletzt gibt es interessierten Laien hilfreiche und wertvolle Informationen über die älteste und effektivste Methode, Menschen ein beschwerdefreies, glückliches und erfolgreiches Leben zu ermöglichen.

Also: Steigen Sie mit mir in den Fahrstuhl zur Seele. Erhalten Sie Einblicke in die unermesslichen Tiefen des menschlichen Unterbewusstseins. Erfahren Sie von spannenden success stories aus meiner Praxis. Ich gewähre Ihnen in diesem Buch zudem detaillierte Einblicke in meine Arbeitsweise. Das macht dieses Buch auch zu einem für den Praxisalltag tauglichen Manual, zu einem Coach. Sie können dieses Buch in einem Rutsch durchlesen und/oder ihm als Nachschlagewerk einen Platz in Ihrem Regal geben.

Und wenn Sie nach dem Lesen dieses Buches Bescheid wissen und Ihr neu erworbenes Wissen anwenden, dann bleiben Sie dabei unbedingt sich selbst. Nutzen Sie Ihre Techniken und kombinieren Sie diese. Denken Sie daran: Unser Ziel ist immer, dem Klienten einfach, schnell und sicher zu helfen.

Viel Spaß beim Lesen wünscht Ihnen

Ihr Hanspeter Ricklin

MEINE BERUFUNG

–

Am Anfang war der Krebs: Warum ich Hypnosetherapeut wurde

Ich wurde 1954 geboren, bin glücklich verheiratet und habe vier, mittlerweile erwachsene Kinder. Meine berufliche Laufbahn begann ich als internationaler Oiltrader in der Schweizer Stadt Zug und wechselte anschließend – genau rechtzeitig – in die aufstrebende Informatikbranche. Dort war ich in den verschiedensten Positionen tätig, unter anderem als Geschäftsführer, Inhaber und Verwaltungsrat. Seit dem Jahr 2008 konzentriere ich mich aber komplett auf die faszinierende Welt der Hypnose, nachdem ich davor NLP und Hypnosen nur als Hobby gemacht hatte. Deren immense Möglichkeiten, der Spaß daran, mit Menschen zu arbeiten, und der unglaubliche Erfolg, der mir diese Therapie-Art bescherte, bestätigt meine Entscheidung jeden Tag aufs Neue und lässt mich seitdem nicht mehr über Alternativen nachdenken: Ich habe mein Hobby zum Beruf gemacht und damit meine Berufung gefunden. Dadurch konnte ich bis dato bereits Tausende von Menschen mit den verschiedensten Problemen durch Hypnose von ihrem Leiden dauerhaft befreien.

Der Teenager, der hypnotisieren wollte

Dabei kam ich bereits im jugendlichen Alter von 14 Jahren erstmals mit Hypnose in Kontakt. Während dieser Zeit ging ich auf ein katholisches Internat, und eines Tages führte uns ein Showhypnotiseur sein Können vor. Ich war derart beeindruckt von den außerordentlichen Möglichkeiten, dass mich die Hypnose seither nie mehr ganz losließ. Zirka 18-jährig, kaufte ich zum ersten Mal ein Buch zum Thema Hypnose und wollte mich ernsthaft mit Hypnose und dem Beruf des Therapeuten beschäftigen. Doch selbst fünf Jahre später, als ich lernen wollte, Hypnose praktisch anzuwenden, war das nach Ansicht der Ausbilder noch zu früh. Sie empfahlen mir, mich in fünfzehn Jahren nochmals zu melden. Heute – viele Jahre später und mit reichlich Wissen und einer umfangreichen Lebenserfahrung – verstehe ich deren damalige Entscheidung sehr gut. Damals war ich freilich und natürlich tief enttäuscht, denn mir fiel kein Grund ein, warum ich nicht sofort mit der Hypnoseausbildung hätte beginnen können. Erst im Rückblick des weisen Mannes bin ich mir der Tragweite des damaligen Ratschlags bewusst.

Crash durch Krebs: Die Wiederentdeckung der Hypnose

Gezwungenermaßen habe ich mich in jenen Tagen anderen beruflichen Herausforderungen gewidmet. Das war okay, doch verlor ich durch den Erfolg im Berufsleben das Thema Hypnose leider viel zu lange aus dem Blick. NLP begleitete mich und immer wieder Sachbücher zum Thema Hypnose. Erst als mein beruflicher Erfolg unsanft durch eine Krankheitsdiagnose (CLL, also Blutkrebs) unterbrochen wurde, erinnerte ich mich wieder an die alte Liebe des Teenagers: die tollen Möglichkeiten der Hypnose. Ich suchte einige Hypnosetherapeuten auf und absolvierte verschiedene -ausbildungen diverser Richtungen. Dadurch erhielt ich einen umfassenden Einblick in die meisten Methoden und entschied mich für die aus meiner Sicht effektivste: die Regression, also aufdeckende und auflösende Hypnosetherapie nach Dave Elman, Gerald F. Kein (OMNI) und Cal Banyan. Es folgten fortlaufend mittlerweile über 50 Aus- und Weiterbildungen. Dabei habe ich mich immer mehr spezialisiert, denn die Wissenschaft kennt keine Pause. Quasi im Tagesrhythmus kommt die Gehirn- und Bewusstseinsforschung zu neuen Erkenntnissen. Deshalb bilde ich mich selbst heute noch permanent weiter und besuche nach Möglichkeit jedes Jahr einen Hypnosekongress. Außerdem war ich Mitbegründer und Co-Organisator des Hypnosekongresses in Zürich.

Bitte beachten Sie:

Die Hypnosetherapie kann den Besuch in der Arztpraxis nicht ersetzen.

Sie ist eine Hilfe zur Selbsthilfe und ohne Gewähr oder Garantie. Das sollten Sie Ihren Klienten von Anfang an klarmachen. Körperliche und psychische Krankheiten sind vor der Sitzung unbedingt abzuklären. Gegebenenfalls ist Rücksprache mit einem Facharzt zu halten. Hypnosetherapeuten erstellen auch keine Diagnosen. Dies obliegt ausschließlich Ärzten.

1.

DEFINITION UND FUNKTIONSWEISE

„Auf dem Gebiet der Hypnose ist Glaubwürdigkeit die Währung."

Dave Elman

1.1 Hypnose:

Einfach anzuwenden, schwer zu beschreiben

- Keine allgemeingültige, wissenschaftliche Definition
- Brücke zwischen Medizin und Psychotherapie/Psychologie
- mediale Desinformation

- **Was Hypnose nicht ist:**

✗ Schlaf, Bewusstlosigkeit
✗ Manipulation, totale Kontrolle, Willensbrecher
✗ Ausschalten des Denkens
✗ Ohnmacht
✗ Magie, billiger Trick
✗ Persönlichkeitsveränderung
✗ reine Entspannung

- **Was Hypnose ist:**

✓ ältestes Heilverfahren und natürlichster Zustand der Welt
✓ Selbsthypnose und Hilfe zur Selbsthilfe
✓ positive Neubewertung belastender Ereignisse
✓ Pause des Verstandes: Gehirn lässt Unterbewusstsein den Vortritt
✓ starke Fokussierung
✓ bewusste Entscheidung für Veränderung

Weiter auf der nächsten Seite »

✓ Vorstellungskraft und Fantasie werden gesteigert. Beide sind Spezialgebiete des Unterbewusstseins.
✓ Lupe fürs Innere: Nach-innen-Denken; das Zu-sich-selbst-Kommen ermöglicht; Rückkehr zu uns selbst
✓ erhöhte Suggestibilität; macht dadurch Veränderungen von Glaubenssätzen oder negativen Emotionen möglich
✓ sowohl tranceartiger Zustand als auch die Einleitung desselben zur Hypno(se)therapie
✓ Umgehung des kritischen Faktors des Bewusstseins, um akzeptables Denken zu etablieren

• **Kennzeichen:**
✓ Aufmerksamkeit und Konzentration deutlich erhöht
✓ starke Fokussierung auf die Worte des Therapeuten, ein Thema, einen Gedanken oder einen Zustand
✓ tiefe Entspannung bei gleichzeitiger starker Anspannung
✓ ermöglicht es, an jeden Moment oder Zeitpunkt seines Lebens zurückzugehen[8], auch zu jenen Ereignissen, die die Traumata auslösten. Diese werden mit allen Ängsten und Schmerzen neu durchlebt (Abreaktion) und anschließend durch eine Neubewertung „entdramatisiert" beziehungsweise neutralisiert.

• **Meine Thesen:**
✓ Hypnose aktiviert die inneren Selbstheilungskräfte.
✓ „Das Irrationale muss ins Rationale": Der Veränderungsprozess, den die Hypnose anstößt, geht zwar am Ende vom Bewusstsein aus, muss zuvor aber vom Unterbewusstsein akzeptiert werden und aus diesem heraus stattfinden.
✓ Hypnose vermittelt Veränderungskompetenz. Ergebnis ist ein system change, der ausschließlich auf der Verstandesebene nicht möglich wäre.
✓ Nach der Hypnosetherapie können Menschen endlich ihr eigenes Leben leben.

8) Das funktioniert allerdings nicht bei allen Menschen gleich gut.

1.1.1 Therapie im Grenzbereich: Hypnose als interdisziplinäre Brücke

Wie viele unterschiedliche Definitionen von Hypnose haben Sie schon gelesen oder mussten Sie in Seminaren beziehungsweise Ausbildungen lernen? Ich habe irgendwann einmal aufgehört zu zählen. Wenn ich gefragt werde, wie ich Hypnose definiere, erzähle ich gerne den zugegebenermaßen alten Witz vom Doktor und seinen Befunden: „Wenn du zu drei Ärzten gehst, erhältst du vier verschiedene Diagnosen." Fast scheint es so, als gelte bei der Erklärung des Begriffs Hypnose das Pippi-Langstrumpf-Prinzip: „Ich mache mir die Welt, widewide wie sie mir gefällt." Das hat im Wesentlichen zwei Gründe. Zum einen gibt es innerhalb der Hypnosetherapeuten-Branche verschiedene Richtungen beziehungsweise Schulen. Jede hat ihre eigene Herangehens- und Arbeitsweise – und damit auch eine eigene Sichtweise von Hypnose. Auf einige dieser Definitionen werde ich weiter unten noch näher eingehen.[9)]

Zum anderen sind die diversen unterschiedlichen Definitionen Ausdruck verständlicher Ratlosigkeit. Denn es ist wirklich schwierig zu beschreiben, was Hypnose ist. Das liegt vor allem auch daran, dass es wohl kaum einen therapeutischen Fachbegriff gibt, der so umstritten ist, und keine Therapieform, die auf so vielen unterschiedlichen Feldern angewandt wird wie die Hypnose. Sie verbindet den Körper, also das Äußere samt rationalem Verstand, mit dem häufig Seele genannten Inneren, also dem irrationalen Unterbewusstsein. Keine Therapieform schafft es, dies so unmittelbar und direkt zu tun. Das macht die Hypnose zur Brücke zwischen Medizin auf der einen und Psychotherapie sowie Psychologie auf der anderen Seite. Zahnärzte nutzen sie bei Patienten mit Angst vor Spritzen, Anästhesisten als Alternative oder zusätzlich zum Narkotikum. Um Hypnobirthing ist, befeuert durch prominente Mütter, ein regelrechter Hype entstanden. Es verspricht entspanntes, schnelleres und leichteres Gebären und vor allem ohne Schmerzmittel. Die britische Herzogin Kate, Frau von Prinz William, gab Hypnobirthing sogar royalen Glanz: Sie hat alle ihre drei Kinder auf diese Art zur Welt gebracht. Von der jüngsten Geburt ist bekannt, dass Kate die Klinik bereits nach sieben Stunden wieder verlassen konnte.[10)] Hypnose ist zudem vom Schleier des Mystischen, Esoterischen und Geheimnisvollen bedeckt.

Verwirrende Schlagzeilen: Medien-Wirbel um Hypnose

Vor allem über die Massenmedien wird das, was sich bei der Hypnose abspielt, häufig in den Zusammenhang mit Zauberei, Schabernack oder gar Scharlatanerie gerückt. Seriöse Ausein-

---

9) s. Pkt. 1.1.3 „Hypnose aus verschiedenen Blickwinkeln", S. 32

10) http://brigitte.de/familie/schlau-werden/hypnobirthing-herzogin-kate-schwoert-auf-diese-geburtsmethode-11093872.html; in der OMNI-Ausbildung wird ein Video gezeigt, das eine Kaiserschnitt-OP zeigt. Die Gebärende singt währenddessen unablässig und völlig schmerzfrei! Das Video ist aus den 1960er Jahren und wurde in den USA aufgenommen

andersetzungen mit dem Thema finden sich dort selten. Hypnose scheint im medialen Kessel Buntes nur für Schlagzeilen und Sensationsmeldungen gut zu sein. Zum Beispiel diese: „Selbstmord nach Hypnose – Mutter stürzt sich von Kreuzfahrtschiff in den Tod!“ [11] Das ist zwar nicht unmöglich, aber als direkte, unmittelbare Folge einer Hypnose dann doch sehr unwahrscheinlich. Typisch an diesem Beitrag ist, dass die Leser mit der unterschwelligen Botschaft „Hypnose kann zum Suizid führen“ alleine gelassen werden. Es gibt keine Hintergrund-Informationen oder Erläuterungen, wichtige Fragen bleiben ausgeblendet, wie zum Beispiel: Was war in der Zwischenzeit, also nach der Hypnose passiert? Und wieso unterzog sich die Frau überhaupt einer Hypnosetherapie?

In die Kategorie Desinformation gehört auch der Streit eines TV-Magazins und eines Kondom-Herstellers (!) darüber, wer denn nun eigentlich und zuerst die Idee hatte, ein Menstruations-Hypnose-Experiment zu machen. Dafür wurden einige besonders suggestible Männer ausgewählt, die in Hypnose spüren sollten, welche Schmerzen Frauen erleiden müssen, wenn sie ihre Regel haben. Das ist genauso Klamauk wie der Bericht einer deutschen Boulevard-Zeitung, der die Schlagzeile hatte: „In Trance zum Orgasmus: Wie scharf ist erotische Hypnose?“ [12] Einen durchaus ernst zu nehmenden Aspekt – die Forensik – beleuchtet dagegen der Beitrag eines Schweizer Mediums über einen Mann aus Luzern, der sich hypnotisieren lassen wollte, um herauszufinden, wo und wann ihm ein Speicherstick abhandengekommen ist. Auf diesem hatten sich umgerechnet 850.000 Schweizer Franken in Form von Bitcoins, einer virtuellen Währung, befunden. [13] Das Ergebnis der „forensischen Hypnose“ stand bei Redaktionsschluss dieses Buches noch nicht fest.

Eine seltene Perle der Berichterstattung über Hypnose und daher noch erwähnenswert ist schließlich noch ein Beitrag der deutschen Tageszeitung „Neue Presse“ (Hannover) über den faszinierenden Fall des Wehrmachtssoldaten Heinrich Gerlach, der mitten im Krieg einen Roman über die Schlacht um Stalingrad mit dem Titel „Durchbruch bei Stalingrad“ geschrieben hatte, das Manuskript dann aber in russischer Kriegsgefangenschaft verlor. Per Hypnose ließ er sich deshalb nach seiner Entlassung zurück in den Krieg befördern, weil er die Bilder von damals neuerlich abrufen und so sein Werk rekonstruieren wollte. Das gelang tatsächlich. Der Hypnosetherapeut

---

11) http://www.news.de/panorama/855689117/natasha-schofield-stuerzt-sich-von-kreuzfahrtschiff-in-den-tod-mutter-begeht-selbstmord-nach-hypnose/1/

12) https://www.bild.de/bild–plus/unterhaltung/erotik/orgasmus/erotische-hypnose-55635504,view=conversionToLogin.bild.html

13) http://www.20min.ch/schweiz/zentralschweiz/story/Luzerner-sucht-Krypto-Million-jetzt-mit-Hypnose-23385648

gab dem Russland-Heimkehrer im Laufe von 23 (!!) Sitzungen sein Gedächtnis zurück. Das Buch wurde ein Bestseller – und vor ein paar Jahren sogar das Manuskript wieder gefunden. Dieses zeigte dann aber doch ein paar Unterscheide zur via Hypnose rekonstruierten Fassung [14], wie die Analyse des Historikers Carsten Gansel ergab. Dieser stellt zum Beispiel fest: „Die Urfassung ist mit Blick auf die militärischen Gegebenheiten zwischen Oktober 1942 und dem Ende der Kampfhandlungen in Stalingrad Anfang Februar 1943 durchweg präziser. [Dem Autor] gelingt es in der Originalfassung besser, die immer aussichtsloser werdende militärische Lage der 6. Armee zu erfassen, er beschreibt atmosphärisch dichter die verzweifelte Situation der Landser und Offiziere." (Gansel, Carsten (Hrsg.)/Gerlach, Heinrich. Durchbruch bei Stalingrad, Berlin 2016). [15]

1.1.2 Ja, was denn nun? Das ist Hypnose eben gerade nicht

Das alles trägt natürlich nicht dazu bei, dass die Menschen besser verstehen, was Hypnose tatsächlich ist und kann. Dabei ist es, wie gesagt, schwierig genug, das genau zu definieren. Selbst Wissenschaftler haben meiner Meinung nach noch nicht annähernd erforscht und verstanden, was in Hypnose im Detail vor sich geht. Und die Definitionen widersprechen sich teilweise sogar erheblich. Die Verwirrung beginnt schon mit dem Namen. Hypnose leitet sich vom griechischen Wort für Schlaf (hypnos) ab. Diese Bezeichnung geht auf den britisch-belgischen Chirurgen James Braid zurück [16], der damit den „schlafähnlichen Zustand" seiner Patienten [17] beschreiben wollte, wenn er sie in Trance versetzte. Der Name ist unglücklich gewählt, ließ sich aber bis heute nicht mehr aus der Welt schaffen, auch nicht von Braid selbst, als er bald danach zur Erkenntnis gekommen war, dass seine Patienten eben gerade nicht schlafen.

„Nicht": Dieses Wort sollten Sie bei Ihrer Arbeit mit Klienten möglichst nicht verwenden. Grund: Viele Schulen beziehungsweise Hypnosetherapie-Richtungen gehen davon aus, dass das Unterbewusstsein, das wir in der Hypnose ansprechen, dieses Wort schlicht nicht kennt und nicht akzeptiert. Entsprechende Suggestionen verkehrt es damit ins Gegenteil. Aus meiner

Weiter auf der nächsten Seite »

14) Diese trägt den Titel „Die verratene Armee".

15) Der Beitrag unter http://www.neuepresse.de/Nachrichten/Politik/Deutschland-Welt/Per-Hypnose-zurueck-in-den-Krieg

16) s. Pkt. 1.2.6.3 „Geschichte der Hypnose", S. 53

17) Braid war Augenchirurg, hatte also tatsächlich Patienten. Bei der Hypnosetherapie sollten wir dagegen von Klienten sprechen, denn wer zu uns kommt, ist nicht im medizinischen Sinne krank. Ich werde also, was unsere hypnotherapeutische Arbeit mit Menschen betrifft, in diesem Buch das Wort Klient benutzen – außer es handelt sich wirklich um Patienten, wie etwa bei Braid oder im gleich folgenden Kapitel über die Geschichte der Hypnose (s. Pkt. 1.2 ab S. 42)

Erfahrung kann ich dies zwar nicht betätigen. Trotzdem ist es sinnvoll, möglichst auf das Wörtchen „nicht“ zu verzichten, um Missverständnissen vorzubeugen. Positive Formulierungen sind ohnehin effizienter. Klienten können sich darunter zudem eher etwas vorstellen.

Um uns der Definition von Hypnose etwas zu nähern, ist das Wort „nicht“ dagegen zunächst durchaus hilfreich. Zäumen wir das Pferd also von hinten auf und streichen erst einmal von der Liste, was Hypnose nicht ist.

- Zunächst einmal ist Hypnose, wie ich gerade schon betont habe, **kein Schlaf und auch keine Bewusstlosigkeit**, obwohl das, von außen betrachtet, durchaus so aussieht, was den Irrtum von James Braid verständlich macht. Menschen im Zustand der Hypnose haben meist die Augen geschlossen. Man kann aber durchaus auch mit offenen Augen in tiefster Hypnose sein. Das ist ein wesentlicher Unterschied zum Schlaf. In diesem Fall ist die Hypnose mit dem vergleichbar, was man gemeinhin einen Tagtraum nennt.

  Menschen in Hypnose sind zudem sehr entspannt und atmen gleichmäßig und ruhig – eben so, als ob sie schlafen würden. Das sieht aber nur so aus. Meine Klienten bestätigen mir das immer wieder, wenn ich sie frage, wie sich Hypnose für sie anfühlte: „Wie schlafen“ hat noch keiner gesagt. Häufiger höre ich das Wort dösen oder dämmern.[18] Tatsächlich ist ein ganz wesentlicher Unterschied zwischen Hypnose und Schlaf, dass Ihre Klienten Sie nicht nur hören, sondern das auch noch besonders gut. Die Klienten sind im Prinzip hellwach und voll fokussiert auf die Botschaften des und das Gespräch mit dem Therapeuten. Aufmerksamkeit und Konzentration sind sogar deutlich erhöht.[19] Sie bekommen im Gegensatz zu schlafenden Menschen alles, was um sie herum passiert, bewusst mit, auch wenn das meistens nichts ist, weil ein seriöser Hypnosetherapeut ein ruhiges Umfeld schafft. Bei mir tickt nur eine Wanduhr gleichmäßig und beruhigend vor sich hin.[20] Ein wesentlicher Unterschied zum Schlaf ist auch, dass Klienten sich hinterher bis ins Kleinste an die Hypnose erinnern können. Sie brauchen kein Aufnahmegerät, um die Hypnosesitzung zu dokumentieren.[21]

18) s. dazu auch Pkt. 1.7.1, S. 157 „Wie sich Hypnose anfühlt“
19) s. auch Pkt. 1.1.2, S. 25
20) s. Pkt. 2.7, ab S. 305
21) ebd.

Deshalb ist Hypnose auch nicht mit dem **Narkose-Zustand** vergleichbar. Wer aus der Narkose aufwacht, hat keinerlei Erinnerung.

Ich rate Ihnen, das Wort „aufwachen" bei der Ausleitung der Hypnose tunlichst zu vermeiden. Es könnte dazu führen, dass Klienten die Suggestionen nicht annehmen, weil dieses Wort Ihre Glaubwürdigkeit in Frage stellen könnte und im Nachhinein einen Schatten auf den Rapport[22], also die vertrauensvolle Beziehung zwischen dem Klienten und Ihnen, legen würde. Es könnte in etwa intuitiv und im Inneren folgende Reaktion auslösen: „Was redet denn der da? Ich habe doch gar nicht geschlafen." Zweifel zerstören die positiven Effekte der Hypnose!

- In Hypnose sind Menschen sehr entspannt. Sie lassen ihren Körper buchstäblich los. Das ist Voraussetzung für die therapeutische Arbeit in ihrem Inneren. So absurd es sich lesen mag, aber Hypnose ist trotzdem **kein Synonym für Entspannung**, denn zu dieser gesellt sich in Hypnose häufig auch die Anspannung, etwa bei der Armkatalepsie. Diese setze ich ein, um zu testen, wie tief der Klient bereits in der Hypnose ist.[23] Dabei bleibt dessen Arm oben, auch wenn ich ihn loslasse – ganz so, als ob er strecken würde wie ein Schüler im Klassenraum, wenn dieser glaubt, die Lösung einer Frage zu kennen. Auch andere derartige Tests, die ich einsetze, erfordern tatsächlich – bei aller Entspannung – höchste Anspannung. Auch die Regression in Traumata ist mit höchster Anspannung verbunden, weil es hier zu Abreaktionen[24] kommt, die von mir auch so gewollt sind. Bei der Vertiefungstechnik des Zahlenvergessens[25] dagegen beabsichtigen wir das Gegenteil. Hier lasse ich die Klienten von 100 abwärts zählen und suggeriere ihnen dabei, dass sie die Zahlen vergessen, weil sie unwichtig werden. Hier geht es nicht darum eine Anspannung auszulösen, sondern um mentale Entspannung.

- Entgegen einem weit verbreiteten Irrtum sind Menschen in Hypnose auch **nicht beliebig steuer- und manipulierbar**. Wie oben gerade erwähnt, ist die Konzentrationsfähigkeit deutlich erhöht. Das gilt auch für die Denkfähigkeit und Vorstellungskraft. Pause machen lediglich die negativen Geister, die destruktiven Kritiker und Stimmen im Inneren, der Teil des Verstandes, der Veränderungsbemühungen mit allen Mitteln zu boykottieren versucht. Das bedeutet

---

22) s. Pkt. 1.4.3.1 ab S. 91

23) sogenannte Convincer; s. Pkt. 1.6.1.3, S. 154

24) innere Reinigung, bei der ein lange unterdrückter emotionaler Moment wieder erlebt wird, um so eine Befreiung von negativen Gefühlen zu bewirken. Diese erfolgt durch direkte Konfrontation des Klienten mit einem verschollenen, tief innen vergrabenen, möglicherweise auch vergessenen, jedenfalls unterdrückten, emotional belastenden Moment. Dieser wird in der Abreaktion von neuem er- und durchlebt.

25) s. Pkt. 1.4.3.3.5, S. 105

im Umkehrschluss, dass der Wille zum Beispiel zur Veränderung durch Hypnose eben gerade nicht ausgeschaltet wird. Dieses Klischee, das über Showhypnosen, fiktive Thriller und Hollywood-Filme transportiert wurde und wird, stimmt definitiv nicht.

Alles nur Theater? Was hinter Show-Hypnosen steckt

Bitte vergessen Sie nicht: Showhypnosen sind quasi ein Finale. Die Teilnehmer haben sich zuvor in einer Art mehrstufigem Test als besonders suggestibel erwiesen und damit für dieses Finale qualifiziert. Sie vollziehen dort Handlungen oder lassen diese an sich vollziehen, die sie im Leben sonst wahrscheinlich nie tun oder sich gefallen lassen würden. Aber sie spielen in diesem Moment einfach mit. Sie haben sich freiwillig dazu gemeldet, es entspricht ihrem Willen – weil sie Spaß haben, ins Fernsehen oder auf die Bühne vors Publikum kommen wollen, aus purer Neugier oder weil sie sich etwas beweisen wollen. Aber wie gesagt: Sie tun es aus freiem Willen. Nur insoweit hat der Hypnotiseur Macht über sie.

Show-Hypnose funktioniert, weil die Teilnehmer fest daran glauben, unter der Kontrolle des Hypnotiseurs zu sein. Davon abgesehen geht es hier lediglich um den Spaßfaktor. Derlei Shows dienen nur der Unterhaltung eines sensationsheischenden Publikums. Von der Hypnose, wie wir sie verstehen und die in diesem Buch Thema sein soll, unterscheidet sich die Show- ebenso wie die Selbsthypnose lediglich im Anwendungszweck. Sie ist keine eigene Gattung und hat keinen therapeutischen Wert. Deshalb werden wir in diesem Buch darauf nicht näher eingehen. Für Showhypnosen gilt ansonsten wie in der ernsthaften Therapie: Was der Klient nicht will, weil es zum Beispiel seinen Wert- und Moralvorstellungen oder seinen Lebenszielen widerspricht, geschieht auch nicht.[26]

Niemand wird durch Hypnose zum Mörder oder verrät die Geheimzahlen seiner EC-Karte. Der Wille der Klienten bleibt erhalten und ist ganz wesentlich für das Gelingen der Therapie. Wenn jemand etwas partout nicht will, kann kein Hypnotiseur etwas aus- oder anrichten. Eine Suggestionen, die nicht dem Willen des Klienten entspricht, wird dieser ganz automatisch und von in-

26) Zu Showhypnosen aus therapeutischer Sicht s. Pkt. 1.9.4, S. 185

nen heraus einfach abweisen. Er kann mit Ihnen in Hypnose aber auch verbal oder über Mimik und Gestik kommunizieren. Im drastischsten Fall beendet er von selbst umgehend die Hypnose.

- Deswegen ist Hypnose auch **keine Ohnmacht**. Denn dann wären wir in Hypnose im wahrsten Sinne des Wortes ohne Macht, also dem Therapeuten vollkommen ausgeliefert. Das ist aber, wie wir gesehen haben, gerade nicht der Fall. Deshalb ist es auch nicht möglich, im hypnotisierten Zustand quasi stehenzubleiben wie mit dem Fahrstuhl und dann, überspitzt ausgedrückt, wie Dornröschen 100 Jahre zu schlafen. Würde ich mitten in der Hypnosesitzung einfach aufstehen und gehen, würde es mir der Klient wenig später bewusst und hellwach aus purer Langeweile gleichtun. Er würde danach meine Praxis aber sicherlich nie wieder betreten ...

  Ein ohnmächtiger Mensch bekommt auch nichts mit, ein Mensch in Hypnose dagegen alles – wie ich ebenfalls schon betont habe. In Ohnmacht funktioniert Hypnose nicht, weil Letztere Ansprechbarkeit ebenso voraussetzt wie die Fokussierung auf die Worte des Therapeuten. Sie erhöht ja im Gegenteil sogar die Aufmerksamkeit. Und, ganz wichtig: Ein ohnmächtiger Mensch ist willenlos. In Hypnose dagegen kann, wie erwähnt, nichts gegen den Willen des Hypnotisierten geschehen. Er muss mitmachen, mitarbeiten. Wenn er Worte oder Suggestionen des Therapeuten ablehnt, bewirken diese rein gar nichts.

- Das bedeutet automatisch, dass Hypnose auch **nicht die Denkfähigkeit ausschaltet oder zu einem Kontrollverlust führt**. Die gegenteilige Vorstellung wird vor allem durch Hollywood-Produktionen transportiert – meistens in Form von eher unheimlichen, Angst machenden Szenen mit zwielichtigen oder bösartigen Charakteren, die über Hypnose die Kontrolle über andere übernehmen. [27)]

Hypnose im Film – der blanke Horror

Ein aktuelles Beispiel, wie Hypnose in Drehbüchern als Mittel eingesetzt wird, um durch Verbreitung von Angst und Schrecken Spannung zu erzeugen und Urängste vor Ohnmacht und Willenlosigkeit zu wecken, ist der Horrorfilm „Get out“ aus dem Jahr 2017. In diesem nutzt die Mutter der weißen Familie, eine Psychotherapeutin, die Hypnose, um den schwarzen Verlobten der Tochter

Weiter auf der nächsten Seite »

27) s. „Manipulierbarkeit durch Hypnose?“, S. 27

willenlos zu machen – angeblich, um ihm das Rauchen abzugewöhnen. Sie setzt dazu einen Schlüsselreiz (Trigger)[28]: Der farbige Schwiegersohn in spe fällt als Folge der Suggestionen auf das Klimpern ihres Teelöffels hin jedes Mal umgehend in Ohnmacht. Gipfel der Horrorvorstellung ist, dass die Therapeutin dies tut, um dem jungen Mann das Gehirn eines blinden, alten Mannes einzupflanzen, damit Letzterer jung und gesund weiterleben kann. Im Film „Willenlos – eine Frau unter Hypnose" (1995; Originaltitel „A Mother's Deception") wiederum geht es um eine Frau, die wegen unerklärlicher Schmerzen einen Hypnotiseur aufsucht. Dieser befreit sie zwar davon, bringt sie aber nach und nach in die Gewalt seiner Sekte.

Ein positives, wenn auch sehr vereinfacht dargestelltes Beispiel der Nutzung von Hypnose für ein Film-Drehbuch ist „Schwer verliebt" (2001). Hier verliebt sich Jack Black nach einer Hypnose in die übergewichtige Gwyneth Palthrow, weil er unter dem Einfluss von Suggestionen die körperliche Schönheit von Frauen über deren innere Werte definiert.

Das sind allerdings Schauermärchen. Richtig ist vielmehr Folgendes: In Hypnose tritt das Denken als bewusst-rationaler Vorgang lediglich zurück, lässt dem Unterbewusstsein den Vortritt. Der kritische Verstand geht – wenn Sie so wollen – für die Zeit der Hypnose etwas Essen oder macht einen Spaziergang. Er ist dann mal kurz weg. Die Prozesse im Gehirn laufen trotzdem wie geschmiert, allerdings nicht im Sinne von rationalem Denken. Hypnosetherapeuten helfen ihren Klienten dabei, so viel Selbstbewusstsein aufzubauen, dass sie ihre anvisierten Ziele erreichen. Dies geschieht durch verstärkte Kontrolle über das eigene Leben. Und das ist das Gegenteil von Kontroll-Verlust. Gegen diesen spricht auch, dass die Klienten sich bewusst für eine Veränderung in ihrem Leben entscheiden müssen. Ansonsten ist langfristiger und dauerhafter Erfolg der Therapie sehr unwahrscheinlich.

Die Hypnosesitzung bei mir ist kein Brainstorming, keine Schmiede für Pläne, Ideen, Visionen. Freilich sind Vorstellungskraft und Fantasie trotzdem auf einem höheren Level. Beide sind Spezialgebiete des Unterbewusstseins, in das wir bei der Hypnose vordringen. Auch darauf werde ich noch ausführlicher eingehen.[29] Was wir dabei bedenken müssen, ist, dass das Unterbewusstsein Logik als solche nicht wirklich versteht. Diese ist Sache des Kopfes. Dage-

28) s. Pkt 1.4.9.2, S. 142

29) Wie Hypnose funktioniert: s. Pkt. 1.4, ab S. 82

gen denkt das Unterbewusstsein in Bildern. Das machen wir uns zunutze, um Bilder aus der Vergangenheit abzurufen und neu erlebbar zu machen. Insofern ist Hypnose ein Nach-innen-Denken, das Zu-sich-selbst-Kommen ermöglicht.

- Ebenfalls über Showhypnosen, fiktive Thriller und Hollywood-Filme gewinnen wir oberflächlich betrachtet den Eindruck, als sei Hypnose **Magie oder gar ein billiger Trick** aus der Kiste des Hobby-Zauberers. Aber wir Hypnosetherapeuten können – Hokuspokus fidibus – nicht mit einem Fingerschnipp oder ein paar geheimnisvollen Handbewegungen und Formeln sozusagen ein Kaninchen aus dem Zylinder zaubern. Hypnose ist kein Phänomen aus einer anderen Welt, weder überirdisch noch transzendental, weder mystisch noch esoterisch oder paranormal. Sie ist weder Geheimwissenschaft noch Deuteroskopie. Hypnosetherapeuten schauen auch weder in eine Glaskugel noch in den Kaffeesatz oder in die Karten. Hypnose ist allenfalls ein Mysterium: Seit Menschengedenken wird sie als Heilverfahren angewendet – und ist den allermeisten Menschen bis heute dennoch ein Geheimnis geblieben. Womöglich liegt das daran, dass Hypnose als sozusagen natürlichster Zustand der Welt schlicht zu unserem Wesen gehört. Zehntausendfach erlebt diesen jeder Mensch während seines Lebens, oft unbewusst, in jedem Fall automatisch – zum Beispiel unmittelbar vor dem Einschlafen und Aufwachen, beim Lesen, Autofahren, Musik hören oder wenn man ganz einfach gedankenverloren vor sich hinträumt.

Auch wenn manches, was wir bei unserer Berufsausübung als Hypnosetherapeuten tun, von außen betrachtet tatsächlich wie ein Zauber erscheint oder ein wenig schräg wirkt, so vollbringen wir doch eine ernsthafte und ernst zu nehmende Dienstleistung. So wie der Friseur das Beste aus Ihren Haaren zu machen versucht und der Baustatiker die Gegebenheiten des Grundstücks (Untergrundbeschaffenheit, Steilheit, Größe) beachten muss, so müssen wir unsere Arbeit an das anpassen, was wir tief innen in den Klienten vorfinden.[30] Wir können, wie gesagt, nicht einfach nur ein paar Zauber- oder Beschwörungsformeln sprechen – und, schwuppdiwupp, sitzt ein neuer Mensch vor uns. Das ist auch nicht Sinn der Sache. Vielmehr geht es darum, mit Einfühlsamkeit, quasi detektivischem Spürsinn und der Beharrlichkeit eines Ermittlers sozusagen den Täter im Innersten des jeweiligen Klienten zu ermitteln, zu stellen und bestenfalls lebenslang hinter Gitter zu bringen beziehungsweise ihn so zu sozialisieren, dass er fortan das Leben des Klienten nicht mehr beeinträchtigen kann. Durch die Hypnose wird aus dem Störenfried, der im Innersten sein Unwesen treibt, bestenfalls ein guter Bekannter.

30) Wie das geht s. Pkt. 1.4, ab S. 82

Hypnose ist also knallharte Realität und im Prinzip reine Psychologie. Wir wenden deren Prinzipien so an, dass das, was tief im Unterbewusstsein gespeichert ist und uns belastet, das, was wir mit negativen Folgen für unser späteres Leben erlebt haben, verändern – oder wie ich es nenne – neu bewerten können. Der Klient kann so zu dem Menschen werden, als der er eigentlich geboren wurde: unbelastet und innerlich frei. Diese Neubewertung kommt einem inneren Großreinemachen gleich. Dieses schafft eine innerliche Aufgeräumtheit, die auch nach außen strahlt. Der Mensch kommt mit sich ins Reine. Auch darauf werden wir später noch zu sprechen kommen. [31)]

- Das gerade Erwähnte bedeutet nicht, dass Hypnose die **Persönlichkeit verändert** – zumindest dann nicht, wenn sie seriös und in bester Absicht angewendet wird. Andernfalls läge Missbrauch der Hypnose vor mit der Absicht, Menschen zu verbiegen und zu manipulieren oder ihr Gehirn zu waschen, wie es etwa Sekten tun. Auch subtil versteckte, unmerklich-unterschwellig verbreitete Botschaften etwa in der Werbung, oder in Fernsehsendungen und -serien gehören im weitesten Sinne in diese Kategorie, Auch moderne Musikstilrichtungen wie Hip-Hop oder Rap werden in diesem Zusammenhang immer wieder genannt. Dabei trifft es sogar auf jede Art von Musik – mit und ohne Text – und Logomusik von Firmen zu, genauso wie auf Ansprachen bei Massenveranstaltungen, auf Presse-Erzeugnisse und das Radio. Hier wird allerdings Hypnose nicht bewusst als Mittel zum Zweck oder systematisches **Verfahren** genutzt, sehr wohl aber die Trance, also ein hypnotischer **Zustand**. Diese Unterscheidung zwischen dem Verfahren, um den Zustand herzustellen oder einzuleiten, und dem Zustand selbst finde ich ganz wichtig. Ebenfalls wichtig zu wissen ist, dass die Hypnosetherapie die Klienten nicht zu anderen Personen macht, sondern im Gegenteil sie auf sich selbst zurückführt, sie positiv denken, sich (er)leicht(ert) fühlen lässt und ihnen so zu einem glücklichen, erfüllten Leben verhilft.

Noch einmal: Die Hypnosetherapie macht die Klienten nicht zu anderen Menschen, sondern zu dem Mensch, der sie eigentlich sind. An den Genen können und wollen wir nichts ändern, sehr wohl aber an dem, was sich im Laufe des Lebens durch äußere Einflüsse, gesellschaftliche Normen, Erziehung oder negative Emotionen belastend sozusagen auf diese Gene legt. Das versuchen wir durch die Hypnosetherapie freizulegen und aufzulösen – immer vorausgesetzt, dass der Klient das auch wirklich möchte.

---

31) s. 1.4.8, S. 136

- Hypnose verschafft den Klienten **kein spezielles, aber ein individuelles Gefühl**. Jeder nimmt dieses etwas anders wahr. Wenn man Klienten nach diesem Gefühl fragt, werden Wärme, Leichtigkeit, Schwere, Verbundenheit mit sich selbst und Vertrauen zum Therapeuten am häufigsten genannt.[32)] Vertrauen heißt allerdings nicht Distanzlosigkeit oder eine wie auch immer geartete Intimität. Die Grenze setzt, darauf habe ich schon hingewiesen[33)], der Wille der Klienten. Sie empfinden – unabhängig davon – sehr intensiv, beschreiben sich als fokussiert und konzentriert.

1.1.3 Annäherung an einen schwierigen Begriff: Hypnose aus verschiedenen Blickwinkeln

Wenn man die Antwort auf eine Frage aus verschiedenen, vorgegebenen Lösungsmöglichkeiten ermitteln soll, ist das Ausschlussverfahren eine hilfreiche Methode. Auch wir haben uns der schwierigen Frage, was denn Hypnose eigentlich sei, nun auf diese Weise etwas angenähert. Im nächsten Schritt möchte ich ein paar Definitionsversuche zitieren. Es ist schon erstaunlich, dass dies nötig ist, weil dieser so natürliche Zustand noch immer nicht in dem Maße erforscht und enträtselt werden konnte, dass eindeutig klar ist, was dabei passiert und warum Hypnose so effektiv und verblüffend einfach wirkt. Ich möchte es Ihnen überlassen, welche der Definitionen Ihnen, Ihrer Arbeit und Ihrem Verständnis am nächsten ist und was Sie selbst davon in Ihren praktischen Alltag übernehmen wollen.

1.1.3.1 Tourguide oder Türsteher? Definitionsversuche

Die Definition von Hypnose hängt von der Schule beziehungsweise Therapeutenausbildung ab, die Sie besucht/absolviert haben. Wie ich schon erwähnt habe[34)], sehen die Vertreter und Verfechter jeder Richtung die Hypnose mehr oder weniger anders. Teilweise widersprechen sie sich sogar. Ich werde auf einige dieser Definitionen im Folgenden eingehen und selbst den schwierigen Versuch unternehmen, aus meiner langjährigen Praxiserfahrung heraus Hypnose mit eigenen Worten zu beschreiben.

Eine weit verbreite Definition lautet:

> *„Hypnose ist ein Zustand erhöhter Suggestibilität."*

---

32) Wie sich Hypnose anfühlt: s. Pkt. 1.7.1, S. 157

33) s. S. 29

34) s. Pkt. 1.1, ab S. 21

Das stimmt insoweit, dass das Unterbewusstsein zugänglich wird und dadurch Veränderungen von Glaubenssätzen oder negativen Emotionen in dem Maße möglich werden, wie sich der bewusste, kritische Verstand im wahrsten Sinne des Wortes entspannt zurückzieht. Der Grund liegt im Gehirn. Denn bei allen Meinungsverschiedenheiten darüber, was der hypnotische Zustand wirklich im Detail sei, herrscht doch bei Wissenschaftlern allgemein Einigkeit darüber, dass sich die durch das EEG messbaren Gehirnströme währenddessen im Alpha-Bereich zwischen 8 und 12 Hz bewegen – ganz so wie bei einer leichten Entspannung. Bei vertiefter Hypnose fallen sie sogar in den Theta-Bereich (3 – 8 Hz). Dieser ist typisch für meditative Zustände und tiefe Entspannung. In beiden Bereichen sind schöpferische Möglichkeiten und Vorstellungskraft deutlich erhöht. Letztere ist die Sprache und der Schatz des Unterbewusstseins.

Danach kommt nur der tiefe Schlaf. Den Alpha-Bereich durchlaufen wir also auf jeden Fall immer mindestens 2-mal am Tag: unmittelbar vor dem Einschlafen und unmittelbar vor dem Aufwachen. Er ist sozusagen das Verbindungsstück oder die Tür zwischen Bewusstsein und Unterbewusstsein. Wird diese geöffnet, erhalten wir Zugang zu der riesigen Unterwelt, in der alles gespeichert ist, was wir jemals erlebt und was uns geprägt hat: Erinnerungen, Ereignisse, Gefühle, jedes Musikstück, das wir gehört, und jeder Satz, den wir gelesen haben – schlicht jeder Moment und Impuls unseres Lebens. Diese Unterwelt wird unablässig mit neuen Informationen gefüttert. Wir können den Alpha- oder Theta-Bereich also auch in der Hypnose nutzen, um das Unterbewusstsein mit frischen Infos zu versorgen – ungefiltert durch den kritischen Verstand.[35)]

Meine Meinung: *Diese Theorie um Alpha und Theta ist durchaus ein schlüssiger Erklärungsversuch für die Forschung. Ich halte das Ganze aber aus meiner Erfahrung heraus im Hypnosetherapieverlauf für vollkommen unwichtig. Wenn jemand zum Beispiel bei der Abreaktion zurück in sein Trauma geht, deshalb weint, schreit oder andere heftige Emotionen zeigt, dann ist er sicher nicht mehr in diesem Wellenbereich und trotzdem in tiefster Hypnose. Diese Theorie macht daher, wenn überhaupt, allenfalls für den Anfang der Hypnose Sinn – oder als Erklärungsversuch für die Wissenschaft. Auch Sportler sind im Wettkampf in Trance und sicher nicht in diesem Wellenbereich.* (Hunter: Ebd.)[36)]

---

35) Mehr darüber, wie Hypnose funktioniert und wirken kann, lesen Sie im Kapitel 1.4, ab S. 82

36) Zu Hypnose und dadurch ausgelösten Aktivitäten im Gehirn s. 1.9.5.1, S. 185

Aus dem gerade Gesagten ergibt sich, dass vor der Hypnose Vorstellungskraft und Glaubenssätze quasi im Minusbereich sind – und damit auch eine negative Erwartungshaltung und ebensolche Überzeugungen produzieren. Das Problem dabei ist, dass die negativen Vorstellungen wie bei einer sich selbst erfüllenden Prophezeiung sich ständig verstärken, solange wir im Minusbereich sind. Es ist eine Abwärtsspirale. Allerdings gilt auch, dass wenn wir also über die Hypnose durch die Tür ins Unterbewusstsein schreiten, wir auch in dessen Sprache sprechen können. Über den Parameter Vorstellungskraft können wir die gesamte Gleichung ins Positive umkehren. Wir nutzen also die Macht des Geistes und der Gedanken, um über die Worte der Suggestion die Gleichung umschreiben zu können: Glaubenssätze sorgen dann für eine optimistische Erwartungshaltung und Überzeugung. Sie ziehen uns nach oben. Aus dauerhaftem Minus wird durch die Hypnosetherapie ein dauerhaftes Plus. Das Bewusstsein in Form des kritischen Verstandes kann dies nicht verhindern. Es ist schließlich dann mal für die Zeit der Hypnose weg ...

Der britische Hypnose-Lehrer C. Roy Hunter (in: Mastering the Power of Self-Hypnosis – a practical guide to self-empowerment", second edition 2011) nennt diesen Vorgang „Etablierung positiver Erfolgsgewohnheiten"[37]. Für ihn ist die Hypnose deshalb auch schlicht eine „guided meditation", also geführte Meditation in einem veränderten natürlichen Bewusstseinszustand beziehungsweise einer veränderten bewussten Wahrnehmung[38], die sich wohl am ehesten als „Herumschweifen des Geistes"[39] wie im Tagtraum bezeichnen ließe. Vom Bild her ist das wohl am ehesten vergleichbar mit dem Schalter umlegen an der Belastungsgrenze beim Sport, wenn der Puls hochschnellt. Weil das Potential zur Veränderung einem schlafenden Hund gleich in uns selbst liegt, ist der Hypnosetherapeut für Hunter lediglich eine Art Guide und Vermittler, der dieses interne Potential freilegt, indem er den hypnotischen Prozess durch die Fokussierung auf seine Stimme fördert, dirigiert und managt. Er animiert die Vorstellungskräfte und ermöglicht es dem Klienten, auf einfache Suggestionen zu antworten. Im Übrigen hält Hunter jede von außen geführte Hypnose in Wirklichkeit auch für eine Selbsthypnose, weil sie ohne bewussten Willen und ohne Zutun des Klienten nicht durchführbar wäre.

> ***„Die Kraft liegt im Geist desjenigen, der hypnotisiert wird."***[40]
> *(Hunter. Ebd.)*

---

37) „establishing positive success habits"

38) „altered conscious awareness"

39) „our mind is wandering"

40) „The power is in the mind of the person being hypnotized."

Den Weg in die Hypnose und die Wege durch das eigene Innere geht der Klient in Wirklichkeit alleine. Deshalb ist es auch so wichtig, dass Sie schon im Vorgespräch einen guten Draht (Rapport) zu den Klienten finden und Vertrauen aufbauen beziehungsweise ein gutes Gefühl bei ihnen entstehen lassen können. Denn letztendlich ist die Hypnose eine Kooperation zwischen Ihnen und den Klienten. Ohne einen guten Rapport mit professioneller Führung kann diese keine Früchte tragen.

Hunters Thesen kann ich durchaus etwas abgewinnen, sie erklären die Wirkung während und die Vorgänge bei der Hypnose aber nur unzureichend. Deshalb möchte ich kurz noch auf einige weitere Definitionen eingehen, damit Sie sich ein möglichst umfassendes Bild machen und Ihre eigenen Schlüsse und Interpretationen daraus ziehen können. Meinold hält die Hypnose für einen besonderen, gleichwohl natürlichen Bewusstseinszustand konzentrierter beziehungsweise eingeschränkter Wahrnehmungsbreite, der durch gleichzeitige Erweiterung des Bewusstseins „auf sonst unbewusste innerseelische, geistige und körperliche Bereiche“ die inneren Kräfte erschließt und uns so zum ursprünglichen Wesen und eigentlichen Ich zurückführt.

„Gegenüber der Reaktionsarmut im Schlaf besteht in der Hypnose eine Art besonderer Wachheit, mit einem nach außen in der Breite eingeengten, aber in erwünschte Richtungen vertieften bzw. erhöhten und nach innen erweiterten Bewusstsein.[...]
Vom Hypnotiseur ausgehende oder vorgegebene Reize werden derart intensiv wahrgenommen, dass andere Reize ihre Einwirkung in unterschiedlichem Grade verlieren. Die Hypnose ermöglicht [damit] körperliche, seelische und geistige Leistungen, die willkürlich nicht zu erbringen sind.“ (Werner J. Meinold: Das große Handbuch der Hypnose, 2006, S. 34/35)

In ähnlicher Weise definiert Revenstorf Hypnose als sowohl eine Methode, sich oder jemanden anders in Trance zu versetzen, als auch einen Trance-Zustand, „in dem man den Alltagszustand hinter sich lassen und sich so innerlich öffnen, das Tor zur Vergangenheit, zu Erinnerungen, Bildern und zu seinem Körper aufstoßen kann.“ (Dirk Revenstorf/Peter Burkhard (Hrsg.): Hypnose in Psychiatrie, Psychosomatik und Medizin; 2. Aufl., 2009, S. 4)

Die Antennen zur Wahrnehmung von äußeren Reizen werden ihm zufolge deutlich verkürzt zu Gunsten der Wahrnehmungsfähigkeit nach innen. In der Hypnose können wir dadurch auch sonst unbewusste beziehungsweise nicht bewusst merkbare, belastende und/oder verdrängte innere Prozesse und Vorgänge entdecken. Diese werden dann durch Regression aufgelöst.[41)]

Zum Schluss möchte ich noch einen Blick auf jenes Hypnose-Verfahren werfen, das mich besonders geprägt hat: Die von mir praktizierte Regressions-, also aufdeckende/-lösende Hypnose basiert wesentlich auf dem Verständnis von OMNI.[42)] Als Orientierung dient hier die Definition des US-Departements of Education, das sich dabei auf den bekannten und wegweisenden US-amerikanischen Kollegen Dave Elman[43)] beruft:

„Hypnose ist die Umgehung des kritischen Faktors des Bewusstseins, um akzeptables und selektives Denken zu etablieren.“

Diese Definition leitet sich von der Annahme ab, dass das Unterbewusstsein generell eine Information als wahr akzeptiert, also nicht hinterfragt, was wir sehen, hören oder sonst irgendwie wahrnehmen. Ein vorgeschalteter, unsichtbarer Beobachter, der im Bewusstsein residiert und der in der OMNI-Philosophie als kritischer Faktor bezeichnet wird, dient aber als Filter beziehungsweise gleicht dieses „Defizit“ des Unterbewusstseins aus: Er prüft in Millisekundenschnelle und automatisch jede eingehende Information, jeden äußeren Reiz, jedes Wort, jede Emotion – und entscheidet ebenso schnell, was er akzeptiert, also ins Unterbewusstsein durchlässt. Der kritische Faktor ist die entscheidende Instanz auf dem Weg ins Unterbewusstsein. Allerdings kann der Verstand nicht komplett auf Dauer stillgelegt werden, sonst wären die Menschen willenlos. Und das sind wir in Hypnose gerade nicht.[44)] Was wir in der Regressionshypnose tun, um das Unterbewusstsein zu einer neuen „Denke“ darüber zu bringen, was akzeptabel ist oder nicht, ist daher mit „Umgehen des kritischen Faktors“ wohl besser umschrieben.[45)]

---

41) Mehr dazu im Kapitel 1.4. über die Funktionsweise der Hypnose ab S. 82

42) s. Lexikon S. 342

43) s. Pkt. 1.1.2, S. 25

44) s. Pkt. 1.1.1, s. S. 23

45) s. 1.4 „Wie Hypnose funktioniert“ ab S. 82

1.1.3.2 Wie ich es sehe, was mir wichtig ist

Ich habe Ihnen nun einige Definitionen von Hypnose vorgestellt. Ist Ihnen etwas aufgefallen? Tatsächlich kommt in keiner der Definitionen, die mir bekannt sind, das Wort Entspannung vor! Bei allen Meinungsverschiedenheiten darüber, was Hypnose denn nun genau sei, herrscht wenigstens in diesem Punkt Einigkeit: Sie ist tatsächlich keine reine Entspannung![46)] Eine Hypnose-Einleitung über Entspannung ist zwar sehr zuverlässig, angenehm und entspricht noch immer weit verbreiteten Klischees. Allerdings sind Menschen, die in Hypnose eine Abreaktion[47)] erleben, sicher nicht entspannt!

Aus meiner Sicht ist es daher sinnvoller und beschreibt die tatsächlichen Gegebenheiten auch besser, Elmans Definition um einen Satz zu erweitern:

> *„Hypnose ist die Umgehung des kritischen Faktors des Bewusstseins und die Etablierung von akzeptablem, selektivem Denken. Sie legt einen* ***starken Fokus*** *auf ein Thema, einen Gedanken, einen Zustand."*

Ich möchte an dieser Stelle noch einmal auf zwei Basics hinweisen:

1. **Hypnosezustände sind etwas völlig Natürliches,** das die Menschheit schon immer beschäftigte und zu ihrem Wesen gehört. Wenn ich meine Klienten hypnotisiere, sind diese in einem tranceartigen Zustand, der mit jenem konzentrierter Arbeit vergleichbar ist. Dabei vergessen wir alles um uns herum, sind total auf uns selbst fokussiert und tiefenentspannt. Ich habe mal irgendwo die These gelesen, Wolfgang Amadeus Mozart habe seine Oper „Fidelio" in Hypnose komponiert. Diese ist vor diesem Hintergrund nicht so abstrus wie sie zunächst scheinen mag. Und so gesehen ist auch das Buch, das Sie gerade lesen, in Hypnose geschrieben worden ...

2. Die **Suggestionen**, mit denen wir während der Pause des kritischen Verstandes arbeiten, **sind ein Angebot**. Ein solches kann man ablehnen, annehmen oder nachbessern lassen. Die hypnotische Trance schafft aber die Voraussetzungen dafür, dass wir überhaupt eine Wahl haben. Denn Suggestionen sind nicht nur ein Angebot, vielmehr eines, dem wir uns zuvor noch widersetzt hätten, weil der kritische Verstand sie sofort in der Ablage Papierkorb hätte verschwinden lassen.

---

46) s. dazu Pkt. 1.1.2, S. 27

47) s. FN 24

Erfolgreiche Suggestionen setzen willentliche Akzeptanz voraus. Das Signal dazu kommt aus dem Unterbewusstsein. Suggestionen verwirklichen sich also, weil uns die Hypnose in einen Zustand versetzt, in dem wir sie besser annehmen können. Aus dem vermeintlichen Widerspruch zwischen beziehungsweise gegeneinander Arbeiten von Unterbewusstsein und Bewusstsein können wir lernen, dass wir den Klienten ***von den Suggestionen überzeugen*** *müssen.*

Die in der zuletzt genannten Definition erwähnte erhöhte, fokussierte Wahrnehmung ist gleichzeitig ein Argument dagegen, von Entspannung zu sprechen. Abgeleitet davon gilt aus meiner Sicht dann bei der Auflösung von Ängsten, Phobien, des Gedankenkarussells und anderer Probleme:

„Der Zustand der Angst, Depression u. Ä. ist eine ***Problemtrance****. In der Regression führen wir die Klienten zurück in die Problemtrance und lösen das Problem in dieser dann auf. Das kann sehr emotional sein."*

Auch in der Sporthypnose ist es daher nicht empfehlenswert, nur mit Entspannung zu arbeiten. Wie ich schon erwähnt habe[48)], ist mit dem Begriff Hypnose nicht nur der tranceartige Zustand gemeint. Er umfasst vielmehr auch die Einleitung dieses Zustandes zur Ruhe-Hypnose und Hypno(se)therapie.

Ich möchte aus meiner persönliches Sicht noch Folgendes anmerken: Für mich ist die Arbeit als Hypnosetherapeut eine wunderbare Möglichkeit, anderen Menschen dabei zu helfen, künftig ihr Leben zu leben statt das anderer. Letzteres legt der eigenen Persönlichkeit quasi ein Korsett an. Dann tut man nicht, was man ureigentlich müsste und sollte, sondern das, was andere oder die Gesellschaft als Ganzes wollen. Manchmal versucht man dann Erwartungen zu erfüllen, die eigentlich gar niemand hat. Letztendlich bedeutet unabhängig davon Fremdbestimmung, getrieben zu sein. Wer dagegen in den Stand gesetzt wird, sein eigenes Leben zu leben, der ist so frei, es selbst zu gestalten, statt nur zu verwalten.

---

48) s. Pkt. 1.1.2, S. 32

Menschen, die zu mir kommen, haben ein Problem, dessen wahre Ursache meistens ein oder mehrere prägende, überwältigende oder auch schockierende Erlebnisse aus der Kindheit sind. Derartige Traumata sind keine Krankheit an sich, verursachen aber Ängste oder Angst vor der Angst, mit entsprechenden psychosomatischen Auswirkungen. Wer in eine meiner Praxen kommt, sei es wegen Gewichtsproblemen oder Süchten, sei es wegen Depressionen, Ängsten, Panikattacken, Zwängen, Stottern, Burnout, Beziehungstrauma, Mangel an Entscheidungsfindung oder Selbstbewusstsein, Liebespech trotz Beziehungswunsch oder generell zerstörerischem Verhalten gegenüber sich selbst, hat meist schon alles versucht, teilweise auch wiederholt. Doch die Wiederholung des immer Gleichen führt eben nicht zu anderen Ergebnissen und daher auch nicht ans Ziel, auch wenn dieses Verhalten verständlich ist. Dies umso mehr, da das Unterbewusstsein uns wie in einem Perpetuum mobile immer wieder mit den immer gleichen Problemen konfrontiert. Wir können im übertragenen Sinne noch so schnell laufen, können wie ein kleines Kind die Augen zumachen und glauben, dass wir dann auch nicht gesehen werden, wir können verdrängen, Ersatz- und Trosthandlungen vornehmen: Es wird immer so sein wie im Märchen vom Hasen und dem Igel. Letzterer ist durch einen Trick[49)] immer schon am Ziel, wenn der eigentlich viel schnellere Hase dort ankommt. Täglich grüßt das Murmeltier... Erst wenn wir das erkannt haben, können wir die Probleme als Chance begreifen, den unheilvollen Mechanismus zu beenden, daraus lernen und eine Veränderung herbeiführen.

Die Hypnosetherapie ist für meine Klienten daher meistens die letzte Chance, der letzte Strohhalm, im ungünstigsten Fall ein letzter „Versuch". Grund für ihr bisheriges Scheitern ist, dass in Wirklichkeit die Psyche Ursache ihres Leidens ist, die über körperliche Symptome signalisiert, dass etwas nicht in Ordnung ist. Auch wenn also keine Krankheit im medizinischen Sinne etwa eine Grippe vorliegt, ist es meiner Meinung nach dennoch berechtigt, einen positiven Aspekt der Hypnose in der Aktivierung der inneren Selbstheilungskräfte zu sehen. Denn sie schafft ein anderes, ein „bewusstes" und positives Bewusstsein von sich selbst und dem, was wirklich in uns steckt. Folge davon sind stabile Beziehungen, mehr Lebensqualität und/oder einfach ein gutes Lebensgefühl.

Wir haben es also mit tief innen liegenden Ursachen von vom Unterbewusstsein gesteuerten, äußeren Symptomen zu tun. Diese kann man auch als Hilferufe und Warnsignale dessen deuten,

---

49) Falls Sie das Märchen nicht kennen sollten: Der in der originalen Fassung Swinegel genannte Igel nutzt die Tatsache aus, dass bei Igeln Weibchen und Männchen nicht voneinander zu unterscheiden sind. Dies ist zwar auch beim Hasen so, er hat aber nicht die Schläue des Igels und kommt ihm daher nicht auf die Schliche. Der Igel spannt einfach sein Weibchen ein, indem er sie bittet, auf der anderen Seite des Ackers Position einzunehmen. So sind beide Seiten des Ackers schon besetzt, wenn der Hase ankommt, egal, zu wie vielen Revanchen er den Igel auffordert.

was mitunter als „Seele" bezeichnet wird. Sie sind auch der Grund, warum rein vom und über den Verstand gesteuerte Gespräche, wie sie in der Psychotherapie geführt werden, in der Regel nicht so schnell wirken können wie eine Hypnosetherapie, sondern mitunter sogar Jahre dauern. Der Veränderungsprozess, den die Hypnose anstößt, geht zwar am Ende vom Kopf aus, muss davor aber erst sozusagen vom Unterbewusstsein genehmigt, akzeptiert und dort eingepflanzt werden. In Abwandlung der schlichten, alten Fußballweisheit „Das Runde muss ins Eckige" beschreibe ich es mal so: „Das Irrationale muss ins Rationale". Es bleibt im Kern aber irrational, das heißt: Die Veränderung findet aus dem Unterbewusstsein heraus statt. Und dieses können wir am einfachsten und effizientesten über Hypnose ansprechen und zu Veränderungen bewegen.

Hypnose schafft also Veränderungskompetenz, schaltet die Klienten sozusagen in den Change-Modus um- und die raffinierten, heimlich und heimtückisch agierenden inneren Boykotteure aus, die für die bisherigen unbewussten Vermeidungsmechanismen und -strategien verantwortlich waren. Ergebnis der Hypnose ist ein regelrechter Systemwechsel (system change), indem das alte Verhalten nicht rational reflektiert wird, sondern wir die Klienten die Szenen, die zu diesem ursächlich führten, noch einmal erleben und anschließend neu und neutral bewerten lassen. Von positiv bewerten möchte ich an dieser Stelle deshalb nicht sprechen, weil zum Beispiel ein Missbrauchsopfer das, was passiert ist, sicher nicht positiv sehen soll. Neutral oder fast neutral bewerten lassen ist also besser ...

Das Unterbewusstsein wird dadurch neu reguliert oder, um ein Bild aus der IT zu verwenden, die Datenbankeinträge (files) werden bereinigt. Einträge in der Datenbank, die zu emotional oder traumatisch sind, korrigieren wir auf „normales" oder vernünftiges, neutrales Empfinden. Bei einem erneuten Zugriff auf diese Datenbankeinträge wird keine übertriebene oder falsche, gar krank machende Reaktion mehr ausgelöst. Ausschließlich auf der Verstandesebene ist ein solcher Systemwechsel nicht möglich. Deshalb müssen wir von dort aus ein paar Stockwerke tiefer fahren – nämlich ins Unterbewusstsein.[50)]

Das werden wir nach einem Ausflug in die Geschichte der Hypnose tun.[51)]

50) Warum Hypnose kein Versuch, sondern feste Absicht und fester Wille sein sollte: s. S. 30

51) Wie das geht, lesen Sie unter Pkt. 1.4, ab S. 82

1.2

GESCHICHTE DER HYPNOSE: WAS WIR VON FRÜHER LERNEN KÖNNEN

„Ja, wenn wir die Mittel besäßen, jedermann somnambul zu machen, wäre die hypnotische Heilmethode die mächtigste von allen."

Ambroise-Auguste Liébeault, Landarzt

Kurzgeschichte der Hypnose

Epoche	Vertreter	Methode
Ur-/Frühzeit	Sumerer, Griechen, Ägypter	Heil-/Tempelschlaf
Römerzeit		Heil-/Tempelschlaf
Mittelalter	Mönche mit Kristallkugeln	Heilschlaf
18. Jhd.	Johann Joseph Gassner	Teufelsaustreibungen
	Franz Anton Mesmer	Magnetischer Animalismus
	Marquis de Puységur	Magnetischer Schlaf
19. Jhd.	Abbé de Faria	Fixed-gaze-Methode/Schreckhypnose
	John Elliotson	klinische Hypnose
	James Esdaile	Esdaile State (hypnotisches Koma)
	Dr. James Braid	klinische Hypnose
	Schule von Nancy	dto.
20. Jhd.	Émile Coué	Autosuggestion
	Milton H. Erickson	indirekte Suggestionen
	Dave Elman	direkte Suggestionen;
21. Jhd.	Gerald F. Kein	Methoden-Mix; Hypnose als Prozess

Wirkung/Bedeutung	Heilung durch …
Bewusstseinserweiterung; Erhöhung der Fokussierung	Gott
Anleitung zur Induktion; Selbsthypnose durch Fixation; Trance als Bewusstseinslage	keine; nur Blick in die Zukunft
–	Gott; himmlische Kräfte
Blitzinduktion durch Erwartungshaltung	Gott
geführte Selbsthypnose; Glaube an Wirksamkeit (Placebo)	Magnetiseur bzw. Universum
Somnambulismus	–
eigener Wille als entscheidendes Kriterium; Entdeckung der Imagination; Hypnose als Wissenschaft	aus dem Inneren durch Therapeut
dto.	dto.
dto.	dto.
Selbstheilungskräfte	dto.
Bedeutung von Suggestionen; erhöhte Empfänglichkeit	dto.
Universaltherapie	dto.
Selbstheilung durch innere Ressourcen	dto.
schnellste Induktion; Regressionshypnose	dto.
Selbstheilung in einem höheren Bewusstseinszustand; Arbeit im hypnotischen Koma	Regressionshypnose, Universaltherapie

„Geschichte ereignet sich. Deshalb ist es schwer, aus ihr zu lernen", schrieb vor einiger Zeit der Publizist und ehemalige Chefredakteur der „Welt"-Gruppe, Thomas Schmid, als Titel über einen Beitrag seines Blogs.[52] So gesehen könnten wir darauf verzichten, uns mit der Geschichte der Hypnose zu beschäftigen, weil sie irrelevant wäre. Allerdings heißt „schwer lernen" erstens nicht, das man nichts daraus lernen kann. Und zweitens sehe ich es ein wenig anders. Denn es gibt auch das von dem dänischen Schriftsteller, Theologen und Philosophen Søren Kierkegaard (1813 – 1855) überlieferte Zitat:

> *„Verstehen kann man das Leben rückwärts; leben muss man es aber vorwärts."*

Wenn wir also verstehen, wie in früheren Zeiten Hypnose praktiziert wurde und warum, dann hilft uns das, tatsächlich etwas daraus zu lernen – positiv wie negativ. Deshalb möchte ich auf den folgenden Seiten ein wenig durch die Geschichte der Hypnose wandern. Sie werden dabei feststellen, wie viel Geschichte in der modernen Hypnose steckt, vor allem aber auch, wie viele Irrtümer und Vorurteile gegenüber dieser wunderbar effektiven Form des Gesundwerdens sich über Jahrhunderte hinweg in den Köpfen von Laien ebenso wie von Experten gehalten haben. Wer die Geschichte der Hypnose kennt, kann die kontroversen Ansichten über dieses Heilverfahren besser verstehen – und erkennt, wie dauerhaft sich die Vorurteile und Missverständnisse bezüglich der Hypnose bis heute gehalten haben.

1.2.1 Die Anfänge: Ur- und frühzeitliche Spuren von Hypnose

Wie wir schon gesehen haben, ist Hypnose ein ganz natürlicher Zustand. Er gehört zu uns als Spezies. Logischerweise ist die Trance damit so alt wie die Menschheit selbst, auch wenn Nachweise umso schwieriger sind, je weiter wir in der Geschichte zurückgehen.[53] Hinweise auf die Anwendung tranceartiger Zustände zur Heilung von Menschen finden sich schon bei frühen,

---

52) http://schmid.welt.de/2015/07/16/kann-man-aus-der-geschichte-lernen/

53) Vieles ist hier spekulativ, etwa die These des Höhlenforschers Jean Clottes, dass die Abbildungen (Zeichen, Tiere, Mischwesen) in den paläolithischen Höhlen Tranceerfahrungen steinzeitlicher Schamanen zeigen würden beziehungsweise Trancevisionen unterstützen sollten. (J. Clottes, D. Lewis-Williams. Schamanen: Trance und Magie in der Höhlenkunst der Steinzeit, 1997)
Sicher werden schon unsere Urahnen meditativ und mit Trance gearbeitet haben. Chemie gab es ja damals noch nicht. Glasklare Belege ergeben sich aus den Höhlenmalereien aber nicht. Zudem sind diesbezüglich unterschiedliche Ansätze zu berücksichtigen: Höhlenforscher oder Anthropologen definieren Trance und Hypnose verständlicherweise deutlich weniger eng als Hypnosetherapeuten.

hochentwickelten Kulturen und Naturvölkern. In Keilschriften der Sumerer (ca. 6000 Jahre v. Chr.) ist von einem Heilschlaf die Rede. Aus dem antiken Ägypten stammt eines der ältesten, noch erhaltenen medizinischen Lehrwerke: eine Buchrolle zur Heilkunde der damaligen Zeit, der sogenannte Papyrus Eber (ca. 1.600 v. Chr.). Hier finden sich die ältesten schriftlichen Belege für hypnotisierende Texte. Bei den alten Griechen wiederum gab es den Äskulap-Kult.

Die Methode(n):

Auch bei diesen wurden Patienten durch rituelle Waschungen und Gebete in einen Heilschlaf („Tempelschlaf") versetzt, der wohl eine Art hypnotischer Zustand zwischen wach sein und schlafen war. Die Priester gaben über Schalltrichter Suggestionen vor. Die Heilung erfolgte durch Gott. Eine Inschrift belegt, dass dadurch etliche Krankheiten und Störungen erfolgreich behandelt wurden, zum Beispiel Handlähmung, Glatzenbildung, Hautmale oder Blindheit. (Uta Levermann/Wolfram Reiners: Hypnose: Geschichte, Theorien, Effekte und deren Einsetzbarkeit bei ausgewählten verhaltenstherapeutischen Interventionstechniken, Mannheim, 1992).[54)]

Auch die Maya in Südamerika kannten bereits die medizinische Wirkung der Trance, ebenso wie die Fakire und Schamanen in Indien, Religionslehrer in China, persische Magier, die keltischen Druiden, die Sioux-Indianer sowie afrikanische und amerikanische Hexenmeister beziehungsweise Voodoo-Priester.

Die Bedeutung:

Die dabei eingesetzten Rituale sowie deren Komponenten (Besessenheit, Spiritualität, Geister, Dämonen) haben wenig bis nichts mit der heute praktizierten Hypnose zu tun, basieren aber auf demselben Prinzip: Überwindung der begrenzten, verstandesgesteuerten Realität zugunsten einer Horizont- und Bewusstseinserweiterung; zusätzlich Steigerung der Fokussierung bei gleichzeitiger Reduktion äußerlicher Reize, um auf diese Weise schlechte Gefühle wie Angst und Unsicherheit zu verändern, Kraft und Zuversicht zu tanken sowie psychische Belastungen zu verringern.

1.2.2. Jesus von Nazareth: Ein Hypnose-Pionier?

Springen wir auf der Zeitachse einen großen Schritt nach vorne, könnte man die These aufstellen, dass auch Jesus zu den Hypnose-Pionieren gehört haben könnte. Was hat er nicht alles

---

54) www.3mfuture.com/articles_reiners/hypnose_geschichte_theorien_effekte.pdf

getan, um Menschen zu helfen! Er machte Blinde sehend[55] und Lahme gehend, verwandelte Wasser in Wein und überquerte der biblischen Überlieferung zufolge den See Genezareth zu Fuß. Letzteres ist zwar physisch und damit auch in Trance nicht möglich. Und auch Wasser wird in Hypnose nicht zu Wein. Trotzdem gibt es die merkwürdigsten hypnotischen Phänomene. Es ist also durchaus berechtigt anzunehmen, dass die Autoren des Neuen Testaments Erfahrungen aus dem Heilbetrieb ihrer Zeit in ihre Schilderungen von biblischen Wundern und von Jesus' Wohltaten einfließen ließen.

1.2.3 Selbsthypnose von der Buchrolle: Der demotisch-magische Papyrus

Schon deutlicher sind die „Hypnose-Spuren" in einigen Handschriften der späten Römerzeit. Markantestes Beispiel ist der große magische Papyrus von London und Leiden (3. Jhd. n. Chr.).

Die Methode:

In diesem gibt es erstmals konkrete Anleitungen zur Induktion von Trance und zur Selbsthypnose[56] mit Hilfe von Fixation.

Die Bedeutung:

„Im magischen Papyrus wird die Trance als eine Bewusstseinslage verstanden, aus der ein Blick in die Zukunft möglich ist."[57] Die seelische und körperliche Heilung spielt dabei aber noch keine Rolle.

Neuere Forschungen zeigen allerdings, dass derartige Handschriften im Gegensatz zur bisherigen Annahme direkt unter anderem mit den älteren, ägyptischen Traditionen verbunden sind, also nicht isoliert betrachtet werden sollten.[58]

---

55) Das erinnert an die junge, blinde Wunderkind–Pianistin, die nach einer Behandlung beim Früh–Hypnotiseur Franz Anton Mesmer als Folge von Suggestionen plötzlich wieder sehen konnte; s. Pkt 1.2.5.2, ab S. 50; diese Geschichte wurde jüngst auch verfilmt: https://www.deutschlandfunk.de/film-licht-maria-theresia-von-paradis-eine-blinde-pianistin.1993.de.html?dram:article_id=409501

56) In Kolumne V wird zur Befragung der Zukunft geraten, Weihrauch vor einer Öllampe zu verbrennen und dann eine Lampe zu fixieren, „dann siehst Du den Gott bei der Lampe und Du legst Dich auf eine Binsenmatte, ohne zu irgendeinem auf der Welt zu sprechen. Dann wird er Dir im Traum antworten."
https://www.hypnose-kikh.de/magischer-papyrus.html

57) ebd.

58) Corpus der demotischen magischen Texte – Forschungsprojekt der philosophischen Fakultät, Abt. Ägyptologie der Universität Heidelberg
https://www.uni-heidelberg.de/fakultaeten/philosophie/zaw/aegy/forschung/dem_mag_texte.html

1.2.4 Die Kraft der Mystik: Hypnose bis zum Mittelalter

Der Mystiker Augustinus (354 – 430) berichtete von einem Priester, der völlig schmerzunempfindlich zu sein schien, aber geistig trotzdem voll aufnahmefähig blieb. Und der Mediziner Philippus A.B. von Hohenheim alias Paracelsus (1494 – 1541) wusste von Mönchen, die Menschen mit Hilfe von Kristallkugeln und beschwörenden Gebeten in eine Art Schlaf versetzten, dem heilsame Wirkung nachgesagt wurde (Levermann/ Reiners, ebd.).

1.2.5 Die Kraft von außen: Hypnose im 18. Jahrhundert

1.2.5.1 Mit der Kraft Gottes: Johann Joseph Gassner

Der in Braz (Vorarlberg/Österreich) geborene katholische Pfarrer Johann Joseph Gassner (1727 – 1779) arbeitete aktiv mit Trancezuständen, um Teufelsaustreibungen vorzunehmen. Es ging also auch hier nicht um physische oder psychische Heilung, sondern um die Wiederherstellung des rechten Glaubens.

Die Methode:

Gassners Methode funktionierte, weil seine „Patienten" ihm himmlische Kräfte beziehungsweise göttliche Autorität zuerkannten. Das schuf eine entsprechende Erwartungshaltung. Und diese versetzt eben wie der Glaube Berge. Schon beim Anblick seines Kruzifix' fielen einige „Patienten" bereits quasi hysterisch in Trance. Ansonsten brauchte Gassner dazu offenbar nur etwa sieben Sekunden.

Die Bedeutung:

Wir haben es bei der Methode von Gassner vermutlich mit einer Blitzinduktion zu tun.[59)] Diese basierte auf der hohen Erwartungshaltung und dem starken Glauben der Patienten. In Verbindung mit der Fokussierung auf das christliche Symbol des Kreuzes führte dies dazu, das ein kleiner Schock ausreichte – und schon waren die Menschen in Trance. Gassner ging vom Teufel als Ursache allen Übels aus – und wurde damit zum großen Gegenspieler seines Zeitgenossen Franz Anton Mesmer. Dessen Vorgehensweise war geprägt vom Geist der Aufklärung, die nach wissenschaftlichen Antworten suchte: Mesmer lieferte zumindest vorgeblich eine physikalische Erklärung für das, wofür Gassner den Teufel verantwortlich machte.

---

59) s. auch die Ausführungen zu Franz Anton Mesmer im nächsten Punkt.

1.2.5.2 Mit der Kraft des Magnetbades: Franz Anton Mesmer

Die Methode:

Franz Anton Mesmer (1734 – 1815) aus Iznang am Bodensee erfand in den 70er Jahren des 18. Jahrhunderts den magnetischen Animalismus. Dieser basiert auf der Annahme, dass das Universum von einer Kraft durchströmt werde. Mesmer nannte diese Kraft „Lebensfeuer", weil sie sich seiner Ansicht nach auch im menschlichen Körper befinde. Krankheiten waren Mesmer zufolge daher monokausal immer auf ein erloschenes „Lebensfeuer" zurückzuführen. Dieses wieder anzuzünden, war laut seiner Theorie Menschen mit einem Überschuss an animalischem Magnetismus vorbehalten. Dies geschah durch Übertragung der magnetischen Kraft per Fluidum während des Bestreichens des kranken Körpers. Das sollte diesen wieder zum Fließen und in Schwingung bringen. Dabei kam es zu krampfartigen, epileptischen Zuckungen, der sogenannten Krise.

Das Prozedere spielte sich in Gruppensitzungen ab. Deren bis zu 30 Teilnehmer versammelten sich um einen Holzzuber (Bacquet) herum. Für den magnetischen Sog im Bacquet sorgten Eisenspäne im Wasser. Auf diese hatte Mesmer seine angeblich überschüssigen magnetischen Kräfte vorab übertragen. Die Gruppenmagnetisierungen müssen, davon abgesehen, eine ziemliche Show gewesen sein: Die Patienten bildeten einen Kreis um den Zuber. Jeder berührte eine Eisenstange, die aus dem Wasser ragte. Mesmer sorgte für eine fast schon mystische Stimmung: Die Patienten warteten auf ihn wie die in der Kirche versammelten Christen auf den Priester. Der Raum war verdunkelt, das Licht schummrig. Teppiche an den Wänden sorgten für eine starke Geräuschdämpfung. Es herrschte gespannte Stille (R. Tischner: Franz Anton Mesmer: Leben, Werk und Wirkungen, 1928). Die Spannung erhöhte sich noch durch die magnetische Kette, die die Patienten bilden mussten. Mesmer begann, noch immer unsichtbar, im Hintergrund Glasharmonika zu spielen. Dann erschien er, in flackerndem Kerzenlicht, wie ein Erlöser in der Tür: Mit salbungsvoller Miene und in einen langen, violetten Seidenmantel gehüllt, schritt er die magnetische Kette ab, fragte die Anwesenden leise nach ihrem Anliegen und strich ihnen kurz über den Körper, während er ihnen in die Augen sah. Die Kranken stöhnten, schrien, lachten, verkrampften sich oder schwitzten reihum. Mesmer praktizierte vor allem in Wien und Paris. In beiden Städten wurde er von den Medizinern seiner Zeit angefeindet. Sie warfen ihm Kurpfuscherei und Täuschung vor. Weil seine Heilerfolge aber offensichtlich waren, stieg Mesmers Popularität, so dass auch in anderen französischen Städten „Mesmeristen" als Wunderheiler auftauchten.

Die Bedeutung:

Mesmer machte die Hypnose sozusagen hoffähig. Das Eventhafte der Methode veranlasste im folgenden Jahrhundert Forscher zu weiteren Untersuchungen. Viele ahmten ihn auch nach.

Der Hauptverdienst Mesmers für die moderne Hypnose liegt freilich darin, dass vom Spektakel abgesehen, das er um seinen Magnetismus veranstaltete, auch in den heutigen Techniken noch einiges an Tradition des Magnetismus steckt. Mesmer führte seine Patienten im Grunde genommen schlicht durch eine Selbsthypnose, ähnlich der, die wir heute in der Regressionshypnose anwenden.[60] Er war sich dessen aber gar nicht bewusst und setzte unwissentlich die Vorstellungskraft sowie Kraft und Macht des Unterbewusstseins zur Heilung seiner Patienten ein. Tatsächlich machte Mesmer sich die Placebo-Wirkung zunutze: Seine Patienten glaubten fest an die Wirksamkeit seines magnetischen Wassers. Oder besser gesagt: Sie wollten unbedingt daran glauben, weil sie damit ihre letzte Hoffnung auf Heilung verbanden.

1.2.5.3 Mit der Kraft des Baumes zum Somnambulismus: Marquis de Puységur

Armand-Marie-Jacques de Chastenet (1751 – 1825) aus Paris, der sich selbst Marquis de Puységur nannte und als solcher auch Bekanntheit erlangte, war ein Schüler Mesmers.

Die Methode:

Er entwickelte die Methode seines Lehrmeisters weiter. Oder besser gesagt: Er schränkte sie ein. Er strich sozusagen die physikalische Komponente „Magnet“ aus der Choreographie. Stattdessen nutzte Puységur eine Ulme und daran befestigte Seile, um seine angeblich überschüssige magnetische Kraft auf seine Kundschaft zu übertragen und sie in einen von ihm sogenannten magnetischen Schlaf zu versetzen.

Die Bedeutung:

Puységurs Bedeutung für die Entwicklung der modernen Hypnose wird allgemein unterschätzt. Er ist zu Unrecht in den Annalen nur beiläufig erwähnt. Denn sein „magnetischer Schlaf“ entschärfte die Symptome der Krise von Mesmers magnetischem Animalismus. Dadurch wurde er meines Erachtens zum Pionier des Somnambulismus, jenes Dämmerzustandes, dem in der heute angewandten Form der Hypnosetherapie eine besondere Bedeutung zukommt.[61] Auch er unterlag aber demselben falschen Selbstverständnis, indem er glaubte, dass nur seine Macht und Kraft die Heilung herbeiführe. Für die Erkenntnis, dass diese stattdessen durch geführte Selbsthypnose aus den behandelten Menschen heraus erfolgte, war die Zeit noch nicht reif.

---

60) Der Hypnosetherapeut als Tourguide, s. Pkt. 1.1.3.1, S. 33

61) s. Pkt.,1.4.3.3.3, S. 100

1.2.6 Die Kraft aus dem Inneren: Hypnose im 19. Jahrhundert

Ab Mitte des 19. Jahrhunderts verloren externe Faktoren als Ursache für das seelische und körperliche Leiden von Menschen an Bedeutung. Stattdessen suchte man im Inneren der Menschen nach den Selbstheilungskräften – und fand den Geist, also die Vorstellungskraft (Imagination).[62] Dieses Umdenken war der entscheidende Schritt hin zu dem, was wir heute als Hypnose bezeichnen.

1.2.6.1 Mit der Kraft des (eigenen) Willens: Abbé de Faria

Die Methode:

Der portugiesische Priester José Custódio Abbé de Faria (1756 – 1819) erfand die „fixed-gaze-Methode", eine Art Schreckhypnose durch Anstarren der Handflächen des Hypnotiseurs.

Die Bedeutung:

Auch Abbé de Faria nimmt in den Kapiteln zur Hypnose der Geschichte nicht den ihm eigentlich gebührenden Platz ein. Er verlieh der Hypnose durch wissenschaftliche Ansätze mehr Seriösität, vor allem aber erkannte er, dass Heilung von innen, aus dem Patienten heraus erfolgt und deren unbedingten Willen voraussetzt.

1.2.6.2 Mit Hypnose gegen Schmerzen: James Esdaile und John Elliotson

Der britische Klinikarzt John Elliotson (1791 – 1868) ist Pionier der klinischen Hypnose. Mit dem Wirken seines schottischen Kollegen James Esdaile (1808 – 1859) erreichte diese einen ersten Höhepunkt als Narkosemittel bei chirurgischen Eingriffen.

Die Methode:

Elliotson und Esdaile operierten Patienten, nachdem sie sie mit der Mesmer'schen Methode des animalischen Magnetismus in Trance versetzt hatten. Diese Trance ging bei Esdaile aber deutlich weiter, nämlich tief hinunter in das hypnotische Koma, das nach ihm Esdaile State genannt wird. In diesem Zustand zeigen Klienten praktisch keine Reaktion. Daher eignet(e) sich das hypnotische Koma auch so gut für Operationen. Man spürt keine Schmerzen. James Esdaile benötigte mehrere Stunden, um seine Klienten in diesen tiefen Hypnose-Zustand zu versetzen, heute schaffen wir das dank der Optimierungen von Dave Elman[63] in gut zehn Minuten.

---

62) Zu deren Bedeutung für die heutige Hypnosetherapie s. Pkt. 1.4.3.3.2, S. 98

63) s. Pkt. 1.2.7.3, S. 57

Dank Esdaile konnte die Sterblichkeitsquote nach Operationen von 50 auf zirka acht Prozent, abgesenkt werden, weil Operationen in Hypnose zu deutlich weniger und abgeschwächteren, postoperativen Schocks führten. (Hunter, ebd. S. 34)

Die Bedeutung:

Den beiden Ärzten verdanken wir die Erkenntnis vom geringeren Blutfluss im hypnotischen Zustand, der auch heute noch von Zahnärzten bestätigt wird, die Patienten vor der Behandlung in Hypnose versetzen. (Bongartz, B u. W. in: Esdaile)[64)]

1.2.6.3 Mit der Kraft der Augen: James Braid

Der im britischen Manchester praktizierende schottische Chirurg James Braid (1795 – 1860) gab der Hypnose ihren Namen[65)], weil er, noch geprägt von der Theorie des animalischen Magnetismus, einen „schlafähnlichen Bewusstseinszustand" zu identifizieren glaubte. Er griff bei der Namensgebung auf die griechische Mythologie zurück (Hypnos = Gott des Schlafes). Später wollte er, ein Stück weiser geworden, von dieser Gleichsetzung von Trance und Schlaf zu Recht nichts mehr wissen, im Namen ließen sich beide aber nicht mehr voneinander trennen. Deshalb heißt die Therapieform, die wir praktizieren, noch heute Hypnose.

Die Methode:

Auch Braid arbeitete mit der „fixed-gaze-Methode" (ins grelle Licht starren), weil er annahm, dass die Fixierung die Nerven der Augen schnell ermüden ließe. Er verstärkte den Effekt, indem er mit gefühlvoller Stimme sprach.

Die Bedeutung:

Braid war, wie gesagt, nicht nur Namensgeber der Hypnose, vielmehr war er auch derjenige, der den Mesmerismus sozusagen aufbrach. Er konnte damit den Beweis erbringen, dass die positive Wirkung des animalischen Magnetismus in Wirklichkeit auf Selbstheilungskräfte, also Ressourcen in den Patienten zurückzuführen war.

---

64) https://www.hypnose-kikh.de/esdaile.html

65) s. dazu auch Pkt. 1.1, ab S. 21

1.2.6.4 Hypnose als Krankheit: Jean-Martin Charcot

Jean-Martin Charcot (1825 – 1893) war ein angesehener, französischer Neurologe, der an dem renommierten Pariser Krankenhaus Salpetrière forschte und praktizierte.

Die Methode:

Er demonstrierte die Wirksamkeit der Hypnose bei Lähmungen und wandte sie bei einigen hysterischen Patientinnen in drei verschiedenen Stadien (Tiefen) an, verwechselte dabei aber Ursache und Wirkung, indem er hysterische und hypnotische Symptome gleichsetzte – und letztere damit ebenfalls zu einer Krankheit erklärte. (Bongartz, ebd.)

Die Bedeutung:

Man sollte annehmen, dass Charcot der Hypnose durch seine falsche Annahme einen Bärendienst erwiesen hat. Tatsächlich aber wertete er sie alleine durch seine ärztliche Autorität so auf, dass sie fortan zum ernst zu nehmenden Forschungsgegenstand wurde. Zudem verdanken wir Charcot das Wissen um die verschiedenen Hypnose-Stufen (Tiefen). Charcot unterschied Lethargie, Katalepsie und Somnambulismus.[66)]

1.2.6.5 Die Kraft der Suggestion: Schule von Nancy, Bernheim und Liébeault

Hyppolite Bernheim (1840 – 1919) war Professor für Innere Medizin an der Universität Nancy und Gründer der sogenannten Schule von Nancy, zu der auch Ambroise-Auguste Liébeault (1823 – 1904) gehörte. Beide waren der Ansicht, dass die hypnotischen Phänomene eben nicht krankhafter Art, sondern psychisch bedingt sind.

Die Methode:

Liébeault ließ Patienten seine Augen fixieren und suggerierte ihnen dabei, sie würden dadurch schläfriger und immer schläfriger. Wenn er die Hypnose für tief genug hielt, wechselte er die Suggestion und redete den Patienten ein, ihre Symptome seien verschwunden.

Die Bedeutung:

Die Vertreter der Schule von Nancy erkannten als erste die Bedeutung von Suggestionen, was ihnen zufolge auch erklärte, weswegen Hypnose bei nahezu allen Menschen funktioniert. Bernheims These, Hypnose sei ein Zustand erhöhter Empfänglichkeit, der über Suggestionen hervorgerufen und verstärkt würde, schuf die theoretische Basis der sogenannten klassischen

66) zu den verschiedenen Hypnose-Tiefen und deren Bedeutung s. Pkt. 1.4.3.3, ab S. 100

Hypnose (Bongartz ebd.). In der Tat eine Bahn brechende Erkenntnis, die allerdings auch noch bei Liébault zu einer Überbewertung des Außeneinflusses durch den Hypnotiseur führte.

1.2.6.6 Die Macht der grauen Eminenz: Siegmund Freud und Hypnose

Auch der Begründer der Psychoanalyse, Siegmund Freud (1859 – 1947), arbeitete mit Hypnose. Er war der Schule von Nancy sehr zugetan und zudem der Meinung, dass die von Charcot propagierte Tiefe nicht entscheidend sei. Allerdings legte er die von ihm nach Bernheim und Liébeault praktizierte klassisch-suggestive Hypnosetherapie bald ad acta, weil er in seiner praktischen Arbeit nicht die erhofften Erfolge verzeichnen konnte:

> *„Auf der Klinik Bernheim's schien es fast, als gäbe es wirklich eine solche Kunst und als könnte man sie von Bernheim lernen. Sobald ich aber diese Kunst an meinen eigenen Kranken zu üben versuchte, merkte ich, dass wenigstens meinen Kräften in dieser Hinsicht enge Schranken gezogen seien, und dass, wo ein Patient nicht nach 1 – 3 Versuchen somnambul wurde, ich auch kein Mittel besass, ihn dazu zu machen. Der Procentsatz der Somnambulen blieb aber in meiner Erfahrung weit hinter dem von Bernheim angegebenen zurück."*
>
> ***Dr. S. Freud: Gesammelte Werke. Bd. 1: Werke aus den Jahren 1892 – 1899, S. 63 – 183***[67]

Freud entschied sich dazu, aus der Not eine Tugend zu machen und fortan mit Patienten nur noch im Wachzustand zu arbeiten, was den Beginn der Psychoanalyse markierte.

Die Bedeutung:

Warum Freud bei der Anwendung der Hypnose so häufig scheiterte, kann ich nicht nachvollziehen. Möglicherweise war er einfach nicht der Typ für diese Art der Therapie und exponierte sich etwas zu sehr. Als die graue und einflussreiche Eminenz unter den Tiefenpsychologen sorgte er dafür, dass Hypnose als Heilmethode in Verruf geriet, um dadurch sein eigenes psychoanalytisches Verfahren zu propagieren. Hypnose als Therapieform wurde um Jahrzehnte zurückgeworfen und zum therapeutischen Tabu nach dem Motto „Ja, wenn's beim Freud nicht funktioniert hat, dann kann's auch nichts taugen" – ausgerechnet am Höhepunkt ihrer bisherigen Geschichte: Ausgangs des 19. Jahrhunderts war die Hypnose medizinisch und therapeutisch in der Breite angekommen, quasi Mainstream geworden. Die Vertreter des 19. Jahrhundert hatten

67) Der Textauszug stammt aus den „Studien über Hysterie" und beschreibt den Fall der „Miss Lucy R.".

alle Bausteine gesammelt. Durch die Anwendung von Hypnose auf verschiedenen Gebieten brachten die Pioniere die medizinische und therapeutische Entwicklung in großen Schritten vorwärts. Einzig der Glaube an Heilkräfte von außen warf noch (zu) große Schatten. Vielleicht war dies auch der Grund für Freuds Scheitern: Hätte er sich als Person zurückgenommen, sich als Moderator verstanden, der seine Patienten auf dem Weg zur inneren Selbstheilung lediglich führt und Orientierung gibt, dann hätte die Hypnose heute womöglich einen ganz anderen Stellenwert.

1.2.7 Auf dem Weg zur Universaltherapie: Hypnose im 20. Jahrhundert

Im vergangenen Jahrhundert fristete die Hypnose lange Zeit ein Mauerblümchen-Dasein. Freud wirkte lange nach – bis die psychischen Folgen des Zweiten Weltkriegs die Not zu groß werden ließen. Hunderttausende traumatisierter Menschen, Soldaten ebenso wie Zivilisten, benötigten schnelle und wirksame Hilfe. Der Wiederaufstieg der Hypnose ist dabei untrennbar mit zwei Namen verbunden: Dave Elman und Milton Erickson. Auf Elman werde ich zum Abschluss dieses historischen Streifzuges noch etwas ausführlicher eingehen. Ich arbeite selbst teilweise nach seiner Methode und werde diese an den betreffenden Stellen des Buches detailliert erläutern.[68)]

1.2.7.1 Die Macht der Imagination: Émile Coué

Émile Coué (1857 – 1926) gehört zu den Nachfolgern der Schule von Nancy.

Die Methode:

Coué setzte alles auf die Macht der Imagination. Für ihn gab es einen dauernden Kampf zwischen Wille und Vorstellungskraft, den Letztere regel- und gesetzmäßig gewinnt:

> *„Nicht der Wille ist der Antrieb unseres Handelns, sondern die Vorstellungskraft."*
>
> ***Émile Coué** (Bongartz, ebd.)*

Die Bedeutung:

Coués Beitrag zur Entwicklung der modernen Hypnosetherapie war seine Lehre von der Autosuggestion. Diese besagt, dass jede Hypnose Selbsthypnose ist. Die Rolle des Therapeuten be-

68) s. Pkt. 1.2.7.3, S. 57 und 2.3.1, S. 205

schränkt sich ihm zufolge darauf, im Patienten eine mehr oder weniger, jedenfalls ausreichend starke Vorstellung von der beabsichtigten Wirkung zu generieren, die sich dann im Patienten selbst realisiert.

1.2.7.2 Die Rückkehr der Macht des Inneren: Milton Erickson

Milton H. Erickson (1901 – 1980) sorgte mit seiner Hypnosemethode endgültig für den Durchbruch der inneren Kraft.

Die Methode:

Für Erickson spielte Beeinflussung der Patienten von außen durch Magnetismus oder den Hypnotiseur keinerlei Rolle mehr. Er vertraute vielmehr auf seine Patienten und den ihnen innewohnenden Selbstheilungskräften. Sein Ansatz war, dem Patienten den Zugang zu seinen – oft emotionalen – Ressourcen zu ermöglichen, um diese für die Erreichung des therapeutischen Ziels zu nutzen (Utilisierung; Bongartz ebd.) Dabei zeigte sich Erickson gänzlich undogmatisch, wechselte das Vorgehen von Fall zu Fall und stellte verschiedene Elemente zu einem kreativen Mix zusammen, selbst wenn diese streng genommen nicht zur Hypnosetherapie gehörten.

Die Bedeutung:

Mit seiner Konzentration auf den Patienten und dessen innere Ressourcen hat Erickson der heutigen Hypnosetherapie seinen Stempel aufgedrückt. Die inneren Ressourcen setzte er vor allem mit Metaphern und indirekten Suggestionen frei.

1.2.7.3 Hypnose ohne Umschweife: Dave Elman

Dave Elman, geboren als David Koppelmann (1900 – 1967), hypnotisierte bereits als 14-Jähriger seine Mitschüler und gehört in der neueren Geschichte der Hypnose meiner Meinung nach zu den ganz großen Vertretern seiner Zunft. Elman war mit der damaligen First Lady Eleanor Roosevelt befreundet, publizierte aber nur ein einziges Buch. Dieses halte ich aber für eine Pflichtlektüre: „Findings in hypnosis“ (auf Deutsch: „Erkenntnisse über Hypnose“), später umbenannt in „Hypnotherapy“ (Elman, Dave. Hypnotherapy. New edition, Glendale 1984).

Zunächst wurde Elman aber Musiker, Radiomoderator und Komponist, bis er sich als Showhypnotiseur verdingte. Diesen Werdegang machte er sich für seine Methode zu Nutze. Heute ist er vor allem für die nach ihm benannte Dave Elman Induktion bekannt[69], die er, so besagen es

69) s. Pkt. 2.3.1, S. 205

Berichte, schon an seinen Mitschülern ausprobiert hatte. Einer seiner Schüler führte die erste Operation am offenen Herzen mit Hypnose als Narkosemittel durch. Elman war als Berater dabei, um im Notfall einspringen zu können.[70)]

Die Methode:
Elman unterschied sich markant in seiner Arbeitsweise von allem, was man bis dato kannte. Das lag daran, dass er sein Showtalent und seine Kenntnisse der Blitzhypnose auf die seriöse Therapieform übertrug. Direkt, ohne Umschweife und mit hoher Geschwindigkeit leitete er die Hypnose und schließlich auch die gewünschte Veränderung ein, schnell und direkt kam er zum Problem, das bereinigt werden sollte. Das dauerte oft nur eine Minute.

> *„Schließe deine Augen und tue so, als ob du sie nicht mehr öffnen könntest."*
> ***Dave Elmans schnellste Hypnose-Induktion der Welt***

Elman kannte natürlich auch das Hauptproblem eines Showhypnotiseurs – und auch das half ihm bei seiner therapeutischen Arbeit: das hypnotische Koma beziehungsweise der Esdaile State[71)], aus dem manche der Hypnotisierten nicht herauskommen wollten, wenigsten für drei bis acht Stunden nicht. Das war der Alptraum jedes Showhypnotiseurs. Es passierte selten, war dann aber ein wirklich gravierendes Problem. Nach langem Studium und viel Herumprobieren fand Elman die Lösung nicht nur dafür, wie man die Menschen aus dem hypnotischen Komma herausbringen, sondern auch, wie man sie gezielt in diesen Zustand hineinbringen kann. Das wird in diesem Buch noch Thema sein ...[72)]

Die Bedeutung:
Elmans Methode ist hocheffizient und -wirksam.
- Mit der Dave Elman Induktion machte er die Einleitung der Hypnose zu einem effizienten und sicheren Prozess.
- Er perfektionierte die Blitzhypnosetechniken.

---

70) Daves Sohn Larry Elman hat mir das persönlich bestätigt.
71) s. Pkt. 1.4.3.3, Hypnosetiefen, ab S. 96
72) s. Pkt. 2.3.1, S. 205

- Er erkannte als einer der Ersten den Nutzen der Regressionshypnose und entwickelte dafür die sogenannte Pinpoint-Methode[73], mit der man sehr gut und effektiv zur Ursache des Problems vorstoßen kann.
- Er sah und schätzte den Wert von Direktsuggestion in therapeutischen Sitzungen.
- Er löste das Problem mit dem hypnotischen Koma, das heute zur Grundausbildung jedes Hypnosetherapeuten gehört.

Insgesamt leiteten die Protagonisten des 20. Jahrhunderts eine Entwicklung ein, die die Hypnose-zur Universaltherapie machte. Sie ist seither keine rein auf medizinische Eingriffe beschränkte Methode mehr, sondern kann bei vielen Problemen hilfreich sein, wird zu Motivations- und Leistungssteigerung ebenso genutzt wie zur Suchtbefreiung oder Verhaltensänderung.

1.2.8 Es ist angerichtet: Hypnose im 21. Jahrhundert

Damit sind eigentlich Voraussetzungen geschaffen, um das 21. Jahrhundert zum Jahrhundert der Hypnosetherapie werden zu lassen. Zu tun gibt es genug. Was möglich ist, wenn man die nun vorhandenen Module sinnvoll zusammenfügt, zeigte das Schaffen einer meiner großen Lehrmeister, das ich im Folgenden beispielhaft für eine positive Zukunft der Hypnose darstellen möchte.

1.2.8.1 Der Meister der Kombination: Gerald F. Kein

Gerald F. Kein (1939 – 2017), genannt „Jerry", setzte bereits im Alter von zehn Jahren alles daran, um vom schon damals sehr bekannten Hypnotiseur Dave Elman dessen Arbeitstechniken zu erlernen, was ihm nach einigem Widerstand auch gelang. Nach Abschluss des Rolling Colleges in Winter Park (Florida) verfeinerte er Dave Elmans Methoden und bildete fortan in Seminaren und Videoschulungen Fachleute in der ganzen Welt aus. Das von ihm im Jahr 1979 gegründete OMNI Hypnosis Training Center gilt heute als eines der weltweit größten Lehranstalten unserer Branche. Kein war Direktor des National Board of Hypnotists, Mitautor des Journal of Hypnotism und veröffentlichte zusammen mit seinem ehemaligen Schüler Calvin Banyan das Buch „Hypnosis und Hypnotherapy". Daneben teilte er Wissen in unzähligen Fachartikeln und Videos. Im Jahr 2015 übergab der seit 1963 mit Shirley LaRue verheiratete Jerry Kein die Leitung des OMNI Hypnosis Training Centers an seinen Nachfolger, den Schweizer Hansruedi Wipf. Gerald F. Kein starb am 20.03.2017 in Florida.

73) s. Pkt. 1.4.4.1.1, S. 112

Die Methode:
„Jerry" Keins effiziente und leicht erlernbare Hypnosetechniken waren eine Kombination aus dem Vorhandenen und basieren im Wesentlichen darauf, die Ursache eines Problems aufzuspüren und es in kurzer Zeit mittels Regression aufzulösen. Hilfreich dazu erweist sich auch die von ihm entwickelte „Ultra-Height-Methode"[74], die ausgehend vom Esdaile State[75] die Selbstheilung in einem höheren Bewusstseinszustand ermöglicht.

Die Bedeutung:
Kein gelang es, die ganze Hypnoseausbildung so kompakt zu gestalten, dass er innerhalb von sieben Tagen Hypnosetherapeuten ausbilden konnte und vom Verband NGH anerkannt wurde. Er hat als erster aus intuitiv geführten Hypnosetherapie-Sitzungen einen standardisierten, effizienten Workflow/Prozess gemacht, der einfach erlernbar und anwendbar war. Zudem hat „Jerry" mit der Ultra-Height-Methode einen Weg gefunden, um im hypnotischen Koma zu arbeiten.

Gerald „Jerry" F. Kein und Hanspeter Ricklin
bei einer Veranstaltung in Zürich im Jahr 2013.
Bild: privat

---

74) s. Pkt. 1.4.3.3.4 „Besondere Hypnosetiefen, S. 104
75) ebd.

1.3
BASISWISSEN: WARUM HYPNOSE WIRKT

> *„Man liebt Ursache und Wirkung zu verwechseln."*
>
> Johann Wolfgang von Goethe, Briefe. An Carl Friedrich Zelter, 1. Februar 1831

Die Verwandlung: Metamorphose aus dem Inneren

i

- **Mind Model von Gerald F. Kein:**

➜ drei verschiedene Ebenen des Verstandes: bewusst, unbewusst, unterbewusst

➜ Kontroll-Instanz „kritischer Faktor"

- Der **unbewusste Verstand** steuert automatische Vorgänge im Körper

- **Das Unterbewusstsein**

➜ ist ohne Verstand und Logik

➜ Irrationalität macht Hypnosetherapie zur spannenden Herausforderung

➜ der Mensch in reinster Form

➜ super organisierte Riesendatenbank

➜ Hüter der Glaubenssätze und Verhaltensweisen

➜ steuert die Emotionen

➜ gewinnt immer gegen den Willen/Verstand

➜ Schwamm-Funktion: saugt alles auf, unbegrenzter Speicherplatz

Weiter auf der nächsten Seite »

- **Das Bewusstsein ist**

➜ am Außen ausgerichtet
➜ begrenzt
➜ auf das Jetzt fokussiert
➜ mit Vorstellungskraft ausgestattet
➜ der vorgeschaltete kritische Faktor wird während der Hypnose in die Pause geschickt, das Bewusstsein bleibt aber vorhanden.

- **Kritischer Faktor**

➜ hat Türsteher-Funktion
➜ gleicht neue Informationen mit den Überzeugungen und Wahrnehmungen ab, die im Unterbewusstsein gespeichert sind

Thesen:

- Hypnose macht Arbeit direkt im Unterbewusstsein und mit dem unbewussten Verstand möglich. Dadurch werden signifikante Änderungen auf der Bewusstseinsebene möglich.

- Während der Hypnose „denken" wir mit dem Unterbewusstsein, also von innen heraus.

- Hypnose ist Zustand fokussierten Bewusstseins.

- Der kritische Faktor ist zwischen bewusstem und unterbewusstem Verstand angesiedelt. Er hat keinerlei Veränderungskompetenz. Veränderungsprozesse müssen daher an ihm vorbei eingeleitet werden.

- Superlearning-Modus hindert Kinder unter fünf bis sechs Jahren daran, sich vor „schlechten Informationen" zu schützen. Letztere gehen direkt rein ins Unterbewusstsein, von wo aus sie dann später Probleme bereiten.

- In Hypnose sprechen die Klienten mit der inneren Stimme aus dem Unterbewusstsein. Dieses sprechen wir direkt an. Dort bewirken wir die Veränderung.

Weiter auf der nächsten Seite »

- Der Verstand muss überlistet werden.
- Ängste können über den Verstand nicht beseitigt, sondern lediglich in andere Ängste verschoben werden, wenn der Ursprung nicht aufgelöst wird.
- Nur in der Hypnose kommen wir an die problemverursachenden Emotionen heran.

Vorgehensweise:
Den Klienten die Problemsituation mit allen Emotionen neu erleben lassen, dann darüber sprechen → positive Wirkung → Neubewertung/Neutralisierung: „Was ist so schlimm daran?"

1.3.1 Wettkampf zwischen außen und innen: Wenn der Verstand mit dem Unterbewusstsein ringt

Um Hypnose zu verstehen, brauchen wir ein Modell des Geistes respektive des Verstandes, mit dem wir arbeiten können. Hier hat sich vor allem eine Version des Mind Model bewährt, die stark von der Arbeit und den Lehren Gerald F. Kein beeinflusst ist. Es weckt das Verständnis dafür, wie verschiedene Teile des Verstandes funktionieren und definiert einige Begriffe für uns. Nach diesem Modell gibt es drei verschiedene Ebenen des Verstandes: die unbewusste, unterbewusste und bewusste. Außerdem entdeckte Kein noch eine wichtige Kontroll-Instanz, die er „kritischer Faktor" oder „kritische Funktion des Geistes" nennt. Fürs Erste vor allem wichtig an diesem Mind Model ist, dass das Unterbewusstsein und der unbewusste Verstand die Domänen von Hypnotherapeuten sind – mehr als dies bei allen anderen Berufen der Fall ist, weil durch Hypnose und Hypnotherapie signifikante Veränderungen am Inhalt dieser Bewusstseinsebenen vorgenommen werden.

Wenn Sie sich das Modell vor Augen führen, dann denken Sie daran, dass es nur ein Erklärungsmodell ist und dass alle seine Komponenten am besten als Funktionen und nicht als spezifische, physikalische Teile verstanden werden sollten.

Wenn die Seele auf den Geist trifft
Mind Modell nach Gerald S. Kein

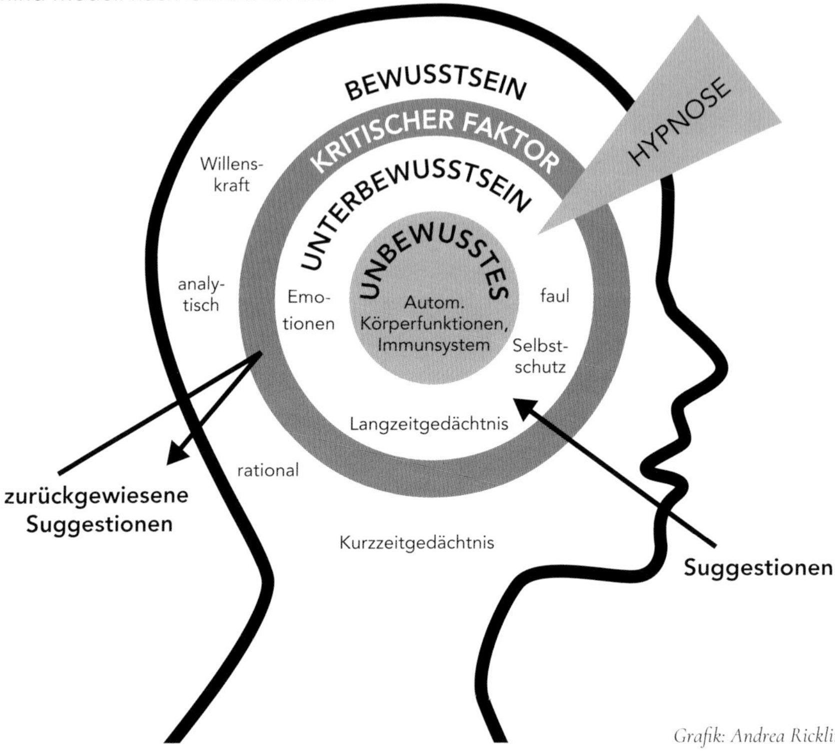

Grafik: Andrea Ricklin

1.3.1.1 Automatik im Kopf: Der unbewusste Verstand

Verstand gehört zur selben Wortfamilie wie verstehen und hat mit Denken zu tun, also einer geistigen Aktivität. Dass es so etwas wie einen unbewussten Verstand gibt, klingt daher zunächst einmal absurd. Nachgewiesen wurde dieser erstmals von dem russischen Physiologen Dr. Ivan Pawlow. Dieser ist vor allem durch die nach ihm benannten Pawlow'schen Hündchen bekannt. Diese waren Ende der 70er und Anfang der 80er Jahre eine Zeit lang der letzte Schrei auf der Ablage vieler Autos: als Wackel-Dackel, die bei der kleinsten Bewegung des Autos mit dem Kopf nickten. Pawlow erkannte, dass nicht nur der Kopf, sondern auch der Rumpf, also Körper ein Bewusstsein hat. Dieses wird zwar als „unbewusst" bezeichnet, ist in Wirklichkeit aber sehr aktiv. Die Bezeichnung „unbewusst" ist trotzdem gerechtfertigt und rührt daher, dass wir uns nicht bewusst sind, was dieses Körperbewusstsein tut. Gleichsam eines Perpetuum mobile scheint es seine Arbeit automatisch zu erledigen. Als dessen Assistent fungiert dabei das sogenannte Autonome Nervensystem (ANS).

„Ein neutraler Reiz wird niemals zu einem konditionierten Reiz, wenn er zeitlich nach dem unkonditionierten Reiz auftritt; auch eine Signalanlage, die erst nach der Vorbeifahrt des Zuges blinkt, wäre nutzlos." Gerd Mietzel: „Pädagogische Psychologie des Lernens und Lehrens", 1998

1.3.1.1.1 Pawlow'scher Effekt: Die Konditionierung des Unterbewusstseins Warum die Hunde dauernd nicken

Dr. Ivan Pawlow bemerkte eines Tages, dass es die Speichelproduktion seiner Hunde verstärkte, wenn sein Assistent ihnen Futter brachten. Dabei genügte es alsbald, wenn dieser im Anmarsch war oder sie ihn hörten. Die Hunde mussten das Futter noch gar nicht vor Augen haben, um verstärkt zu speicheln. Der Assistent wurde zum Signal für die Botschaft: „Es gibt gleich etwas zu fressen." Lernpsychologisch hieß das, dass jeder Reiz, den der Hund als der Fütterung regelmäßig vorausgehend wahrnahm, die gleiche Reaktion auslöste wie das Futter selbst.

Was dahintersteckt: Wir haben es hier mit dem Phänomen zu tun, das sich bildlich in den Sätzen „Mir läuft das Wasser im Munde zusammen" und „Der Appetit kommt beim Essen" widerspiegelt. Das heißt nichts anderes, als dass jemand schon deshalb großen Hunger bekommt, weil das Essen so lecker aussieht, riecht oder schmeckt. Die erste Redewendung bezieht sich darauf, dass der Speichelfluss angeregt wird, wenn man sich auf die bevorstehende Mahlzeit freut.

Es ist ein Beispiel für automatische, unbewusste Vorgänge im Körper, für dessen Bewusstsein, das eine Art „unbewusster Verstand" ist. Ein Reiz (in diesem Fall Nahrung) löst im Verdauungssystem unwillkürlich die immer gleiche Reaktion (verstärkter Speichelfluss) aus. Das ist angeboren, vorprogrammiert beziehungsweise liegt in den Genen verankert.

Welche Reize es gibt:

➜ Pawlow nannte diese Reaktion den **unbedingten Reflex (unconditional reflex; UCR)**. Dieser beruht eben gerade nicht auf persönlichen Erfahrungen oder Konditionierung. Die Reaktion ist quasi ein Instinkt und erfolgt vielmehr unbewusst („unbedingt") und ist daher nicht steuerbar. Weiteres Beispiel für einen UCR ist die Muskelkontraktion nach einem Schlag auf das Knie – etwa bei neurologischen Untersuchungen zur Funktionsfähigkeit der Nerven.

➜ **neutraler Stimulus (NS):** löst keine spezifische Reaktion aus.

Weiter auf der nächsten Seite »

➜ **konditionierter Stimulus/konditionierte Reaktion** (conditioned stimuli; CS/ conditioned reaction; CR): durch Lernen oder Konditionierung entstanden; verbindet sich mit einer beziehungsweise bildet eine **Erwartungshaltung**. In diese Kategorie fallen Glaubenssätze und Emotionen. Die Regressionshypnose kann diese Erwartungshaltung positiv verändern.

Das Pawlow'sche Experiment: Pawlow nahm die Reaktion der Hunde zum Anlass, einen Versuch zu starten: Er kombinierte die Fütterung mit einem Glockenschlag, der erstere sozusagen einläutete. Nach ein paar Mal reichte bereits der Glockenton aus, um die Speichelproduktion der Tiere anzuregen. Der Glockenton wurde nun ebenso wie der sich nähernde Assistent zum Signal für die Fütterung. Die Hunde assoziierten diesen antizipierend mit Fressen. Als neutraler Stimulus ohne nachfolgendes Fressen erzeugte der Glockenton allenfalls ein kurzes Hinhören. Er wurde durch die Verknüpfung mit dem Stimulus Futter zu einem erlernten Reiz (konditionierter Stimulus), der wiederum eine CR auslöst. Der verstärkte Speichfluss ist Ausdruck einer Erwartungshaltung der Hunde.

Woran uns das erinnert – Beispiele für unbewusste Verknüpfungen

Derartigen Konditionierungen sind in unserem Alltag so normal, dass sie überhaupt nicht auffallen Sie haben unbewusst Auswirkungen auf unser Leben. Ein paar Beispiele:

➜ Angst, im Dunkeln nach Draußen zu gehen: Ist diese wirklich angeboren oder doch eher konditioniert, etwa durch Märchen, Gruselfilme, meist nächtlich geschehende Verbrechen wie Einbruch, Überfall oder Vergewaltigung?

➜ Das Hören eines Musikstückes verbindet sich mit Gedanken/Emotionen an ein Erlebnis/ eine bestimmte Zeit.

➜ Sie bekommen schon Gänsehaut und verziehen das Gesicht, bevor Sie überhaupt in die Zitrone gebissen haben. Oder Sie beginnen schon zu lachen, bevor Sie jemand kitzelt. Das sind dann konditionierte Stimuli, also Reaktionen auf Erfahrungen, Bilder oder Gedanken.

➜ Eine Duftnote erinnert Sie an eine bestimmte Person. Der Duft ist hier ein CS, der zuvor ein NS war.

➜ Wir geben Gas, wenn die Ampel auf Grün schaltet.

➜ Werbung mit Rabatten oder der großen Freiheit: Ist das Produkt wirklich günstig beziehungsweise ein Schnäppchen? Oder wurde der Rabatt schon zuvor in den regulären Preis eingespeist? Gemeinhin beginnen echte Preisvorteile erst bei rund 40 Prozent Nachlass. Und bedeuten das neue Luxus-Auto oder die „billige" Pauschalreise wirklich große Freiheit? Tut es nicht auch ein gebrauchtes, altes Fahrzeug? Und ist es nicht auch zu Hause schön und erholsam?

Weiter auf der nächsten Seite »

Zu Unrecht verschmäht: Rollmöpse und Zucchini

Aus Erzählungen von Klienten kann ich noch zwei weitere Beispiele beisteuern:

- **Erlebnis 1:** Ein Klient musste über 30 Jahre alt werden, um zu lernen, wie gut Fisch schmeckt – insbesondere frisch gefangen und direkt am Meer verzehrt. Er wurde letztendlich von einem Bekannten, der ihn zum Essen eingeladen hatte, zu seinem Glück gezwungen: Die Einladung bezog sich einfach nur auf Fisch. Und er hatte Hunger. Also aß er. Bis zu diesem Abend war der Fisch mit Ekel konnotiert („Pfui Teufel, wie kann man das essen!") – wohl gemerkt, ohne dass er je Fisch probiert hatte. Der Grund: Konditionierung durch Erziehung beziehungsweise Übertrag von negativen Emotionen vom Vater auf die Kinder: Zu Hause bei den Eltern war Fisch streng verboten. Es durfte in der Küche auch nicht nach Fisch riechen. Und das nur, weil sein Vater in jungen Jahren offenbar verdorbenen Rollmops aus dem Glas gegessen hatte …
- **Erlebnis 2:** Eine Klientin hat einige Jahre keine Zucchini mehr gegessen, weil sie sich nach dem Verzehr derselben hatte übergeben müssen. Der unbewusste Verstand hatte ihr hartnäckig eingebläut, die Zucchini seien verdorben gewesen. Es hatte sich um aufgewärmte Reste gehandelt, die schon ein paar Tage im Kühlschrank gelegen hatten. Das traf auf die Pasta, die sie dazu gegessen hatte, aber auch zu. Diese könnten es also genauso gewesen sein. Oder der Stress – sie war an diesem Abend körperlich ziemlich kaputt. Oder ein Infekt? Jedenfalls fühlten sich tags darauf auch die Töchter nicht mehr wohl … Das Unterbewusstsein der Klientin ließ solche Gedanken freilich erst Jahre später zu. Heute isst sie Zucchini laut eigenen Angaben wieder gerne …

Reizverstärkung: Lernen, bis es wirklich sitzt

In Zusammenhang mit unserem eigentlichen Thema Hypnose noch wichtig ist der Effekt der Verstärkung (reinforcement). Dieser tritt ein, wenn ein **unkonditionierter Stimulus (UCS)** mit einem NS gekoppelt wird. Je häufiger diese Verstärkung auftritt, desto sicherer und stabiler wird die Verbindung zwischen den beiden Reizen. Übertragen auf die Hypnose bedeutet das: Je häufiger die Suggestion wiederholt wird, desto nachhaltiger und überzeugender wirkt sie.

Reizgeneralisierung: Wenn nichts mit nichts zu tun hat

Eine Herausforderung bei der aufdeckenden und auflösenden Regressionshypnose ist auch das Problem, dass das Unterbewusstsein Reize generalisiert. Dann wird die gelernte Assoziation auf neue, ähnliche Reize ausgedehnt. Ein ähnlicher Reiz löst also die gleiche Reaktion aus. Es kommt dann oft zu Verbindungen, die mit rationalem Verstand betrachtet mitunter Kopfschütteln

Weiter auf der nächsten Seite »

verursachen, weil dieser nie auf die Idee käme, hier einen Zusammenhang zu sehen – oder weil es sich wirklich um Banalitäten handelt, die dem Klienten manchmal noch einmal wirklich bewusst waren.[76] Im Pawlow'schen Experiment zeigte sich dieser Effekt, als nach einer erfolgreichen Konditionierung der Glockenton verändert wurde. Wenn die Hunde zu diesem veränderten Ton ebenfalls Fressen bekamen, produztieren sie ebenfalls mehr Speichel. Umgekehrt kann sich der Reiz auch differenzieren, wenn zum Ertönen des veränderten Glockentons der Fressnapf wiederholt leer bleibt. Dann wird dieser nicht mehr mit Fütterung verbunden. Eine Wirkung auf die Speichelproduktion bleibt dann künftig aus. Beispiel für eine solche Reizgeneralisierung ist die Angst, etwa vor Hunden. Die konkrete Angst vor einem bestimmten Tier, überträgt sich intuitiv auf alle Hunde. Wenn ein eigentlich unbekanntes Musikstück Emotionen auslöst, könnte dies ebenfalls an einer Reizgeneralisierung liegen, wenn es ähnlich klingt wie eines, mit dem wir eine solche Emotion verbinden.

Von Bedeutung für die Hypnose ist auch, dass wir uns an Reize gewöhnen können (sogenannte Habituation). Wir bemerken sie dann gar nicht mehr, spüren ihre möglicherweise negativen Folgen unter Umständen aber trotzdem weiterhin – wenn auch häufig nur unbewusst. Dann werden wir körperlich krank, ohne die Ursache zu kennen. In einem solchen Fall kann man mit schulmedizinischen Methoden nur an den Symptomen herumdoktern. Deshalb sind meine Klienten oft überrascht, wenn sie am Ende der Hypnosesitzung die Wahrheit kennen. Beispiele für eine Habituation sind etwa dauernder Lärm, dem Anwohner an Hauptverkehrsstraßen ausgesetzt sind, den sie aber irgendwann nicht mehr bewusst wahrnehmen. Oder der Co-Narzissmus, bei dem sich die Opfer so an Demütigungen und zynische, spitze Bemerkungen des Partners gewöhnen, dass diese ihnen gar nicht mehr auffallen. Sie gehen links ins Ohr rein und rechts wieder raus – setzen sich aber trotzdem unmerklich ganz tief im Inneren fest. Die Folgen für die Psyche sind dann oft erst nach Jahren spürbar.

Fazit:
Verhalten lässt sich über Reize kontrollieren. Hypnotische Suggestionen schaffen Assoziationen und setzen positive Reize, die zu einer Verhaltensänderung führen können, wenn Klienten diese annehmen. Die Hypnose schafft die Voraussetzungen für diese Akzeptanz.[77]

76) s. Praxisteil ab S. 198
77) www.lern-psychologie.de/behavior/pawlow.htm

Das tut der unbewusste Verstand

Körperfunktionen, die der unbewusste Verstand unter anderem unablässig verwaltet:

- prinzipiell alle automatischen Prozesse und Vorgänge im Körper, solange und sofern wir nicht über diese nachdenken
- Schutzfunktionen wie das Immunsystem oder Reflexe, zum Beispiel ausweichen oder wegducken
- Atmung, Herzfrequenz
- körperliche und emotionale Reaktionen wie mit den Augen blinzeln, lachen oder weinen
- glatte Muskelreaktionen

1.3.1.2 Deep state ohne Grenzen: Das Unterbewusstsein

Zu unterscheiden ist der unbewusste Verstand vom Unterbewusstsein, das der Begründer der Psychoanalyse, Dr. Siegmund Freud, als Erster beleuchtet hat. Dieses ist wirklich und gänzliche ohne Verstand, agiert und reagiert vielmehr absolut irrational, was die Hypnosetherapie mitunter zu einem Abenteuer mit überraschendem, nicht verstandesmäßig nachvollziehbarem Ende macht – dazu später mehr. Grob gesagt, sind das Unterbewusstsein Sie selbst in reinster Form. In der Summe bildet es das, was wir Persönlichkeit nennen: ein Schatz aus all Ihren Erfahrungen, Erlebnissen und Prägungen. Das Unterbewusstsein ist eine riesige, komplexe und atemberaubende Super-Organisation, die die Fähigkeit besitzt, auf bestimmte Informationen oder Verhaltensweisen fast augenblicklich zuzugreifen. Möglich ist das, weil hier über Assoziationen wie in einem unterirdischen Tresorraum alles gebunkert wird, was Sie über Ihre Sinne bewusst oder unbewusst erreicht, jedes noch so kleine Erlebnis, jedes Wort, jeder Ton, jedes Bild, jedes Gefühl.

Das ist durchaus problematisch, denn das alles wird im Unterbewusstsein regelhaft: Nach dem Motto „Ein Mal gemacht, schon Tradition" werden Erlebnisse zu Regeln. Und Regeln zu hartnäckigen Glaubenssätzen. Mit allen Tricks bringt das Unterbewusstsein uns dazu, an diesen Glaubenssätzen festzuhalten. Der Hauptschalter dabei sind die Emotionen. Mit diesen bringt es das Bewusstsein buchstäblich und unablässig um den Verstand. Dieser mag noch so sehr die

Notwendigkeit von Bewegung sehen. Wir bleiben trotzdem auf dem Sofa sitzen, weil es da so kuschelig ist und wir uns so müde fühlen. Umgekehrt lässt uns das Unterbewusstsein wissen, dass uns ohne Sport etwas fehlt, wenn wir diesen regelmäßig betreiben. Ein Argument kann noch so stark und vernünftig sein, wir bleiben doch gelähmt vor Angst. Das Unterbewusstsein ist bar jeglicher Logik. Deshalb hat es auch kein logisches Ablagesystem. Das macht es auch in Hypnose manchmal nicht so einfach, ihm auf die Schliche zu kommen. In welchem Fach ein bestimmtes Ereignis abgespeichert wurde und zusammen mit welchen anderen, damit zusammenhängenden Ereignissen, lässt sich nicht mit Algorithmen oder einer Programmiersprache beschreiben. Man muss es mit fast kriminalistischem Spürsinn herausfinden.[78)]

Mit Hilfe von Hypnose geht das, wobei die Regel gilt: Je wichtiger oder emotionaler ein bestimmtes Ereignis in Ihrer Vergangenheit war, desto leichter kann es gefunden und wiederbelebt (revivified) werden, es sei denn, es wird durch eine Schutzfunktion blockiert, die das Wiederauffinden erschweren kann. Auch darauf werde ich später noch konkreter eingehen. An dieser Stelle nur noch so viel: Der Verstand ist nur die Spitze des Eisberges. Man schätzt, dass er uns nur zu fünf bis zehn Prozent ausmacht. Die restlichen 90 bis 95 Prozent gehören zum Unterbewusstsein. Der Wille kann daher noch so stark sein: Er wird am Ende gegen das Unterbewusstsein verlieren. Daran kann nur die Hypnose etwas ändern.

So arbeitet das Unterbewusstsein
Die Funktionen des Unterbewusstseins machen in der Summe unsere Persönlichkeit aus, ergeben also jenen Mensch, der wir wirklich sind.

Das Unterbewusstsein:
- übt eine Schutzfunktion (widersteht eingehenden Informationen, die im Widerspruch zum Glaubensmodell stehen)
- hält Gewohnheiten/typische Verhaltensweisen aufrecht
- verwaltet und festigt Überzeugungen/ Glaubenssätze
- spart Energie
- ist hochorganisiert und unbegrenzt
- beflügelt die Vorstellungskraft

78) s. 1.4.1 ab S. 83

1.3.1.3 Ungeschützte Minderheit: Das Bewusstsein

Das Bewusstsein ist sozusagen der Gegenspieler des Unterbewusstseins. Bildlich gesprochen sitzt es oben im Kopf, während das Unterbewusstsein schon dem Wortsinne nach von unten agiert. Das klingt zunächst einmal gut für den Verstand, denn Ober sticht Unter. Und tatsächlich wären wir ohne unseren bewussten Verstand nicht überlebensfähig, weil wir sozusagen nichts auf dem Radar und keine Fähigkeiten zur Folgeabschätzung unserer Handlungen hätten. Wir wären zu 100 Prozent Impulsgesteuert, also rein emotionale Wesen ohne jegliche Ratio. Doch wer glaubt, dass der Verstand deshalb alles unter Kontrolle hätte, weil man oben die bessere Aussicht hat und mit dem Verstandeswerkzeug Willen daher quasi absolutistisch über sich und seinen Körper regieren kann, der täuscht sich gewaltig. Denn das Unterbewusstsein ist quasi ein Deep State ohne Grenzen. Wenn man, wie ich gerade schon festgestellt habe, seit Freud annimmt, dass uns der Verstand nur zu maximal zehn Prozent ausmacht, bedeutet das im Umkehrschluss, dass das Unterbewusstsein eine 90-Prozent-Mehrheit hat. Gegen eine solche Übermacht ist auf Dauer schwer anzukommen, vor allem dann, wenn dieser gewaltigen Mehrheit jedes Mittel recht ist, um ihr Ziel zu erreichen: Boykott, Sabotage, Streik etc.

Das Bewusstsein ist also in Wirklichkeit klein und chancenlos. Es kann nur wenige Dinge auf einmal halten und merkt sich nur einen Bruchteil der Informationen, die auf es einprasseln wie ein Platzregen im Sommer. Es speichert das Allermeiste im Kurzzeitgedächtnis ab – oder gar nicht. Das Unterbewusstsein ist dagegen wie die Haut: Es vergisst nichts und speichert alles, auch jede noch so kleine Kleinigkeit, die wir gar nicht bewusst wahrnehmen.

Und so legen wir Menschen den Fokus zwar in der Regel auf den bewussten Verstand, weil dieser dazu neigt, sich auf das zu konzentrieren, was jetzt geschieht. Er kann aber leicht auf die Vergangenheit und unsere vorgestellte Zukunft oder auf eine komplette Phantasiesituation ausgerichtet werden. Das machen wir uns in der Hypnose zunutze, in dem wir die Übermacht Unterbewusstsein an den Steuerknüppel lassen. Der kritische Verstand wird in den Passagierraum verfrachtet und damit zeitlich befristet abgelenkt. Die Klienten denken in Hypnose praktisch mit dem Unterbewusstsein – und damit von innen heraus. Der Verstand dagegen richtet sich lieber am Außen aus.

Auch wenn in der Hypnose der Verstand eine untergeordnete Rolle spielt, ist es trotzdem wichtig, dass Hypnosetherapeuten sich jederzeit darüber im Klaren sind, dass Hypnose nicht dazu führt, dass jemand das Bewusstsein verliert. Hypnose ist also kein Zustand der Bewusstlosigkeit, sondern ein Zustand des fokussierten Bewusstseins.[79)]

Das tut der bewusste Verstand

Der bewusste Verstand ist im Gegensatz zum Unterbewusstsein begrenzt und führt unter anderem folgende Funktionen aus:

- schützt
- denkt logisch und rational
- interagiert mit dem kritischen Faktor, der zwischen ihm und dem unbewussten Verstand liegt
- steuert den Willen
- macht Pläne
- erkennt, was das Unterbewusstsein entschieden hat

79) s. Pkt. 1.1.2, ab S. 25

1.3.1.4 Da steckt bestimmt der Kopf dahinter! Kritischer Faktor

Hypnose-Experten sind sich nicht einig, wo genau der kritische Faktor liegt. Einige sagen, dass es eine Funktion des bewussten Verstandes ist, während ich glaube, dass es eine Funktion ist, die zwischen dem bewussten und dem unterbewussten Verstand interagiert. Die wichtigste Funktion des kritischen Faktors ist, dass er wie ein Filtermechanismus funktioniert, der neue Informationen, die durch die bewusste Ebene des Verstandes hereinkommen, mit den alten Überzeugungen und Wahrnehmungen vergleicht, die im Unterbewusstsein gespeichert sind. Er entscheidet also, was rein darf ins Innere eines Menschen, hat also eine Art Türsteher-Funktion. Und dieser Türsteher sorgt zwar für Stabilität in der Komfortzone, hat aber keinerlei Veränderungskompetenz. Diese hat aus unserer Erfahrung vermutlich allein das Unterbewusstsein.

Suggestionen/Mind Modell

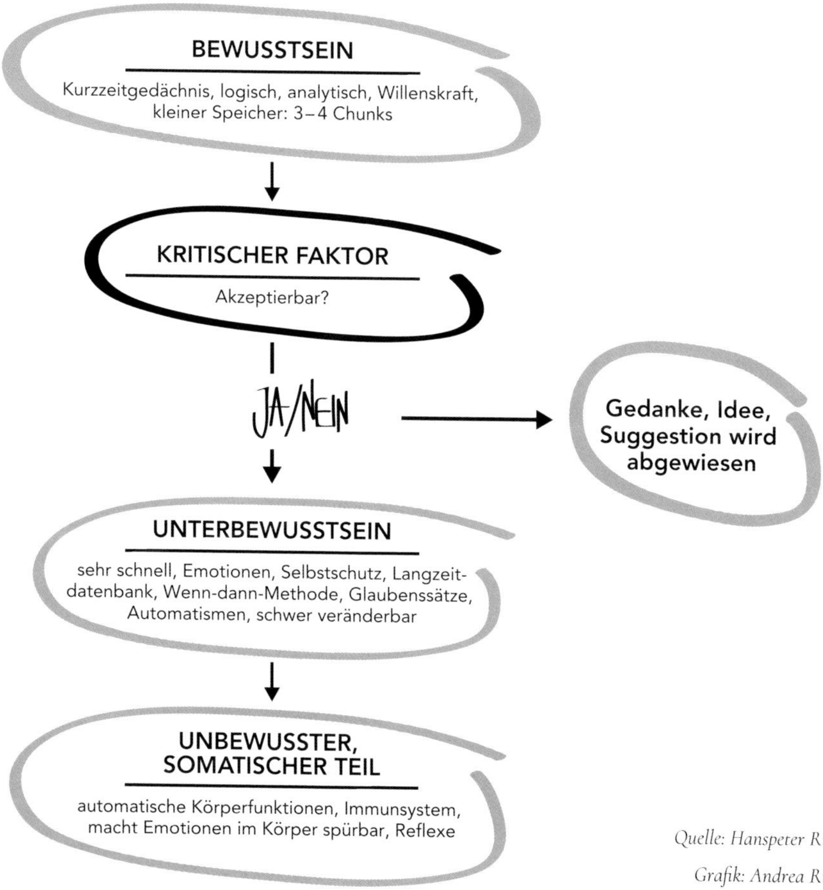

Quelle: Hanspeter Ricklin

Grafik: Andrea Ricklin

Mein Standpunkt ist, dass der kritische Faktor im Unterbewusstsein (oder kurz davor) ist, wo er neu eintreffende Informationen entweder abweist oder es erlaubt, diese als Daten zu speichern oder im Abgleich die bereits existierenden Überzeugungen und Gewohnheiten zu schwächen beziehungsweise zu verstärken.

Durch den Prozess der Hypnose sind wir in der Lage, den kritischen Faktor zu umgehen. Wir legen quasi einen Bypass ins Unterbewusstsein und erreichen auf diese Weise dort einen Zustand erhöhter Suggestibilität.

Die Wissenschaft geht davon aus, das bei Kindern unter fünf bis sechs Jahren der kritische Faktor noch nicht oder nur schwach ausgeprägt ist. Sie sind dadurch im, wie ich es nenne, **Superlearning-Modus**. Dieser hat aber einen ganz entscheidenden Nachteil: Weil der Filter noch fehlt, kommen neben den guten auch schlechte, schädigende oder manipulative Informationen durch, die später nicht am Türsteher vorbeikommen würden und im Erwachsenleben mitunter enorme Probleme bereiten.

1.3.1.5 Reden ist Silber: Gesprächs- und Verhaltenstherapie vs. Hypnose

Zugegeben: In der Psychotherapie werden sehr gute Techniken angewendet. Deshalb soll es an dieser Stelle auch nicht darum gehen, irgenderwas zu verteufeln oder schlecht zu machen. Im Gegenteil: Alles hat seine Berechtigung. Allerdings steht außer Zweifel, dass die herkömmliche Psychotherapie sehr viel Zeit allein für die Diagnose benötigt. Und dann ist ja noch nichts für die Genesung getan. Hinzu kommt, dass es für viele Diagnosen noch keine effiziente Heilungs-Methode gibt. In Deutschland sieht der Leistungskatalog darum derzeit auch 25 Sitzungen vor. Danach kann der Therapeut einen Antrag auf die große Lösung stellen: 60 – 300 einstündige Sitzungen. Die Therapie kann sich also Monate oder sogar Jahre hinziehen. Aus meiner bescheidenen, laienmedizinischer und gänzlich unärztlichen Sicht zieht sich das deshalb meist so lange hin – und sehr oft ohne wirklichen Erfolg –, weil die Psychotherapie immer den Verstand der Klienten anspricht. Man muss also Techniken anwenden, die den Verstand überlisten. Dies scheint nicht ganz einfach zu sein.

Auch Medikamente, insbesondere Psychopharmaka, haben in vielen Fällen keine nachhaltige Wirkung. Sie helfen sehr gut in Notsituationen. Bei der Verhaltenstherapie wiederum geht man davon aus, dass sich der Zustand der Klienten durch Überwinden ihrer Ängste verbessert. Aus meiner Erfahrung heraus ist dies ein Irrglaube. Meistens beziehungsweise wenn die Verhaltenstherapie Erfolg hat, gibt es eine Verschiebung in eine andere Angst. Grund: Der Ursprung der Angst wurde nicht aufgelöst, weswegen die Angst weiter im Unterbewusstsein steckt. Sie wechselt sozusagen das Hemd und sucht sich dann ein anderes Feld, von dem aus sie weiter zerstörerisch und lähmend wirken kann.

Bei der Hypnosetherapie ist es dagegen oft schon mit einer Sitzung getan, etwa bei der Raucherentwöhnung.[80] Jedenfalls genügen in der Regel zwei bis drei Sitzungen bis zur Auflösung des Problems und damit ausreichender Hilfe zur Selbsthilfe für die endgültige Heilung. Dies ist so, weil wir im Gegensatz zu den oben beschriebenen Techniken in der Hypnose direkt das Unterbewusstsein ansprechen. Etwas konkreter ausgedrückt: Ich spreche mit jenem Teil im Inneren der Klienten, aus dem die Angst kommt, wo sie sich so gut versteckt. Ich meine damit natürlich die übertriebenen, ja krankhaften Ängste, also nicht die gesunden, wichtigen, die uns vor Gefahr schützen und Teil des gesunden Menschenverstandes sind.

Während der Hypnose sprechen die Klienten nicht mit dem Verstand, sondern mit der inneren Stimme aus dem Unterbewusstsein mit Ihnen. Sie antworten also genau auf die Frage, die und so wie Sie sie stellen. Das ist durchaus eine Gratwanderung, denn falsch gefragt bedeutet dann auch grundsätzlich falsche Antwort.

Wie aber schaffen wir es, das Problem, weswegen Klienten zu mir kommen, sozusagen in Luft aufzulösen? Der Gedanke dahinter ist so einfach wie genial: Ich lasse sie die Situation in der Hypnose noch einmal erleben, ungefiltert durch den Türsteher namens kritischer Verstand und mit allen damit verbundenen Emotionen. Ich konfrontiere die Klienten also direkt und unmittelbar mit ihren Gefühlen und ihrer Angst von damals. Das Ganze lasse ich auf sie wirken und spreche dann mit ihnen darüber.

Hier haben Sie als Therapeut die Möglichkeit, alle Ihnen bekannten Techniken anzuwenden, von NLP und informiertem Kind bis zur Kinotechnik u. Ä.[81]

---

80) s. Pkt 1.4.11, S. 143

81) s. Pkt. 1.4.4.2.7, S. 121ff

Dieses Gespräch leite ich dann in positive Bahnen, etwa durch Fragen wie „Was ist eigentlich so schlimm daran?", um der Situation dann eine positive Wendung zu geben.[82] Aus dem traumatischen wird ein Erfolgserlebnis. Dieses lasse ich die Klienten dann ebenfalls erspüren, so wie zuvor die negativen Gefühle. Da helfen Fragen wie „Wenn du dir das so jetzt noch einmal vorstellst – wie fühlt sich das jetzt an?" – und zwar so lange, bis die negativen Gefühle komplett weg sind. Das ist für mich schon rein logisch der effizienteste Weg, um Ängste aufzulösen.

In der Hypnose gehen wir direkt zum Ursprung des negativen Gefühls, das Grund der Probleme des Klienten ist. Wir tun dies direkt im Unterbewusstsein ohne den Filter Verstand. Dadurch kann der Klient die Situation von damals noch einmal vor seinem geistigen Auge abrufen und erleben. Er ist dabei wie damals Akteur, manchmal aber auch „nur" Zuschauer oder Analyst. Er befindet sich also im gleichen oder zumindest einem vergleichbaren Zustand wie zu dem Zeitpunkt, als die Angst entstand. Diese Situation muss neutralisiert, neu beurteilt werden. Wir müssen so lange daran arbeiten, bis die Klienten die damit verbundenen negativen Emotionen nicht mehr spüren, die Situation auf der SUD-Skala[83] also mit 0 bis maximal 2 beurteilen. Sie müssen noch einmal zurück zum Ursprung, eventuell eine weitere Regression machen, denn sonst könnte sich die Angst in einer anderen Ecke des Unterbewusstseins erneut, möglicherweise auch in anderer Gestalt breit machen oder wie ein Bumerang zurückkehren. Das ist auch der Grund, weshalb man ab und zu eine weitere Hypnosesitzung benötigt.

Darum ist auflösen besser als nur reden

➜ Rein verhaltenstherapeutisch orientierte Techniken stoßen auf Widerstand des kritischen Verstandes, der die Wahrnehmung von Gefühlen filtert beziehungsweise einschränkt oder gar manipuliert (kognitive Hemmung oder Täuschung). Der kritische Verstand greift dabei auf Erfahrungen, Prägungen, festsitzende Glaubenssätze oder Vorurteile zurück. Dadurch werden Emotionen zum Beispiel durch bestimmte Schlüsselreize ausgelöst, die der Verstand wahrnimmt. Die Selektion des Verstandes hat durchaus auch Schutzfunktion. Wir würden sonst sozusagen einen Gefühls-Overload erleiden. Sie hindert uns aber daran, auf das Unterbewusstsein zuzugreifen, wo all diese Emotionen samt ihrer Ursprünge sitzen, die meist bis in die Kindheit zurückreichen. Das kann insbesondere deshalb dramatisch sein, weil psychische Erkrankungen und negative Verhaltensweisen häufig gefühlsbedingt, also keine

---

82) s. Praxisteil ab S. 198
83) s. Pkt. 1.4.2.1, S. 88

Sache des Kopfes sind. Es ist schwer bis unmöglich, bei vollem beziehungsweise nicht durch einen Trance-Zustand abgelenktem Bewusstsein den Widerstand des kritischen Verstandes zu umgehen und an die problemverursachenden Emotionen heranzukommen. Deshalb kann die Verhaltenstherapie im Endeffekt nur an den Symptomen herumdoktern und eine Verhaltensänderung zu erwirken versuchen. Das bedeutet viel Mühe für beide Seiten (Klient und Therapeut) bei – wie gesagt – meist wenig Erfolg. Zu uns kommen die Menschen deshalb meist erst, wenn der Leidensdruck entsprechend angewachsen ist. Denn in der auflösenden Hypnose gelingt uns dies ganz leicht, weil wir den kritischen Verstand aus oben genannten Gründen geschickt umgehen, um direkt im Unterbewusstsein eine Veränderung der Emotionen zu bewirken – die Grundvoraussetzung für Heilung. Hypnose wird so zum inneren Großreinemachen. Aus schlechten werden positive Gefühle, aus Zwang und Angst Befreiung und inneres Wachstum, weil das, was in den Klienten steckt, nun nicht mehr durch negatives Denken und ebensolche Emotionen überlagert ist.

Mit auflösender Hypnose können Sie schnell, unkompliziert, effektiv und tief ins Unterbewusstsein der Klienten gelangen und so die negativen Emotionen aufspüren, die das Problem, weswegen sie zu Ihnen gekommen sind, ursprünglich und ursächlich ausgelöst haben und noch auslösen. Diese können Sie dann neutralisieren.

➜ Verhaltenstherapie baut Angst – je nach Heftigkeit des problemauslösenden Ereignisses – durch die Konfrontation im realen Leben erst richtig auf, Hypnose dagegen baut Angst ab. Dadurch verliert der angstauslösende Reiz bei der Konfrontation im realen Leben seine Bedeutung. Hinzu kommt, dass die Angstreaktion in Hypnose begleitet durch den Therapeuten erfolgt. Erfahrene, professionell und seriös arbeitende Hypnosetherapeuten gehen dabei sehr behutsam vor. Sie spüren, was Sie dem Klienten jeweils gerade zumuten können, sie sind sozusagen schützend da, während der Klient die Angstsituation durchlebt und neu bewertet, ja neutralisiert. Bei der Verhaltenstherapie müssen die Klienten dagegen mehr oder weniger alleine durch. Die Konfrontation mit der angstauslösenden Situation in der realen Welt kann dadurch zu inneren Erschütterungen führen, statt dass sie sich langfristig abnutzt. In einem solchen Fall verschlimmert sich das Problem dann sogar oft. Weiterer Pluspunkt der Hypnose in diesem Zusammenhang: Hier fällt die positive Wendung leichter, weil ja der kritische Verstand als chronischer Bedenkenträger umgangen wird.

Darum ist Hypnose so effektiv

Superquellen allen Übels

Das große Plus der von mir praktizierten aufdeckenden/auflösenden Hypnosetherapie ist der dadurch mögliche direkte Zugriff auf das Unterbewusstsein. Dadurch findet der Klient den Ursprung, der meist in seiner Kindheit liegt, selber und kann zusammen mit dem Therapeuten diesen traumatischen Moment auflösen. Dies erreichen wir, indem wir die Emotionen neutralisieren.[84)]

Ganz häufig liegt der Ursprung aus Sicht des Erwachsenen oder älteren Kindes/Jugendlichen nicht bei wirklich dramatischen und traumatischen Erlebnissen. Stattdessen finden wir ihn dann bei aus heutiger Sicht Kleinigkeiten und Nebensächlichkeiten. Aus damaliger Sicht (Baby oder Kleinkind bis fünf Jahre) aber war das ein traumatisches Erlebnis und wurde zur Superquelle allen Übels. Gerade weil das so ist, stößt eben die reine Gesprächstherapie so häufig an ihre Grenzen.

84) s. Praxisteil, Pkt. 2.6, ab S. 270

1.4
HYPNOSE: FUNKTIONSWEISE, AUFBAU, ABLAUF

„Man sieht nur mit dem Herzen gut. Das Wesentliche ist für die Augen unsichtbar.“

Antoine de Saint-Exupéry („Der kleine Prinz“)

Kommen Sie doch einfach mit! Eine Reise ins Unterbewusstsein

1.4.1 Wenn sich die inneren Augen öffnen: Der Hypnosetherapeut als Fahnder

Ich habe bereits darauf hingewiesen, dass die Hypnosetherapie kein Zaubertrick ist. Für die Klienten sind die Erlebnisse während der Hypnose aber oft so verblüffend, dass man tatsächlich einen Zauber dahinter vermuten könnte.[85] Um nur ein Beispiel zu nennen: Ein jüngerer Klient, der zuvor jahrelang erfolglos in psychotherapeutischer Behandlung gewesen war, meldete mir per E-Mail begeistert, dass seine Soziophobie schon nach einer Sitzung wie von Zauberhand fast verschwunden sei. Jahrelanges Martyrium durch Waschzwang, gestörtes Essverhalten, Süchte oder Ängste und nach einer Hypnosesitzung alles wieder gut? Nun, ganz so ist es nicht, aber ich behaupte, doch häufig leichter, als man gemeinhin denkt. Wie ist das möglich? Was steckt dahinter? Und wie funktioniert Hypnose?

Dazu zunächst einige allgemeine Erläuterungen:

Die von mir praktizierte aufdeckende und auflösende Regressionshypnose beruht auf verschiedenen Techniken, die absolut nichts mit Zauberei oder Quacksalberei zu tun haben. Ich werde diese Ihnen in der Folge genauer vorstellen, denn im Prinzip kann sie jeder lernen und ausüben. Man könnte die Gesamtheit dieser Techniken allenfalls als Workflow oder Prozess bezeichnen. Worin dieser besteht, habe ich im Kapitel über die Definitionen von Hypnose schon beschrieben.[86] Wenn wir also die Hypnose wie Elman als Pause des kritischen Verstandes verstehen, in der akzeptables Denken etabliert werden kann, so macht die Bezeichnung „inneres Auge“ vielleicht am besten verständlich, worum es geht und was während einer Hypnosesitzung passiert. Das Auge ist das Organ, mit dem wir sehen können. Es nimmt die Informationen auf, die dann im Gehirn zu Bildern zusammengesetzt werden. Das innere Auge ist so gesehen das Sehorgan des Unterbewusstseins. Es sieht die Vorgänge im Inneren, das, was wir fühlen,

85) s. auch Feedback-E-Mails im Schlussteil ab S. 328

86) s. Pkt. 1.1, ab S. 21

was in der Vergangenheit passiert ist oder in Zukunft geschehen könnte. Die Bilder, die das innere Auge ans Gehirn sendet, stammen aus dem Erinnerungsvermögen, den Gedanken und der Vorstellungskraft. Wer etwas vor seinem inneren Auge ablaufen lässt, richtet seinen Fokus nach innen, ordnet seine Gedankenwelt. Häufig sind die äußeren Augen dabei geschlossen. Man könnte es so ausdrücken: Wenn wir unsere Augen schließen, öffnen wir sie nach innen und sind voll fokussiert. Klappe zu, Klient voll fokussiert.

Erfolg und Effizienz der Hypnose beruhen darauf, dass wir – frei nach Antoine de Saint-Exépury – nur mit dem inneren Auge gut sehen.

Verstreute Fragmente: Inventur in der Super-Datenbank

Am ehesten vergleichbar ist die Regressionshypnose mit der Bereinigung einer riesigen Datenbank, in der alle Gefühle abgelegt sind. Der Klient sucht in seiner Datenbank den Ursprung seiner schlechten Gefühle, zum Beispiel Angst oder Druck auf der Brust. Was immer das Problem ist, es steckt immer ein Gefühl dahinter. Über die Affektbrücke[87] gehen wir zurück zum Ursprung des Problems. Anders gesagt, wir durchsuchen die Datenbank der Gefühle nach dem ersten Eintrag, der zu diesem Gefühl gehört beziehungsweise nach dem Ort, wo es erstmals abgespeichert wurde. Dann bearbeiten wir den Datenbankeintrag und das Programm läuft wieder wie gewünscht ohne falsche oder übertriebene Ergebnisse. Nun ist es leider aber so, dass bei einigen Menschen das Problem eher aus einem wirren, wilden Gefühlsknäuel einer Gefühlsanhäufung besteht. Dann müssen wir diesen Knäuel Gefühl für Gefühl auflösen, um den Ursprung zu finden und aufzulösen. Die Datenbank ist erst dann wirklich bereinigt.

Wenn Sie es plakativer mögen:

Meinem Mitautor Michael Gänzler fiel – da ist er eben ganz blumiger Berufsschreiber – ein drastischerer Vergleich ein, als er darüber nachdachte, wie er die Vorgänge bei der Regression anschaulich schildern könnte: Diese seien, so findet er, wie die Ermittlungsarbeit von Kriminalbeamten oder Detektiven. Wie bei der Polizeifahndung benötigen wir detektivischen Spürsinn und Menschenkenntnis. Wir durchsuchen, drehen auf der Suche nach Spuren des Täters sozusagen jeden Stein um. Wir durchleuchten, stellen Beweismaterial sicher. Wir analysieren, suchen Indizien und setzen diese zu einem Gesamtbild zusammen. Bei dringendem Tatverdacht schalten wir die Überwachungsanlage an. Im Kern geht es dabei darum, den Fokus auf die Erleb-

---

87) s. Pkt. 1.4.4.1, S. 109

nisse in frühester Kindheit zu legen, die möglicher oder bestimmter Auslöser des Problems sind, das der Klient hat. Letzterer fungiert dabei sozusagen als sein eigener Außendienstmitarbeiter, indem er die verschiedenen, in Frage kommenden Tatorte aufsucht. Der Therapeut übernimmt die Funktion des Taschenlampenträgers, der die dunklen, verschlungenen Pfade ausleuchtet und den Klienten den Weg weist. Durch Abfrage der Heftigkeit der am „Tatort" entstandenen, negativen Emotionen ermitteln wir gemeinsam, wie und wann sich das Ereignis abgespielt hat.

Auf diese Weise rekonstruieren wir das genaue Täterbild und Tatgeschehen: Was ist wann genau passiert und verursacht dadurch Stress, Angst, Leiden, Schmerzen? Häufig ist das gar nichts Schlimmes. Die Dramatik und das Folgenreiche liegen dann darin, dass es sich um ein unverarbeitetes oder verdrängtes Ereignis handelt, das sich mit der Zeit und in Kombination mit anderen derartigen Ereignissen, bei denen es sich häufig um Lappalien handelt, zur physischen und psychischen Katastrophe gesteigert hat.

Alles auf Anfang: Die Auflösung des Problems

Es kann aber auch sein, dass die Probleme Symptome einer dramatischen Ursache sind, etwa bei einem Trauma. Dann rekonstruieren wir die Vergangenheit nicht nur, sondern wir setzen uns ihr noch einmal aus – mit aller Dramatik, mit allem Schrecken, mit allen Ängsten, die dieser Moment verursacht hat. Klienten erleben die Szene also noch einmal ungefiltert und live nach. Das kann wirklich belastend sein, auch für Sie als Therapeut. Denn an dieser Stelle lösen wir eine Abreaktion[88] aus. Anschließend kann nun zusammen mit dem Therapeuten das Neubewerten und Auflösen stattfinden. Um im Fahndungsbild zu bleiben: Der Täter lebt weiter, kommt aber hinter Gitter, damit er kein Unheil mehr anrichten kann.

Es klingt fast zynisch, aber Abreaktion ist das Beste, was einem Hypnosetherapeuten passieren kann. Der Erfolg der Hypnosetherapie ist damit schon fast garantiert, sie führt Sie als Therapeut aber möglicherweise an die Grenze der Belastbarkeit. Deshalb ist psychische Stabilität und die Fähigkeit sich abzugrenzen auch so wichtig, wenn Sie diesen Beruf wählen.

- ➜ Das alles ist so möglich, weil wir in Trance die mit diesem Ur-Ereignis verbundenen negativen Emotionen finden und auflösen können.
- ➜ Das Problem ist erst gelöst, wenn wir alle Ursachen, die zum aktuellen Problem geführt haben, ausfindig gemacht und neutralisiert haben.[89]

88) s. Pkt. 1.4.4, ab Seite 109

89) s. Pkt. 1.4.4, ab Seite 109

1.4.2 Die Oberboykotteure: Die Macht der Gefühle und Glaubenssätze

Ansatzpunkt für unsere Arbeit mit der aufdeckenden/auflösenden Regressionshypnose ist das Wissen darum, dass wir Menschen Ergebnis unseres Unterbewusstseins, unserer Prägung und – damit verbunden – unserer unverrückbaren Glaubenssätze sind. Wenn wir eine Veränderung herbeiführen wollen, müssen wir daher sozusagen in den Schacht einfahren. Denn der vom Verstand gesteuerte Wille ist begrenzt und Disziplin nicht dauerhaft aufrechtzuerhalten. Von außen über den Verstand herbeigeführte, gewünschte Veränderungen sind daher nicht von Dauer. Sollen diese wirklich nachhaltig wirken, muss die Initiative aus dem Unterbewusstsein heraus erfolgen. Hypnose kann dieses dazu bewegen.

Glaubenssätze bestimmen unser Handeln, unsere Reaktionen und vor allem unsere Emotionen. Sie bestimmen, was wir wie wahrnehmen oder empfinden, ob das Glas halb voll oder halb leer ist, ob wir eine Chance sehen und zupacken oder ob wir zaudern, jammern und die Münze 5-mal umdrehen. Für die Glaubenssätze können wir zumeist nichts. Sie sind ein Erbe aus der Kindheit, kommen durch Eltern, sonstige Prägung, gesellschaftliche Normen und Werte, durch Gruppen oder Erfahrungen zustande. Man denke bei Letzterem nur an zerbrochene Beziehungen. Dann sind plötzlich alle Frauen oder Männer schlecht und wir bauen ganz intuitiv Schutzmauern, damit uns das ja nie wieder passiert, uns keine(r) mehr zu nahe kommt. Das macht Glaubenssätze und Emotionen zu den Oberboykotteuren – und gibt ihnen viel zu oft Macht über unser Handeln. Wie oft haben Sie sich in Ihrem Leben schon hinterher, wenn die Ratio wieder zurückgekehrt war, über einen unpassenden emotionalen Ausbruch geärgert? Wie oft ist Ihnen der klare Verstand abhandengekommen?

Hinzu kommt, dass wir uns täglich und laufend selbst programmieren und neue Glaubenssätze etablieren. Wenn wir wollen, finden wir überall Bestätigung für deren Richtigkeit. Warum sollten wir also etwas ändern? Neue Erfahrungen verbinden sich über die Emotionen mit älteren, ähnlichen Ereignissen. Als Therapeuten müssen wir uns oft mit großen Emotionen und tiefen Gefühlen oft buchstäblich auseinandersetzen. Besondere Mühe und Aufmerksamkeit sind gefordert, wenn es um Psyche und Somatik geht, also krank machende Schuldgefühle, Scham, Angst, Hass oder Traurigkeit. Erstere führen meist zu Problemen mit Selbstwert und -vertrauen. Und wer kein Selbstvertrauen hat, bekommt Angst. Und Angst isst die Seele auf und killt das Denken. Sie sorgt für Emotionen, die das Denken überlagern. Das Denken beziehungsweise die Gedanken lösen aber ihrerseits wieder Emotionen aus. Dieser Kreislauf, der sich permanent selbst füttert, liegt den allermeisten Problemen zugrunde, die wir durch Hypnose auflösen.

Palmtherapy

Glaubenssätze schnell aufgelöst

Sie sehen schon: Es ist eine viel größere Herausforderung, unter diesen Umständen Glaubenssätze zu erkennen respektive vom Klienten zu erfahren, als diese danach aufzulösen. Ich empfehle Ihnen daher die Palmtherapy-Technik, die eigentlich eine Kombination aus verschiedenen Techniken ist.

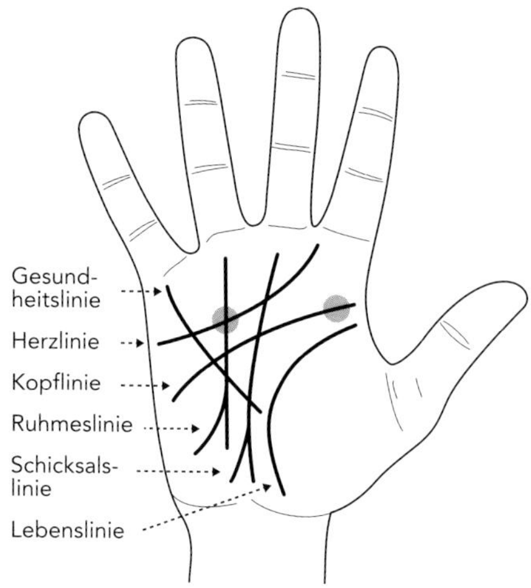

Quelle: Mit freundlicher Genehmigung von Palmtherapy® /Christian Jäger

So geht es:

- ➜ Nehmen Sie die rechte Hand des Klienten und drücken Sie die beiden Palmtherapy-Punkte (s. Grafik).
- ➜ Der Klient soll nun die Augen öffnen und einen Punkt an der Wand oder Decke fixieren, den Kopf dabei seitlich schütteln/schwenken, ganz so, als ob er nein sagt.
- ➜ Der Klient soll dabei seinen Glaubenssatz 20- bis 30-mal laut vor sich hersagen, bis er merkt, dass sich etwas verändert. Meist beginnen die Klienten zu lachen und finden den Satz plötzlich total absurd oder albern.
- ➜ Testen Sie nun noch einmal, wie sich der Glaubenssatz für den Klienten jetzt anfühlt.
- ➜ ggf. wiederholen.

Das Ganze dauert nicht länger als ein bis zwei Minuten.

1.4.2.1 Alarmstufe Rot: Die Skala der Gefühle

Bei der Hypnose messen wir die Stärke der Gefühle mit der SUD-Skala. Das ist eigentlich eine bizarre Bezeichnung, da SUD für „Subjective unit of disturbance" steht, es dem Namen nach hier also eigentlich um eine subjektiv empfundene Störung geht. Sie hat zehn Stufen (von null bis zehn; null ist neutral). Die Messung der Stärke erfolgt durch die Klienten, die ihr jeweiliges Empfinden abschätzen. Ihnen als Therapeut hilft sie zu überprüfen, wie stark ein Gefühl noch ist und ob wir die Ursachen gefunden und aufgelöst, neutralisiert haben.

1.4.2.1.1 Troubleshooting: Wenn der Kopf keine Gefühle zulässt

„Keine Ahnung", „ich weiß nicht", „kann ich nicht sagen": Diese drei Antworten sind – Achtung Ironie! – die absoluten Lieblinge für uns Hypnosetherapeuten bei der Abfrage von Emotionen. Wenn wir diese auf die Frage „Wie fühlt sich das an?" erhalten, wissen wir, dass wir es mit kopflastigen oder stark auf Kontrolle ausgerichteten Menschen zu tun haben. Das Problem an einem solchen Menschen ist, dass er Emotionen nicht fühlen, geschweige denn beschreiben kann.

Was in diesem Fall hilft:

- Fraktionieren, vertiefen, Verwirrungstechniken, Blitzhypnose
- Wenn Sie im Vorgespräch gehört haben, dass der Klient von jemandem stark enttäuscht wurde, dieses Thema aufnehmen und daran arbeiten. Meist kommen da sehr schnell intensive Gefühle, wenn Sie sagen: „Du sitzt vis-à-vis von XY und schaust ihm ins Gesicht." Verzeihens-/Vergebensarbeit für einmal als Einstieg
- Sprechen Sie mehrere Sinne an. Fragen Sie nach Bildern oder Gedanken und danach, was er dabei riecht, schmeckt, hört oder sieht.
- Versuchen Sie herauszufinden, ob hinter der Gefühllosigkeit traumatische Erfahrungen stecken, also ein Schutzmechanismus. Möglicherweise liegt Abspaltung von Persönlichkeitsanteilen vor. Lassen Sie den Klienten dann die Außenperspektive annehmen: Inner Child (der Erwachsene), der das Kind von damals an die Hand nimmt.
- Bedenken Sie, auch wenn Sie zunächst nicht weiterkommen: Insgeheim wünscht sich der Klient eine Veränderung – sonst wäre er ja nicht zu Ihnen gekommen. Nur irgendetwas in ihm sträubt sich „mit Händen und Füßen" dagegen. Diesen Anteil gilt es ausfindig zu machen und mit dem Rest zu versöhnen.

„It all really comes down to this. Stop trying to hear what the client is saying. Listen to what he says and how it is said. Listen to the clients body language. And while you are listening, you will be listening to the clients whole body not just the clients voice." [90]

Bob Brenner, Hypnosetherapeut (USA)

1.4.3 Hypnosesitzung: So geht's los!

i

Eine einzelne Sitzung meiner Universaltherapie besteht immer aus den folgenden Arbeitsschritten (verkürzte Darstellung):

1. Vorgespräch
2. Hypnoseinduktion nach Dave Elman [91]
3. Vertiefen
4. Regression und auflösen der ISE, SSEs sowie Kontrolle des FSE
5. Testen, ob die Ängste/Probleme/Gefühle noch zu finden sind
6. Vergeben/verzeihen (anderen und sich selber; natürlich nur, wenn es nötig ist)
7. Parts-/Teile-Therapie (nur als Ergänzung und in Ausnahmefällen)
8 Je nach Thema: allgemeine Seelenreinigung
9. Suggestionen/Compounding
10. Auflösen/Beenden der Hypnose
11. Kurze Nachbesprechung

Weiter auf der nächsten Seite »

90) „Darauf kommt es wirklich an: Versuchen Sie nicht, zu hören, was der Klient sagt. Hören Sie zu, was und wie er es sagt Achten Sie auf seine Körpersprache. Und während Sie zuhören, werden Sie seinem ganzen Körper zuhören und nicht nur seiner Stimme."

91) s. 1.2.7.3, Seite 57 und Pkt. 2.3.1, S. 205ff

Dies entspricht in etwa dem Standard-Vorgehen, das ich bei OMNI-Schulungen[92] und bei dem renommierten US-Therapeuten Calvin Banyan gelernt habe.[93] Selbstverständlich fließen je nach Situation auch andere Techniken ein – z.B. Esdaile State, NLP, Palm-Therapie, inneres Kind, EFT und Ähnliches.[94]

Ablauf einer Hypnosesitzung bei mir

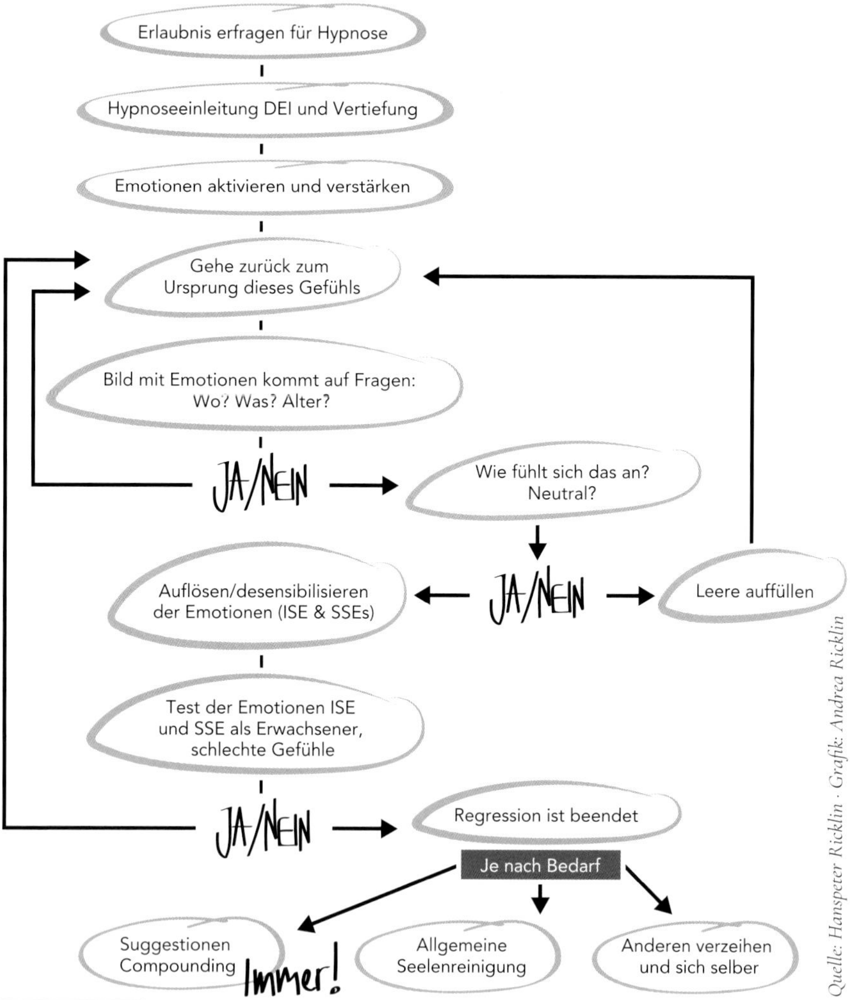

Quelle: Hanspeter Ricklin · Grafik: Andrea Ricklin

92) s. Lexikon S. 342

93) s. dessen Universalskript, Pkt. 1.6.2, ab Seite 152

94) s. „Methoden & Arten", Pkt. 1.6, ab S. 150

1.4.3.1 Hypnose als Beziehungsfrage: Das Vorgespräch – zum Rapport, bitte!

Checkliste für das Vorgespräch

- Erklären, wie der Termin abläuft
- Fragen zu Hypnose klären
- Erklären: „Du kannst nichts falsch machen"
- Probleme & Symptome erklären und beschreiben lassen
- Abklären, ob sekundärer Krankheitsgewinn[95] vorliegen könnte
- Ist Klient schon in Behandlung (Arzt, Psychiater etc.)?
- Medikamente? Drogen?
- Gibt es noch Ängste oder Fragen?
- Ziel der Sitzung festlegen
- Vorstellen lassen: Wie fühlt sich die Verbesserung an?
- Was ist Beweis für eine Besserung?
- Erlaubnis für die Ansprache mit Du während der Sitzung einholen
- Erlaubnis zur Berührung von Kopf und Armen einholen
- Gefühlsstärkenskala 0 – 10 erklären
- Erklärung zur Frage: „Welches Gefühl ist das?"
- Erklären, dass Klient während der Hypnose ohne Weiteres aufs WC kann
- Erklären, dass Suggestionen für den Klienten passen müssen
- Hinweis/Bitte zu sagen, „wenn für dich in der Hypnose etwas nicht stimmt"

„Aller Anfang ist schwer." Das trifft auch auf Hypnosesitzungen zu. Dies sollten Sie vor allem deshalb im Auge behalten, weil das einleitende Vorgespräch der wichtigste Teil der ganzen Sitzung ist. Davon hängt der größte Teil des Erfolgs ab! Wenn es Ihnen nicht gelingt, das Vertrauen Ihrer Klienten zu gewinnen und deren Angst vor der Hypnose abzubauen, wird die anschließende Hypnose zu einem schwierigen, wenn nicht sogar vergeblichem Unterfangen.

95) s. Pkt. 1.4.11.2, S. 144

Aus meiner Erfahrung weiß ich, wie wichtig es ist, eine gute, vertrauensvolle Beziehung, den sogenannten Rapport, zu den Klienten aufzubauen. Das gilt auch umgekehrt: Sie müssen als Therapeut ebenfalls vertrauen können. Denn der Rapport ist im wahrsten Sinne des Wortes der entscheidende Knackpunkt bei therapeutischen Interventionen. Bereits hier entscheidet sich, ob und in welchem Grad die Klienten später Ihre Suggestionen zulassen werden. Viele Klienten kommen mit völlig falschen Vorstellungen in Ihre Praxis. Wir wissen ja nun schon, dass über Hypnose viele falsche Informationen herumgeistern.[96)] Das führt zu Missverständnissen und Ängsten. Diese würden die Klienten massiv daran hindern, überhaupt zu entspannen und tiefer zu gehen, wenn sie nicht vorher besprochen und ausgeräumt werden.

Ich schicke jedem Klienten vorab per E-Mail den Link zu meinem Podcast zu[97)], in dem ich die wichtigsten Punkte zur Hypnose erkläre und meine Arbeit vorstelle. So wissen alle, was ungefähr auf sie zukommt. Das räumt schon im Voraus viele Ängste und Vorbehalte aus.

So erreichen Sie schnell und effektiv einen guten Rapport:
Ich kann Ihnen aus eigener Erfahrung folgende Tipps dazu geben:

- ➜ **Gehen Sie planvoll und lösungs-/zielgerichtet vor.** Strukturieren Sie das Vorgespräch sauber und sinnvoll. Erfragen Sie, welche Vorstellungen der Klient von Hypnose hat, was er glaubt, was diese ist. Sie führen das Gespräch.
- ➜ **Klären Sie eventuelle Ängste ab** (siehe Checkliste)! Diese bestehen eigentlich bei jedem Klienten in mehr oder weniger starker Form.
- ➜ **Klären Sie eventuelle Sekundärgewinne des Problems/der Krankheit ab!** Machen Sie deutlich, dass es so etwas tatsächlich gibt, und lösen Sie allfällige Krankheitsgewinne vorher auf. Ansonsten macht es keinen Sinn, mit der Sitzung zu beginnen. Die Rückfallgefahr wäre viel zu hoch.
- ➜ **Finden Sie Gemeinsamkeiten** zwischen den Klienten und Ihnen. Das schafft Vertrauen und Identifikation nach dem Motto „Ah, die/der kennt das auch, hat das auch schon erlebt, weiß daher, wovon er spricht." Um dies zu erreichen, mache ich beiläufige Bemerkungen wie „Ah, du hast auch Kinder. Wie alt sind denn deine?"

---

96) s. Pkt. 1.1, ab S. 21

97) http://hypnosetherapie.podspot.de/post/informationen-zur-hypnosetherapie/ Dauer: ca. 45 Min.

Doch Achtung! Beachten Sie Grenzen und behalten die Distanz. Lassen Sie sich nicht von Emotionen anstecken, bewerten Sie niemals. Es ist wichtig, dass Sie sich trotz aller Gemeinsamkeiten klar abgrenzen. Sie sind und bleiben „nur" der Therapeut!

➜ **Sprechen Sie offen und ehrlich** mit den Klienten.

➜ Füllen Sie den **Fragebogen** (Anamnese) immer erst während des Vorgesprächs aus. Auf diese Weise können Sie viel mehr aus den Klienten heraushören, als wenn diese einen bereits fertig ausgefüllten Fragebogen mitbringen. Es kann sich dadurch zudem ein Klienten-Therapeuten-Gespräch entwickeln, das frei und offen ist.

➜ **Achten Sie auf die Körpersprache.** Sie ist wie ein Bild, sagt also mehr als tausend Worte. Ich kann schon aus der Stimme sehr viele Emotionen und festgefahrene, anerzogene oder eingetrichterte Überzeugungen heraushören. Gestik und Mimik geben ganz viele Informationen preis.

➜ **Springen Sie im Fragebogen** ganz bewusst hin und her. Dadurch kann sich der Klient nicht auf die Fragen vorbereiten. Durch die entstehende leichte Verwirrung kommen die Antworten spontaner und Sie erhalten indirekt viel mehr Informationen.

➜ Geben Sie die **Führung** niemals ab. Nur so können Sie in allen Fällen gewährleisten, dass die Dauer des Vorgespräches in einem erträglichen und wirtschaftlich vertretbaren Ausmaß bleibt. Gerade Klienten, die bereits eine Psychotherapie gemacht haben oder noch in einer solchen sind, neigen häufig dazu, einfach alles erzählen zu wollen.

Offen gesprochen, interessiert mich eigentlich das Problem von Klienten während des Vorgesprächs nicht sonderlich. Es ist für mich nur Mittel zum Zweck. Für mich geht es hauptsächlich darum, unabhängig von diesem etwas ganz Anderes zu erfahren, nämlich Antworten auf Fragen zu erhalten wie

- Ist der Wunsch und Wille zur Veränderung vorhanden?
- Kann ich dem Klienten die schnelle Veränderung/Besserung schmackhaft machen?
- Kann ich das Vertrauen, den Rapport aufbauen?
- Kann ich allfällige Ängste vor der Hypnose abbauen?
- Gibt es Ereignisse im Leben des Klienten, die ich, falls ein Plan B notwendig wird, nutzen kann?

Durch dieses Vorgehen können Sie die Wahrscheinlichkeit einer erfolgreichen Sitzung deutlich erhöhen. Behalten Sie immer im Auge: Das Ziel ist es, Vertrauen aufzubauen. Ich halte es da wie G. F. Kein[98]*: „Wieso soll ich mit dem Bewusstsein sprechen, wenn ich danach mit dem Unterbewusstsein arbeite?"*

Weitere vorbereitende Schritte während des Vorgesprächs:

- ➜ Bevor wir uns zum Hypnosestuhl begeben, kläre ich jeweils kurz darüber auf, dass ich als Ansprache das vertrauliche Du wähle sowie den Klient mitunter an Hand, Stirn und am Arm berühren werde. Es ist wichtig, sich dafür die Erlaubnis des Klienten einzuholen und ihn mit dem Vornamen anzusprechen.
- ➜ Ich mache darauf aufmerksam, dass ich jeweils fragen werde, wie stark die Gefühle auf der Skala von 0 – 10 sind.
- ➜ Ich erkläre den Klienten, dass ich ab und zu fragen werde, welches Gefühl sie spüren. Das ist wichtig, um Irritation oder Verärgerung vorzubeugen, schließlich sind die bei der Regression entstehenden beziehungsweise aufkommenden Emotionen nicht immer sehr angenehm.
- ➜ Ich weise die Klienten darauf hin, dass sie während der Sitzung dringenden Bedürfnissen nachgehen können und dass dafür ein kleiner Hinweis reicht. Wir machen dann einfach eine kleine Pause. Dies hat keinen negativen Einfluss auf die Sitzung, aber gegebenenfalls einen großen Vorteil: Es ist eine hervorragende Gelegenheit zur Fraktionierung, also Vertiefung der Hypnose!
- ➜ Ich erklärte den Klienten auch, dass sie nichts falsch machen können.
- ➜ Es ist zudem zu empfehlen, den Klienten zu raten, sich nicht ständig die Frage zu stellen, ob sie denn nun schon in Hypnose seien. Das ist Problem beziehungsweise Aufgabe des Therapeuten.
- ➜ Auch sage ich, dass, wenn sie irgendetwas stört, sie es mir bitte sagen sollen. Das gilt auch und gerade für Suggestionen: Wenn auch nur ein Wort von diesen für den Klienten nicht stimmig ist, hat sie keinen Zweck, wird nicht wirken. Zudem weise ich explizit darauf hin, dass hier falsch verstandene Rücksichtnahme nicht angebracht ist, weil ich gegebenenfalls damit umgehen kann.

---

98) s. Pkt. 1.2.8.1, S. 59

Bitte beachten Sie:
Ich kann aus meiner langjährigen Erfahrung heraus sagen, dass das Vorgespräch freilich nur einen ersten Hinweis darauf gibt, wo den Klienten in Wahrheit der Schuh drückt. Er wird Ihnen nicht alles erzählen, vor allem, weil ihm vieles selbst nicht (mehr) bewusst ist. Das ist aber auch nicht so wichtig, denn im Zustand der Tiefenentspannung, den wir in der Hypnose herbeiführen, kommen meist noch ganz andere Sachverhalte heraus, die relevant für die langjährigen Beschwerden sind.

1.4.3.2 Entspannt zum entscheidenden Gefühl: Die Hypnose-Einleitung

Warum in die Ferne schweifen, wenn das Gute liegt so nah? Bei der Hypnose-Einleitung mache ich mir das Leben ziemlich einfach. Es macht ja auch keinen Sinn, das Rad neu zu erfinden, wo es dieses doch schon längst gibt. Deshalb wende ich meistens die Dave Elman Induktion (DEI)[99)] oder eine verkürzte Version davon an. Von einer Blitzhypnose halte ich dagegen im Therapiekontext, um den es ja in diesem Buch geht, nichts.

Bis meine Klienten durch den Prozess der Dave Elman Induktion so in Trance sind, dass ich mit ihnen arbeiten kann, dauert es maximal drei Minuten. Manche sind schon nach zehn Sekunden so weit. Wie das geht, beschreibe ich im Praxisteil anhand einer konkreten Handreichung.[100)]

Ziel ist, einen möglichst tiefen Somnambulismus[101)] zu erreichen. Manche nennen das auch m. E. gelungenerweise „den Klienten ins Gefühl bringen". Es ist die Fahrt im Fahrstuhl zur Seele – Endstation Trance, hypnotischer Zustand, Somnambulismus, Esdaile State oder was auch immer.[102)] Diese Begriffe lassen es bereits vermuten: Die Übergänge beziehungsweise Grenzen zwischen Induktion und Vertiefung sind fließend, das Ergebnis aber unabhängig davon immer dasselbe: mehr Suggestibilität.[103)] Es ist eine schrittweise Annäherung an das entscheidende negative Gefühl, das es letztendlich aufzulösen gilt.

Wie diese schrittweise Annäherung funktioniert, werde ich, wie gerade schon angekündigt, an anderer Stelle in diesem Buch noch ausführlich darstellen. Einstweilen festhalten möchte ich

---

99) s. Pkt. 1.2.7.3, S. 57, und Pkt. 2.3, ab S. 204
100) ebd.
101) s. Pkt. 1.4.3.3.3, ab S. 100
102) ebd. und Pkt. 1.4.3.3.4, ab S. 104
103) s. Pkt. 1.4.9, S. 137ff

aber schon, dass die von mir praktizierte Einleitung nach Dave Elman aus drei versteckten Tests besteht: Katalepsie der kleinen, dann der großen Muskeln, schließlich die Amnesie.

Bei der Induktion macht der Ton die Musik. Sprechen Sie nicht zu langsam und betont deutlich, aber nicht gestelzt. Betonen Sie die Schlüsselwörter und legen Sie bewusst zwischendrin kurze Pausen ein. Diese geben den gerade gesagten Wörtern eine besondere Wichtigkeit. Zudem sorgen sie für eine gewisse Konfusion, was das mentale Abschalten begünstigt, weil gewohnte Sprachmuster nicht eingehalten werden. Das beschleunigt den Prozess der Vertiefung. Passen Sie aber auf! Das Ganze ist ein Drahtseilakt und erfordert ein wenig Übung. Denn wenn Sprechtempo und Tonfall nicht stimmen und/oder die Pausen zu lang sind, kann dies den Klienten wegen seiner starken Fokussierung sehr schnell langweilen. Und dann verlieren Sie ihn beziehungsweise stören den Rapport.

1.4.3.3 Vertiefung: Suchen Sie noch oder decken Sie schon auf?

1.4.3.3.1 Geht's noch weiter? Wie wichtig Hypnosetiefe wirklich ist

Sie haben ein Vorgespräch geführt und die Hypnose eingeleitet. Ihr Klient ist in Trance. An diesem Punkt müssen Sie sich immer die Frage stellen: Wie tief soll die Hypnose sein? Das Problem dabei ist, dass es weder ein Instrument zur exakten Messung der Tiefe gibt noch überhaupt ein allgemeingültiges Maß. Dieses ist abhängig von der jeweiligen Definition der Hypnose. Wir haben ja bereits gesehen, wie unterschiedlich diese Definitionen ausfallen. Und entsprechend gibt es dann auch viele verschiedene Tiefenskalen. Nur: Wenn man schon nicht genau weiß, was Hypnose eigentlich ist, wird es natürlich auch schwierig, die Tiefe objektiv zu messen! Die Frage, wie tief eine Hypnose sein muss, ist also immer individuell zu beantworten. Sie ergibt sich aus dem Problem des Klienten, dem Verlauf der Sitzung und Ihrem persönlichen Gespür für die Hypnose.

Mit zunehmender Vertiefung der Hypnose nimmt auch die Bereitschaft zu, Suggestionen zu akzeptieren. Das bedeutet im Umkehrschluss: Eine hypnotische Trance ist umso wirksamer, je tiefer sie der Klient erlebt. Daraus folgt: Die Hypnose sollte im Idealfall immer so weit wie möglich vertieft werden.

Wenn wir von dieser Regel ausgehend also annehmen, dass sich die Tiefe der Hypnose aus der Suggestivität der Klienten ergibt beziehungsweise an dieser gemessen werden kann, dann ist die Tiefe der Hypnose wichtig, um schnelle und nachhaltige Erfolge zu erzielen – besonders wenn man aufdeckend arbeitet. Deshalb rate ich Ihnen, in jedem Fall bis hinunter in Stufe vier der von dem US-Therapeuten Harry Arons entworfenen Skala zu gehen. Auf diese werde ich gleich noch näher eingehen. Leider werden Sie diese mit Ihrem Klienten in der ersten Sitzung nicht in jedem Fall erreichen. Die meisten Menschen kommen aber mit etwas Übung ganz einfach dahin.

- *Wie gerade schon erklärt, empfehle ich immer, auf die tiefst mögliche Hypnose-Stufe zu gehen und diese für die Problemauflösung zu nutzen. Das ist auch unter betriebswirtschaftlichen Aspekten kein Thema, denn eine Vertiefung dauert ja nur eine oder zwei Minuten. Das kann die Erfolgsaussichten aber enorm steigern. In diesem Zusammenhang möchte ich noch einmal die Bedeutung des Vorgesprächs in Erinnerung rufen. Hier liegt der Schlüssel zu einer insgesamt erfolgreichen Sitzung und Therapie. Durch den Rapport können wir enormes Vertrauen und die Bereitschaft zur Veränderung beim Klienten aufbauen. Dies ermöglicht uns letztendlich ein effizientes und sicheres Arbeiten. Aus meiner Sicht ist es im Gegenteil sogar unmoralisch, die größtmögliche Tiefe nicht anzustreben und zu nutzen, da dies am Ende mehr Sitzungen nach sich zieht. Der gordische Knoten bleibt damit aber ungelöst: Einerseits ist die Tiefe einer Hypnose aus meiner Sicht für eine erfolgreiche Hypnosetherapie entscheidend, andererseits ist sie aber nicht wirklich messbar.*

- *Die „Tiefe" (Suggestibilität) einer Hypnose nimmt zu, je öfter diese oder die Hypnose wiederholt oder fraktioniert wird.*

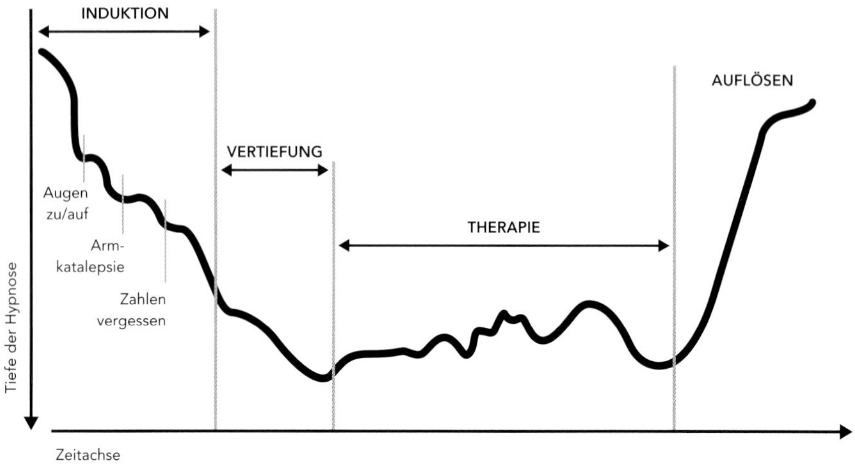

Das gilt auch generell für jede Emotion[104]: Sie wird stärker durch Wiederholung. So ist es auch mit Ängsten. Eine Angst startet schwach und wird dann stärker, je öfter sie gefühlt wird.

1.4.3.3.2 Wie anregend! Warum Halluzinationen wichtig sind

Sie wissen ja schon, dass wir in der Hypnosetherapie und insbesondere aufdeckenden/-lösenden Regressionshypnose bis zum wirklichen Ursprung des Problems vordringen. Um dieses zu neutralisieren, ist es ein Vorteil, ja sogar ein Muss, den Klienten in eine gewisse Tiefe zu führen.[105] Ebenfalls wissen Sie nun, dass wir dazu dessen Suggestibilität erhöhen müssen. Das gelingt besonders gut über die Steigerung der Vorstellungskraft (Imagination). Es geht also darum, die Phantasie möglichst stark anzuregen, zum Beispiel über positive oder auch negative Halluzination.

104) zu Emotionen und Glaubenssätzen, s. Pkt. 1.4.2, ab S. 86

105) s. das Stufenmodell nach Aron, Pkt. 1.4.3.3.3, ab S. 100

i

Wenn es gibt, was es nicht gibt: Halluzination

Das Wort Halluzination ist im allgemeinen Sprachgebrauch eher negativ konnotiert im Sinne von Rauschzuständen und Wahnvorstellungen. Das liegt sicher vor allem daran, dass etwa Drogen, Psychosen, Paranoia oder auch hohes Fieber Halluzinationen verursachen. Das sind dann wahnhafte Vorstellungen. Tatsächlich hat die Halluzination aber mit der Hypnose eines gemeinsam: Sie ist ein ganz normaler, natürlicher Zustand, in dem sich jeder Mensch täglich mehrfach befindet, wenn er nicht gerade grenzdebil ist, zum Beispiel in Trauerphasen oder im Halbschlaf, wenn wir etwa glauben, den Partner neben uns zu spüren, obwohl er gar nicht da ist. Das Gewohnte überlagert in diesem Moment die Tatsachen. Hypnagoge Halluzinationen lautet der Fachbegriff für solche Phasen zwischen Wachen und Schlaf.

Der Ursprung von Halluzination liegt in der (lebhaften) Vorstellungskraft. Diese erzeugt Bilder im Kopf, die so bizarr oder abstrus sind, dass man mit rationalem Verstand nur den Kopf darüber schütteln kann. Das liegt daran, dass diese Bilder nicht an einen äußeren Reiz gebunden sind. Sie entstehen einfach so. Man fühlt, sieht, riecht oder hört etwas, was in Wirklichkeit gar nicht da ist. Es handelt sich also eigentlich um eine Wahrnehmungsstörung. Die Reize kommen von innen und können die verschiedensten körperlichen oder seelischen Auslöser haben.

Der Hintergrund:

Der menschliche Geist denkt in Bildern. Diese wiederum sind Ausdruck von und eine Brücke zu den Gefühlen. Das nutzen wir bei der Hypnose beispielsweise zum Bau der Affektbrücke, also dem Übergang von der Vertiefung zur Regression.[106] Wenn Sie wissen wollen, wie diese Bilder zustande kommen und wie sich Halluzinationen „anfühlen", brauchen Sie nur die Augen zu schließen und Ihren Gedanken freien Lauf zu lassen. Welches Bild kommt? Und welches Gefühl transportiert es?

106) s. Pkt. 1.4.4, ab S. 109

So können Sie in der Hypnose positive Halluzinationen auslösen beziehungsweise mit ihnen arbeiten:

- ➜ Passen Sie die Suggestionen an die Bilderwelt des Klienten an. Wenn Sie im Vorgespräch nach Lieblingsort, -sport, -hobbies, -reisen oder -farbe fragen, können Sie das in der Sitzung nutzen – für Suggestionen ebenso wie für die Vertiefung oder das Aufrufen von guten Gefühlen.

- ➜ Für die Vertiefung geeignet sind vor allem Bilder, die das „tiefer Gehen" symbolisieren, ein Fahrstuhl zum Beispiel oder eine Treppe. Je freier Sie die Klienten mental umherschweifen lassen, umso besser. Geben Sie nur so viele Vorgaben wie nötig. Ich verwende für solche vertiefende Suggestionen meist den Lieblingsort. Das kann ein Traumstrand sein, oder auch einfach nur ein ruhiges Plätzchen wie ein Waldstück. [107)] Dorthin lass ich die Klienten mental gehen. Ich sage ihnen, dass dies ein Ort voller Ruhe, Gelassenheit und Zufriedenheit ist; ein Ort, an dem sie so sein können, wie sie wirklich sind, ganz bei sich selbst. Ich verbinde die dabei entstehenden Gedanken mit der Bitte, sich immer tiefer und noch tiefer zu entspannen. Alternativ können Sie die Klienten auch ihre Entspannung spüren und mit jedem Atemzug tiefer gehen lassen – oder Sie suggerieren Ihnen, dass Sie in der Entspannung das Umfeld noch besser wahrnehmen können und mit jedem Geräusch und jedem Wort, das Sie sagen, noch tiefenentspannter und ruhiger werden.

Auch hier sind Sprechtempo (nicht zu langsam) und die Modulation wichtig. Sprechen Sie möglichst variabel, aber nicht gekünstelt und machen Sie immer wieder kurze „Denkpausen".

Und – ganz wichtig: *Sprechen Sie vor allem die Sinne an!*

107) „Wie ich Hypnose vertiefe", s. Pkt. 1.4.3.3.5, S. 105f

1.4.3.3.3 Auf dem Weg ins Innere: Die Aron'sche Tiefenskala

Weil nach meiner Erfahrung die Aron'sche Skala im therapeutischen Alltag den größten praktischen Nutzen bringt und die beste Messbarkeit der Hypnosetiefe ermöglicht – wenn man, wie gesagt, davon überhaupt sprechen kann – möchte ich diese auf der folgenden Seite leicht angepasst darstellen.[108)]

Die fünf äußerlichen Kennzeichen von Hypnose (nach Elman):

1. Körperwärme (erhöhte Körpertemperatur)
2. Augenlider flattern 3. verstärkter Tränenfluss
4. Das Augenweiß wird rötlich.
5. Die Augen rollen unter den geschlossenen Lidern zur Stirn hinauf.

Bitte beachten Sie:

Diese Merkmale von Hypnose können alle gleichzeitig auftreten, oder aber nur teilweise. Sie zeigen sich auch nicht immer gleich stark. Selbst wenn sie gänzlich fehlen sollten, kann der Klient in der für die Regression ausreichenden Hypnosetiefe sein. Das macht die Sache natürlich nicht einfacher. Letztendlich kommt es also immer auch auf Ihr Gespür als Therapeut an – und Ihre Fähigkeit, Anhaltspunkte richtig zu interpretieren. Sicherlich ist das auch eine Erfahrungssache. Auch heute noch lehren viele Schulen diese fünf Kennzeichen der Hypnose. Nun wollte aber der nach eigenen Angaben „schnellste Hypnotiseur der Welt", Sean Michael Andrews, das Kennzeichen „erhöhte Körpertemperatur" durch eigene Tests verifizieren. Er maß die Temperatur vor und während er die Probanden durch verschiedene Hypnosetiefen begleitete und danach. Er tat dies an verschiedenen Körperstellen und ermittelte zudem die Raumtemperatur. Das Ergebnis: Einige Probanden hatten tatsächlich eine höhere, andere tiefere und wieder andere an den verschiedenen Körperstellen unterschiedliche Temperaturen. Es gab also kein eindeutiges Ergebnis! Die Erklärung dafür ist wohl, dass es Elman nicht so wissenschaftlich genau genommen hatte: Er maß nie, sondern erspürte einfach nach Gefühl.

---

108) Hypnosetiefe: Online-Demonstrationsvideo: https://www.youtube.com/watch?v=QUQu15a6aKQ

Im Fahrstuhl durchs Unterbewusstsein: Die Aron'sche Tiefenskala

Tiefen-stufe	Bezeichnung	Kennzeichen
1	Hypnoidal	den Tagträumen sehr ähnlich
2	Light Hypnosis (Leichte Hypnose)	etwas tiefere Entspannung
3	Medium Hypnosis (Mittlere Hypnose)	Die meisten Bühnenhypnotiseure wählen nur Probanden aus, die mindestens diese Tiefe haben.
4	Threshold of Somnambulism (Schwelle zum Somnambulismus)	für erfolgreiche Regressionshypnose erforderlich; ab hier sind fortgeschrittene Techniken wie die wahre Altersregression mit Wiedererleben, Verzeihungstherapien und Parts–Therapy möglich; moderne Induktionen und Vertiefungstechniken wie die Elman–Induktion führen zuverlässig in diese Ebene; kleinere Operationen können schmerzfrei durchgeführt werden, auch Zahnbehandlungen.
5	Full Somn–ambulism (Voller Somnambulismus)	Suggestionen halten länger an; mindestens erforderlich, um eine Anästhesie zu suggerieren und zu erreichen, d. h. für größere Operationen und schmerzlose Geburt. Einige Therapeuten glauben, dass diese Tiefe aber nicht erforderlich ist, um Verhaltensänderungen zu bewirken.
6	Profound Somnambulism (Tiefgreifender Somnambulismus)	hat alle Vorteile von Stufe 5

109) Ein Freund von mir erinnerte sich, als ich ihm das Manuskript zum Testlesen ausgehändigt hatte, an dieser Stelle daran, wie ein Showhypnotiseur bei ihm einen körperlichen Kraftakt möglich machte, den er laut eigener Einschätzung im Wachzustand so nicht hätte bewerkstelligen können. Das beschäftigt ihn noch heute. Eines sei, so der

Therapeut erhält Kontrolle über …	Tiefentest und Convincer durch …
kleinere Muskelgruppen wie zum Beispiel Augenlider	Augenkatalepsie
größere Muskelgruppen wie Arme oder Beine	Armkatalepsie oder Armlevitation; sehr guter Überzeuger, wenn Sie verdeckt auf Tiefe testen.
sämtliche Muskeln sowie Bewegungen; kann kognitive Fähigkeiten zum Teil einschränken	Zahlen vergessen lassen, eine Zahl nicht aussprechen können und falsches Zählen, da eine Zahl fehlt[109]
kognitive Fähigkeiten	Amnesie von beispielsweise Namen oder einer Adresse oder in den Handrücken oder Arm kneifen
über Schmerz- und Berührungsempfinden	etwas hören und sehen lassen, was nicht da ist. z.B. ein Bild an der Wand
	etwas, was auf dem Tisch liegt, oder jemanden, der im Raum ist, nicht sehen können

Freund, dem Showhypnotiseur aber nicht gelungen: ihn die Zahl 7 vergessen zu lassen. Er habe immer richtig gezählt. Er vermutet, dass sein Unterbewusstsein auf „Rot" geschaltet hat, weil er seinen Beruf als Naturwissenschaftler hätte an den Nagel hängen können, hätte er die 7 tatsächlich vergessen.

Zum Abschluss dieses Punktes noch folgender Hinweis: Wenn ein Convincer schiefgeht, kann die erforderliche Hypnosetiefe trotzdem vorhanden sein. So könnte etwa ein Klient trotz einer nicht möglichen Armkatalepsie in einem ausreichenden Trancezustand mit negativen Halluzinationen sein.

1.4.3.3.4 Noch weiter runter? Besondere Tiefen

Esdaile State (Hypnotisches Koma)

Der Esdaile-Zustand – auch hypnotisches Koma genannt – ist hervorragend geeignet für Operationen und um schmerzfreie Geburten zu ermöglichen, aber auch zur Stressreduzierung, speziell bei Burnout.[110] Sich in diesem zu befinden, fühlt sich an, als sei man völlig losgelöst von seinem eigenen Körper. Es ist ein außergewöhnlich positives und angenehmes Gefühl. In diesem Zustand herrschen totale, mentale Euphorie und absolute körperliche Schmerzfreiheit (Anästhesie). Das hypnotische Koma ist jedoch nicht gleichzusetzen mit einer Narkose.

Achtung!

Wer mit dem Esdaile-Zustand arbeiten will, benötigt eine spezielle Ausbildung, weil der Klient meist nicht oder nur sehr eingeschränkt auf den Therapeuten reagiert. Mit den richtigen Techniken kann man aber auch diesen Zustand nutzen.

Ultra-Height von Gerald F. Kein[111], **Ultra Depth** von Walter A. Sichort und James Ramey[112] sowie das **Simpson Protocol** von Ines Simpson[113] sind sich aus meiner Sicht im Grund- und Ansatz alle sehr ähnlich. Dass sämtliche Verfahren das Markenzeichen® haben, zeigt, dass es hier vor allem um monetäre Interessen geht. Zudem werden diese Vertiefungstechniken hauptsächlich im esoterischen und spirituellen Kontext genutzt. Ich erwähne sie daher an dieser Stelle nur der Vollständigkeit halber. Trotzdem sollte jeder Hypnosetherapeut mindestens mit dem Esdaile State (hypnotisches Koma) vertraut sein. Es schadet aber nicht, auch Ultra-Height, Simpson Protocol und eventuell auch Ultra Depth zu kennen.

---

110) s. Pkt. 1.9.1.7, S. 171

111) s. Pkt. 1.2.8.1, S. 59 und https://omnihypnosis.net/hypnoseausbildung/lerninhalte/

112) http://www.ultradepth.com/about

113) http://www.inessimpson.com/

1.4.3.3.5 Zahlen vergessen am Traumstrand: Wie ich Hypnose vertiefe

Es gibt unzählige Möglichkeiten, die Hypnose zu vertiefen. Meine Standard-Methode ist das Runterzählen von zehn bis eins. Zwischen den Zahlen baue ich jeweils die folgenden Suggestionen ein:

> 9: *„Bei jedem Ausatmen gehst du tiefer und tiefer."*
> 6: *„Jedes Geräusch, das du hörst, machst du zum Zeichen für dich, mit dem du noch etwas tiefer gehst."*
> 3: *„Jeder Herzschlag lässt dich tiefer und tiefer sinken."*

Danach lasse ich die Klienten zur weiteren Vertiefung sich vorstellen, dass sie an einem wunderschönen, privaten und ruhigen Sandstrand sind.

„Wenn du den Sandstrand siehst, gib mir ein Zeichen mit deinem Zeigefinger. Danke. Geh jetzt am Strand entlang. Du spürst den Sand unter den Füssen, die Sonne auf der Haut. Vielleicht gehst du da, wo der Sand frisch geglättet wurde. Du siehst die wunderschönen Fußspuren hinter dir, spürst den Sand unter den Füßen, spürst die Sonne auf deiner Haut, vielleicht spürst du auch die leichte Brise vom Meer. Vielleicht hörst du auch die Brandung, vielleicht riechst du das Meer. Bitte gehe dahin, wo das Meer beginnt. Da, wo der Sand frisch geglättet wurde, schreibst du deinen Namen in den Sand. Sobald du deinen Namen geschrieben hast, geht dein Zeigefinger hoch. Danke. Du siehst jetzt, wie die Wellen mit etwas mehr Kraft über den Schriftzug fließen und den Sand glätten. Wenn nach einer, zwei oder drei Wellen der Schriftzug verschwunden ist, der Sand wieder ganz glatt ist, geht wieder dein Zeigefinger hoch. Danke. Nun schau dich um, wo der richtige Platz für dich ist. Vielleicht hat es einen Felsen, eine Hängematte, eine Liege, eine Matte oder ein Tuch. Du machst es dir bequem. Wenn du es dir richtig bequem gemacht hast, geht dein Zeigefinger hoch. Danke. Genieße es einfach, sein zu können. Je tiefer du sinkst, desto besser fühlst du dich. Je besser du dich fühlst, desto tiefer sinkst du."

Darum vertiefe ich nach Elman

Ich möchte eine gute und sichere Arbeitshilfe haben. Und das bedeutet: lieber etwas zu tief. Wir benötigen für eine erfolgreiche Sitzung einen stabilen Somnambulismus: Stufe 4 der Aron'schen Tiefenskala: Threshold of Somnambulism. Mit der Vertiefungstechnik nach Elman kann ich das problemlos erreichen. Bei der zweiten Sitzung wende ich jeweils eine verkürzte Elman-Induktion an und, wenn überhaupt, nur eine ganz kurze Vertiefung. Da ich nie von einer zweiten Sitzung ausgehe, verankere ich auch keinen Hypnose-Trigger, mit dessen Hilfe ich die Hypnoseeinleitung bei einer weiteren Sitzung abkürzen könnte – auch wenn das selbstverständlich sehr gut möglich wäre.

Ich nutze das ideomotorische Signal des Zeigfingers, um mich auf die Geschwindigkeit des Klienten zu eichen. Klienten, die langsam reagieren, gebe ich beim Beantworten von Fragen mehr Zeit. Bei den anderen mache ich schneller voran. Ich möchte die Klienten ja nicht verlieren, weil ihnen langweilig wird, sie abschweifen oder gar einschlafen! Tatsächlich ist mir das in all den Jahren meines Schaffens noch nie passiert!

Trigger – wenn's mal wieder hochkommt

Mit Trigger ist die Verankerung einer hypnotischen Wirkung an einer bestimmten Situation, Emotion oder einen Auslöser derselben gemeint. Das kann zum Beispiel ein bestimmtes Zeichen sein, mehrmaliges, tiefes Durchatmen, eine Körperhaltung oder ein Satz, den Klienten jedes Mal flüstern – eine Farbe oder ein Gegenstand wie etwa den Teddybär oder einen Glücksstein, den sie berühren usw. Sogar das Parfümfläschchen, an dem sie riechen, wenn etwa Angst aufkommt oder eine Essattacke droht oder sie sich einsam fühlen. Verbunden wird das Ganze mit einer Autosuggestion wie zum Beispiel. „Ich habe keine Angst. Ich bin total entspannt." Hier haben wir es also mit einer klassischen Konditionierung über Reize[114] zu tun: Diese sollen ein bestimmtes Gefühl oder eine Reaktion auslösen.

Tipps:

- Trigger sollte nicht albern, bizarr oder wie ein Spleen wirken.
- Trigger sollte möglichst unauffällig und einfach ausgeführt werden können.

114) s. Exkurs zu Pawlow, Pkt. 1.3.1.1.1, ab S. 67

Das Ganze ist dann eine Art mobile Fortsetzung der Hypnose, eine Selbsthypnose, die diese auch nach der Sitzung vertieft und in der Wirkung verbessert, weil diese fortfolgend im Unterbewusstsein verankert wird.

Diese Vertiefer wende ich deshalb bevorzugt an, weil sie am ehesten den Klischees über Hypnose und damit der Erwartungshaltung der Klienten entsprechen: Runterzählen, Suggestionen, schöner Ort zum Entspannen. Allerdings: Wir brauchen keinen sicheren Ort. Doch dazu gleich mehr ...

1.4.3.3.6 Warum es gar nicht immer tiefer sein muss...

Zum Abschluss meiner Ausführungen über die Vertiefung möchte ich den Bogen zum Anfang dieses Kapitel schlagen und noch einmal auf die fehlende objektive Messbarkeit und die Wichtigkeit der Hypnosetiefe zurückkommen. Ich rate Ihnen: Machen Sie sich keinen Stress und nicht zu viele Gedanken darüber. Denn im Zustand des Somnambulismus lässt sich das Unterbewusstsein zwar viel leichter mit Suggestionen füttern. Viel wichtiger als die konkrete Tiefenstufe ist aber, dass der Türwächter des Unterbewusstseins, der kritische Faktor des unbewussten Denkens, in der Pause ist.[115)] Das kann auch auf den Stufen über dem Somnambulismus der Fall sein. Schließlich heißt Vertiefen eigentlich nichts anderes als „suggestibler und fokussierter werden“.[116)] Vertiefung hilft dem Klienten, sich distanziert zu fühlen, ruhig zu sein und Hintergrundgeräusche auszuklammern. Die Bedeutung der Vertiefung wird aber insgesamt oft überschätzt. Sie ist nur einer von mehreren Faktoren, der über das Ge- oder Misslingen einer Hypnosetherapie entscheidet. Man denke an die erhöhte Vorstellungskraft, Bildersprache, Selektivität, stärkere Fokussierung, an Assoziation, Dissoziation oder erhöhte Emotionalität, den erhöhten emotionalen Inhalt oder den Rapport und den starken Wunsch des Klienten zur Veränderung. Versteifen Sie sich in Ihrer alltäglichen Arbeit also nicht zu sehr auf die Vertiefung. Ein guter Therapeut weiß unabhängig davon mit seinen Klienten in Trance zu arbeiten, diese zu nutzen, um Loslassen zu ermöglichen.

---

115) s. Pkt. 1.3.1.4, S. 75

116) s. Pkt. 1.4.3.2, S. 95

Dichtung und Wahrheit: Stufen der Angst – Die Regression

1. Schulbeispiel Höhenangst

So lernen Sie es in Seminaren und Schulbücher

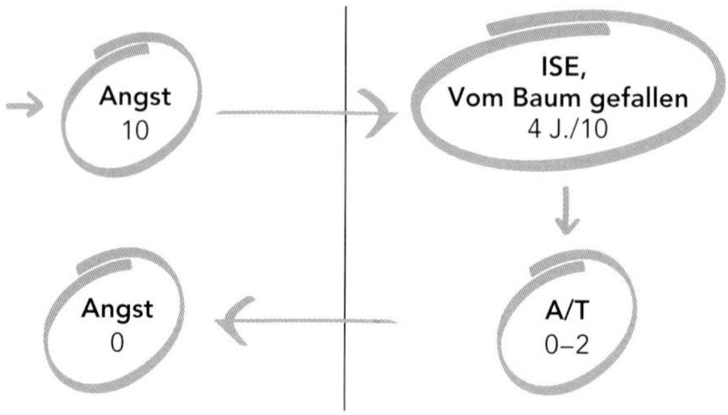

2. Häufige Realität

Verkettung unglücklicher Umstände

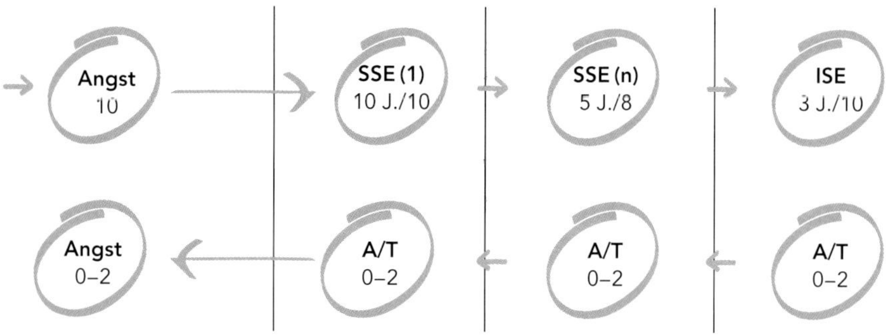

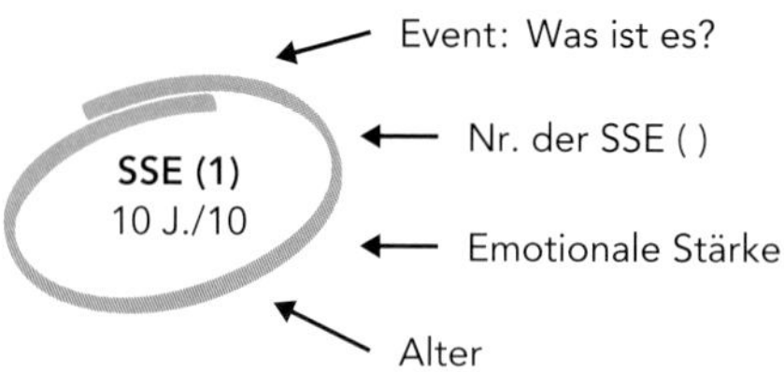

A/T: Auflösung/Test

ISE: Erstes sensibilisierendes Ereignis

SSE: Darauf folgendes, sensibilisierendes Ereignis

1.4.4 Hypnosesitzung-Hauptteil: Über die Affektbrücke zum Problemverursacher

1.4.4.1 Auf den Spuren der Gefühle: Wir bauen eine Affektbrücke

Ich gestalte den Übergang von der Vertiefung zur Affektbrücke fließend.

„Während du an deinem wunderschönen Strand tiefer und tiefer sinkst, möchte ich, dass du dich ganz bewusst mit deinem Problem, deinen schlechten Gefühlen (hier füge ich das konkrete Gefühl ein: Angst, Phobie o. Ä.) *beschäftigst. Dabei hat dein Unterbewusstsein schon begonnen und verknüpft diese schlechten Gefühle – zurück, zurück – mit jedem Mal, als du diese Gefühle je hattest, zurück zum Ursprung, zur Wurzel dieses schlechten Gefühls. Lass dich tiefer und tiefer sinken, entspann dich Stück für Stück mehr."*

Variante 1, wenn der Klient zum Beispiel mit Burnout oder mit einer ganzen Liste von Problemen kommt:

„Ich zähle nun von drei nach eins und bei eins berühre ich deine Stirn. Es kommt dann das Gefühl, dass dich in deinem Leben zurzeit am meisten stresst, am meisten vom freien Leben abhält. 3, 2, 1, ich tippe dir auf die Stirn – und es kommt das Gefühl, dass dich am meisten stresst. Wenn das Gefühl da ist, geht dein Zeigefinger hoch. Wie stark ist dieses Gefühl? Wie beschreibst du dieses Gefühl?"

Variante 2, wenn der Klient zum Beispiel mit einer Phobie beziehungsweise einer definierten Angst kommt:

„Ich zähle nun von drei nach eins und bei eins berühre ich deine Stirn. Es kommt dann die Angst, wegen der du heute zu mir gekommen bist. 3, 2, 1, ich tippe dir auf die Stirn – und es kommt die Angst so stark, wie sie im Moment sein kann. Wenn das Gefühl da ist, geht dein Zeigefinger hoch. Wie stark ist dieses Gefühl? Wie beschreibst du dieses Gefühl?"

[Antwort des Klienten]

„5, 4, 3, 2, 1, ich tippe dir auf die Stirn und du gehst zurück, zurück zum Ursprung dieses Gefühls. Vielleicht kommt der Name, ein Satz oder ein Gedanke, der zu einem Bild wird, und es wird dir klar und klarer, ob das drinnen oder draußen ist, ob es hell oder dunkel ist, ob du alleine bist oder ob andere da sind. Was fließt durch deinen Kopf? Bist du drinnen oder draußen? Ist es hell oder dunkel? Hat es Menschen oder bist du alleine? Wie alt bist du?"

[Antwort des Klienten]

Dies wiederhole ich bei jedem weiteren Zurückgehen, bis nichts mehr kommt; kein Gefühl, einfach neutral. Wenn es so weit ist, wage ich mich an den Kern der Hypnosesitzung: das Auffinden und -lösen aller mit dem ehemals negativen Gefühl verbundenen Probleme. Ausgehend vom ISE suchen wir sämtliche SSE und machen schließlich den Test in der Gegenwart. Natürlich notiere ich mir chronologisch die aufkommenden Situationen, die Gefühle, ihre Stärke auf der SUD-Skala und das Alter, in dem diese Gefühle entstanden sind. Die Chronologie ist deshalb wichtig, weil wir uns so an all diesen Ereignissen nach und nach abarbeiten können – von jung zu alt. Diejenigen Ereignisse, die am weitesten zurückliegen, lösen wir also zuerst auf. Die Gefühlsstärke sollte am Ende höchstens 2 betragen. Optimal wäre natürlich 0. Das schaffen wir aber nicht immer.

3. Ganz häufige Realität

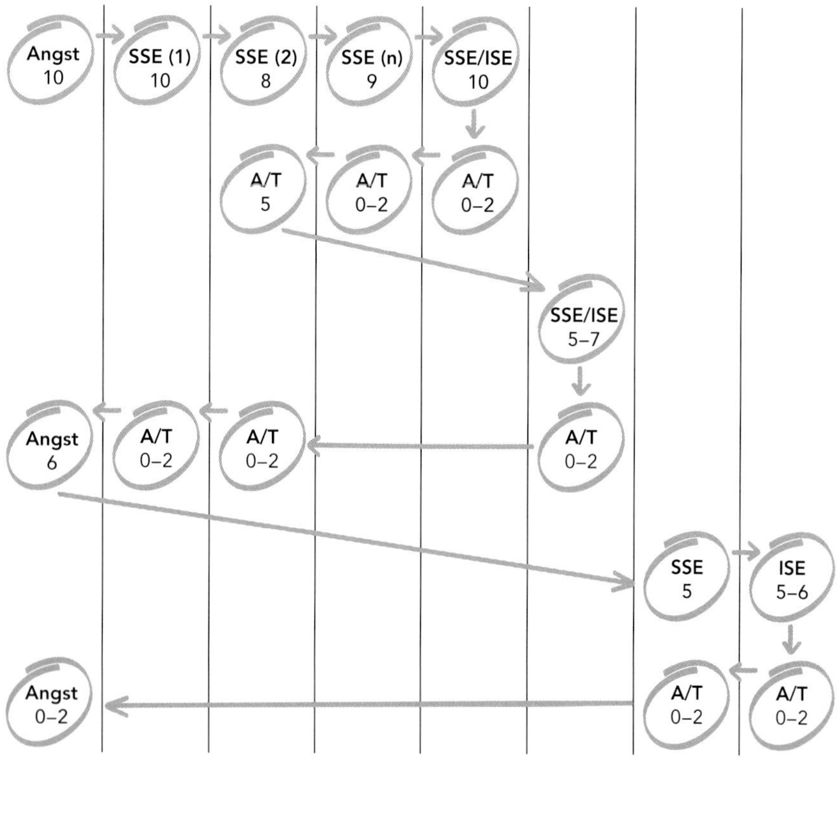

Die Problemverursacher: ISE, SSE, FSE

- **Der Initial Sensitizing Event (ISE)** ist das Ereignis/Erlebnis, bei dem die zu dem Problem gehörenden Emotionen (Ängste usw.) und die in dieser Situation entstandenen Glaubenssätze erstmalig aufgetreten beziehungsweise entstanden sind und nicht verarbeitet/verstanden werden konnten. Diesen müssen wir finden und auflösen, um eine dauerhafte Besserung zu erreichen; das heißt: die Situation/das Erlebnis nachträglich verarbeiten und neutralisieren. Meist löst sich daraufhin die ganze Kette von SSE gleich mit auf.

- **SSE (Subsequent Sensitizing Events)** sind alle Folgeereignisse /-erlebnisse, die zu einer Verstärkung der zugrundeliegenden Emotion und der damit verbundenen Glaubenssätze geführt haben. Diese sollten während der Sitzung alle neutralisiert werden.

- **FSE (Final Sensitizing Event)** ist das letzte dieser kritischen Ereignisse. Es wirkt meistens symptomauslösend. Häufig kann man sich daran erinnern, findet aber keinen vernünftigen Grund für die starken Symptome. Oder es wird mit dem ISE verwechselt beziehungsweise für diesen gehalten. Es ist jedenfalls dasjenige Ereignis, weswegen sich die Klienten letztendlich nach langem Leiden für die Hypnosetherapie entschieden hatten. Für die meisten Klienten ist es der Moment der beispielsweise ersten erlebten Panikattacke. Das ist für die Sitzung zwar nicht besonders wichtig, weil die Wurzel des Übels ja eigentlich woanders liegt. Ich rate Ihnen aber, trotzdem immer zu prüfen, ob sich auch bezüglich dieser Situation die Emotionen aufgelöst haben.

Leider gibt es keine Garantie, dass wir den einen oder manchmal auch mehrere ISE tatsächlich finden. In einigen Fällen benötigen wir mehrere Anläufe, in einer Sitzung oder in mehreren Sitzungen. Normalerweise ist das, was wir als ISE finden, ein Erlebnis aus der Kindheit, das der Klient schlicht nicht verstehen und daher nicht verarbeiten konnte. Es können (aus heutiger Sicht) Kleinigkeiten sein, die mit einer starken Emotion gespeichert wurden. Jedes damit vergleichbare Erlebnis löst den Alarm (meistens Ängste) aus. Dies macht das Unterbewusstsein mit einer faszinierenden Zuverlässigkeit. Wenn wir den ISE verarbeitet, das heißt die starken Emotionen neutralisiert haben, wird der Alarm nicht mehr ausgelöst. Es gibt ja keinen Grund mehr dafür! Nach meiner Erfahrung sind traumatische Erlebnisse als erwachsener Mensch selten ein Problem, sofern es nicht einen Auslöser aus der Kindheit gibt. Dabei gilt als Regel:

Traumata, an die man sich bewusst erinnert, sind meist relativ einfach zu lösen.

Wir folgen dem/einem schlechten Gefühl zurück in die Vergangenheit. Normalerweise treffen wir nicht direkt auf andere Baustellen. Es kann aber sein, dass der Klient im Unterbewusstsein entscheidet, dass ein anderes Thema im Moment wichtiger ist. Dann arbeiten wir zunächst an diesem Thema, sofern er einverstanden ist. Danach kommen wir auf das Thema zurück, mit dem wir ursprünglich begonnen hatten.

1.4.4.1.1 Alternativen zur Affektbrücke

Wenn Sie sich gegen die Affektbrücke entscheiden oder diese nicht richtig funktionieren will, ist das kein Problem. Denn es gibt hervorragende Ausweichmöglichkeiten, zum Beispiel:

- **Pinpoint:**

Diese von Dave Elman angewandte, einfache Technik funktioniert ganz einfach so: Man sucht das auslösende Ereignis, in dem man zu markanten Ereignissen im Leben der Klienten springt, zum Beispiel:

„Geh mal zu deinem ersten Schultag zurück. Kanntest du diese Angst da schon?“

Wenn ja:

„Gehe zum dritten Geburtstag. Ist die Angst da schon vorhanden?“

Grenzen Sie hier den Zeitraum sukzessive ein, in dem Sie zurück und vorwärts springen – solange, bis Sie tatsächlich beim auslösenden Ereignis angekommen sind.

- **Timeline:**

Bei diesem, von dem US-amerikanischen NLP- und Hypnose-Spezialisten Tad James und dem NLP-Trainer Wyatt Woodsmall entwickelten Modell hängen alle Erinnerungen zu einem bestimmten Thema in Form einer „Gestalt“ oder wie Perlen einer Kette aneinander. Jede Perle ist ein neues Erlebnis in Zusammenhang mit dem ursprünglichen Thema (zum Beispiel Angst), also einem SSE vergleichbar. Weil immer mehr Perlen dazu kommen, wird die Kette immer schwerer und hängt dem Klienten irgendwann wie ein Mühlstein am Hals. Um den Verschluss der Kette zu lösen, müssen wir die erste, ursprüngliche Perle finden, den ISE. Dann bricht die Gestalt zusammen: Alle Perlen fallen von der Schnur.

- Arbeit mit der „Flur [117]-mit-Türen-pro-Lebensjahr-Technik"
- Fliegen mit dem Ballon über der Lebenskarte
- Lebenspfad

Bei all diesen Alternativen besteht hohe Verzettelungsgefahr sowohl bei Klienten als auch Therapeuten, da wir hier nicht so gefühlszentriert und direkt vorgehen können, sondern uns herantasten müssen.

1.4.4.2 Ursachenforschung im Inneren: Der ISE

Leider gibt es immer noch Therapeuten, die der Meinung sind, nach dem Vorgespräch zu wissen, wo die Ursache für das Problem des Klienten liegt. Das können Sie glatt vergessen! Der klinische Hypnosetherapeut Dr. Edwin Yager hat dies in einem Seminar einmal so umschrieben: „In den vielen Jahren, in denen ich Hypnose mache, lag ich jedes Mal falsch, wenn ich geglaubt habe zu wissen, was die Ursache ist." Dies ist auch meine Erfahrung. Es gibt keine typischen ISE und SSE. Leider! Allerdings hat sich in meinem Praxisalltag herausgestellt, dass es die großen Traumata meist auch nicht sind, wie man es eigentlich erwarten würde, sondern aus aktueller Sicht Banalitäten. Daher:

Gehen Sie so neutral wie möglich an die Erforschung der Problemursache heran und vertrauen Sie darauf, dass der Klient beziehungsweise besser gesagt dessen Unterbewusstsein am besten weiß, wo sozusagen der Hase im Pfeffer liegt.

Ansonsten gilt:

- Den ISE findet man meist vor dem Alter von fünf oder sechs Jahren. Bei sexuellen Problemen normalerweise mit Beginn der Pubertät/Sexualität, außer bei Missbrauch.

117) Flur: Schweizerdeutsch Gang

- Bitte vergessen Sie die Lehrmeinung, dass der Klient direkt zurück zum Ur-Ursprung des Problems geht! In 95 Prozent der Fälle geht er zwar dem Gefühl entlang zurück, aber zunächst eben zu einem SSE. Allerdings kann sich das Gefühl durch verschiedene Erlebnisse verändern, bis wir beim ISE angekommen sind. Bis dahin passieren wir mitunter sehr viele SSEs: Manchmal sind es drei, fünf oder zehn, manchmal aber auch über 15 oder 20. Bisweilen gibt es auch mehrere unterschiedliche Gefühlspfade zu den verschiedenen ISEs.

- Sie können sich nie ganz sicher sein, tatsächlich den ISE erreicht zu haben. Gehen Sie daher einfach immer weiter zurück, bis wirklich nichts mehr kommt.

- Meist tritt beim Klienten bereits eine deutliche Besserung ein, selbst wenn Sie noch nicht den ISE, sondern lediglich einige SSEs gefunden und aufgelöst haben.

1.4.4.2.1 Dem ISE auf der Spur – Teil I
Wenn es um den Klienten einfach nur dunkel ist

Manchmal erklärt der Klient, dass es schwarz sei. Daraufhin frage ich ihn, wie sich das anfühlt. Sollte ein schlechtes Gefühl vorhanden sein – Angst, Leere, usw. – mache ich eine weitere Regression. Sollte nichts mehr kommen, vor allem keine Gefühle, gehe ich zurück zum vorigen dunklen Ort. Ich prüfe, wie sich das jetzt anfühlt. Es ist selten so dunkel, dass man nicht weiß, wo man ist:

„Weißt du, wo du bist? Stehst du? Sitzt du? Liegst du? Welches Gefühl hast du?“

Möglichkeit 1:

„*Ich fühle eine Leere. Ich weiß nicht, wo ich bin.*“

„Was bedeutet diese Leere für dich? Was fehlt dir?“

Je nachdem, was es ist, füllen wir diese Leere. Zum Beispiel:

„*Es fehlt mir Liebe.*“

„Schau mal von heute hier in der Praxis zurück in deinem Leben auf die Situationen, in denen Menschen dir gezeigt haben, dass du ihnen wichtig bist. Das können Freunde sein, Geschwister, Eltern, Verwandte, Frau, Freundin, Kinder, usw. Sammle diese Momente der Zuneigung, der Liebe und nimm sie mit in diese Leere. Fülle diese Leere mit all der Liebe, die du erfahren durftest. Wie fühlt sich das an?“

Meistens wird der Raum hell und das Gefühl der Leere geht. Der Klient fühlt sich geborgen. Wenn nicht, müssen wir daran weiterarbeiten und eine gute Lösung finden.

Möglichkeit 2:

> **„Ich sitze (stehe, liege) im Raum und weiß nicht, wo ich bin. Da ist Angst!"**

„Angst, okay. Wie stark ist die Angst?"

> **„8."**

„Wie alt fühlst du dich?"

Ich sage dann jeweils:
„Steh auf, bewege dich vorsichtig mit ausgestreckten, suchenden Armen durch den dunklen Raum, bis du eine Wand, eine Tür, ein Fenster, einen Gegenstand spürst."

Meistens finden die Klienten die Wand relativ schnell.
„Gehe der Wand entlang, bis du eine Tür findest, öffne die Türe. Falls es nicht geht, rufe deine Eltern. Wenn die Tür sich öffnet, fühlt sich das praktisch immer sehr gut an. Gehe jetzt zurück in den Raum, wo du vorher das erste Mal drin warst und suche die Angst! Wie stark ist die noch?"

> **„3."**

Dann wiederholen wir den Vorgang, bis wir auf einer Gefühlsstärke von maximal 1 – 2 sind.

1.4.4.2.2 Dem ISE auf der Spur – Teil II
Wenn es einfach nur einsam ist

> **„Ich bin in meinem Zimmer, bin ganz klein, ein Baby. Ich bin ganz allein. Es ist dunkel. Niemand da, niemand kommt."**

„Was macht du?"
Meist kommt die Antwort:

> **„Nichts. Ich warte."**

Ich frage dann jeweils:
„Wieso rufst du nicht? Wieso schreist du nicht? Wieso weinst du nicht?"
Ganz häufig kommt die Antwort:

> **„Ich darf doch nicht. Ich darf nicht stören!"**

„Wieso darfst du nicht stören?"

> **„Ich muss ruhig sein. Ich darf keine Last sein."**

Ich erkläre jeweils, dass aus meiner Sicht Kinder stören dürfen, ja, müssen. Ich frage auch ganz häufig:
„Was meint dein Verstand von heute dazu?"

Ein Argument, das ich ganz häufig verwende, ist:
„Nicht die Kinder müssen ihre Eltern glücklich machen, sondern die Eltern die Kinder."

Wir diskutieren und besprechen das, und ich lasse die Klienten sich vorstellen, wie sie schreien dürfen, dass die Mutter ins Zimmer kommt, sie aufnimmt und tröstet. Danach gehe ich eine Szene zurück mit der Suggestion:
„Geh zurück in das Bild: Das Baby in deinem Zimmer, so wie du es vorher das erste Mal wiedergesehen hast. Wie stark kommen da schlechte Gefühle auf?"

Meistens hat sich das Gefühl schon aufgelöst und wir gehen den Weg erneut zurück und kontrollieren die Gefühle da. Sollten bei den SSEs noch schlechte Gefühle vorhanden sein, bearbeiten wir auch diese. Das Ziel ist es, immer möglichst auf die Gefühlsstärke von 0 bis 2 zu kommen.

1.4.4.2.3 Dem ISE auf der Spur – Teil III „Ich bin nicht erwünscht"

Etwas schwieriger wird es, wenn die Klienten in der Regression in einer Situation landen, in der Sätze fallen wie: „Ich sollte nie geboren werden", „ich sollte abgetrieben werden", „ich bin unerwünscht." Das führt noch unerfahrene Hypnosetherapeuten schnell an ihre Grenzen. Aus meiner langjährigen Erfahrung heraus habe ich mich für das folgende Vorgehen in einer solch kniffligen Situation entschieden. Zunächst frage ich:

„Wer ist verantwortlich dafür, dass es dich gibt?"
Nicht selten kommt die Antwort:

> ***„Ich, denn ich habe diese Eltern gewählt."***

Ich gehe kurz darauf ein, und erkläre, dass jedes Kind, jeder Mensch liebenswert ist, dass nach meinem Weltbild nicht die Kinder ihre Eltern aussuchen, sondern Gott, die Natur, das Universum, der Zufall. Ich erkläre auch, dass die Eltern miteinander Sex hatten. „sonst wärst du nicht entstanden. Du bist Ergebnis ihrer Gefühle zueinander. *Du hast damit eigentlich gar nichts zu tun."*

Danach sage ich:
„Bitte stelle dir das Bild, nicht die Szene vor, in der deine Eltern dich zeugen. Ist das ein Moment der Liebe, Lust und Leidenschaft?"

Auf diese Frage erhalte ich die gesamte Bandbreite möglicher Antworten, von einem entrüsteten Nein bis zum spontan-begeisterten Ja. Wenn die Antwort ***„Nein"*** ist, frage ich jeweils nach einer Begründung: *„Wieso nicht?"* Da kommen dann Antworten wie: ***„Ich kann mir das nicht vorstellen"***, ***„die haben sich nie geliebt"***, ***„meine Mutter hatte sicher keine Lust"*** u. Ä. Meistens fange ich dann damit an, diese Sicht auf die eigene Zeugung zu ändern, indem ich erkläre, dass die Natur es so eingerichtet hat, dass Frauen während des Eisprungs mehr sexuelle Lust als sonst haben. *„Vermutlich hatte auch deine Mutter als junge Frau Lust auf Nähe und Sex. Sie hat sich, so hoffen wir, mit viel Spaß darauf eingelassen. Gönnen wir ihr das doch."*

Meistens verändert sich hier schon ein ganzes Stück vom Weltbild. Deshalb bringe ich das Gespräch nun auf den Vater:
„Er hat mit Sicherheit Spaß gehabt, sonst gäbe es dich nicht! Einverstanden?"

Wenn der Klient verneint, besprechen wir das Ganze noch Etwas weiter. Meistens löst sich aber fast alles schon hier auf. Danach sage ich:
„Schau mal, wenn die Samenzelle, die die Eizelle deiner Mutter befruchtet hat, eine kurze Pause gemacht hätte und deshalb eine andere schneller gewesen wäre: Wäre das daraus entstehende Kind willkommener gewesen?"
Nach kurzer Überlegung erhalte ich dann meistens die Antwort:

„Nein."

Wir sprechen dann darüber, dass vieles, was der Klient als Kind erlebt hat, auch ein anderes Kind, wäre es an dessen Stelle geboren, sehr ähnlich erlebt hätte. *„Es hat gar nicht so viel mit dir persönlich zu tun, wie du gedacht hast!"* Ich sage auch jeweils den Satz:
„Diese Erkenntnis/Tatsache könnte dich richtig freimachen. Es könnte sich ganz frei anfühlen. Wie fühlt sich das an?"
Meist kommt die Antwort:

„Sehr gut, befreiend."

Dann kann ich weitermachen und bitte den Klienten, auf seine aktuelle Situation zu blicken:
„Gehe zurück ins Jetzt, schau mal deine Situation jetzt an. Liebt dich deine Frau, Partnerin, Freundin?

Lieben dich deine Kinder? Deine Freunde? Deine Eltern? Deine Geschwister usw.?“
In der Regel erhalte ich hier ein Ja als Antwort.

„Dann geh jetzt mal von heute zurück in jene Momente, in denen du dich geliebt gefühlt hast, in denen man dir gezeigt hat, dass du wichtig bist. Sammle diese Momente, nimm sie mit zurück bis ganz an den Anfang deines Lebens und zeige der/dem kleinen XY (hier Name des Klienten einfügen), *dass sie/er geliebt wird. Dass sie/er perfekt ist, so wie sie/er ist.“*
Ich frage dann ab:
„Wie fühlt sich die/der kleine XY jetzt?“
In der Regel lautet die Antwort:

„Gut, ganz anders als vorhin.“

„Genieße es. Genieße dieses Gefühl. Und dann geh noch einmal zurück in den Moment vorher, als du dich nicht willkommen und ungeliebt gefühlt hast. Wie stark ist dieses Gefühl jetzt?“
Meistens hat sich das zuvor schlechte Gefühl an diesem Punkt bereits aufgelöst. Sonst gehen wir noch einmal durch diese Situation und arbeiten dort, wo es noch schmerzt und stresst, bis sie sich gänzlich aufgelöst hat.

Alternative: Eine schöne Suggestion ist auch:
„Gott/die Natur/das Universum fand, dass du auf diese Welt gehörst. Sonst wäre ja vieles gar nicht passiert. All die schönen Dinge und Erlebnisse, deine Freundschaften, deine Kinder, deine Familie und all die schönen Momente, die du erleben durftest. All das hätte es für niemanden gegeben.“

1.4.4.2.4 Dem ISE auf der Spur – Teil IV
Sätze, die nicht nur bei sexuellem Missbrauch helfen

Wer sexuell missbraucht wurde, hat furchtbare Bilder im Kopf. Diese drehen sich um das Gefühl, ausgeliefert zu sein, sich nicht wehren zu können, schmutzig zu sein usw. Den meisten Klienten hat sich dieses Erlebnis seelisch ganz tief eingebrannt. Als erstes sage ich daher:

„Nimm einen tiefen Atemzug und beim Ausatmen schiebst du die Bilder und die Gefühle weg. Das Gefühl ist innerhalb von Sekunden weg. Danach sprechen wir darüber, was passiert ist.“
Vor allem bei weiblichen Opfern von Vergewaltigungen muss ich leider immer wieder feststellen, dass diese glauben, selber an dem schuld zu sein, was passiert ist. Ich höre dann Sätze wie *„ich hätte mich eben nicht auf XY einlassen sollen“* oder *„ich war sexy gekleidet.“*

Ich frage dann jeweils:
„Du warst sicher schon an der Migros-Kasse und hast die Quengelware gesehen? Zum Beispiel ein Schoggistängeli? Wer ist schuld, wenn es gestohlen wird? Das Schoggistängeli oder der Dieb?“
Meistens wird dies mit einem erleichterten Lächeln quittiert.

Ich erkläre dann, wie ich das sehe:
„Frau oder Mann kann nackt durch ein Dorf oder eine Stadt gehen und wird nicht belästigt, solange sie/er Nein sagt. Ein Nein ist ein Nein und muss immer befolgt, akzeptiert werden. Es gibt Menschen, die gehen zusammen in einen Swingerclub. Da geht es um Sex – und nur um Sex. Doch auch da gibt es eine Regel, die alle befolgen müssen, Männer ebenso wie Frauen: Nein heißt nein. Ein Nein muss akzeptiert werden, keine Diskussion! Sonst fliegt man raus. Es gibt keinen Grund, keine Ausrede, nichts was einen Missbrauch rechtfertigen könnte.“

Danach sage ich:
„Bitte nimm das nicht als Vorwurf. Sieh es als Übung an.“

Jetzt lasse ich den Klient die Situation, die er gerade wieder erlebt hat, noch einmal durchstehen.
„Aber dieses Mal wirst du dich dagegen wehren so gut du kannst: schreien, beißen, Fußtritte, schlagen kneifen usw. Wehren bedeutet leider nicht zwangsläufig, dass man gewinnt, aber es gibt einem ein besseres Gefühl. Wie fühlt sich das für dich an?“

Meist lautet die Antwort: ***„Besser.“*** Manchmal aber auch: ***„Ich kann das nicht!“*** In letzterem Fall sollten Sie abklären, warum das so ist, und einen neuen Lösungsweg finden.
Schließlich sage ich folgende Sätze:
„Irgendwann danach hast du dich hoffentlich wieder gut gefühlt. Kannst du mal von diesem Moment danach, das kann Tage später sein, die ganze Geschichte wie einen Film rückwärts laufen lassen bis zu dem letzten Moment vorher, an dem noch alles gut war? Danach schau dir bitte die ganze Geschichte in der richtigen Reihenfolge an: von vorher, als alles gut war, über den Missbrauch bis zu dem Zeitpunkt danach, als du dich wieder gut fühltest. Wie fühlt sich das jetzt an?“

Ich erhalte meistens Antworten wie ***„weniger schlimm“*** und ***„ich darf mich wehren“***. Danach lasse ich die Klienten diesen Film 1- bis 5-mal vorwärts und rückwärts anschauen. Meist haben sich die schlechten Gefühle dann aufgelöst; das bedeutet auf der SUD-Gefühlsskala zwischen 0 und 2.

Solche und ähnliche Sätze können Sie auch bei anderen Problemen anwenden. Dieser vereinfachte Kinotechnik genannte Trick bewährt sich auch bei allen anderen Traumata, da meist nur ein ganz kurzer Moment mit sehr starken Emotionen belastet und abgespeichert ist. Durch diese Technik wird auch aus diesem Moment eine Situation, die sich wieder auflöst und ein gutes oder neutrales Ende hat. Man bleibt nicht in diesem Moment stecken.

1.4.4.2.5 Dem ISE auf der Spur – Teil V

Grenzfall Suizid

Selbstmord eines einem nahestehenden Menschen ist auch in der Hypnosetherapie meist ein schwieriges Thema. Die betreffenden Klienten trauern, haben Schuldgefühle oder empfinden gar eine große Wut auf den geliebten Menschen, der einfach gegangen ist. Ich lasse mir die Geschichte zunächst einmal erzählen. Schon allein das kann die Gefühlslage verbessern. Ich erkläre, dass aus meiner Sicht Suizid zwar das Egoistischste ist, was man tun kann, dass der betreffende Mensch aber aus seiner kranken, inneren Sicht einfach keine Lösung für die Probleme hatte, die er hätte fühlen oder sehen können; dass dies meist nichts mit anderen Menschen zu tun hat; dass aus meiner Sicht jedermann das Recht hat zu leben, aber auch zu sterben, wenn diese Person das so will; dass psychisch gesunde Menschen diese Entscheidung nie nachvollziehen und verstehen, weil wir Mitmenschen immer nur von außen betrachten, aber nicht in sie hinein sehen können.

„Es ist richtig, dass du traurig, wütend bist. Aber mit größter Wahrscheinlichkeit möchte sie/er, wo immer sie/er jetzt ist, dass es dir gut geht."

Auch das Glaubensmodell des Klienten versuche ich zu nutzen:
„Wenn Gott, das Universum, die Natur für uns zuständig ist, oder wenn es Gott gibt, würde er verzeihen?"
Meist lautet die Antwort ***„Ja"***, selbst bei sehr gläubigen Menschen.

In einem solchen Fall können Sie Ihre Therapeutenfähigkeiten nutzen. Ich zum Beispiel arbeite dann mit einer etwas abgewandelten Form der „Sterbebett-Therapie" von Jerry Kein [118)] mit den Bausteinen

- Zwiegespräch,
- Vorwürfe,
- Emotionen loswerden,
- verzeihen,
- verabschieden und
- sie/ihn ins Licht gehen lassen.

---

118) s. Pkt. 1.4.6.1, S. 133f

1.4.4.2.6 So lösen Sie FSE, SSE und ISE auf

- Lassen Sie den Klienten die **Abreaktion** einmal richtigdurchleben – mit Tränen, schreien usw. Danach:
- **Informiertes Kind:** Der Klient spricht mit dem Kind-Ich (inner child) und erklärt aus der Retroperspektive, wie es ausgegangen ist – und zwar bevor das Ergebnis passiert ist, dass alles gut gegangen ist, er keine Angst mehr haben muss.
- **Kinotechnik:** von außen die Situation noch einmal anschauen – mit dem Wissen, dass der Klient überlebt hat, es wieder anders, gut wurde, vorbeiging: „Du hast es überlebt, sonst wärst du heute nicht hier mit diesem Problem." Der „Film" läuft also von gerade noch gut vorher bis gerade wieder gut nachher und zurück.
- **Palmtherapy**[119]; benötigt eine spezielle Ausbildung, ist aber sehr einfach
- NLP-Techniken

Eine Abreaktion auszulösen, ist alleine nicht ausreichend. Sie müssen sie auch verstehen! In einigen Fachbüchern wird gelehrt, dass man den Klienten einfach einige Male in diese Situation schicken muss. Dabei würde die Abreaktion dann jedes Mal schwächer. Nach meiner Erfahrung stimmt das so aber nicht. In den Sitzungen, in denen ich diese Technik angewendet habe, hatte ich leider keine schnellen Erfolge. Dies hat mich zur Überzeugung gebracht, dass Unterbewusstsein und Bewusstsein die ganze Situation verstehen und neu bewerten müssen, damit sie dauerhaft aufgelöst ist. Es geht also auch eleganter und stressfreier.

1.4.4.2.7 Was Sie sonst noch tun können: Tipps für die ISE-Fahndung

Sollte der Klient keine Bilder sehen, lasse ich ihn jeweils zum ersten Schultag[120] zurückgehen. Die meisten Menschen können sich daran erinnern. Gleichzeitig ist das auch eine Vertiefungstechnik. Meist läuft danach die Regression problemlos. Sollte dies nicht funktionieren, bestehen noch Ängste. Seien Sie dann auf alles gefasst: Es könnte etwas ganz Schlimmes zum Vorschein kommen, das nur schwer auszuhalten ist. Vermutlich ist in diesem Fall auch das Vorgespräch nicht optimal gelaufen. Erklären Sie dem Klienten, dass das nicht schlimm ist und er alles richtig macht. Der Klient macht immer alles richtig! Sagen Sie ihm nie, dass er zu wenig tief war! Behalten Sie im Auge: Wer keine inneren Bilder sehen kann, kennt trotzdem meist die Lebenssituation, die sich hinter dem betreffenden Gefühl befindet. Daher stellt der geübte Therapeut um

119) s. Pkt. 1.4.2, S. 87

120) s. Pkt. 1.4.4.1.1, Pinpoint-Technik, S. 112f

und geht noch stärker auf die Gefühle ein. Der Klient hat dann die Möglichkeit, die Frage, woher er dieses Gefühl kennt, zu beantworten. Ich weiß: Es nicht die einfache Situation, manchmal muss man aber eben einen anderen Zugang finden. Wenn der Klient jedoch starke Gefühle hat, wechsle ich, während der Klient noch in Trance ist, zur Palmtherapy. Meist erziele ich damit schon eine Verbesserung, erreiche in der Regel aber leider keine vollständige Heilung. EFT und EMDR sind natürlich auch eine gute Option.[121] Vertiefen Sie, fraktionieren Sie weiter und testen die Convincer (Augenschluss, Armlevitation, Armkatalepsie usw.) Wenn das alles nicht hilft, dann wechseln Sie die Technik und nutzen zum Beispiel STEMS von OMNI als Einstieg.[122]

- Der Klient sollte genau das machen, was Sie sagen. Sonst funktioniert das Ganze nicht.
- Lassen Sie den Klienten sich im ISE/SSE bewegen, um eventuelle körperliche Blockaden und Verspannungen zu lösen.
- Lassen Sie sich auch die körperlichen Gefühle schildern, und nutzen Sie diese Schilderung zur Regression. Spürt der Klient zum Beispiel Druck auf der Brust, dann bitten Sie ihn, mit seinem Geist, seinem ganzen Ich in diesen Druck zu gehen, den Druck so richtig groß werden: „Lass dich durch einen Tunnel zurücktreiben, dahin, wo dieser Druck entstanden ist, wo der Ursprung dieses Druckes ist.“[123]
- Fragen Sie die Umgebung ab, in der sich der Klient befindet: drinnen oder draußen? Hell oder dunkel? Tag oder Nacht? Alleine oder mit anderen Menschen?

Troubleshooting: Keine inneren Bilder? Kein Problem!

Ihr Klient sieht keine inneren Bilder? Machen Sie sich nicht verrückt und bewahren Sie die Ruhe! Bei mir ist das auch so. Das Problem daran ist: Menschen, die Bilder sehen können, werden nie verstehen, wie das ist, keine zu sehen. Ja, ich weiß, wie ein Baum aussieht, nur sehe ich den Baum innerlich nicht. Bei einer Regressionstherapie, an der ich als Klient teilnahm, war ich vermutlich der

121) Zu EFT und EMDR s. Pkt.1.4.4.4, S. 126

122) ebd.; bei der von OMNI entwickelten Technik STEMS wird die Hypnose über Emotionen herbeigeführt. Sie eignet sich speziell für Härtefälle und tiefsitzende Probleme. STEMS ist quasi der Hypnosehammer. Diesen sollten aber nur fortgeschrittene, erfahrene Therapeuten einsetzen. s. auch Pkt. 1.4.4.4, S. 126

123) eine Technik von Cal Banyan

bis dato mühsamste Klient ever für den Therapeuten. Keine Bilder! Nach langer Zeit und allen möglichen Tricks des Therapeuten habe ich für mich gemerkt: Ich sehe dieses Bild nicht, trotzdem weiß ich aber, was damals passiert ist, als ich zirka zwei bis drei Jahre alt war. Ich habe ihm einfach erzählt, was ich „sehe" und die Sitzung konnte erfolgreich abgeschlossen werden. Ja, tatsächlich war das bei mir so und ist es noch heute: Ich sehe den Strand vor meinem inneren Auge nicht, weiß aber, wie er aussieht ...

Also: Lassen Sie sich in so einem Fall vom Klient einfach schildern, was er sieht.

1.4.4.3 Zurück, zurück, zurück: Regression – Wie man die Vergangenheit auch anders sehen kann

An was denken Sie, wenn ich Ihnen sage, dass es ein Mittel gibt, mit der sich die meisten psychischen Probleme lösen lassen? An Hokuspokus, eine Wunderpille oder an gar nichts, weil Sie diese Behauptung brüsk zurückweisen und mich ein bisschen durchgeknallt halten? Alles ganz falsch. Weder noch. Und für einen Sprücheklopfer halten? Ich kann Ihnen versichern, im vollsten Besitz meiner geistigen Kräfte zu sein, wenn ich mich wiederhole: Ja, es gibt tatsächlich so ein Mittel – oder besser gesagt eine Technik oder eine Kombination von Techniken, mit der wir das schaffen: Die Regression, wie ich sie verstehe, ist tatsächlich eine Universaltherapie. Natürlich hat auch sie keine Chance gegen große Psychosen, sehr wohl hilft sie aber bei Ängsten, Phobien, Zwängen, Sucht, Schlafproblemen, Burnout, Depressionen usw. Unabhängig davon ist – darauf möchte ich ausdrücklich hinweisen – manchmal trotzdem zwingend eine ärztliche Betreuung notwendig, vielleicht sogar eine stationäre Behandlung. Und auch Psychopharmaka haben selbstverständlich in vielen Fällen, richtig eingesetzt, ihre Berechtigung und sollten dann auch positiv gesehen werden. Wer schon mit psychisch sehr kranken Menschen zu tun hatte, wird in diesen Fällen den Nutzen der Psychopharmaka nicht mehr infrage stellen.

Noch einmal zur Erinnerung: Eine Hypnosetherapie kann das, was war, nicht ungeschehen machen. Wir können und wollen die innere Festplatte, die Daten in der Datenbank nicht unwiderruflich löschen, wir können sie aber bereinigen – und das heißt: die Datenbankeinträge, die viel zu emotional sind, korrigieren, neutralisieren, dafür sinnvolle Werte eintragen, neu bewerten. Oder anders ausgedrückt: Wir beheben den Ursprung der Probleme der Klienten.

Doch zurück zu unserem Quasi-Allheilmittel.

Wie kann Regression eine Universaltherapie sein?
Das geht deshalb, weil sie im Grunde eine Art emotionale Wahrnehmung ist, Gefühle freilegt und so freie Sicht auf diese gewährt. Das ermöglicht es, sie „von außen“ nüchtern und sachlich zu betrachten sowie sie aus Erwachsenensicht neu zu bewerten. Hinter den oben genannten Problemen liegt Angst, manchmal aber auch Wut, Groll oder Hass als eigentliche Ursache. Diese können wir, wie schon mehrfach betont, mit der aufdeckenden Hypnose finden und auflösen. Dies und nur dies löst das Problem langfristig und endgültig. Ich gehe dabei davon aus, dass maximal drei Sitzungen allenfalls dazu ausreichen.

Warum das möglich ist, habe ich bereits erläutert: Unser Innerstes, das Unterbewusstsein, ist eine riesige Datenbank. Diese können wir bereinigen.

1.4.4.4 Emotionale Wahrnehmung: Willkommen im Bus der Gefühle

Das Problem an den Datenbankeinträgen ist, dass sie untereinander auf verschlungenen Pfaden miteinander verknüpft sind. Die Pfade sind das, was man in der Computerfachsprache den Bus nennt, das Verbindungsstück zwischen zwei Bauteilen. Verschlungen sind die Pfade deshalb, weil das Unterbewusstsein gerne Assoziationen beziehungsweise Zusammenhänge zwischen Ereignissen herstellt – selbst dann, wenn uns dies mit logischem Verstand völlig abstrus vorkommt. Der Zusammenhang besteht darin, dass diese Ereignisse mit denselben Emotionen verknüpft werden. Es gibt beispielsweise Verknüpfungen für Angst vor Einsamkeit oder Versagen, Stress, Frust, sich selbst niedermachen oder Vernachlässigung. Und alle damit verbundenen Emotionen haben eines gemeinsam: Einmal gefühlt und verknüpft, sind sie gleichsam schon Tradition, weil jede Wiederholung verstärkende Wirkung hat.

Unser Betätigungsfeld als Hypnosetherapeuten sind also Gefühle – und zwar meist die negativen, destruktiven; die, die uns runterziehen und daran hindern, unser ureigenes Leben zu leben und unser wahres Potential zu nutzen. Im Umkehrschluss bedeutet das: Wenn wir bei unseren Klienten eine Verhaltensänderung herbeiführen wollen – und nichts anderes ist das Ziel – müssen wir die Datenbankeinträge bereinigen, die auf zu emotionalen Bewertungen beruhen. Das Ereignis bleibt da – wir haben es nun mal erlebt –, es belastet uns aber nicht mehr, weil die damit verbundene Emotion verändert, konkret: neutralisiert wurde. Aber wir müssen diese Einträge erst einmal finden, um sie bereinigen zu können. Dies müssen wir so lange und so oft tun, bis wir bei dem Ereignis angelangt sind, das die betreffende Emotion erstmals ausgelöst hat. Genau das tun wir in der Regression: Wir gehen zurück zum ISE, dem Ursprung, neutralisieren alle damit zusammenhängenden emotionalen Einträge wie Angst, Einsamkeit oder ähnliche Gefühle. Interessant ist alles, was vor dem geistigen Auge des entspannt-angespannten Klienten auftaucht: Bilder, Szenen, Gedanken, Gefühle – und was diese mit dem Klienten tun, in ihm auslösen.

Schaffen Sie beim Klienten ein Bewusstsein für das, was er sieht, fühlt, spürt. Stellen Sie die W-Fragen: Wo? Was? Wer? Wann? etc.

Wenn wir das ursprünglich problemauslösende Ereignis gefunden haben, den ISE, führen wir es dem Klienten mit allen seinen emotionalen Verbindungen vor Augen. Er wird sich dessen bewusst, kann es durch Konfrontation noch einmal spüren und bislang unterdrückte Gefühle freilassen. Dies führt am Ende dann zu einer Neubewertung der Situation.

Regression: Über die Affektbrücke zum Anfang

Ausgangspunkt:

Somnambulismus → Emotion aktivieren (Affektbrücke) → zurück zum SSE/ISE

Was verhindert eine erfolgreiche Regression?

Nichts, wenn eventuell bestehende Ängste oder Missverständnisse im Vorgespräch gänzlich ausgeräumt wurden. Sollte die Regression trotzdem nicht funktionieren oder ins Stocken geraten, ist einfach nur ein wenig Flexibilität gefragt. Machen Sie dann nicht mehr vom Gleichen, sondern versuchen Sie es mit einer anderen Technik, also etwa Suggestionen mit Compounding, Fraktionierung, STEMS, EMDR oder EFT.[124)]

i

Weitere Techniken

Fraktionierung, STEMS, EFT und EMDR/iEMDR

- **Fraktionierung** ist eine extrem einfache und wirkungsvolle Vertiefungstechnik. Man lässt den Klienten einige Male aus der Hypnose kommen und gleich wieder in diese zurückgehen. Typischerweise geht der Klient dann sehr schnell sehr viel tiefer, als er vor der Fraktionierung war.

- **STEMS** ist eine einfache aber sehr emotionale Technik aus der Gestalttherapie, um Menschen ins Gefühl, also in Hypnose zu bringen. Der Klient wir aufgefordert, einen Satz zu vervollständigen; 2- bis 5-mal hintereinander derselbe Satz mit jeweils einer anderen Ergänzung, mit sehr viel Druck seitens des Therapeuten. Danach der nächste Satz. Beispiel: „Ich fühle mich hilflos, weil ..." oder „ich fühle mich schuldig, weil ..."

- **EFT** ist die Abkürzung für „Emotional Freedom Techniques" (Technik der emotionalen Freiheit). Es handelt sich um eine Klopfakupressur, also eine psychoenergetische Anwendung. Sie basiert auf der Annahme, dass sämtliche negativen Emotionen von einer Blockade im körpereigenen Energiesystem verursacht werden, die sich wiederum auf einschränkende Glaubenssätze und unangenehme Erlebnisse gründet. Im Fokus stehen also auch hier toxische Gefühle. Diese Blockade wird mit der Klopfakupressur gelöst.

Weiter auf der nächsten Seite »

124) s. Pkt. 1.4.4.3, S. 123

- **EMDR** ist die Abkürzung für „Eye Movement Desensitization and Reprocessing". Es handelt sich um ein Verfahren, das ursprünglich ausschließlich zur Traumabehandlung eingesetzt wurde. Kern ist eine Desensibilisierung und Neu-Verarbeitung durch Augenbewegungen. Das führt zu einer Verknüpfung der zuvor isoliert abgespeicherten Teile der Erinnerung, wie sie typisch für Traumata sind. Ähnlich wie bei der Hypnosetherapie geht EMDR gegen belastende Emotionen vor, beruhigt körperliche Reaktionen und neutralisiert negative Gedanken.

Der Erfolg der Regression hängt ganz wesentlich von Ziel und Absicht ab, die sich aus dem Vorgespräch ergeben. Darum ist dieses auch so wichtig. Je zielgerichteter, selbstbewusster und klarer Sie vorgehen, desto besser die Erfolgsaussichten. Fragen Sie immer wieder „Was siehst du, spürst du? Wie fühlt sich das an?" Bleiben Sie vertrauenswürdig, und achten Sie darauf, dass der Rapport erhalten bleibt.

1.4.4.5 Als ich mich noch mochte: Die Egostärkung

Viele meiner Klienten leiden unter anderem an fehlendem Selbstwertgefühl. Auch in diesen Fällen mache ich immer eine Regression zu dem Ereignis zurück, an dem der Selbstwert verloren ging. Nach dem Auflösen dieses Gefühls frage ich für den Klienten unerwartet:

„Wer ist der wichtigste Mensch in deinem Leben?"

Die meisten nennen Mutter, Kinder, Frau, Mann oder einen Angehörigen/Freund/Bekannten.

Ich frage dann:
„Wieso bist nicht du das? Kannst du das Leben von deiner Mutter leben?
Kannst du die Gefühle deiner Mutter spüren?"

Viele behaupten tatsächlich, dass das so sei. Das nehme ich zum Anlass aufzuklären:
„Ich denke, du kannst die Gefühle allenfalls erahnen, aber nicht spüren."
In der Regel akzeptieren die Klienten diese Einschränkung. Deshalb kann ich die neue Überzeugung nun festigen:
„Über welches Leben denkst du wohl nach, wenn du als alte(r) Frau/Mann mit 90/100 Jahren auf einer Bank sitzt, um es Revue passieren zu lassen? Über welches Leben wirst du nachdenken, wenn du weißt, dass du diese Welt in XX Jahren verlassen wirst?"

Praktisch immer kommt die Antwort:

> ***„Über mein eigenes."***

Ich sage dann in ironischem Tonfall:
„Dies könnte doch eine starke Bestätigung sein, dass du in deinem Leben doch sehr wichtig bist, die/der wichtigste Mensch überhaupt."

Dieser Aussage stimmen praktisch alle zu. Für die Zweifler und besonders kritischen Klienten habe ich noch einen kleinen Nachschlag, indem ich erkläre, dass in den meisten Religionen jeder Mensch im Jenseits an seinen Taten gemessen wird. Dies wäre doch ein wichtiger und starker Hinweis darauf, dass jeder in seinem Leben der wichtigste Mensch ist. Ich betone gleichzeitig einschränkend:
„Ich habe nicht gesagt, dass du der wichtigste Mensch auf dieser Welt bist!"

Weiter sage ich:
„Wenn du mit einem Lächeln im Gesicht durch den Tag gehst, genießen das alle Menschen, die dich gerne haben. Denen geht es dann auch gleich besser."

Ich finde aber, das beste Argument ist dieses:
„Nur wenn es dir gut geht, kannst du anderen Menschen richtig gut helfen."

Dann lasse ich den Klienten drei Mal mit seiner inneren Stimme sagen:

> ***„In meinem Leben bin ich der wichtigste Mensch. In meinem Leben bin ich der wichtigste Mensch, In meinem Leben bin ich der wichtigste Mensch."***

Und dann frage ich:
„Wie fühlt sich das an?"

Es kommen Antworten wie ungewohnt, neu, egoistisch, gut, stark. Ich hake nach:
„Wer würde darunter leiden, wenn du der wichtigste Mensch in deinem Leben wärst?"

Meist antworten die Klienten nach kurzer Denkpause mit ***„niemand."***

Danach lasse ich den Klienten noch einmal 3-bis 5-mal innerlich oder laut sagen:

> ***„In meinem Leben bin ich der wichtigste Mensch."***

Über die Sitzung verteilt werde ich anschließend immer wieder danach fragen und lasse die Klienten diesen Satz zwischendurch mehrmals wiederholen:

> ***„In meinem Leben bin ich der wichtigste Mensch."***

Natürlich können Sie auch andere, Ihnen bekannte Techniken anwenden. In meinem Arbeitsalltag hat sich aber herausgestellt, dass dieser Weg sehr effizient ist und bei den meisten Menschen sehr schnell zum Ziel führt.

> *Wichtig ist, dass man die Ursache auflöst. Dies ist der größte und entscheidende Schritt zu einem neuen Selbstwertgefühl.*

1.4.5 Alles okay? Erfolgstest: So überprüfe ich, ob's funktioniert hat

Es gibt verschiedene Tests, die ich während einer Hypnosetherapie durchführe:

- Hat der Klient noch Angst nach dem **Vorgespräch**?[125] Körperhaltung, Hände, Anspannung, Gesicht zeigen da einiges. Aber ganz sicher kann ich mir natürlich nie sein.

---

125) s. Pkt. 1.4.3.1, ab S. 91

- Bei der **Vertiefung**[126] nutze ich die ideomotorischen Signale des Zeigfingers, um zu prüfen, wie tief der Klient ist, und um die Geschwindigkeit meiner Sprache sowie Denk- und Antwortwartepausen auf den Klienten abzustimmen.

- **Hypnosetiefe** teste ich mit den bekannten Hypnose-Phänomenen nach Arons Tiefenskala.[127] Das gibt dem Klienten die Sicherheit, auch tatsächlich in Hypnose zu sein, und mir zeigt es, ob wir die zur effizienten Hypnosearbeit erforderliche Tiefe erreicht haben.

- Sind **SSE und ISE**[128] aufgelöst, neutralisiert? Dies überprüfe ich, indem ich mit den Klienten nach und nach noch einmal in die Situationen eintauche, wie sie während der Sitzung das erste Mal aufgekommen sind. Ich lasse hier die Klienten die schlechten Gefühle suchen, ja, richtig suchen! Denn sie werden das sonst aus Gewohnheit im Alltag wieder tun, was sie eigentlich nicht mehr tun wollen. Wenn sie nichts mehr finden, gehe ich davon aus, das sich die Gefühle aufgelöst haben beziehungsweise dass sie neutralisiert sind.

- Ist das **Selbstbewusstsein**[129] da? Selbstliebe? Ein Test dafür ist, zwischendurch immer mal wieder spontan zu fragen: „Wer ist der wichtigste Mensch in deinem Leben? Wie fühlt sich das an?“ Ich lasse die Klienten sich außerdem vorstellen, wie sie sich sehen, wenn sie in einem Straßencafé sitzen und sie laufen gerade zufällig selbst daran vorbei: „Was denkst du über N.N.?“ usw.

- Sind die **Gefühle aufgelöst**, wegen denen der Klient zu mir kam? Ich lasse ihn in verschiedenste Situationen eintauchen – zuerst in die Szenen der Vergangenheit, die für ihn so schwierig waren und ihn auch hier die schlechten Gefühle intensiv suchen. Wenn es einen bekannten FSE gibt, gehen wir natürlich auch in diesen hinein. Findet der Klient seine schlechten Gefühle nicht mehr, lasse ich ihn Situationen in naher Zukunft und in ferner Zukunft anschauen: „Siehst du, wie NN als ältere Dame ihr Leben genießen kann? Ohne diese schlechten Gefühle?“ o. Ä.

---

126) s. Pkt. 1.4.3.3, S. 96
127) s. Pkt. 1.4.3.3.3, S. 100
128) s. Pkt. 1.4.4.2, S. 113
129) s. Pkt. 1.4.4.5, S. 127

Ganz oft lasse ich auch den dominanten Arm strecken und steif werden (Armkatalepsie). Der Klient soll versuchen, den Arm nach unten zu drücken. Die Suggestion dazu lautet zum Beispiel: „Je mehr du drückst, desto weniger geht es.“ Wenn der Klient den Arm nicht nach unten drücken kann, sage ich: „Dein Unterbewusstsein zeigt sein Einverständnis, dass alle Probleme, an denen wir heute gearbeitet haben, gelöst und die alten schlechten Gefühle gelöscht sind, indem dein Arm langsam nach unten geht. Unten angekommen, entspannen sich deine Schulter, Arm, Hand und Finger, und die besten Gefühle, die du je hattest, fließen durch deinen Körper und Geist.

„An Zorn festzuhalten, ist wie Gift zu trinken und zu erwarten, dass der andere dadurch stirbt.“

Buddha

1.4.6 Schon okay! Verzeihen und vergeben

In jedem psychotherapeutischen Prozess hängt die Fähigkeit der Klienten, sich zu bewegen und zu verändern, also am Ende das Ziel zu erreichen, vor allem davon ab, eine schmerzhafte Erfahrung aus der Vergangenheit loszulassen. Diese kann schon viele, viele Jahre zurückliegen, verursacht aber immer noch Probleme – von Sucht und Alkoholismus bis zu Übergewicht und vielen anderen Schwierigkeiten, einschließlich körperlicher Krankheiten. Therapeuten müssen wissen, wie sie ihre Klienten von diesen alten Mustern und den schmerzhaften Gefühlen befreien können. Wenn das dem Problem zugrunde liegende Gefühl Wut oder Schuld ist, dann müssen wir ihnen helfen, sich selbst oder einer anderen Person zu vergeben. Denn: „Wütend zu sein, ist wie sich wegen der Fehler anderer an sich selbst zu rächen.“ (Alexander Pope (1688 – 1744), britischer Poet). Von Buddha stammt die Weisheit, dass Hass nur durch Liebe zerstört werden kann, aber niemals durch „Gegenhass“.

Ich mache diese Verzeihens-/Vergebensarbeit mit meinen Klienten unmittelbar nach der Regression, wenn sich die Ängste und schlechten Gefühle aufgelöst haben. Wenn ich aber schon gleich im Vorgespräch merke, dass jemand voller Hass und Wut ist, ziehe ich es vor. Dann kommt Verzeihen/Vergeben unmittelbar nach der Induktion. Das ist, nebenbei bemerkt, ein ganz hervorragender Vertiefer.

Die Verzeihens-/Vergebensarbeit ist häufig der schwierigste Teil der Sitzung – für den Klienten ebenso wie für mich als Therapeuten. Viele von ihnen wurden sehr schwer körperlich und/oder seelisch verletzt und tragen seit vielen Jahren diese Wut oder diesen Hass in sich. Doch die Mühe, diese Schwierigkeiten zu meistern, lohnt sich, weil vergeben zu haben für die Klienten der wichtigste Schritt in ein unbeschwertes Leben ist.

Meist haben die Klienten die Vorstellung, dass sie ihrem Peiniger recht geben, wenn sie ihm verzeihen. Ich erkläre Ihnen jeweils:
„Schau mal, jedes Mal, wenn du nur schon auf deinem Telefon den Namen gesehen hast, jemand von ihm/ihr erzählt, oder du dir hier die Person vorstellst, fühlt es sich für dich schlecht an. Doch es fühlt sich nur für dich schlecht an. Die/der andere spürt nichts davon. Es trifft nur dich! Es macht dich krank und schwach. Du ziehst dich zurück. Wenn du ihr/ihm ausweichen möchtest, musst du immer wissen, wo sie/er ist. Damit ist sie/er dir extrem nahe, in deinem Kopf. Näher kann sie/er gar nicht sein. Hat XY es verdient, eine solch große Macht über dich zu haben?“

Verzeihen bedeutet bei mir etwas anderes, als Sie vielleicht als Kind gelernt haben. Es geht nämlich nicht darum, einfach nur zu sagen *„Ich verzeihe“* und alles ist gut. Nein, es ist die erwachsene Version von Verzeihen. Und das heißt, dass Verzeihen ein egoistischer Prozess ist, der mit dem Täter nur wenig bis gar nichts zu tun hat. Klienten sollten daher die folgenden Sätze verinnerlichen:

- ***„Ich werde es nie richtig und gut finden, was passiert ist. Aber ich mache einen Schlussstrich darunter.“***
- ***„Ich bestimme, wie nahe mir die Person kommt! Ich bestimme allein!“***
- ***„Ich werde nicht mehr zulassen, dass mir das noch einmal passiert, dass ich noch einmal so gekränkt und verletzt werde. Ich werde mich künftig wehren, so gut ich kann!“***

Fragen Sie anschließend:
„Ist verzeihen unter diesen Bedingungen in Ordnung für dich? Ist das eine Option?“

Ab und zu werden Sie einiges an Überzeugungsarbeit leisten müssen. Aber dazu sind wir ja da.

1.4.6.1 Anderen verzeihen: Die Stuhl- und Sterbebett-Therapie[130)]

Danach nutze ich die Stuhl- und Sterbebett-Therapie von Gerald Kein, die aber auch schon Fritz Pearls in den 1960er Jahren beschrieben hat. Dazu lasse ich den Klienten, der in Hypnose ist, mental in einen Raum gehen, der so klein ist wie der Raum, in dem wir sind. Er ist bis auf zwei Stühle und einen Tisch in der Mitte unmöbliert, kahl und hat keine Fenster. Auf der einen Seite des Tisches sitzt der Klient, auf der anderen der Täter beziehungsweise die Person, die verletzt hat. Ich erkläre:
„Der Täter kann nur sprechen, aufstehen usw., wenn ich es ihm erlaube.“

130) s. Pkt. 1.4.4, ab S. 109

Sollte der Klient dennoch Angst haben, soll er sich das Gegenüber am besten gefesselt vorstellen. Ich lasse meine Klienten nun mit dem Täter sprechen. Sie sollen dabei ganz offen sagen, wie sie von ihm verletzt wurden. Ich fordere die Klienten auf, den Täter mit allem zu konfrontieren, was ihnen auf der Seele liegt – mit der inneren Stimme oder auch laut hörbar.
„Nimm kein Blatt vor den Mund. Mache eine richtige Szene.
Sag es so, wie es in dir drin klingt, sich anfühlt, ohne Rücksicht.“

Wenn sie es mit der inneren Stimme sagen, ergänze ich noch:
„Wenn du alles gesagt hast, geht dein Zeigefinger hoch.“

Wenn dieser oben ist, frage ich:
„Wie fühlt sich das an?“
Meistens kommt die Antwort: ***„Gut, befreiend.“***
Ich lasse den Klienten das 2- bis 4-mal nacheinander wiederholen, mit möglichst starken Emotionen.

Dann richten wir den Blick auf den Täter: Wie reagiert er? Was sagt er? Wieso hat er so gehandelt? Wir besprechen zusammen, ob die Antwort akzeptabel ist, ob der Klient noch mehr hören möchte. Ist dies der Fall, machen wir weiter, indem ich sage:
„Der Täter antwortet auf alle deine Fragen, bis du verstehst oder du die Antwort hast,
die du benötigst, um verzeihen zu können.“

An dieser Stelle sind Sie total frei und können Ihr therapeutisches Wissen nutzen.

Ich wiederhole diesen Vorgang 3- bis 5-mal, vor allem in jenen Fällen, in denen sich die Klienten für die innere Stimme entschieden haben, weil ich dann ja nicht weiß, was sie genau gesagt haben. Bei den Wiederholungen entfällt jedoch der Dialog mit dem Täter.

Ob ein Klient sich total abreagiert hat, also bereit ist zur Vergebung, sehen Sie meist an dessen Gesichtsausdruck. Wichtig ist, den Klienten in die Emotionen zu bringen, damit er seine Wut und den Hass herauslassen kann.

Diese Strategie funktioniert auf faszinierende Art und Weise. Das zeigt, dass wir eine erstaunliche Fähigkeit haben zu verzeihen, wenn wir einen solchen Prozess durchlaufen. Ich habe es tausende Male gemacht.

Geben Sie nicht auf, auch wenn es manchmal hart und schwierig ist. Es lohnt sich. Denn nur loszulassen reicht nicht aus, um die Gefühle von Ärger und Schuld gänzlich aufzulösen, die Ihre Klienten möglicherweise in sich tragen. Wenn Sie auf halbem Wege stehenbleiben, die Probleme also nicht gänzlich aufgearbeitet sind, dann werden diese sich leider fortsetzen.

1.4.6.2 Tipps für die Verzeihensarbeit

- Lassen Sie die Klienten wissen, dass die Vergebung nicht für den Täter bestimmt ist. Überzeugen Sie sie, dass die Vergebung das größte Geschenk ist, das sie sich selbst machen können, weil sich das innere Empfinden verändert und sie von der Vergangenheit befreit werden. Das setzt Selbstheilungskräfte in Gang und macht es möglich, positive Veränderungen herbeizuführen, frei zu werden.

- Sagen Sie dem Klienten, dass es nur um sein Wohlbefinden geht, dass der Täter davon in keiner Weise profitiert.

- Klären Sie den Klienten darüber auf, dass er nicht vergessen muss. Vergessen ist nicht erforderlich und wird auch nicht empfohlen! Intelligenz ist definiert als die Fähigkeit, aus Erfahrung zu lernen. Das Vergessen der Erfahrung würde zu Ignoranz führen.

1.4.6.3 Troubleshooting: Wenn Klienten nicht verzeihen können

In einer Diskussion mit meinem Kollegen Dr. Norbert Preetz kamen wir zu einem Lösungsansatz, den ich die Schritt-für-Schritt-Technik nenne. Diese hat mir zwischenzeitlich schon einige Male geholfen: Ich frage den Klienten:
„Kannst du XY wenigstens etwas verzeihen? Gibt es Handlungen, die du XY verzeihen kannst?"

Die betreffenden Klienten bejahen das in der Regel. Ich lasse sie dies dann verzeihen. Und schon ist die Türe ein Spalt breit offen – und ich beginne, sie langsam weiter zu öffnen:
„Was würdest du verlieren, wenn du ihm den Rest auch noch verzeihst? Du weißt, du musst nicht gut finden, was er gemacht hat. Und du bestimmst, wie nahe er dir kommt. Du wirst, was du ihm verzeihst, nie wieder zulassen, auch nicht in anderen Situationen und von anderen Personen. Du wirst dich wehren, so gut und stark wie du kannst!"

Meist geht es dann viel einfacher. Aber manchmal braucht der Klient noch Zeit. Bedenken Sie: Manche müssen ihr ganzes Glaubens- und Gedankensystem ändern, müssen ihre Schwüre brechen (*„Ich schwöre, der/dem verzeihe ich das nie!“*). Da braucht es manchmal eine zweite Sitzung.

1.4.7 Parts-Therapie / Teilearbeit

Die Parts-Therapie habe ich bei C. Roy Hunter und Cal Banyan gelernt. Ich wende dieses Verfahren aber relativ selten an – und wenn, dann meist nur in einer Folgesitzung oder wenn ein Klient Aussagen in der Sitzung macht wie ***„Ein Teil von mir …, etwas in mir sagt, etwas in mir sträubt sich“***. Dann gehe ich den direkten Weg und lasse die Teile sprechen, ihre Ängste und die Gründe für ihr Verhalten erklären. In der Regel funktioniert es einwandfrei, dass der „negative“ oder destruktive Teil einwilligt, sich etwas zurückzunehmen, Neues zuzulassen, ein Risiko einzugehen o. Ä. Ich lasse nie mehr als drei bis vier Teile in einem Gespräch zu. So kann ich den Überblick noch behalten.

Auch eine erfolgreiche Parts-Therapie benötigt eine tiefe Hypnose, also hohe Suggestibilität.[131)]

1.4.8 Frühjahrsputz für den Körper: Die generelle Seelenreinigung

Bei der Seelenreinigung, auch Psychoclearing genannt, wird der Körper vom gesamten bewussten und unbewussten Ballast befreit. Sie ist eine Art Frühjahrsputz, bei dem es unter anderem um das Loslassen von Blockaden, Ängsten und seelischen Schmerzen geht. Diese Reinigung ist eine Art Frieden stiften mit sich selbst und soll eine frische Motivation sein, jetzt die gewünschte Veränderung herbeizuführen. Die Seelenreinigung kann unterstützend eingesetzt werden und erhöht dann den Erfolg der Hypnosetherapie.

Die Techniken der Seelenreinigung sind Basiswissen für Hypnosetherapeuten. Ich möchte mich daher an dieser Stelle auf ein paar Stichpunkte beschränken.

Es gibt unzählige Varianten:

- grauer Raum
- Waschungen in der Dusche, im Bad, im Meer usw.

---

131) zur Bedeutung der Hypnosetiefe s. 1.4.3.3, ab S. 96

- Ordnung und Platz für Neues im Kleiderschrank schaffen
- die Schale der schlechten Gefühle ausleeren

Ich mache diese generelle Seelenreinigung nicht sehr oft und in der Regel nur dann, wenn ich während der Sitzung feststelle, dass diese noch einen guten Abschluss gäbe. Meist bin ich ja froh, wenn ich mit den wichtigen Teilen der Therapie – Vorgespräch, Regression und Vergebensarbeit plus Suggestionen – in drei Stunden Sitzung durchkomme.

1.4.9 Leitsätze für die Lebensveränderung: Suggestionen

Zum Abschluss jeder Hypnosesitzung gebe ich Suggestionen. Da ja zu diesem Zeitpunkt die meisten Probleme bereits aufgelöst sind oder zumindest sein sollten, werden die Suggestionen, die sich auf diese beziehen, in der Regel schnell und gut angenommen.

?

Suggestibilität

Voraussetzung für die Annahme von Suggestionen ist die Suggestibilität, also die Bereitschaft, Worte, Wahrnehmungen oder Vorstellungen von anderen nicht nur anzunehmen, sondern zu einem Teil der eigenen, inneren Welt, des eigenen Selbst zu machen. Natürlich können auch die eigenen Gefühle und Gedanken suggestiv wirken. Suggestibilität ist, auf diese Weise betrachtet, sozusagen die kleine Schwester der Empathie und eine angeborene Fähigkeit, man könnte auch sagen ein Instinkt. Denn als Kleinkind könnten wir womöglich nicht überleben, wenn wir nicht automatisch und widerspruchslos die Eltern nachahmen, von Erwachsenen oder dem sozialen Umfeld lernen und deren Handlungsweisen übernehmen würden. Diese angeborene, hohe Suggestibilität lässt erst ab zirka dem fünften bis sechsten Lebensjahr nach. Das ist die Phase, in der wir bei der Regression meistens landen – und die Phase, in der sich ein Kind langsam und Stück für Stück als eigenständige Persönlichkeit erkennt. Es lernt zu denken und zu hinterfragen. Die Suggestibilität nimmt reziprok zur Verbesserung der kognitiven Fähigkeiten und des Realitätssinns ab. Es ist die Ge-

Weiter auf der nächsten Seite »

burtsstunde des schon besprochenen kritischen Faktors[132], der sich nun immer mehr ausbreitet und dem Leben den kindlichen Zauber nimmt. „Osterhase, Nikolaus, Christkind und Zahnfee – ach was, die gibt's doch alle gar nicht!"

Aus dem gerade Geschilderten ergibt sich, dass im Prinzip jeder Mensch suggestibel ist. Allerdings trifft das nicht auf alle Klienten in gleichem Maße zu. Deshalb müssen wir manchmal der Suggestibilität mehr oder weniger auf die Sprünge helfen. Dazu gleich mehr. Denn zunächst möchte ich mein persönliches Erfolgsrezept vorstellen. Es gibt grob die Richtung vor und funktioniert in den meisten Fällen auch tadellos. Ich habe mir angewöhnt, bei allen Klienten folgende Suggestionen zu verwenden und je nach Thema anzupassen. Dies, obwohl klar ist, dass es zu Letzterem eigentlich keiner speziellen Suggestionen mehr bedarf, wenn die Probleme wirklich vollständig aufgelöst sind.

„Du darfst glücklich sein, du darfst frei sein, du darfst Spaß haben, du darfst gesund sein, du darfst erfolgreich sein[133] und du weißt, dass deine Angst gelöscht ist, dass du sie nicht mehr brauchst. Du kannst sie vergessen und frei leben. Du weißt, dass du geliebt wirst, du liebst. Du bist ein liebenswerter Mensch und du liebst dich selbst so, wie du bist, denn du bist gut, du bist perfekt, so wie du bist. Du bist der wichtigste Mensch in deinem Leben."

Ich wiederhole diese Sätze 10- bis 20-mal, mit starker, überzeugter Betonung. Ich wechsle dann nach 3- bis 5-mal vom „Du-darfst-" in den „Du-bist"-Modus. Die Idee dahinter ist dieselbe wie bei Einleitung und Vertiefung: Beim zweiten Mal geht alles einfacher. So auch hier: Wenn die erste Suggestion angenommen wird, trifft das auf die zweite erst recht zu. Der Klient akzeptiert sie noch weitaus mehr. Und mit der dritten geht's dann noch ein bisschen einfacher usw. Die Suggestion wird Fakt.

132) s. Pkt. 1.3.1.4, Seite 75

133) problemspezifisch formulierbar

Sie können auch einfache, kurze Suggestionen verwenden. Wichtig ist aber, dass Sie diese zirka 15-mal wiederholen, und zwar feurig zusammen mit dem Klienten. Dieser soll mitsprechen, zuerst mit der inneren Stimme, dann immer lauter. Aber bitte nicht mit langweiliger, hypnotischer Stimme. Sie müssen an dieser Stelle richtig viel Emotionen und Enthusiasmus zeigen. Sie müssen überzeugen. Langweilen Sie Ihre Klienten nicht in den Schlaf! Ich möchte an dieser Stelle noch einmal davon abraten, Hypnose von der Stange zu praktizieren. Menschen sind verschieden. Und wir als Therapeuten müssen jedem Klienten in seiner Einzigartigkeit und Besonderheit gerecht werden. Die moderne Hypnose bietet viele Möglichkeiten, um dieses Ziel zu erreichen. Wir müssen sie aber auch nutzen. Behalten Sie daher alle Sinne im Blick – und sprechen dann jeweils den an, auf den der jeweilige Klient am besten reagiert. Der Code für diese Vorgehensweise heißt VAKOG: Visuell (Augen), Auditiv (Ohren), Kinästhetisch (Tastsinn, Gefühl), Olfaktorisch (Nase), Gustatorisch (Geschmack).

Das bedeutet: Bei Klienten, die nicht visuell veranlagt sind, macht es zum Beispiel wenig Sinn, in Bildern zu sprechen. Und es ist auch wenig erfolgversprechend, einer eher kinästhetisch veranlagten Person visuelle Suggestionen zu geben und zu fragen: „Was siehst du?" Besser wäre in diesem Fall: ***„Was fühlst du?"*** *oder* ***„Was spürst du?"*** *Zielführender ist es, wenn Sie Ihre Suggestionen an den Persönlichkeitstypus Ihres Klienten anpassen. Bei auditiv veranlagten Klienten eignet sich das Verb hören, fühlen, bei olfaktorischen riechen und bei gustatorischen schmecken.*

Wenn's doch eher einheitlich sein soll, wäre eine neutral formulierte Frage etwa:
„Was nimmst du wahr?

1.4.9.1 Troubleshooting: Wenn Suggestionen nicht wirken

Doch nun noch einmal kurz zurück zu jenen Klienten, die sich als schwierige Fälle erweisen, weil sie vom Verstand gesteuert und/oder ein erhöhtes Kontrollbedürfnis haben. Das sind jene, bei denen wir etwas nachhelfen müssen.

Dazu hier einige Tipps, welche Techniken sie anwenden können:

- ➜ Der Standard-Tipp: **Vorgespräch intensivieren**, wenn Sie merken sollten, dass Sie es gerade mit einem solchen Typus Mensch zu tun haben. Besprechen Sie die Ängste ausführlich und mit schlüssigen Argumenten. Zum Beispiel mit jenem meiner Meinung nach unschlagbar guten, dass man in der Hypnose nicht nur jederzeit die Fäden in der Hand hat, sondern, mehr noch, durch den entspannten Zustand sogar in der Lage ist, in einer Weise sich von innen her vollumfänglich zu betrachten, wie es im „verkopften“ Zustand nicht möglich ist – und zwar nicht nur den Körper, sondern auch Gedanken oder Gefühle; das Ganze auch noch (be)wert(ungs)frei.

➜ **Konfusion**. Das bringt den kritischen Verstand mit seiner Logik durcheinander. Irritierend wirken in diesem Sinne zum Beispiel Zahlen vertauschen beim Herunterzählen oder Zweideutigkeiten.

➜ **Compounding**

?

Compounding

Compound bezeichnet in der englischen Sprache ein zusammengesetztes Wort wie zum Beispiel Sanduhr oder Tischbein. Übertragen auf die Hypnosetherapie ist damit gemeint, dass man eine Verstärkung einer primären Suggestion erreichen möchte. Dazu gibt man einfach in rascher Folge mehrere Suggestionen, die sich wie in einer Spirale nach oben jeweils aufeinanderfolgend verstärken. Zum Beispiel: „Mit jedem Atemzug entspannst du dich mehr und tiefer. Und je tiefer du dich entspannst, desto besser fühlst du dich.“ Letztere Suggestion verstärkt die erste: Zur Entspannung kommt das Sich-besser-Fühlen.

Ich habe bereits darauf hingewiesen, dass Suggestionen nur wirken, wenn der Klient sie auch annimmt beziehungsweise annehmen kann, weil sie zu ihm passen, seinem Veränderungswillen entsprechen. So gesehen sind Suggestionen immer auch Kopfsache. Für den Therapiealltag bedeutet das, dass Sie im Vorgespräch gut zugehört und in den Klienten reingehört haben müssen, um auf ihn zugeschnittene Sätze zu finden.

Halten Sie die erste Suggestion so allgemein wie möglich und nur so persönlich wie nötig. Sie sollte so formuliert sein, dass der Klient nicht anders kann, als ihr innerlich zuzustimmen. Das erhöht die Wahrscheinlichkeit deutlich, dass er dann auch alle folgenden Suggestionen im „Compounding“ annimmt.

Das führt uns unweigerlich zur Frage, was von vorgefertigten Skripts zu halten ist. Meine Standard-Sätze kennen Sie ja nun schon. Weiter unten werde ich noch näher auf das Universalskript meines US-Kollegen Cal Banyan eingehen [134], das allerdings eine gesamte Hypnosesitzung umfassen kann. Ich reduziere dieses Skript meistens auf ein Minimum, was mir erlaubt, in den letzten 15 Minuten einer Sitzung noch schnell zum Beispiel die zusätzlich gewünschte Raucherentwöhnung erfolgreich durchzuführen.

Aber was bringt so eine allgemeingültige Vorlage, wo es doch um Individualität geht?

Nun, gerade für Anfänger, die erst noch ihren eigenen Stil finden müssen, haben diese schon eine Berechtigung. Wenn der Text gut ist, die Bilder passen, kann eine solche Basis-Suggestion durchaus zufriedenstellend wirken. Wohlgemerkt kann, denn die Wahrscheinlichkeit, dass es nicht funktioniert, ist verständlicherweise höher als bei einem auf den Klienten zugeschnittenen Text. Eine Suggestion, die nicht zum jeweiligen Klienten passt, die noch dazu schnell heruntergebetet wird, könnte den Klienten triggern, also eine derart negative Emotion auslösen, dass er diese innerlich ablehnt. Die Abwehrreaktion könnte die gesamte Wirkung der Sitzung zerstören.

Es ist daher tatsächlich besser, wie in der obigen Regel beschrieben, den Klienten quasi als Skriptvorlage heranzuziehen. Denn Hypnose ist, wie wir wissen, Hilfe zur Selbsthilfe aus dem Klienten heraus. Und das sollte auch jede Suggestion sein. Je näher eine Suggestion an den Vorstellungen, Überzeugungen und Emotionen des Klienten dran ist, desto mehr Effekt hat sie, desto mehr kann sie sich innerlich ausbreiten. Das setzt aber natürlich voraus, dass Sie vorher gefragt haben, also möglichst viel vom Klienten wissen: Was treibt ihn um? Welche Probleme hat er? In welchen privaten und beruflichen Verhältnissen lebt er? Was hat er für Wünsche und Träume? Nur wer fragt, kann den Klienten in seiner Welt und bei seinen Emotionen abholen und hat dadurch Stoff für maßgeschneiderte Suggestionen. Meist erfahre ich ohnehin erst während der Regression und im weiteren Verlauf der Sitzung, welches die richtigen, passenden und gewünschten Suggestionen sind.

Im Idealfall appellieren die Suggestionen an das Selbstwertgefühl und die -verantwortung der Klienten („Du kannst nur dein Leben leben", „Du hast es selber in der Hand, kannst selber gestalten", „Du wirst geliebt, bist erfolgreich" o. Ä.)

134) „Low road – high road"; Universalskript von Cal Banyan, s. Pkt. 1.6.1.2, S. 152

1.4.9.2 Hoffnungszeichen für ein neues Leben: Anker/Trigger

Mit dem Trigger wird die hypnotische Wirkung an eine bestimmte Situation oder einen bestimmten Auslöser gebunden. Das soll den Klienten in ihrem Alltag ein Gefühl der Sicherheit geben: „Ich habe mein Zeichen. Mir kann nichts passieren.“ [135] Das Ergebnis der Hypnose wird so Stück für Stück immer fester im Unterbewusstsein verankert. Auch Anker beziehungsweise Trigger gehören zur Grundausbildung jedes Hypnosetherapeuten. Ich verankere bei zirka 80 Prozent der Klienten gute Gefühle durch das „Taucher-Ok-Zeichen“: die aus Daumen und Zeigfinger geformte Null. Darüber rede ich auch kurz mit den Klienten. So haben sie im Alltag ein Hilfsmittel mit dabei, das sie unabhängig von mir macht.

1.4.10 Sie sind fit und munter! Auflösen der Hypnose

Das kann jeder so machen, wie er es gelernt hat. Ich zähle von eins bis fünf und verwende bei jeder Zahl mindestens eine Suggestion, die ich einige Male wiederhole.

1.4.11 Wie war's? Nachbesprechung und Folgesitzung

Wenn der Klient aus der Trance zurück ist, frage ich ihn kurz, wie er sich fühlt und wie er die Sitzung empfunden/wahrgenommen hat. Ich gehe grundsätzlich davon aus, dass eine Sitzung reicht, um das Problem zu lösen, dass es also „weg“ ist. In etwa 70 bis 80 Prozent aller Fälle trifft das auch tatsächlich zu. Deshalb kann man bei mir auch grundsätzlich immer nur eine Sitzung buchen. Sollte eine zweite Sitzung notwendig sein, liegt das daran, dass wir den ISE nicht gefunden haben. Daher werde ich in solchen Fällen die zweite Sitzung dann immer mit einer Regression beginnen und wenn ich es für notwendig halte, in die Teile-Arbeit wechseln. In den allermeisten Fällen sind die Probleme dadurch behoben. Die Folgesitzung geht meist viel, viel einfacher, da der Klient schon weiß, was ihn erwartet. Er ist weniger gestresst. Ich nehme noch eine weitere Folgesitzung nur an, wenn sich eine Verbesserung gezeigt hat. Sonst muss ich leider davon ausgehen, dass ich nicht der richtige Therapeut bin oder meine Methode bei dem betreffenden Klienten nicht fruchtet. Das kommt aber äußerst selten vor.

---

135) s. Pkt. 1.2.5.2, S. 50

?

1.4.11.1 Hypnose – (K)eine unendliche Geschichte?

Die Antwort auf die Frage, wie lange sich eine Hypnosetherapie hinziehen darf, ist umstritten. Auch die Regressionshypnose ist kein Wundermittel. Und natürlich hängt die Behandlungsdauer immer auch vom individuellen Problem ab. Mit Fug und Recht kann ich aus meiner Erfahrung heraus sagen: Für einfache Ängste, Phobien, Panikattacken o. Ä. reicht, darauf habe ich schon mehrfach hingewiesen, in der Regel eine Sitzung. Diese dauert, darauf habe ich auch schon hingewiesen, bei mir drei Stunden. Ich beginne mit dem Vorgespräch und arbeite immer mit der Regression. Besonders bei Zwängen, Depressionen und Burnout gehe ich allerdings von zwei bis drei Sitzungen aus.

?

1.4.11.2 Woran lag's? Wenn Hypnose nichts half

Es gehört sicher zu den bittersten Momenten im Alltag von Hypnosetherapeuten, wenn ein Klient anruft oder schreibt, dass alles sei wie vorher. Dabei habe er doch so viel Geld ausgegeben. Außer Spesen nichts gewesen?

Das sind mögliche Gründe für den Misserfolg:

- **schlechtes Vorgespräch**, weswegen der Rapport nicht genügend aufgebaut werden konnte

- **sekundärer Krankheitsgewinn**, das heißt, man profitiert vom Problem, das man hat, etwa, weil man die Mitleidstour fahren kann oder Aufmerksamkeit bekommt, die man ohne das Problem nicht hätte. Ein bekanntes Beispiel von sekundärem Krankheitsgewinn ist der Fall einer jungen, blinden Pianistin, die Franz Anton Mesmer durch sein Hypnose-Verfahren sehend machte. Doch weil das Mädchen dadurch während des Klavierspiels mehr nachdachte und

Weiter auf der nächsten Seite »

hinschaute, unterliefen ihr bislang nicht gekannte Fehler. Dadurch verlor sie ihren Wunderkind-Status. Messmer musste sie auf Bitten der Eltern wieder blind hypnotisieren ...[136]

- Der Klient **wollte zu viel** („Es muss gelingen, es ist meine letzte Hoffnung").

- **Angst**, in die Hypnose zu gehen

- fehlender oder ungenügender **Rapport**

- nötige **Hypnosetiefe** nicht erreicht

- Der **ISE** und wichtige SSEs (noch) nicht gefunden und aufgelöst, sonst wäre bereit seine Besserung eingetreten, wenn auch nur temporär.

- Klient konnte nicht **verzeihen/vergeben**.

136) www.3mfuture.com/articles_reiners/hypnose_geschichte_theorien_effekte.pdf

1.5
DIE DUNKLEN SEITEN DER HYPNOSE

„Auf dem Gebiet der Hypnose ist Glaubwürdigkeit die Währung.“

Dave Elman

1.5.1 Esoterik & Spiritualität

Leider wird häufig spirituelle und esoterische Hypnose angeboten, ohne dies klar zu sagen. Ich persönlich halte wenig von dieser Art der Hypnose – unabhängig von Deklarierung und Etikettierung. Sollte ein Klient diese Art der Hypnose wünschen, ist das in Ordnung, es hat aber meist nur wenig oder gar keinen Nutzen. Deshalb biete ich es auch nicht an, abgesehen davon, dass mir Esoterik und Spiritualität als Hypnose ohnehin nicht entsprechen würden. Weil ein guter Hypnosetherapeut aber selbstverständlich alle Ressourcen nutzt (utilisiert), die der Klient mitbringt, macht er das gegebenenfalls auch bei Vorhandensein religiöser, esoterischer und spiritueller Glaubensmuster, um ihm zu helfen.

1.5.2 Im Angesicht des Teufels: Besetzungen

Ab und zu höre ich, dass jemand an Besetzung leiden soll. An mich hat sich deswegen aber noch niemand gewandt. Das liegt vielleicht daran, dass ich an solche Dinge nicht glaube. Als Therapeut weiß ich, dass man Menschen relativ einfach etwas einreden kann, besonders wenn sie in Trance/Hypnose sind.[137)] Also kann man ihnen das auch wieder ausreden. Leider haben viele Menschen aber aus meiner Sicht eigenartige Glaubensmodelle. (Natur)Religionen, Kirchen, Sekten, Esoteriker, Spirituelle können daher solche Halluzinationen verankern. Wie löst man so etwas auf? Cal Banyan nimmt da den Erzengel Gabriel zur Hilfe, der den Besetzer vertreibt. Das funktioniert so aber nur bei Klienten jüdischen, christlichen oder moslemischen Glaubens.

Was ich tun würde: zurückgehen zum Moment, wo die Besetzung stattgefunden hat und diese dort unmöglich oder rückgängig machen – oder bevor das passiert, die Haltung zu verändern, da Besetzungen ja eigentlich nicht möglich sind. Eine weitere Möglichkeit wäre Teilearbeit, also mit dem Dämon sprechen und eine gute Lösung für alle finden.

---

137) s. Pkt. 1.1.2, ab S. 25

1.5.3 Gab es mich schon einmal? Rückführung in frühere Leben

Davon halte ich gar nichts. Ein guter Hypnosetherapeut weiß, dass er Klienten ganz einfach suggerieren kann: ***„Geh in ein früheres Leben“*** – und schon produziert er Bilder in dessen Kopf, vor allem dann, wenn im Glaubenskontext des Klienten frühere Leben möglich sind. Ich kann mir nun wirklich vieles vorstellen: zum Beispiel als Steinzeit-Mensch zu leben oder ohne Sauerstoff auf dem Mond herumzuspazieren, problemlos. Aber Rückführungen? Richtiggehend unseriös finde ich, wenn diese nur aus Spaß gemacht werden und die damit verbundenen, meist furchtbaren Bilder nicht aufgelöst werden. Dann haben die Klienten nur noch mehr Probleme und quälende Bilder im Kopf, die sie nicht mehr loslassen: Sie sehen, wie sie auf dem Scheiterhaufen oder im Holzhaus verbrannt werden, im Kerker verhungern, ertrinken, ertränkt oder für einen Essensdiebstahl bestraft werden oder in einer Schlacht sterben. Ja, danke aber auch!

Wie löst man diese furchtbaren Bilder auf?

Das alles sind Bilder, die aus einschlägigen Mittelalterfilmen und -romanen bekannt sind – und womöglich auch von diesen beeinflusst sind. Aus Erfahrung kann ich sagen, dass diese immer als Symbolbilder für die aktuellen Probleme und deren Ursachen interpretiert werden können. Ich habe in vielen Sitzungen festgestellt, dass es ohnehin nur sehr wenige betrifft: Nur etwa ein bis zwei Prozent der Klienten gehen spontan in frühere Leben. Ich gehe in diesen Fällen meist noch weiter zurück, mache also auch in „früheren Leben“ mit der Regression weiter, bis nichts mehr kommt. In vielen Fällen springen die Klienten schnell wieder zurück ins jetzige Leben. Dann kann ich normal weiter arbeiten.

In einigen Bildern haben sie die Möglichkeit, den Sinn zu verstehen oder die Geschichte endet trotz allem positiv. Dann kann ich die Neubewertung auch mit der vereinfachten Kinotechnik machen. Ganz häufig sind es Bilder kurz vor dem Tod, mit furchtbarer Angst, Schmerzen, Wut usw. In diesen Fällen ist es eine sehr bewährte Technik, wenn die Klienten dann tatsächlich den Tod, das Sterben erleben. Meist werden sie dann ganz ruhig. Die Frage „Was nimmst du als Erkenntnis aus diesem Leben mit?“ hilft ebenfalls dabei, die ganze Geschichte abzuschließen. Fragen wie „Kannst du verzeihen? Was ist in diesem Leben passiert? Was wurde dir angetan?“ können Klarheit darüber schaffen, ob wir diesen Prozess auch noch abarbeiten müssen.

1.6

METHODEN & ARTEN HYPNOSE-VIELFALT FÜR EIN NEUES LEBEN

„Blicke in dich. In deinem Inneren ist eine Quelle, die nie versiegt, wenn du nur zu graben verstehst.“

Marc Aurel

1.6.1 Basis-Techniken

1.6.1.1 Direkt und indirekt oder modern und fortgeschritten?

Zu den grundlegenden hypnotherapeutischen Techniken gehören Verfahren wie die Induktion, Vertiefungstechniken sowie direkte oder indirekte Suggestions- und Visualisierungstechniken.[138] Hinzu kommen so mächtige und lebensverändernde, moderne, fortgeschrittene Techniken wie die hypnotische Altersregression, Vergebungstherapien und Teile-Arbeit (Parts-Therapie) in Kombination.[139]

Der Basisprozess der Hypnose, die als **direkte Suggestionshypnose** bezeichnet wird, besteht darin, Klienten einfach zu hypnotisieren und dann mit sorgfältig überlegten, oft schon aus dem Vorgespräch sich ergebenden, konstruierten Aussagen, den Suggestionen, durch den tranceartigen Zustand zu leiten. Das Unterbewusstsein wird dadurch zu einem neuen „Denken“ bewegt und alte blockierende Glaubenssätze überschrieben. Das schafft Raum für positive Veränderungen aus dem Inneren heraus.

Geführte Visualisierungstechniken sind ebenfalls ein Basic. In diesem Prozess werden Klienten hypnotisiert und sollen sich anschließend bestimmte Sachverhalte möglichst plastisch vorstellen. Dabei werden sie ermutigt, je nach Fragestellung mehrere, am besten alle Sinne zu nutzen. Eine damit verwandte Basistechnik ist, mit **Metaphern** zu arbeiten.

Direkte und indirekte Suggestionen sowie Visualisierungen sind einfache Suggestionen. Wie lange sie wirken, ob nur Stunden und Wochen oder doch nachhaltig für den Rest des Lebens,

---

138) Wie Einleitung und Vertiefung funktionieren und wie wir in der aufdeckenden und auflösenden Regressionshypnose mit Suggestionen arbeiten, s. u. a. Pkt. 1.4.3.2, ab S. 95, Pkt. 1.4.3.3, ab S. 96, 1.4.9, ab S. 139 und im praktischen Teil ab S. 198

139) s. Pkt. 1.4.6, S. 132 und Pkt. 1.4.7, S. 136

hängt von vielen Faktoren ab, von der Tiefe der Hypnose ebenso wie von der Schwierigkeit oder Komplexität des Problems, der Akzeptanz der Suggestionen und Bereitschaft des Klienten, diese und die damit verbundene, wirklich dauerhafte Veränderung anzunehmen. Die oben genannten fortgeschrittenen Techniken führen bei richtiger Anwendung dagegen regelhaft schnell und effektiv zu dauerhaften Veränderungen. [140)]

1.6.1.2 Highway ins Glück: Universalskript nach Cal Banyan

Als eine faszinierend effektive Methode, mit Hypnose schnelle Erfolge zu erzielen und Klienten ein erfülltes, glückliches Leben zu ermöglichen, hat sich in meinem Praxisalltag das Universalskript des US-Hypnosetherapeuten Cal Banyan erwiesen. Ich arbeite unter anderem mit diesem Skript beziehungsweise Elementen daraus. Universalskript heißt es deshalb, weil dadurch eine Änderung jeglichen Verhaltens und nachteiliger Gewohnheiten herbeigeführt werden kann – vom Nägelkauen, Rauchen und übermäßigem Essen und Trinken bis zu mangelndem Selbstvertrauen, Überforderung, Unfähigkeit, Ordnung zu halten oder Motivationsproblemen. Möglich ist das, weil Klienten durch das Universalskript Klienten eine Binnensicht auf sich selbst beziehungsweise tiefe Einblicke in ihr Innerstes erhalten.

Der Anspruch, den Banyan mit diesem Skript erhebt, ist es, den Vorgang der Hypnose so zu vereinfachen, dass die Klienten schnell in den Somnambulismus versetzt werden. Dieser ist die Tiefe [141)], die wir benötigen, um mit allen möglichen Elementen wie Schnellinduktion, Tiefentest, Altersregression, Vergebungsarbeit oder Teile-Therapie die Problemverursacher schnell zu finden und aufzulösen wie ein Stück Würfelzucker im Wasser.

Der Kern: Direkte Suggestionen, bei denen wir uns unmittelbar auf das Problem konzentrieren, weswegen der Klient in der Praxis ist, beziehungsweise auf die gewünschte Veränderung.

Das Ziel: Eine grundlegende und dauerhafte Veränderung des Lebens. Bloße Ängste oder Phobien stehen nicht im Fokus, trotzdem kann das Skript hier gleichwohl angewendet werden.

Banyan nutzt dazu das Bild des Highways: Wer eine Verhaltensänderung bewirken will, muss sozusagen an einer Weggabelung auf der Straße des Lebens stehen. Allgemein gesprochen geht es

---

140) Zur technischen und methodischen Entwicklung der Hypnose im 20. und 21. Jhd. s. Pkt. 1.2.7, S. 56 und 1.2.8, S. 59,
141) Zu Vertiefung/Somnambulismus s. Pkt 1.4.3.3.1, S. 96

um Vertrauen zu sich selbst, in das eigene Verhalten und die Art, wie wir denken. An der Weggabelung – man kann sich diese als Autobahnkreuz vorstellen – gibt es nun zwei Möglichkeiten: Der Klient biegt an der ersten Abfahrt in die untere Straße (low road) ab. Das ist der einfache Weg, der uns aber nicht an das gewünschte Ziel führt. Stattdessen geht die Misere, die der Klient doch eigentlich durch die Entscheidung für die Hypnosetherapie beenden will, ungebremst und wie gehabt weiter. Das gewünschte Ziel können wir nur erreichen, wenn der Klient erst die zweite Abfahrt nimmt, die in die obere Straße (high road) führt. Diesen Weg zu wählen, erfordert ein bisschen Anstrengung, verspricht dafür aber Erfolg, Glück und ein erfülltes Leben.

Vom Kreuzweg zur Erlösung: Das Universalskript als Stationslauf

Das Universalskript baut also auf dem high road-low road-Konzept auf. Sie können den Klienten ganz einfach nach der Hypnose-Induktion und nach einem Convincer direkt zur Weggabelung führen. Von dort geht's zunächst über drei Stationen auf der unteren Straße entlang. Sinn des Ganzen ist, den Klienten im ganzen Ausmaß mit dem Leiden und der Frustration zu konfrontieren, die er auf der low road erlebt hat und weiterhin erleben wird. Es ist enorm wichtig, ihn nicht davor zu verschonen. Das Ganze verbinden wir mit seinem bisherigen Verhalten und allen Menschen, Objekten, Substanzen und Ereignissen, die wiederum mit dem Leiden verbunden sind, Eltern etwa oder Alkohol. Bei einem Raucher zum Beispiel produzieren wir an dieser Stelle ekelerregende Bilder von Zigaretten, Kippen, vollen Aschenbechern, dicken Rauchschwaden, Nikotin, Gestank und Alkohol. Dadurch kann er die positiven Konnotationen wie Genuss, Freiheit oder Lebensfreude loslassen. Nach der dritten Station fahren wir mit dem Klienten wieder zurück an die Weggabelung und machen ihm klar:

„Das alles muss nicht sein. Du hast das Steuer in der Hand und kannst selbst entscheiden, ob du weiterhin gemütlich die untere Straße entlang fährst oder auf die anstrengendere Route abbiegst. In dir selbst ist die Verbindung zwischen beiden Straßen verankert. Du hast die Wahl. Entscheide selbst, was das alles für dich bedeutet."

Dann fahren wir analog die drei Stationen von der high road her an und lassen den Klienten dort die jeweiligen Situationen neu bewerten[142], neu und positiv durchleben. Diese Neubewertung ist eng mit der Altersregression und -progression verbunden. Das so entstehende Erfolgsgefühl schafft eine neue, positive Erwartungshaltung von Glück, Erfolg und Zufriedenheit.

142) Originalbegriff „redefine"

Ein Skript für alle Fälle? Der Vorteil des Universalskriptes

Nun könnten Sie an dieser Stelle zweifeln und ungläubig fragen: „Ein Skript für alle Fälle, das immer passt – gibt's das wirklich?" Die Frage ist in der Tat berechtigt. Und die Antwort lautet eindeutig Nein. Ein solches Skript wäre Hypnose von der Stange. Diese möchte ich nicht anbieten. Schon allein deshalb arbeite ich mit verschiedenen Skripten und Verfahren – angepasst an den jeweiligen Klienten und seinem Problem. Hypnose von der Stange funktioniert meiner Meinung nach auch nicht oder bliebe in der Wirkung beschränkt wie ein Pharmazeutikum. Insofern ist das Wort „universal", das Cal Banyan dem Skript voranstellt, vielleicht ein wenig missverständlich.

Der Grund, warum ich es trotzdem gerne anwende und es hier vorstelle, ist der, dass es einerseits einfach zu verstehen und zu praktizieren ist, Ihnen andererseits gegebenenfalls sehr viel Freiraum für eine individuelle Ausgestaltung und eigene, an das jeweilige Problem angepasste Worte lässt. Ich kann es im Prinzip nutzen, dabei aber frei variieren. In diesem Fall dient das Universalskript als Vorbereitung oder Herbeiführung einer maximalen Empfänglichkeit für die darauffolgenden Suggestionen, die eng mit der angestrebten Veränderung des Klienten verwoben sind. Diese erreichen wir letztendlich über das gerade beschriebene doppelte „Ansurfen" der drei Stationen einmal über die untere, dann die obere Straße. Das führt den Klienten einerseits vor Augen, wie sie sich bisher, einhergehend mit allen negativen Folgen, verhalten haben und zeigt ihnen andererseits das wahrscheinliche Ergebnis der positiven Veränderung: Die untere Straße wird zum Bild des Scheiterns, die obere zu dem des Erfolges und der Vollendung.[143)]

1.6.1.3 Das ist der Beweis! Die Convincer

Unter Convincer[144)] verstehen wir in der Hypnosetherapie Tests beziehungsweise Aktionen, die dem Klienten beweisen sollen, dass er sich wirklich in Hypnose befindet. Sie geben ihm in Trance und nach dem Zurückholen aus der Hypnose die positive Antwort auf die Frage: „War ich tatsächlich hypnotisiert, kann die Therapie also wirken?" Convincer beseitigen also restliche Zweifel und schaffen so die Voraussetzungen dafür, dass die anschließenden Suggestionen akzeptiert werden und und wir die gewünschte Veränderung einleiten können. Convincer verbessern auf diese Weise auch den wichtigen Rapport zwischen Klient und Therapeut, weil sie Erfolgsbeweis sind und Vertrauen schaffen nach dem Motto „Ja, mein Therapeut ist kompetent.

143) Das gesamte Skript im englischsprachigen Originaltext: http://www.calbanyan.com/universalscript

144) to convince (engl.): überzeugen

Er hat es tatsächlich hingekriegt". Das macht ihn innerlich frei, die Therapie geschehen zu lassen. Gebräuchliche Convincer sind zum Beispiel Finger-, Hand- oder Armlevitationen. Dabei bewegt sich ein Körperteil, ausgelöst durch Suggestionen, ohne bewusstes Zutun des Klienten quasi wie von selbst. Der Arm bleibt oben. Auch ideomotorische Zeichen wie Fingersignale können als Convincer eingesetzt werden. Convincer sind ebenfalls ein Basic und Standardwerkzeug. Ausgebildete Hypnosetherapeuten sollten mit Phänomenen wie Augenflattern, langsames, tiefes Atmen, Entspannung, Katalepsie, Zahlen vergessen – allesamt gebräuchliche Convincer – daher vertraut sein.

Meine Convincer:
Ich mache bei praktisch jeder Hypnosesitzung einen Test. Als Convincer in der Elman-Induktion ist der Augenschluss bereits Bestandteil. Zusätzlich wende ich während der Sitzung meistens noch eine Armkatalepsie an.

1.7
AUGEN ZU UND DURCH? KENNZEICHEN DER HYPNOSE

> *„Auf dem Gebiet der Hypnose ist Glaubwürdigkeit die Währung."*
>
> Dave Elman

1.7.1 Ich bin dann mal weg! Wie Klienten die Hypnose spüren

Wenn der Klient auf eine entsprechende Instruktion des Therapeuten hin seine Augen zumacht und langsam tiefer und tiefer in die, wie ich es nenne, „angespannte Entspannung" gleitet, fühlt sich der Körper oft schwerer an. In der Regel breitet sich ein Gefühl von Wärme aus. Aber ist man jetzt einfach mal „weg"? Bekommt man überhaupt nichts mehr mit? Wie wir schon gesehen haben[145], sorgt diese Frage und auch die Nomenklatur – hypnos (gr.) = Schlaf – immer wieder für Irritationen. Diese sollten im Vorgespräch dringend ausgeräumt werden. Ansonsten könnte das Unterbewusstsein der Klienten die Annahme von Suggestionen widerrufen, weil der kritische Verstand durchaus zu Recht möglicherweise darauf hinweist: „Du warst ja gar nicht weg, hast alles mitbekommen, hast nicht geschlafen. Du konntest jederzeit auf dein Umfeld reagieren. Also funktioniert das Ganze bei dir nicht, weil du nicht hypnotisierbar bist."

Der kritische Verstand würde in diesem Fall zum Opfer eines Missverständnisses, weil Hypnose ja dann dasselbe wie Schlaf oder Narkose wäre. Tatsächlich beschreiben meine Klienten den hypnotischen Trance-Zustand in ähnlichen Worten wie ich meine erste Hypnose. Ich weiß noch sehr genau, wie positiv beeindruckt ich von dieser war, wie ich sie erlebt habe: Ich fühlte mich total entspannt. Nach der zweiten Sitzung beschloss ich: „Das mache ich auch. Ich werde Hypnosetherapeut!"

---

145) s. Pkt. 1.1.2, S. 25

Was Klienten sagen

So fühlt sich Hypnose an

- tiefenentspannter Zustand ohne jegliches Bedürfnis, die Position zu verändern oder sich zu bewegen
- behagliche Ruhe
- fokussiertes Bewusstsein und vollständige Klarheit; totale Präsenz; ebenso deutlich eingeschränkte wie erhöhte Aufmerksamkeit
- dösen
- „Ich habe geschehen lassen, was ich geschehen lassen wollte und was geschehen sollte oder durfte."

Sicherstes Kennzeichen dafür, dass sich Klienten bereits in Hypnose befinden ist, wenn sie ebenso wie der Therapeut bemerken, dass die Suggestionen wirken. Dann sind zum Beispiel die Augenlider so schwer, dass sie sich nicht mehr öffnen lassen. In diesem Moment ist Ihrerseits ein Convincer hilfreich[146], um dem Klienten bewusst zu machen, dass er tatsächlich in hypnotischer Trance ist. Das erhöht die Akzeptanz späterer Suggestionen und befreit gleichzeitig von eventuell noch vorhandenen Zweifeln und Ängsten vor Willenlosigkeit und Manipulation. Deshalb kann es auch sein, dass der eine oder andere Klient an dieser Stelle seinen Zustand selbst austestet, also entgegen den Instruktionen versucht, die Augen zu öffnen. Das ist sozusagen der Self-Convincer: Wenn die Wirkung gemäß der Instruktion des Therapeuten trotz Widerstandes eintritt, wertet der Klient dies dann als Zeichen, dass die Hypnose funktioniert und wirkt. Da die meisten aber ja die Hypnosetherapie innerlich wollen, wird ihnen dies nicht gelingen. Ausnahme sind stark kontrollsüchtige Menschen. Mit diesen müssen wir besonders intensiv arbeiten.

Das Gefühl der totalen Regungslosigkeit ist nach meiner Einschätzung übrigens ein guter Überzeuger. Denn im Wachzustand ist so etwas praktisch unmöglich. Dauernd müssen wir uns bewegen, wir stehen auf oder setzen uns hin, kratzen uns am Kopf oder runzeln die Stirn, wir überkreuzen unsere Beine, wechseln die Sitzposition, spielen an unseren Fingern herum oder

146) Augen öffnen und gleich wieder schließen lassen.

verziehen das Gesicht. Die Trance dagegen legt uns buchstäblich lahm. Ich möchte aber ausdrücklich betonen, dass dies im Gegensatz zu Schlaf oder Ohnmacht eine selbst gewählte, willentliche Bewegungslosigkeit ist: Die Klienten könnten sich schon bewegen, etwa um sich zu kratzen oder die Liegeposition leicht zu verändern, in Hypnose haben sie aber meist schlicht kein Bedürfnis danach.

Die Erfahrung, wie sich Hypnose anfühlt, schafft Vertrautheit. Der Klient weiß, was kommt, was ihn erwartet, was gleich passieren wird. Das führt dazu, dass in den folgenden Sitzungen alles ein wenig leichter, schneller und tiefer geht, Einleitung ebenso wie Herstellung der Suggestibilität. Umgekehrt geht die erste Trance meist weniger tief.[147] *Die Hypnose ist Neuland – und damit mit selbst blockierender Anspannung, Nervosität und Angst verbunden. Das nutzen wir für die sogenannte Fraktionierung*[148]*, um den Klienten ein Gefühl des gleitenden Immer-tiefer-Sinkens zu vermitteln: Das Ich mit seinen Fesseln und die Willenskraft treten immer mehr in den Hintergrund.*

147) Zu den Vertiefungstechniken s. Pkt. 1.4.3.3, ab S. 124

148) s. Pkt. 1.4.4.4, S. 27 und Lexikon S. 340

1.8

REGELN & GESETZE: HYPNOSE AUS DEM LEHRBUCH

1.8.1 Ins Wasser fällt ein Stein: Die Macht der Gedanken

Als Hypnosetherapeut sollten Sie die wichtigsten psychologischen Gesetze und Regeln von Verstand und Bewusstsein kennen. Deshalb möchte ich diese im Folgenden in Erinnerung rufen:

- **Ideen und Gedanken sind mächtig.** Sie bleiben innerlich wie äußerlich nie ohne Wirkung. Das ist vergleichbar mit einem Stein, der ins Wasser fällt. Immer weiter zieht er seine Kreise – heimlich, still und leise bis auf ein kurzes Plätschern beim Aufschlag im Wasser. Idee und Gedanke können noch so klein sein: Sie werden trotzdem immer größere Kreise ziehen – und immer etwas mit uns machen. Das kann gut sein oder schlecht, je nachdem, ob der Gedanke konstruktiv oder destruktiv ist. In letzterem Fall bauen wir in der Hypnosetherapie ein neues, tragfähiges Gedankengebäude. Das führt uns unmittelbar zum nächsten psychologischen Gesetz:

- Prophezeiungen erfüllen sich gerne selbst (self fulfilling prophecy). Das hängt mit den **Erwartungen beziehungsweise Erwartungshaltungen** zusammen, die mit dieser verbunden sind. Wenn ich nichts Gutes von einer Idee erwarte, dann wird sie weder auf kurze noch auf lange Sicht Früchte tragen. Dann gilt zusätzlich auch noch Murphys Gesetz: Was schief gehen kann, geht schief. Wenn ich nicht an eine positive Wirkung der Hypnose glaube, kann die Therapie auch keine solche haben. Wenn ich eine Veränderung meines Lebens wirklich will, dann ist die Wahrscheinlichkeit groß, dass diese eintritt. Deshalb schaffen wir mit Hilfe der Hypnose ein neues, positives Bewusstsein, das Chancen sieht und wahrnimmt, statt ein ewiger Bedenkenträger zu sein.

- Auch das nächste Gesetz hat mit der Macht von Ideen und Gedanken zu tun: Da diese vom Kopf ausgehen, entsteht auch dort ihre Macht. Im Kopf erfüllen wir sie mit Leben, im Kopfdurchdenken wir sie. Im Kopf entstehen die Bilder dazu. Möglich macht es die **Vorstellungskraft.** [149)] Diese ist die treibende Kraft bei der Realisierung von Ideen und Gedanken. Das, was wir wissen oder erkannt haben, ist der Vorstellungskraft in diesem Fall genauso untergeordnet wie die (Lebens-)Erfahrung.

149) Zur Bedeutung der Vorstellungskraft für die Hypnose s. Pkt. 1.4.3.3.2, S. 98

- Über die Vorstellungskraft verankert sich eine Idee auch im Unterbewusstsein. Dann können wir zwar im wahrsten Sinne des Wortes beseelt sein, wir bekommen im negativen Fall den Gedanken dort aber auch nur schwer wieder heraus beziehungsweise nur dann, wenn wir tief ins Unterbewusstsein hineinfahren. Und das geht nur in Hypnose. Grund dafür ist, dass das Unterbewusstsein wenig Veränderungskompetenz und -willen hat. Es möchte sich bildhaft gesprochen lieber vor den Fernseher setzen, ein Bier dazu trinken und sich keine Gedanken machen müssen. In der Hypnose geht es daher darum, Überzeugungsarbeit zu leisten und das Unterbewusstsein frisch zu motivieren.

- Bereits darauf hingewiesen habe ich auf das **Automatismusgesetz** bei Vertiefung und Suggestionen. Wiederholungen wirken hier verstärkend.[150] Oder anders ausgedrückt: Das Brett, das wir bohren müssen, wird jedes Mal ein wenig dünner. Es wird also mit jeder weiteren Betonung der Suggestion leichter, damit ins Unterbewusstsein durchzudringen.

- **Negative Emotionen** breiten sich auf Dauer so im Inneren aus, dass sie organisch krank machen können.

- Allein mit Wille, Verstand und bewusster psychischer Kraft die Ansichten des Unterbewusstseins ändern zu wollen, ist ein Kampf gegen Windmühlen. Hier gilt das **Gesetz der Proportionalität**: Die Wirkung sinkt proportional zur Erhöhung des Aufwandes.

---

150) s. Pkt. 1.4.3.3.1, S.96

1.9

HEILSAME THERAPIE: WANN HYPNOSE HELFEN KANN

„Ich konnte bereits in der ersten Sitzung einen traumatischen Fall langjährigen sexuellen Missbrauchs auflösen."

Nun wissen Sie schon sehr viel über die aufdeckende/auflösende Regressionshypnose. Bleibt die Frage:

„In welchen Fällen kann ich mein Wissen denn nun genau anwenden?"

Meine kurze Antwort dazu lautet: Die aufdeckende/auflösende Regressionshypnose ist die effizienteste Methode zur Lösung von Problemen oder Beendigung von Süchten, die ich kenne. Dies deshalb, weil sie, wie mehrfach betont, direkt am Problem ansetzt, statt nur am Symptom herumzudoktern. Wir arbeiten am negativen Gefühl. Wir lösen dieses auf, neutralisieren also negative Gefühle oder damit verbundene Ängste. Besser und effizienter geht es wirklich nicht. Ein Schuss, ein Tor! Und, auch das habe ich schon betont: Sie müssen kein Künstler und schon gar kein Guru sein, um die Regressionshypnose erfolgreich anzuwenden. Auch die richtige Metapher brauchen Sie nicht zwingend. Es gibt einen Workflow, den Sie abarbeiten können. Der Klient geht selber direkt oder relativ direkt zum Ursprung seines Problems. Das geschieht losgelöst und quasi unabhängig von Ihnen als Therapeut. Sie sind nur der Reisebegleiter.[151)]

Ich wiederhole noch einmal: Die Regressionshypnose ist einfach, zweckmäßig und schnell. Sie lässt sich zudem zuverlässig replizieren, da wir direkt auf das Problem zugehen, direkt in die Geschichte des Klienten, direkt in die Traumata hineintauchen, die er erlebt hat.[152)] Eingeschränkt werden die Möglichkeiten dieser Methode nur, wenn Sie als Therapeut mit diesen manchmal doch sehr erschütternden Geschichten nicht umgehen können.

Es ist daher wichtig, dass Sie sich abgrenzen. Wenn Sie das nicht können, ist die Regressionshypnose nicht die geeignete Therapieform für Sie.

151) s. Pkt. 1.1.3.1, ab S. 33
152) s. Abreaktion, Pkt. 1.4.4, ab Seite 109

Ich bin kein Künstler. Ich bin Handwerker.

Ich habe mich auch mit der indirekten Hypnose beschäftigt und bin in der Anwendung dieser Methode ausgebildet, musste aber schnell feststellen, dass diese Methode nicht sehr effizient ist und – noch wichtiger – nicht zu mir passt. Ich bin kein Künstler, sondern Handwerker. Da liegt mir eine Methode, die nicht von meinen Eingebungen abhängig ist, doch deutlich besser. Ich fand mich sofort mit der Regressionshypnose zurecht und konnte bereits in der ersten Sitzung einen traumatischen Fall von langjährigem sexuellem Missbrauch auflösen.

1.9.1 Allzweckwaffe Hypnose: Mögliche Einsatzgebiete

Bei diesen Problemen hilft die aufdeckende/auflösende Regressionshypnose unter anderem sehr zuverlässig und nachhaltig:

- Abnehmen, Essstörungen (Anorexie, Bulimie)
- ADS / ADHS
- Allergien
- Ängste und Phobien
- Anorexie/Bulimie
- Asthma
- Autoimmunerkrankungen
- Blockaden
- Borderline
- Burnout
- chronisch-entzündliche Darmerkrankungen (CED, Colitis ulcerosa, Morbus Chron)
- chronische Schmerzen mildern, kontrollieren
- Depressionen und psychische Probleme
- Ein- und Bettnässen
- Essstörungen/ Essattacken/ Gewichtsreduktion
- Ex-Partnerschaften verarbeiten
- fehlendes Selbstvertrauen/mangelnder Selbstwert

- Unfruchtbarkeit
- Geburtsvorbereitung
- Heilungsunterstützung bei körperlichen Beschwerden
- hoher Blutdruck
- Konzentrationsschwächen
- Leistungssteigerung in Schule, Beruf und Sport
- Migräne, Kopfschmerzen
- Minderwertigkeitsgefühle/ Probleme mit der Selbstsicherheit
- Nägelkauen
- nervöse Ticks & Zwänge
- Panikattacken
- Posttraumatische Amnesie (PTA)
- Posttraumatische Belastungsstörung (Abkürzung: PTBS)
- psychosomatische körperliche Beschwerden
- Raucherentwöhnung
- Schlafstörungen/ Insomnia
- Schlafwandeln
- Schüchternheit/ Abhängigkeit
- Sexualität (nicht-organische Impotenz, Frigidität, etc.)
- Stimmungsschwankungen
- Stoffwechselstörungen
- Stottern
- Stressbewältigung, Prüfungsangst, Konzentrationsprobleme
- Süchte aller Art: Alkohol, Spiel, Drogen
- Trauer
- Traumata
- Unmotiviertheit
- Unruhe
- Unterstützung der Chemotherapie von Klienten mit Tumorerkrankungen
- unverarbeitete Kindheitserlebnisse
- Verdauungsstörungen
- Vor- und Nachbereitung von Operationen
- Zähneknirschen (Bruxismus)
- Zwang/ Zwangserkrankung
- ...

Ich werde im Folgenden auf einige dieser Einsatzgebiete näher eingehen. Weitere Problemfelder werden uns anschließend im Praxisteil näher beschäftigen.

1.9.1.1 Der biografische Anker: Ängste und Phobien

Hintergrund von Ängsten und Phobien sind meist Traumata in der Kindheit.[153] Diese führen quasi zu Wiederholungen beziehungsweise ähnlichen Reaktionen in anderen Situationen. Es gibt also eine Art biografischen Anker.[154] In der Hypnosetherapie können wir diesen Anker finden, die Verbindungen auflösen und so die Phobien und Ängste nachhaltig beseitigen.[155] Würden auch wir nur an den Symptomen ansetzen, könnten wir den Anker nicht lösen. Die Ängste würden aus dem Inneren heraus mit zerstörerischer Wucht weiterwirken, die Symptome stets neu nähren oder jene sich neue Ausdrucksformen suchen (Symptomverschiebung).

1.9.1.2 Wenn das Schmerzgedächtnis gelöscht wird: Trauma-Bewältigung

Kindheitstraumata wie Vernachlässigung, Missbrauch oder eine emotional erstarrte Mutter stören den Stresshormon-Haushalt des Körpers. Das führt zu einer größeren psychischen und körperlichen Anfälligkeit sowie Schuldgefühlen und Selbstwert-Defiziten. Oft haben psychische und körperliche Beschwerden wie etwa Rückenschmerzen ihre Ursache in lange zurückliegenden Psychotraumata. Solche können auch körperlich eigentlich völlig gesunde Menschen plagen. In der Forschung besteht Einigkeit darüber, dass dabei das tatsächliche Geschehen weniger entscheidend ist als das subjektive Fühlen und Erleben, das auch über die Heftigkeit der späteren Beschwerden bestimmt.

Für die Hypnotherapie wichtig zu wissen ist in diesem Zusammenhang, dass es daher seitens der Klienten unbeabsichtigt zu verfälschten Darstellungen kommen kann, eine Unterscheidung zwischen Fakt und Phantasie oft nicht möglich ist, da Betroffene die Sache ebenso verharmlosen wie übertrieben dramatisch darstellen können. Dies ist insofern besonders wichtig, weil es dann nicht um die Bilder geht, sondern um die damit verknüpften Emotionen.

Ebenfalls wichtig zu wissen ist auch, dass Psychotraumata zwar zu einer Lähmung des Denkens führen. Die betreffenden Vorgänge spielen sich aber tief im Unterbewusstsein ab. Deshalb sind

153) s. Pkt. 1.9.1.2, S. 168 und 1.9.2., S. 176

154) s. auch Pkt. 1.4.4.2, S. 113

155) s. Beitrag aus dem Ärzteblatt auf meiner Webseite: https://www.besserung.ch/wp-content/uploads/2017/05/m.aerzteblatt.de-Bei-Aengsten-und-Schmerzen-hocheffizient-1.pdf

schulmedizinische Diagnosen oder Erklärungsmuster hier oft nicht ausreichend. Weil die Regressionshypnose dagegen genau hier, im Unterbewusstsein, ansetzt, ist diese ein wunderbares und probates Mittel, um den damit verbundenen Problemen Herr zu werden. Denn auch für Traumata gilt: Hypnose hilft, Erlebnisse, Empfindungen und Wahrnehmungen neu zu bewerten. Möglich ist das, weil durch Hilfsmittel wie die Abreaktion[156)] das Problem-Ereignis erst aktiv noch einmal durchlebt und dann das Drehbuch neu geschrieben wird: Klienten können sich so der Situation schmerz- und angstfrei stellen. Hypnose kann das Schmerzgedächtnis löschen. Herkömmliche Therapien dagegen besprechen das traumatische Ereignis nur und versuchen auf diese Weise, Patienten (bei uns Klienten) Linderung zu verschaffen.

1.9.1.3 Nachricht aus dem Tal der Tränen: Depression

Aus meiner Erfahrung heraus kann ich sagen, dass Menschen, die sich in einer Depression befinden, allgemein sehr gut auf die Hypnosetherapie ansprechen. Es sollten aber nur erfahrene Therapeuten, die das dafür notwendige Wissen haben, mit depressiven Menschen arbeiten. Menschen, die suizidgefährdet sind, gehören immer in die Behandlung eines Arztes!

1.9.1.4 Endlich wieder tief schlafen: Insomnia

Der Tiefschlaf sorgt für ein besseres Befinden, eine bessere Gedächtnisleistung und stärkere Abwehrkräfte. In diesem werden Wachstumshormone ausgeschüttet, die die Reparatur von Zellen anregen und das Immunsystem anregen. Fühlt man sich kränklich oder hat einen anstrengenden Arbeitstag hinter sich, dann wünscht man sich oftmals nur, gut und tief zu schlafen. Dieser Wunsch lässt sich über den eigenen Willen nicht beeinflussen, mit Hypnose dagegen schon. Sie kann die wichtige Phase des Tiefschlafs um bis zu 80 Prozent verlängern. Gleichzeitig verringert sich die Wachliegezeit um rund ein Drittel. Das wollen Forscher der Universitäten Zürich und Fribourg herausgefunden haben.[157)] Bislang war allgemein unstrittig, dass sich mit einer Hypnosetherapie Schlafstörungen beenden lassen. Durch zusätzliche Kontrollexperimente der Schweizer Psychologen bestätigte sich nun aber, dass der förderliche Effekt eindeutig auf die hypnotische Suggestion, tiefer zu schlafen, zurückzuführen war und nicht allein auf eine entsprechende Erwartungshaltung.

---

156) s. Pkt. 1.4.4, ab Seite 109

157) https://www.media.uzh.ch/de/medienmitteilungen/archive/2014/hypnose-verlaengert-den-erholsamen-tiefschlaf.html

Die Erkenntnisse böten neue Möglichkeiten, die Schlafqualität ohne Medikamente zu verbessern, glaubt der Biopsychologe Björn Rasch, der die Untersuchung am Psychologischen Institut der Universität Zürich im Rahmen des Projekts „Schlaf und Lernen" leitet. Dies zumal, da Hypnose keine schädlichen Nebenwirkungen hat, also keinen Beipackzettel benötigt. Hier besteht aber gleichzeitig ein Interessenskonflikt, denn die gewinnorientierte Pharmabranche wird von den Schweizer Untersuchungsergebnissen nicht begeistert sein. Und sie ist mächtig. Weitere Einschränkung: Ob dadurch auch eine objektiv messbare, positive Veränderung des Schlafs erreicht werden kann, konnten die Schweizer Forscher bislang nicht nachweisen.

1.9.1.5 Da kann der Zahnarzt ruhig bohren: Hypnose als Schmerzkiller

Ich habe bereits darauf hingewiesen, dass Hypnose jede Schmerztablette um Längen schlägt.[158], einmal ganz davon abgesehen, dass sie eine natürliche Art des Heilens ist beziehungsweise den Körper auf ganz natürliche Art dazu bringt, sich selbst zu helfen. Zu Risiken und Nebenwirkungen müssen Sie hier weder den Arzt noch den Apotheker fragen. Schmerzmittel dagegen sind vor allem in hohen Dosen der möglichen negativen Folgen für die Gesundheit wegen zunehmend umstritten.[159] Gerade im klinischen Bereich, aber auch bei Zahnärzten, findet die Hypnose als alternatives Schmerzmittel daher immer häufiger Anwendung. Sie zählt dort zu den ältesten und effektivsten Methoden psychologischer Schmerzkontrolle. Ich habe mich durch (Selbst)Hypnose selbst so weit gebracht, dass ich eine Wurzelbehandlung beim Zahnarzt ohne Spritzen schmerzfrei hinter mich bringen kann. Das ist deshalb möglich, weil der Schmerz nicht im selben Moment wie die Wunde oder direkt mit dem Bohren entsteht, sondern leicht zeitverschoben erst im Gehirn. Dieses sendet das Signal an den Zahn: „Schmerzen". Und erst dann fühlen wir sie auch. Mit der richtigen Methode, in diesem Fall der Hypnose, können wir das Schmerzgefühl abstellen oder dieses Signal des Gehirns verhindern, indem wir die dafür zuständigen Hirnregionen isoliert ausschalten.

Das hat Auswirkungen auf den medizinischen Alltag: Magenspiegelungen in Hypnose dauern 20 Prozent weniger lange als herkömmliche Eingriffe. Und es gelang, Klienten mit großen Tumoren im Gesichts- und Kopfbereich in Hypnose zu heilen, die sonst aus Altersgründen unter Narkose nicht operiert worden wären.[160]

---

158) s. Pkt. 1.1.1, S. 23

159) Ibuprofen, Diclofenac – die ungeahnten Risiken
www.welt.de/gesundheit/plus177934894/Schmerzmittel-Ibuprofen-Diclofenac-die-ungeahnten-Risiken.html

160) s. dazu einen Beitrag aus dem Ärzteblatt auf meiner Webseite: https://www.besserung.ch/wp-content/uploads/2017/05/m.aerzteblatt.de-Bei-Ängsten-und-Schmerzen-hocheffizient-1.pdf

1.9.1.6 Endlich nichts mehr tun müssen: Mit Hypnose gegen Zwangsstörungen

Bei Zwangsstörungen macht man häufig bereits nach einer Sitzung große Fortschritte. Trotzdem ist es in den meisten Fällen sinnvoll, eine bis zwei weitere Hypnosesitzungen dranzuhängen. Diese sind meistens kürzer und dann sinnvoll, wenn die erste Sitzung noch nicht den gewünschten Erfolg gebracht hat. Manchmal reicht die Zeit einer Sitzung einfach nicht, um alles auflösen zu können beziehungsweise das Unterbewusstsein gibt noch nicht alles frei.[161)] Manchmal kommt man in einer Sitzung einfach nicht zu allen Wurzeln des Problems/ der Symptome. Ich arbeite aber daran, immer noch besser zu werden, und bilde mich permanent weiter.

1.9.1.7 Wenn die Seele nur noch Asche ist: Mit Hypnose gegen Burnout

Wie ich anfangs schon angemerkt habe[162)], hatte ich in all den Jahren, in denen ich mit der aufdeckenden/auflösenden Regressionshypnose arbeite, noch keinen einzigen Klienten in meiner Praxis, bei dem wirklich zu viel Arbeit Ursache für Burnout gewesen ist. In den verschiedensten Therapien, in denen sie steckten, war aber genau das das Thema. Ich halte es für ziemlich unwahrscheinlich, dass man durch die Arbeit ausbrennt, sehr wohl dagegen, weil man nicht mit der Umgebung, dem Chef, der Arbeit, den Kollegen, mit dem Anspruch an sich selbst, in der Partnerschaft usw. zurechtkommt. Ich denke, soweit bin ich auf einer Linie mit Psychologen und Psychiatern. Nur:

Wenn Burnout keine Überforderung durch zu viel Arbeit ist, was ist es dann?

Die Symptome:

Die am weitesten verbreitete Definition des Burnout-Syndroms stammt von Wissenschaftlern um Christina Maslach. Sie formulierten schon 1996 drei Kernsymptome:

- emotionale Erschöpfung
- eine subjektiv empfundene, verminderte Leistungsfähigkeit
- Körper und Geist scheinen wie voneinander losgelöst: Die Betroffenen empfinden sich als leblos oder unwirklich (Depersonalisierung). Dieses Gefühl kann sich auch gegen Mitmenschen oder die Arbeit richten: Man distanziert sich zu nehmend von Job und Kollegen oder beginnt diese durch eine zynische Haltung abzuwerten.

161) s. Pkt. 1.4.11.1, S. 143
162) s. Vorwort S. 13

Der deutsch-amerikanische Psychologe und Psychoanalytiker Herbert Freudenberger (1926 – 1999) prägte Anfang der 1970er Jahre den Begriff „staff burn-out" (englisch: staff = Mitarbeiter, Personal). Beobachtet hatte er diese Form der körperlichen und emotionalen Erschöpfung zunächst bei Menschen in sozialen Berufen. Als kennzeichnend beschrieb er unter anderem das subjektive Gefühl der Verausgabung, Müdigkeit, Infektanfälligkeit sowie Kurzatmigkeit. Im Kontakt mit Kollegen neigten die Betroffenen zu emotionalen Ausbrüchen und leichter Reizbarkeit sowie rigidem und unflexiblem Denken. Freudenberger sah im Burnout jedoch keine seelische Erkrankung, sondern lediglich die Folge einer beruflichen Überlastung.

Heute betrachten etliche Mediziner Burnout als Vorstufe einer depressiven Erkrankung. Typisch sind Energieverlust, reduzierte Leistungsfähigkeit, Gleichgültigkeit, Zynismus und Unlust. Vorher arbeiteten die Betroffenen meist hochengagiert – mitunter jahrelang – und erzielten überdurchschnittliche Leistungen. Doch urplötzlich haben sie das Gefühl, in ihrem eigenen Leben nur noch eine Statistenrolle zu spielen oder gar nicht mehr vorzukommen. Nichts macht ihnen mehr Spaß. Unklare körperliche Symptome wie anhaltende starke Müdigkeit, Schwitzen, Schwindel, Kopfschmerzen, Magen-Darm-Beschwerden, Muskelschmerzen und Schlafprobleme können hinzukommen.[163)]

Die Ursachen:

- schwieriger Chef
- Überforderung, Verantwortung
- schwierige Kollegen
- Fehlbesetzung/falscher Mitarbeiter am falschen Platz (Peter-Prinzip und/oder „Ich kann meine Talente nicht nutzen"); Arbeit wird dadurch als deutlich belastender empfunden.
- Angst vor Verlust des Arbeitsplatzes
- schlechtes Gewissen, Schuldgefühle
- Unvermögen, Nein sagen zu können
- zu hohe Ansprüche an sich selbst („Meine Arbeit muss perfekt sein"); dadurch automatisiertes Handeln; d. h.: Man ist während einer Handlung mit den Gedanken bereits bei der nächsten, läuft sich also selbst dauernd hinterher
- übersteigerte externe Erwartungshaltung des Umfeldes (Familie, Partner/in usw.) (Lamento „Ich genüge nie", „Ich kann das nicht")

---

163) Einen Fragenbogen zum Selbsttest, der sich auf das Maslach Burnout Inventory stützt, finden Sie im „Gehirn & Geist"-Dossier 1/2016 (https://www.spektrum.de/inhaltsverzeichnis/burnout-gehirn-und-geist-dossier-1-2016/1373062)

- veränderte Familienstrukturen mit vielen Alleinstehenden, die nicht in einer Familie mit Arbeitsteilung geborgen leben und/oder sich abhängig vom Job fühlen. Das führt zu Einsamkeit, Mehrbelastung und Überforderung.
- Vermehrter Stress mindert die Arbeitszufriedenheit und die subjektive Leistungsfähigkeit (S.E. Jackson, S.E. et al.: Toward an Understanding of the Burnout Phenomenon. In: Journal of Applied Psychology 71/1986, S. 630 – 40)[164].
- Ängstlichkeit, psychische Labilität, Unsicherheit, Reizbarkeit
- mangelndes Selbstvertrauen, mangelnde Selbstachtung

Festzuhalten ist aber, dass kein Arzt eine gesicherte Diagnose auf Grund eines anerkannten Klassifikationsschemas stellen kann – weder über das auch in Deutschland geltende Diagnosesystem ICD-10 (International Statistical Classification of Diseases and Related Health Problems) der Weltgesundheitsorganisation WHO noch über das von der American Psychiatric Association publizierte Pendant DSM-5 (Diagnostic and Statistical Manual of Mental Disorders). Hinzu kommen Uneinigkeit unter Medizinern und unscharfe Abgrenzungen: Während manche Ärzte Burnout für eine eigenständige Krankheit halten, gilt sie bei anderen, wie gesagt, lediglich als Vorstufe einer Depression. Diese wiederum könnte dann aber auch einfach eine Folgeerkrankung oder ein „verschlepptes Burnout" sein. Mitunter wird Burnout auch nur als Modebegriff gesehen, der lediglich besser klinge als Depression, die in Wahrheit dahinterstecke. Forschungsergebnisse sprechen zwar dafür, dass das Leiden mit Depression verknüpft ist, aber auch hier fehlen einheitliche Befunde.

Dennoch wäre es gefährlich, Burnout leichtfertig als reine Erschöpfung oder einen vorübergehenden, instabilen Gemütszustand abzutun. Die Krankheit sollte daher immer sorgfältig abgeklärt und möglichst frühzeitig behandelt werden, um schwerwiegenden Folgen vorzubeugen.

Standardempfehlungen zur Prophylaxe:

- Entspannung auf verschiedenste Arten: spezielle Atemtechnik, autogenes Training, progressive Muskelentspannung, Urlaub machen, Auszeit/Sabbatical nehmen
- alles nicht so ernst nehmen
- sich abgrenzen
- den Job wechseln
- Beziehungen/privates Engagement überdenken; Unterstützung beim Partner einfordern

164) PDF unter https://www.researchgate.net/publication/19356872_Toward_an_Understanding_of_the_Burnout_Phenomen

- Stress vermeiden
- meditieren

Ist das wirklich hilfreich?

Leider ist es so, dass Sie vom Burnout-Berater tatsächlich nicht viel mehr erwarten können. Sicherlich ist es gut, sich zu entspannen, Zeit für sich einzuplanen, selbstbestimmt zu leben, öfter mal das Smartphone abzuschalten, sich kreativ und sportlich zu betätigen, sich auch geistig zu bewegen. Da bin ich einverstanden. Aber erstens muss das alles auch realistisch und möglich sein angesichts der alltäglichen Verpflichtungen. Und zweitens wird das Burnout so bestenfalls hinausgezögert. Während der Arbeit haben die wenigsten Zeit und die Möglichkeit, diese Prophylaxe-Maßnahmen anzuwenden. Gehen wir trotzdem einmal davon aus, dass jemand die Empfehlungen umsetzt: Was passiert danach? Ändert sich die Situation? Die Umgebung? Ich denke nicht. Der Stress wird in kürzester Zeit wieder da sein; und zwar derselbe, der diesen Menschen schon vorher dauernd geplagt hat! Der Kreislauf beginnt von vorn. [165]

Dann geht es auch schneller: Zudem dauert es bei der Standardtherapie, ob ambulant oder stationär, drei bis neun Monate, bis Burnout-Patienten wieder arbeiten können. Davon werden sie je nach Versicherung ein bis drei Monate stationär in einer Klinik sein. Ist das nicht arg lange? Von dem erheblichen Kosten einer solchen Behandlung und den geringen langfristigen Heilungschancen einmal abgesehen, ist der Ruf der Patienten zudem durch die emotionalen Reaktionen und die abnehmende Leistung während der Krankheitsphase schwer angeschlagen, was das Leben danach erschwert und vor allem die Berufschancen drastisch verschlechtert.

Hinzu kommt: Die Therapie ändert die Umwelt nicht. Man kann Job und Partner wechseln, aber die Gefühle in bestimmten Situationen bleiben: Stress, wenn man etwas für den Chef erledigen muss; vor Menschen sprechen; nicht genügen und/oder sich nicht abgrenzen können; sich für alles verantwortlich fühlen usw. Vonnöten ist daher eine Lösung, die es Betroffenen ermöglicht, langfristig wieder erfolgreich und glücklich zu leben – und zwar im klassischen Umfeld.

Diese Lösung ist eine Verhaltensänderung, bewirkt durch Hypnose!

Dadurch lernen die Klienten, sich wieder selbst wahrzunehmen und achtsam gegenüber sich selbst, der Umgebung, der Natur zu sein.

---

165) In der Berufswelt setzt ein Umdenken ein, das sich auch auf die Mitarbeiterführung auswirkt: In Weiterbildungen für Führungskräfte sind Achtsamkeitsseminare mittlerweile häufig integraler Bestandteil.

1.9.2 Die Grenzen der Hypnose: Kontraindikationen & Medikamente

1.9.2.1 Kontraindikationen: Wann Sie nicht hypnotisieren sollten

In den meisten Fachbüchern und Ausbildungen sind die angeblichen Grenzen der Hypnose relativ deutlich definiert. Unzweifelhaft ist, dass im Prinzip zwar jeder Mensch hypnotisiert werden kann – weil es ja ein natürlicher Zustand ist –, bei Menschen mit einem geringen IQ und dadurch sehr eingeschränkter Vorstellungskraft sowie bei schweren psychischen Störungen sollte sie jedoch nicht eingesetzt werden. Es scheint mir logisch zu sein, dass man bei geistig behinderten Menschen nicht mit Hypnose arbeiten kann, da hier schon die Kommunikation schwierig ist. Bei psychotischen Menschen sollten Sie auf jeden Fall Rücksprache mit dem behandelnden Arzt oder Therapeuten halten. Ich selber durfte schon mit Menschen arbeiten, die an einer bipolaren Störung und/oder „Major"-Depression litten, mit gutem, aber manchmal auch ohne Erfolg. Der gesundheitliche Zustand der betreffenden Klienten hat sich aber nie verschlechtert. Auf jeden Fall sollten sich nur sehr erfahrene Hypnosetherapeuten auf diese Themen einlassen. Und damit meine ich in erster Linie solche, die mit einem psychotischem Schub umgehen können. Dasselbe gilt für Epilepsie und andere Anfallsleiden.

Davon abgesehen, sollten Sie beachten, dass sich die Hypnosetherapie nach meiner Erfahrung nicht zum Heilen rein körperlicher Krankheiten eignet. Das heißt, dass wir psychosomatisch bedingte Leiden wie Stresssymptome mit Hypnose gut in den Griff bekommen, aber beispielsweise keinen Krebs heilen können. In diesem Fall ist es aber möglich, die Selbstheilung mit aufdeckender Hypnose dadurch anzustoßen und zu fördern, dass wir den Ursprung der lebensverneinenden Gedanken und Ängste mit passenden Suggestionen auflösen. Gleichzeitig verstärken wir dadurch im Körper der betroffenen Klienten die Akzeptanz medizinischer Maßnahmen und Medikamente wie Chemotherapie oder ermöglichen diese gar erst. Über den Esdaile State ist auch Schmerzlinderung möglich.

Hier ist Vorsicht geboten

Allgemein wird bei folgenden Gegebenheiten von Hypnose abgeraten:

- geistige Behinderungen
- Psychose (zum Beispiel Schizophrenie, bipolare Störung, Paranoia, „Major"-Depression)
- histrionische Persönlichkeitsstörung

Weiter auf der nächsten Seite »

- Suizidgefahr
- Herz- und Kreislaufprobleme
- Epilepsie und andere Anfallsleiden

1.9.2.1.1 Sonderfall Schizophrenie

Meiner Meinung nach gehört Schizophrenie nach heutigem Wissensstand nicht (mehr) auf die Liste der Kontraindikationen für die aufdeckende/auflösende Regressionshypnose. In einem Beitrag über die Vererblichkeit dieser Krankheit, den Sie auf meiner Webseite nachlesen können[166)], habe ich dies eindeutig belegt. Er basiert auf Recherchen des US-amerikanischen Biologen und Wissenschaftsjournalisten Michael Balter („Gehirn & Geist" 2/ 2018). Er hat den aktuellen Stand der Forschung zu diesem Thema recherchiert und zusammengefasst.

Sein Fazit: Die These von der Erbkrankheit Schizophrenie ist nicht belegbar, obwohl Wissenschaftler mit aufwändigen, teuren sogenannten genomweiten Assoziationsstudien (GWAS) genau in die gegenteilige Richtung forschen: Sie suchen – mit äußerst mäßigem Erfolg – nach Erbfaktoren, die für den Ausbruch psychischer Störungen wie Schizophrenie verantwortlich sein könnten. Schätzungen gehen davon aus, dass rund 80 Prozent der Schizophrenie erblich bedingt sind. Belege dafür gibt es freilich nicht. Ein einzelnes Gen lässt sich für Schizophrenie offenbar nicht ausmachen. Es muss also andere Ursachen dafür geben. Schädigende Umwelteinflüsse etwa haben laut Balter Einfluss auf die Hirnentwicklung von Kindern und Jugendlichen.[167)]

Mehr als Biologie: Und was ist mit dem Kindheitstrauma?

Eines wissen die Forscher nun mit Sicherheit: Die GWAS-Studie führte deutlich vor Augen, dass eine einfache Lösung über den Weg der Genetik mit höchster Sicherheit nicht zu erreichen sein wird. Es wären psychosoziale Ansätze wie zum Beispiel kognitive Verhaltenstherapie, die den Patienten echte Erleichterung brächten, wie aus mehreren Studien bestätigt wird. Eine 2012 veröffentlichte Meta-Studie untermauert diese Ansicht auf beeindruckende Weise. Ihr zufolge

---

166) https://www.besserung.ch/ist-schizophrenie-erblich/

167) Als Beispiel dafür, wie irreführend Erblichkeitsschätzungen sein können, verweist der Genetiker Eric Turkheimer von der University of Virginia laut „Geist & Gehirn" auf die Eigenschaft der Zweiarmigkeit: Nahezu jeder Mensch in einer beliebigen Population besitze zwei Arme. Und diesbezüglich unterscheiden sich eineiige Zwillinge mit identischer DNA nicht von zweieiigen Zwillingen, die nur rund die Hälfte ihrer Gene teilen. Nach den üblichen Kriterien ergäbe das eine berechnete Erblichkeit von null Prozent. Dabei ist Zweiarmigkeit fast ausschließlich genetisch bedingt.

haben Menschen, die schwere Kindheitstraumata durchleiden mussten, ein dreifach höheres Risiko, an psychotischen Störungen zu erkranken. Einen derart deutlichen Zusammenhang konnte bisher kein einziges genetisch bedingtes Erkrankungsrisiko im Zuge eines GWAS Forschungsergebnisses auch nur ansatzweise erreichen. (Habetha, Susanne et al.: Deutsche Traumakostenfolgestudie. Kein Kind mehr – kein(e) Trauma(kosten) mehr?, Kiel 2012 [168])

Neue Schizophrenie-Behandlung: Mit Hypnose gegen den Wahn

Ein neuer Ansatz, um Menschen, die an Schizophrenie und Psychosen leiden, zu helfen, könnte meiner Meinung nach eine aufdeckende und auflösende Hypnosetherapie sein.

Sie ist in Zusammenarbeit mit dem behandelndem Psychiater und/oder Psychologen (und nur unter dieser Voraussetzung!) die wohl beste und schnellste Therapie, um Traumata aufzulösen und damit auch die Wahnvorstellungen loszuwerden. Auch eine kognitive Verhaltenstherapie wirkt mit Unterstützung einer Hypnose schneller und effektiver.

Ich betone hier noch einmal ausdrücklich: Hypnosetherapeuten sind keine Ärzte. Sie dürfen deshalb auch keine medizinischen Diagnosen stellen. Dies sollten Sie gegenüber allen Ihren Klienten kategorisch klarmachen. Behandeln Sie daher alle hier aufgeführten Krankheitsbilder hypnotherapeutisch nur mit Einverständnis des und in Abstimmung mit dem jeweiligen Arzt.

1.9.2.2 Zu Risiken und Nebenwirkungen: Hypnose & Medikamente

Medikamenteneinnahme ist leider ein Thema, mit dem wir Hypnosetherapeuten fast täglich konfrontiert werden. Das liegt, wie ich schon betont habe, vor allem daran, dass die Hypnosetherapie für die Klienten in der Regel die ultima ratio darstellt – oder auch der letzte Strohhalm, nach dem sie greifen. [169] Sie haben alle schulmedizinischen und herkömmlichen therapeutischen Möglichkeiten ausgeschöpft. Endstation Hypnose. Wir haben es also in der Regel mit meist sehr langjährigen Themen zu tun. Und ebenso regelhaft beginnen Lösungsversuche mit Pillen aller Art. In meine Praxis kommen dann Menschen, die Antidepressiva, Schlafmittel, Aufputsch- und Schmerzmittel oder andere Medikamente nehmen. Das führt zur Frage:

---

168) https://beauftragter-missbrauch.de/fileadmin/Content/pdf/Literaturliste/Publikat_Deutsche_Traumafolgekostenstudie_final.pdf

169) s. Pkt 1.1.3.2, S. 38

Ist in diesen Fällen eine Hypnose möglich und sinnvoll?
Wenn ja: Was sollte berücksichtigt werden?
Zu diesem Thema möchte ich grundsätzlich noch einmal klarstellen, dass Hypnosetherapeuten mit Emotionen arbeiten.[170)] Diese sollten möglichst echt, ungedämpft und unverfälscht sein. Wir brauchen sie in ihrer reinsten Form. Jegliche Einwirkung von außen und damit auch durch Chemie auf die Funktionsweise des Gehirns ist damit natürlich nicht gerade hilfreich, um es einmal positiv auszudrücken. Allerdings gibt es Unterschiede: Wer Schlafmittel nimmt, tut dies nicht, bevor er sich auf den Weg zu mir macht. Hier ist die Wirkung also abgeschwächt, weil die Einnahme schon eine Weile zurückliegt. Antidepressiva dagegen wirken bekanntermaßen nur auf einem bestimmten Pegel des Wirkstoffes, der daher 24 Stunden gleichbleibend hoch gehalten wird.

Als kontraindikativ bei Hypnose gelten unter anderem

- Psychopharmaka und starke Schmerzmittel
- bestimmte Herz-/ Kreislauferkrankungen
- erst kürzlich überwundene Infarkte oder Schlaganfälle
- Thrombose
- Schwangerschaft

Doch das gilt auch **nicht** pauschal und in jedem Fall. Im Gegenteil.

1.9.2.2.1 Psychopharmaka

Grundsätzlich werden vier Psychopharmaka unterschieden: SSRI, trizyklische Antidepressiva, Benzodiazepine und Neuroleptika. In vielen Fachbüchern und Schulen wird gelehrt, dass Psychopharmaka eine Kontraindikation für eine Hypnosetherapie sind. Dies ist insofern berechtigt, dass wir an unser Hauptbetätigungsfeld in der Hypnose, die Emotionen, bei Klienten, die solche Medikamente nehmen, nur schwer oder gar nicht herankommen. Nach meiner Erfahrung dämpfen Psychopharmaka nämlich eindeutig die Emotionen. Das Problem ist bei Einnahme von SSRI (Citalopran, Fluoxetin), trizyklischen Antidepressiva[171)] und Benzodiazepinen[172)] deutlich kleiner. Das hängt aber auch immer von der Dosierung ab. Sie stellen jedenfalls kein

170) s. Pkt. 1.4.2, S. 86 und Pkt. 1.9.2.2, S. 177
171) http://www.pharmawiki.ch/wiki/index.php?wiki=SSRI
172) http://www.pharmawiki.ch/wiki/index.php?wiki=Benzodiazepine

generelles und wirkliches Hindernis bei der Hypnose dar. Allerdings sollten Sie in solchen Fällen Ihre Arbeitsweise etwas anpassen. Emotionen und Abreaktionen werden deutlich flacher, daher weniger intensiv ausfallen – ich schätze, dass es auf der Gefühlsskala maximal bis Stufe 5 geht. Dies bedeutet, dass man viel vorsichtiger arbeiten muss. Mit größter Wahrscheinlichkeit wird eine weitere Sitzung notwendig sein. Meist ist eine Verbesserung schon nach einer Sitzung für den Klienten spürbar, aber das Problem ist noch nicht wirklich gelöst. Auch pflanzliche Präparate wie das weit verbreitete Johanniskraut können die Gefühle dämpfen, sind meist aber kein Problem. Nimmt ein Klient dagegen Neuroleptika, rate ich dringend zur Vorsicht. Sie sollten aber unabhängig davon in jedem Fall unbedingt vorher mit dem behandelnden Arzt sprechen.[173)]

Sollten Sie sich bei einem Klienten unsicher fühlen, dann lassen Sie sich bitte erst gar nicht auf einen Test ein!

Grundsätzlich gilt also:
Selbst Psychopharmaka sind keine generelle Kontraindikation für eine Hypnose. Allerdings gibt es keine Standardlösung. Jeder Fall sollte gesondert betrachtet werden, weil Klienten auch unterschiedlich auf Medikamente und Hypnose reagieren. Ideal und wirklich schön wäre es aber, wenn die Klienten eine Besserung erfahren, die Medikamenteneinnahme künftig unnötig macht. Das sollte das Ziel sein. Ich kann von vielen Klienten berichten, die das mit mir zusammen tatsächlich geschafft haben.

Die Einnahme von Psychopharmaka oder starken Schmerzmitteln kann die Behandlungsdauer verlängern, macht einen Erfolg der Hypnosetherapie aber nicht von vorn herein und pauschal unmöglich. Die meisten derartigen Medikamente blockieren aber die Gefühle. Und diese benötigen wir, um an den Ursprung der Probleme (ISE) zu kommen.

Achtung!
Auf keinen Fall sollte der Klient die Medikamente ohne Rücksprache mit dem behandelnden Arzt absetzen!

173) http://www.pharmawiki.ch/wiki/index.php?wiki=Neuroleptika

1.9.2.2.2 Herz-/ Kreislauferkrankungen

Solange der Klient im Alltag normal mit den Herz- und Kreislaufproblemen leben kann, habe ich keine Bedenken. Auch da entspannt er sich ja, schläft oder regt sich mal auf. Wichtig ist nur, dass der Klient seine Medikamente regelmäßig nimmt und allfällige Notfallarzneien dabei hat.

1.9.2.2.3 Schwangerschaft

Schwangerschaft ist keine Krankheit. Solange es deswegen keine Probleme gibt, spricht wenig gegen eine Hypnosetherapie. Aus meiner Sicht ist es für das ungeborene Kind besser, einmal kurz Stress ausgesetzt zu werden als über die ganze Dauer der Schwangerschaft. Ich spreche jeweils kurz mit dem ungeborenen Kind und erkläre, dass alles, was jetzt hier passiert, nichts mit ihm zu tun hat und es während dieser Zeit ruhig schlafen kann.

1.9.2.2.4 Drogen/Alkohol

Häufig lese ich, dass Sucht, Drogen und Alkohol nicht mit einer Hypnosetherapie behandelt werden dürfen beziehungsweise diese ohnehin nichts bewirken würde. Ich kann dazu sagen, dass ich schon mit vielen Menschen gearbeitet habe, die von Alkohol und harten Drogen abhängig waren. Mit sehr gutem Erfolg!

Das ist eigentlich auch aus folgendem **Grund** logisch: Da wir mit dem aufdeckenden/auflösenden Ansatz nichts verbieten und auch keine Aversionstherapie machen, kann/ könnte der Klient jederzeit, wenn es notwendig wäre, zwischendurch sein Droge nehmen, um nicht auf Entzug zu kommen.

Unser Denkansatz dabei ist:

Da Abhängige in der Regel versuchen, mit den Drogen ein schlechtes Gefühl wegzubekommen, lösen wir dieses Gefühl auf, das der Klient hat, bevor er die Drogen nimmt/ nehmen muss. Wenn es nicht mehr da ist, führt dies zu einem anderen Umgang mit den Suchtmitteln. Ich war daher doch sehr überrascht, als einmal ein Methadonabhängiger nach der ersten Sitzung einen Monat ohne Probleme auf die Ersatzdroge verzichten konnte, obwohl er zu Hause noch einen Vorrat besaß. Nach zirka einem weiteren Monat hatten wir die wieder aufkeimende Lust darauf, die schlechten Gefühle, die aufkamen, und den damit verbundenen Stress komplett aufgelöst. Mein letzter Informationsstand ist, dass er bis heute absolut clean ist. Ein gut gemeinter, aber meiner Erfahrung nach der schlechteste Ansatz überhaupt ist es, einem Alkoholiker die Suggestion zu geben:

„Du darfst nie mehr trinken, denn wenn du nur einmal wieder trinkst, bist du wieder Alkoholiker!"

Diese Drohung ist aus meiner Sicht die falscheste Suggestion, die man jemandem geben kann! Aus meiner Erfahrung mit Alkoholikern kann ich berichten, dass wenn man „nur" die Gefühle, die das Trinken verursachen, auflöst, ein normales soziales Trinken möglich wird. Da braucht es weder Druck noch Drohungen!

Wichtig:
Nie eine Aversionstherapie machen!

> *Ich habe die Erfahrung gemacht, dass es in größeren Abständen immer wieder kleinere Rückfälle gibt. Das ist aber ganz normal und nicht besorgniserregend. Sie können dann ganz einfach wieder an den auslösenden Gefühlen arbeiten und diese auflösen. Da hilft ein offenes, vertrauensvolles und erklärendes Vorgespräch, damit sich der Klient sofort meldet, wenn es mal wieder soweit sein sollte.*

Was aber, denke ich, nicht funktioniert, ist, mit jemandem eine Hypnosetherapie zu machen, der schon an- oder oder stark betrunken ist oder unter Drogen steht. Tatsächlich habe ich nicht nur einmal erleben müssen, dass Süchtige in einem solchen Zustand zu mir kamen. Ganz clean kommen die meisten das erste Mal ohnehin nicht. Trotzdem hatte ich bis heute keine größeren Probleme, mit diesen Menschen zu arbeiten.

1.9.2.2.5 Schmerzmittel/-therapie

Eine suggestive Schmerztherapie darf nur mit schriftlicher Erlaubnis eines Arztes ausgeführt werden. Grund: Die Symptomverbesserung wie Schmerzlinderung oder -freiheit könnte dazu beitragen, dass eine neue, ernsthafte, organische Erkrankung nicht oder zu spät erkannt wird. Auflösend/aufdeckend zu arbeiten, geht allerdings immer, da nur das Trauma neutralisiert wird, jedoch ohne Suggestionen zum Schmerz.

1.9.3 Hypnose interdisziplinär: Zusammenarbeit mit Ärzten/ parallele Therapie

Natürlich ist es grundsätzlich wichtig, dass wir uns als Hypnosetherapeuten auch mit Schulmedizinern und Psychotherapeuten vernetzen und mit diesen zusammenarbeiten. Hypnosetherapie findet schließlich nicht auf einer abgeschiedenen Insel der Seligen statt. Ich habe darum am Anfang meines Schaffens auch intensiv den Kontakt zu Ärzten in meiner Umgebung gesucht. Das war für mich als Nichtmediziner aber sehr frustrierend. Leider scheint ein Großteil der Mediziner, Psychologen und Psychiater praktisch nichts über Hypnose zu wissen, geschweige denn sich dafür zu interessieren. Wenn sie schon jemals von etwas gehört hatten, dann nur von den suggestiven Basistechniken, oder – mit Abstrichen – von Milton Erickson. Deshalb bleibt nichts anderes übrig, als gute Arbeit zu machen und darauf zu bauen, dass durch Mundpropaganda ein Umdenken einsetzt. Schließlich machen oder machten die meisten Klienten ja auch parallele Therapien oder sind/waren anderswo noch in Behandlung.

Ich habe es durch meine Erfolge jedenfalls geschafft, dass zwischenzeitlich einige Psychologen, Psychiater, Ärzte, Onkologen und Zahnärzte ihre Patienten zu mir überweisen. Die meisten sind aus ihrer Sicht austherapiert, leiden aber trotzdem noch unter Zwängen, Phobien, Depressionen, Burnout oder Essproblemen usw. Ich finde, das sollte doch unseren Ehrgeiz wecken. Sehr motivierend sind dann die positiven Feedbacks wie zum Beispiel jenes einer Psychotherapeutin. Deren Patientin hatte ich durch Hypnose von Waschzwang befreit.[174)] Im nächsten Termin bei der Psychotherapeutin erzählte die Patientin von mir. Erstere griff daraufhin zum Telefonhörer, rief mich an und fragte:

> ***„Wie haben Sie das denn hinbekommen?"***

Meine Antwort war:

> *„Ich habe aufdeckende und auflösende Regressionshypnose gemacht."*

> *Ich finde es wichtig – und das kommuniziere ich auch gegenüber allen Klienten offen und klar –, dass sie den behandelnden Arzt informieren, darüber sprechen, dass sie eine Therapie bei mir machen. Die Behandlungen dürfen, können, ja sollten sich sogar ergänzen und nicht konkurrieren. Die moderne, aufdeckende Hypnosetherapie kann ohnehin hervorragend mit allen anderen Therapieformen kombiniert werden.*

---

174) Der Fall en detail: Pkt 2.5.2, ab S. 238 und im Protokoll 2.6, ab S. 272

1.9.3.1 Gute Voraussetzungen? Meine Erfahrungen mit Vor- und Parallel-Therapien

Was mir bei Klienten, die zuvor eine oder mehrere andere Therapien gemacht haben, aufgefallen ist:

EMDR/iEMDR [175]:

Die Symptome wurden besser, sind aber abgeschwächt noch vorhanden. In der Regression werden die schlechten Gefühle noch recht stark wahrgenommen. Manchmal jedoch fehlen Bilder, die vermutlich gelöscht sind. Die Emotionen sind aber noch vorhanden.

EFT:

Die Symptome sind deutlich abgeschwächt, aber noch vorhanden. In der Regression werden die schlechten Gefühle noch recht stark wahrgenommen. Manchmal jedoch fehlen auch bei diesen Klienten Bilder, die vermutlich gelöscht sind. Die Emotionen sind aber ebenfalls noch vorhanden

Kinesiologie:

Temporäre Besserung bei Erwachsenen; bei Kindern häufig gute Erfolge; ISE und SSE bei Erwachsenen meist nicht aufgelöst, weil sie nicht gefunden wurden. Häufig hören diese Klienten, wenn keine Besserung eingetreten ist, dass das Problem während der oder vor der Geburt entstanden ist, was dann ganz häufig in der Regression sich auch so zeigt.

Familienstellen:

Hier werden Probleme in der Familie zwar häufig erkannt, Verbesserungen stelle ich aber so gut wie nie fest. Häufig haben die betreffenden Menschen danach sogar mehr Probleme, da ihnen die „Baustellen“ und Knackpunkte in der Familie nur aufgezeigt wurden, ohne wirkliche Lösungsansätze zu liefern. Ich hatte bereits viele Frauen bei mir in der Praxis, die aussagten, vermutlich als Kind sexuell missbraucht worden zu sein. Dies sei in der Familienberatungsstelle herausgekommen. In der Regression habe ich bis dato noch in keinem einzigen dieser Fälle auch nur die geringste Bestätigung dafür gefunden.

---

175) Zu EFT und EMDR s. Pkt. 1.4.4.4, S. 126

Gesprächstherapie:

Hier besteht die Kunst darin, das Vorgespräch in einem vernünftig kurzen Rahmen zu halten. Klienten, die zuvor eine Gesprächstherapie absolviert haben, sind es nämlich gewohnt, ausführlich ihren Fall zu schildern. Es ist gar nicht einfach, das Vorgespräch zu verkürzen, ohne den Rapport zu verlieren. [176)]

Verhaltenstherapie:

Wer aus einer solchen herauskommt, kann meist gar nicht mehr glauben, dass es ohne größte Überwindung eine Verbesserung geben kann. Solche Menschen haben teilweise die furchtbarsten Ängste ausgestanden. Ihnen wurde erzählt, dass sie diese nie mehr ganz loswerden, sie allenfalls lernen könnten, mit ihnen zu leben, mit ihnen umzugehen. Ich bespreche dieses Thema meist in Hypnose und lasse den Klienten die Frage beantworten: „Mache ich tatsächlich etwas falsch, wenn ich dann keine Angst mehr habe?" Wenn Sie den betreffenden Klienten dazu im Vorgespräch noch die Ängste vor der Therapie nehmen, wird alles ganz normal und am Ende erfolgreich ablaufen.

Klinikaufenthalte:

Menschen, die ein oder mehrere Klinikaufenthalte hinter sich gebracht haben, sind meist frustriert. Ich höre dann Sätze wie: „Ich war x Monate in den Kliniken XY und YX, doch es ist keine Besserung eingetreten. Ich bin ein hoffnungsloser Fall. Sie sind meine letzte Rettung." Praktisch alle nehmen immer noch Psychopharmaka ein. Auch in diesen Fällen ist das Hauptproblem, das Vorgespräch in einem vernünftig kurzen Rahmen zu halten, es nicht ausufern zu lassen, um den Rapport nicht zu verlieren. Da mit den meisten dieser Klienten außer ihnen Medikamente zu verschreiben sowie Gesprächs-, Gruppen- und Ergotherapie nichts gemacht wurde, ist die Sitzung selbst aber meist kein Problem.

176) zu Verhaltens-/Gesprächstherapie s. Pkt. 1.3.1.5, S. 76

1.9.4 Gut zu kennen: Showhypnose

Aus therapeutischer Sicht möchte ich noch folgendes anfügen, auch wenn ich mir dadurch wahrscheinlich keine Freunde mache: Showhypnose ist eine tolle Werbung für uns – wenn sie gut gemacht wird! Natürlich gibt es schlechte Showhypnotiseure, aber auf dem Markt tummeln sich auch schlechte Hypnosetherapeuten! Böse Zungen behaupten sogar, viele von diesen wüssten gar nicht, ob ihr Klient in Hypnose ist und wie tief! Mag sein, trotzdem können wir von guten Showhypnotiseuren etwas lernen, denn aus meiner Sicht zeichnen Kenntnisse der Blitzhypnose einen guten Hypnosetherapeuten aus.

1.9.5 Theoretischer Unterbau: Die Wissenschaft hat festgestellt

Die Milton H. Erickson Gesellschaft für klinische Hypnosen e.V. im baden-württembergischen Tübingen bestätigt in über 200 Studien die Wirksamkeit der Hypnose – und dies, obwohl die Autoren nur die alte, schlecht wirksame Direktsuggestionstechnik mit den drei Schritten Entspannung, Suggestionen und Metapher untersucht haben.[177] So zeigte die Tübinger Auswertung, dass rund zwei Drittel der Raucher nach drei Monaten abstinent waren. Mittelfristig lassen sich demnach in nur drei Therapiesitzungen Erfolgsraten von fast 90 Prozent erreichen. Klinisch bedeutsame Verbesserungen bewirkt die Hypnose einer Untersuchung des Vereins zufolge auch zum Beispiel bei Neurodermitis. Und bei übergewichtigen und/oder abnehmwilligen Menschen stellen die Tübinger Forscher langfristig zwar praktisch keine Gewichtsreduktion durch Hypnose fest, es gab nach der Hypnosetherapie aber keine Unterschiede bei Lebenszufriedenheit, Selbstwirksamkeit und Gesundheit zwischen den Probanden mit Adipositas und der Kontrollgruppe ohne Gewichtsprobleme. Die Übergewichtigen waren also nicht weniger glücklich als letztere. Und das ist, nicht nur medizinisch gesehen, viel wichtiger als ein paar Kilo weniger Gewicht. Denn was nützen diese, wenn man trotzdem nicht gesünder und innerlich glücklicher ist und lebt?

1.9.5.1 Was passiert im Kopf? Hypnose & Gehirnaktivitäten

Wissenschaftler der Stanford University School of Medicine unter der Leitung von Dr. David Spiegel haben für eine Studie die Wirkung von Hypnose mithilfe von Gehirn-Scans per funktio-

177) http://www.meg-tuebingen.de/1-hypnose-hypnoseforschung.htm

neller Magnetresonanztomographie (fMRT) untersucht (Stanford Medicine News Center v. 28. Juli 2016).[178] Ziel der Studie war es herauszufinden, welche Gehirnregionen von der Hypnose tangiert werden beziehungsweise daran beteiligt sind, ob und wie sich der Trance-Zustand auf die unterschiedlichen Areale des Gehirns auswirkt. Wenn man das wisse, ließe sich die Hypnotisierbarkeit von Personen und die Effektivität von Hypnose zum Beispiel bei chronischen Schmerzen verbessern und man könne neue Therapien entwickeln, hoffen die Wissenschaftler. Die Anwendung von Hypnose könnte auf diese Weise in Zukunft die Einnahme von Schmerzmitteln und Medikamenten gegen Angstzustände obsolet machen – und damit auch Nebenwirkungen und Suchtrisiken vermeiden. Tatsächlich zeigten sich in drei Hirnregionen während der Hypnose besonders starke Veränderungen: Der dorsale Teil des anterioren cingulären Cortex (ACC) war weniger aktiv. Dieser ist unter anderem für die Erkennung von Objekten und Personen und die Selektion der Aufmerksamkeit zuständig. Damit bestätigt sich, dass das Gehirn während der hypnotischen Trance so beschäftigt ist, dass die Klienten sich um nichts anderes Gedanken machen.

Ebenfalls einen Aktivitätsrückgang verzeichneten die Wissenschaftler an den Schaltstellen zwischen dem dorsolateralen präfrontalen Cortex und dem Ruhezustandsnetzwerk, das dann besonders auf den Plan tritt, wenn wir „abschalten", zum Beispiel bei Tagträumen. Spiegel schließt daraus, dass in Trance Handlungen vom Bewusstsein entkoppelt werden. „Wenn Sie wirklich in etwas vertieft sind, dann denken Sie nicht darüber nach – Sie tun es einfach." Während der Hypnose erlaubt es genau diese Trennung von Handlung und Reflexion einer Person, sich auf die Suggestionen des Hypnosetherapeuten oder auf Autosuggestionen einzulassen, ohne dass das Gehirn Ressourcen dafür aufwendet, diese Aktivitäten zu bewerten.

Mehr los als sonst ist durch Hypnose dagegen auf den Verbindungsstrecken zwischen zwei anderen Hirnregionen: dem dorsolateralen präfrontalen Cortex und dem Cortex insularis. Den Wissenschaftlern zufolge kann das Gehirn durch diese Schnittstelle Vorgänge im Körper besser verarbeiten.

Wenn die Hypnose also in diesem Studiensetting schon so gute Ergebnisse erzielt beziehungsweise so große Hoffnungen weckt, kann man sich ausmalen, wie hocheffektiv wir heute bei diesem Heilverfahren arbeiten können und wie hervorragend sich Hypnose als Hilfe zur Selbsthilfe bei der Heilung aus dem Inneren heraus eignet.

---

178) https://med.stanford.edu/news/all-news/2016/07/study-identifies-brain-areas-altered-during-hypnotic-trances.html

Deshalb bin ich auch schon sehr gespannt, was bei einer allerdings sehr speziellen Untersuchung die durch OMNI® Hypnosis gesponsert wird herauskommt, die dieser zur Zeit der Erstellung dieses Buches an der Universität und ETH Zürich durchführt.[179)] Die beiden Forscher Dr. Mike Brügger und Nuno Prates de Matos haben als Grundlagenforschung rund 50 Probanden im Wachzustand, Somnambulismus und Esdaile State mittels Magnetresonanztomographie, abgekürzt MRT oder MR) vermessen. Anlässlich des Hypnosekongress.net in Zürich am 26. Okt. 2018 haben Sie erste vorläufige interessante Ergebnisse aufgezeigt:

- Alle 50 Versuchspersonen erreichen innerhalb des MR Scanners Somnambulismus und den Esdaile State.
- Die Atmung ist in Hypnose signifikant verlangsamt.
- Es war **keine** signifikante Veränderung der Herzfrequenzvariabilität (englisch: *heart rate variability*, HRV) und Herzfrequenz oder Herzschlagfrequenz (kurz: HF) in beiden Zuständen zu beobachten.
- Basierend auf den Ergebnissen der ersten Studie ist davon auszugehen, dass sich der Zustand in der Hypnose vom Zustand des Wachzustandes neurophysiologisch unterscheidet.

Dies ist ein vorläufiges Ergebnis. Die Forschungen werden voraussichtlich 2019 abgeschlossen sein und publiziert werden..[180)]

Noch einmal zur Wiederholung: Hypnose ist kein Synonym für Entspannung. Beide sind verwandt, aber nicht gleichzusetzen. Entspannung lässt sich über Gehirnströme messen. Sie ist ein sicherer und angenehmer Weg in die Hypnose. Das ist ein Grund, warum ich als Vertiefung meine Klienten in Hypnose an den Strand gehen lasse. Sonne, Strand und Meer sind nach meiner Erfahrung für die meisten Menschen ein Synonym für Entspannung. Und sie liegen damit beileibe nicht falsch, denn der Aufenthalt am Meer, das Betrachten der Wellenbewegungen und der Blick über das Wasser lösen biologische Prozesse beziehungsweise Reize im Nervensystem sowie Gehirnström ETH Zürich*en des meditativen Zustandes ähneln. Die Farbe Blau zum Beispiel steht für Ruhe und Frieden. Das Geräusch der Wellen hat eine beruhigende Wirkung.*[181)]

179) Über die Ergebnisse berichte ich auf meiner Webseite www.besserung.ch, sobald die Ergebnisse vorliegen.

180) http://www.sbvh.org/wissenschaft–science; für aktuelle Informationen u. a. zu diesem Projekt https://www.facebook.com/groups/HypnoScience/

181) https://www.focus.de/gesundheit/news/meditativer-zustand-veraendert-gehirnstroeme-darum-koennen-wir-uns-am-meer-besonders-entspannen_id_9351964.html

1.10

MÄDCHEN FÜR FAST ALLE(S): WER HYPNOTISIERT WERDEN KANN

Weil Hypnose ein normaler, täglicher menschlicher Zustand ist, kann, von Ausnahmen abgesehen [182], praktisch jede Person hypnotisiert werden – dank Fortschritten bei den entsprechenden Techniken innerhalb von Minuten, wenn nicht sogar von Sekunden. Diese Erkenntnis ist allerdings relativ neu. So glaubte man noch in jüngster Zeit, dass nur fünf bis 40 Prozent der Menschen hypnotisierbar seien. Allein diese große Spanne, die die Frage „Ja, wie viele denn nun wirklich?" geradezu provoziert, zeugt von großer Unsicherheit und dem Unwissen, das zum Teil bis heute über die Hypnose verbreitet ist.

Jenseits aller Mythen, Legenden, Spekulationen und Übertreibungen ist jedoch Fakt, dass wir als Hypnosetherapeuten unsere Klienten mit bestimmten Techniken (Induktion) in diesen eigentlich ganz natürlichen, mentalen Zustand begleiten. Wohl gemerkt: begleiten. Wir mischen uns nicht ein, sind weder auf- noch zudringlich und können die Klienten zu nichts zwingen. Das wäre auch noch schöner! Vielmehr ist jede Hypnose immer auch eine Selbsthypnose. Und das bedeutet: Die Klienten bleiben Herr über das Geschehen. Sie behalten während der Sitzung jederzeit die Kontrolle.

182) s. Pkt. 1.9.2.1, S. 175

1.11

BERUF(UNG) FÜR FAST ALLE? WER HYPNOSETHERAPEUT WERDEN KANN

„Von was soll ich leben, wenn meine Patienten so schnell ihr Problem gelöst haben?“

Ein Kollege

Es ist nicht ratsam, als Hypnosetherapeut einfach so anzufangen. Eine Praxis zu eröffnen, muss eine bewusst getroffene Entscheidung sein, die wie jede Gründung gründlich überlegt sein sollte und dann systematisch umgesetzt wird. Sie brauchen kein Kapital, müssen also nicht zur Bank, um einen Kredit aufzunehmen (davon rate ich ebenfalls dringend ab; es würde Sie zu sehr knebeln), sollten aber doch etwas Startkapital auf der Seite haben. Eine Hypnose-Praxis können Sie mit wenig Aufwand und geringen Mitteln alltagstauglich einrichten. Der Raum, in dem die Hypnosesitzungen stattfinden, ist idealerweise hell, weiß und schlicht eingerichtet. Er unterscheidet sich im Prinzip nicht vom Büro eines Rechtsanwalts oder Steuerberaters. Ein paar beruhigende Bilder und/oder, wie in meiner Bad Zurzacher Praxis, eine vernehmlich tickende, mechanische Uhr an der Wand sind vollkommen ausreichend. Der Hypnoseraum sollte eine gewisse Wärme, Vertrautheit, Freundlichkeit und beschwingte Leichtigkeit ausstrahlen. Das gilt auch für einen gegebenenfalls vorhandenen, separaten Eingangsbereich und das Zimmer beziehungsweise die Ecke für das Vorgespräch.

Wenn das alles so weit eingerichtet ist, heißt das noch lange nicht, dass die Praxis gleich voll ausgelastet ist. Der Anfang wird hart sein. Es hat niemand auf Sie gewartet. Niemand weiß, dass es Sie als Hypnosetherapeut gibt, außer Freunde und Bekannte, denen Sie von Ihrem Vorhaben erzählt haben (das sind aber selten auch Klienten) – oder Passanten, die beim Spaziergang mit dem Hund an Ihrer Praxis vorbeikommen oder systematische „Namen-von-der-Klingel“-Ableser sind.

Bedenken sollten Sie außerdem, dass jede Woche frisch ausgebildete Hypnosetherapeuten um Klienten werben. Ich erhielt bei der Recherche für dieses Buch 2.820 Treffer, nachdem ich bei Google „Hypnosetherapie Schweiz“ (mitsamt den Anführungszeichen!) eingegeben hatte.

So viele Mitbewerber! Die Suche nach „hypnose lernen schweiz" ergab zu meiner Überraschung 363 Treffer.

Auf diesem Markt bewegen Sie sich. Da reichen eine schöne Praxis, eine gute Ausbildung und gute Vorsätze nicht aus. Sie brauchen ein Konzept, eine gute Lage und ein gesundes Umfeld, denn ins Industriegebiet oder ein heruntergekommenes Stadtviertel will niemand kommen – schon gar nicht, wenn er Probleme hat. Desweiteren sollten Sie, wie gesagt, zumindest in beschränktem Maße investieren können.

Wichtig!
Sie müssen Hypnose leben! Tag und Nacht. Immer! Mit einer Hypnose in der Woche oder im Monat sind und bleiben Sie ein Anfänger und Nobody.

Das müssen Sie mitbringen

- ➜ **Lebenserfahrung:** Ich möchte mich nicht wirklich auf ein Alter festlegen, denke aber, dass die untere Grenze bei 30 Jahren liegt.
- ➜ **Fähigkeit zur Abgrenzung:** Die Probleme der Klienten sind nicht die Ihrigen.
- ➜ **Fingerspitzengefühl:** Sie sollten mit Menschen umgehen können und über gesunden Menschenverstand verfügen.
- ➜ **Großmut und Toleranz:** Fähigkeit, Menschen und ihre Probleme zu akzeptieren, ihnen wohlwollend und wertschätzend zu begegnen.
- ➜ **Frei von inneren Altlasten:** Sie sollten mit sich im Reinen sein, also Ihre eigenen Probleme gelöst haben. Die Klienten haben genug eigene Probleme, sie brauchen Ihre nicht auch noch ...
- ➜ **Routiniert im Umgang mit Erfolg:** Es ist wichtig zu verstehen, dass nicht Sie als Therapeut für den Erfolg verantwortlich sind, sondern immer der Klient. Als Therapeut bin ich nur der Coach!
- ➜ **Offenheit für Neues:** Seien Sie neugierig und aufnahmebereit, besuchen Sie Weiterbildungen und Kongresse. Ein Hypnosetherapeut lernt nie aus!

Weiter auf der nächsten Seite »

- ➜ **Wertfreiheit:** Damit ist nicht gemeint, keine Werte zu haben. Das ist im Gegenteil sogar dringend nötig. Was ich vielmehr meine ist, dass Sie als Therapeut nicht ver- und beurteilen sollten beziehungsweise dürfen.
- ➜ **Hohe Identifikation mit dem, was Sie tun:** Sie müssen für Ihren Beruf brennen, die Hypnose leben wollen, zu 100 Prozent.

1.11.1 Bleiben Sie bei sich! Auftreten als Hypnosetherapeut

Aus dem gerade Geschriebenen folgt auch, dass Sie als Hypnosetherapeut den Status der Freiberuflichkeit beziehungsweise Selbstständigkeit haben und damit im weitesten Sinne Unternehmer sind. Das erfordert auch ein entsprechend gepflegtes Auftreten. Kleider machen Leute. Mit ausgeleierten Gesundheitslatschen aus Kork, T-Shirt und Baggyhose oder Zipp-off einen Klienten in Empfang zu nehmen, kommt nicht gut an. Business casual sollte der Dresscode sein. Auch die Körperhaltung sagt viel über Sie aus. Bleiben Sie aber authentisch und treten Sie so auf, wie Sie sind. Sie sollten auf keinen Fall gekünstelt oder gestelzt wirken. Bedenken Sie: Der Klient hat Probleme.

Nicht vergessen: *Sie sind Mensch und Dienstleister! Der Klient bezahlt Sie und darf dafür erwarten, dass Sie ihn ernst nehmen. Das strahlen Sie auch äußerlich mit Ihrer Kleidung und Ihrer Haltung aus! Ihr Auftreten sollte seriös, authentisch und zuverlässig sein. Daneben ist tägliche Körperpflege ein Muss. Achten Sie auf einen dezenten Duft. Geben Sie sich eine persönliche Note!*

1.11.2 Tor ins neue Leben: Tipps für Ihre Praxis

Was Sie beachten sollten, wenn Sie Ihre eigene Praxis einrichten:

- Am besten suchen Sie sich helle, gut geschnittene Räume in einer ruhigen Lage mit Parkplätzen und guter Erreichbarkeit mit dem Öffentlichen Nahverkehr. Auch hier ist ein professionelles Erscheinungsbild wichtig. Dabei sind auch Details wichtig: Ist die Klingel beschriftet und wie? Eine unleserliche Handschrift schreckt eher ab. Hat das Hof-/Türlicht einen Bewegungsmelder, damit Klienten auch am Abend und in der dunklen Jahreszeit nicht herumirren müssen? Sind Gebäude und Eingang gut auffindbar?

- Die Einrichtung sollte eher businesslike und formell sein. Achten Sie auf wertige Möbel! You get what you pay!
- Diplome und Zertifikate an der Wand stehen für Qualität und Professionalität.
- Praktische und bequeme Liege/Sessel, jedoch keine Massageliege, weil diese definitiv zu schmal und nicht wirklich bequem ist.
- Keine Musik, die Geschmäcker sind zu verschieden.
- Ein Platz für das Vorgespräch, mit genügend Sitzplätzen für eventuelle Begleitpersonen.[183] Ich weiß, die Versuchung ist groß, zu Hause ein Zimmer zu nutzen oder die bestehenden Geschäftsräumlichkeiten. Ich rate Ihnen aber davon ab, weil es schlicht unprofessionell wirkt. Mit gutem Marketing haben Sie Klienten angeworben und Vertrauen aufgebaut. Die Klienten gehen davon aus, dass Sie professionell arbeiten und kein Hobby-Hypnotiseur sind. Alternative: Mieten Sie sich tageweise bei einem Heilpraktiker oder Therapeutenkollegen (Praxisgemeinschaft) ein. Viele sind froh, wenn sie einen Raum untervermieten können. Ich handhabe das übrigens am Standort Zürich genau so.

1.11.3 So machen Sie sich bekannt: Tipps fürs Marketing

Die größten Denkfehler:

- ➜ Ich mache gute Arbeit, dann werde ich auch empfohlen! Das Problem: Es geht einfach zu lange. Bis Sie genug Empfehlungen haben, sind Sie womöglich pleite!
- ➜ Ich kenne viele Leute im Ort. Ich bin quasi so etwas wie der Taxifahrer oder ein bunter Hund. Da kann ich viele Leute ansprechen. Das Problem: Glauben Sie wirklich, dass jemand zu Ihnen in die Hypnosetherapie kommt, wenn Sie als Hans Dampf in allen Gassen und Dampfplauderer gelten?

Das sollten Sie außerdem beachten:

- ➜ Flyer haben zu große Streuverluste und daher meist eine enttäuschende Wirkung. Zudem ist es schwierig und mühsam, sie zu verteilen. Wenn Sie Flyer drucken, lassen Sie diese professionell gestalten.
- ➜ Professionell sollte auch der Webauftritt sein. Bereiten Sie diesen rechtzeitig vor. In Deutschland dauert es in der Regel zwei bis drei Jahre, bis eine Seite bei Google weit vorne erscheint, in der Schweiz etwa sechs bis acht Monate. Um genügend Klienten anzusprechen, benötigen Sie erfahrungsgemäß im Monat durchschnittlich etwa 3.000 Besucher auf Ihrer Homepage. Nutzen Sie das Wissen von Profis.

183) Zum Thema „Begleitung" s. Pkt. 2.5.2, S. 240

- ➜ Vergessen Sie das Social Media nicht: Instagram, Snapshot, Facebook, Newsletter, Youtube usw. sind wichtige Kommunikationskanäle.
- ➜ Internetwerbung: Google Adwords ist wohl die effektivste Art, Werbung zu machen. Ich empfehle Ihnen auch hier die Zusammenarbeit mit Profis.
- ➜ Auch wenn Sie nur einen Klienten in dieser Woche haben, sollten Sie den Eindruck erwecken, gut gebucht zu sein. Bieten Sie bei Anfragen nicht den nächstmöglichen Termin an, sondern einen in der Woche darauf.
- ➜ Seien Sie über eine Festnetznummer immer erreichbar. Nutzen Sie gegebenenfalls einen Büro-Telefonservice, der für Sie Termine bucht usw.

Meine weiteren Empfehlungen:

- ➜ Businessplan erstellen (Varianten: schlechtester und bester Fall)
- ➜ Marketingplan erstellen
- ➜ Webseite stetig pflegen und mit neuen Inhalten versehen
- ➜ Videos erstellen
- ➜ Blog
- ➜ Podcast
- ➜ Selbsthypnoseseminare, Gruppenhypnosen usw. anbieten; seien Sie kreativ!

1.11.4 Alles hat seinen Preis: Kalkulation & Budget

Die meisten Neulinge kalkulieren die Einnahmen viel zu hoch und die Ausgaben viel zu tief. Vergessen Sie die Sozialabgaben, Haftpflichtversicherung, Weiterbildung und Urlaub nicht. Zu Beginn werden Sie vermutlich froh sein, wenn Sie einen Klienten pro Woche haben. Nach meiner Erfahrung dauert es zirka drei bis vier Jahre, bis eine Praxis gut gebucht oder gar ausgebucht ist. Das kann eine ganz schön lange Durststrecke werden.

Was bedeutet ausgebucht?

Ich denke, wenn Sie an 3,5 bis 4 Tagen pro Woche mit Klienten arbeiten, können Sie das als ausgebucht betrachten. Planen und kalkulieren Sie nicht mehr, es wird sonst auf die Dauer zu viel werden. Denken Sie an Burnout-Prophylaxe![184)] Sie werden auch außerhalb der reinen Sitzungen noch genug zu tun haben: Rückrufe, E-Mail-Verkehr, Buchhaltung, Internet, Weiterbildung, Seminare vorbereiten, usw.

---

184) s. Pkt. 1.9.1.7, S. 171

1.11.5 Learning by doing: Welche Ausbildungen ich empfehle

1.11.5.1 Hypnoseausbildungen

Die folgenden Adressen kann ich ohne Weiteres empfehlen, wenn Sie eine gute Hypnoseausbildung machen wollen. Ich kenne alle persönlich, habe dort selbst Seminare gebucht und war sehr zufrieden.

- ➜ Omni Hypnosis
  omnihypnosis.com/ (CH/D/weltweit)
- ➜ Cal Banyan
  http://www.5-path.com/ (USA)
- ➜ Dr. Norbert Preetz
  www.preetz-hypnose.de/ (DE)
- ➜ Dr. John Butler
  https://hypnotherapytraininginternational.com/ (GB/DE)
- ➜ Cheryl und Larry Elman, DEHI, www.daveelmanhypnosisinstitute.com/ (USA/weltweit)
- ➜ Hypno School, Stin-Niels Musche: www.einfach-hypnose-lernen.de

1.11.5.2 Weiterbildungen

Sie haben schon eine Hypnoseausbildung abgeschlossen und möchten noch tiefer in diese Materie eintauchen oder sich spezialisieren?

➜ **Für Zahnärzte, die Hypnose effizient nutzen möchten:**

- Hypnodent, Dr. med. dent. Patrick Meyenberger: www.hypnodent.net (CH)

➜ **Wer mit Kindern arbeiten möchte:**

- MindTV, Sonya Mosimann: https://mindtv-method.com/de/ (CH/online)
- HypnoKids, Hypnos.net: www.Hypnokids.net (CH/weltweit/online)
- Sleeptalk, Nicole Wackernagel: www.sleeptalk.ch (CH/weltweit)

➜ **Wenn Sie besser und schneller werden, mehr Selbstsicherheit als Hypnosetherapeut gewinnen wollen:**

- Sean Michael Andrews http://www.worldsfastesthypnotist.com/; auf seinem Youtube-Kanal: https://www.youtube.com/user/glenelg1 finden Sie viele Tricks, besonders zum Thema Blitzhypnose.
- Nicole Wackernagel, SHI: www.swisshypnosis.institute (CH)

➜ **Spirituelle & esoterische Hypnose:**

- Ines Simpson http://www.inessimpson.com/ oder https://simpsonprotocol.de/ (USA/CAN/D/weltweit)

➜ **Keine Hypnose, aber trotzdem sehr empfehlenswert:**

- Handflächentherapie: Christian Jäger www.palmtherapy-mission.de/ (CH/D/online)
- NLP Zürich: Ray Popoola: www.nlp-practitioner-zurich.ch (CH)
- Körpersprache Codes verstehen, Petra Freese: www.3vschweiz.ch (CH/USA)

➜ Cal Banyan hat einen tollen, sehr sehenswerten, allerdings englischsprachigen **Videokanal** mit hervorragenden Tipps rund um die Hypnosepraxis, Regression und Marketing: www.calbanyan.com

➜ Und last but noch least: Meine eigene Homepage und eigenen Seminare: Hanspeter Ricklin, www.besserung.ch

➜ **Empfehlenswerte Kongresse:**

- **Zürich:**
  www.hypnosekongress.net
- **London:**
  www.ukhypnosisconvention.co.uk
- **Boston:**
  www.ngh.net
- **Las Vegas:**
  www.htlive.net

2.

HYPNOSE IN DER PRAXIS

2.1 Handlungsanleitung

Gute Besserung! Was Sie für eine erfolgreiche Hypnose tun müssen

Ablauf einer Hypnosesitzung bei mir

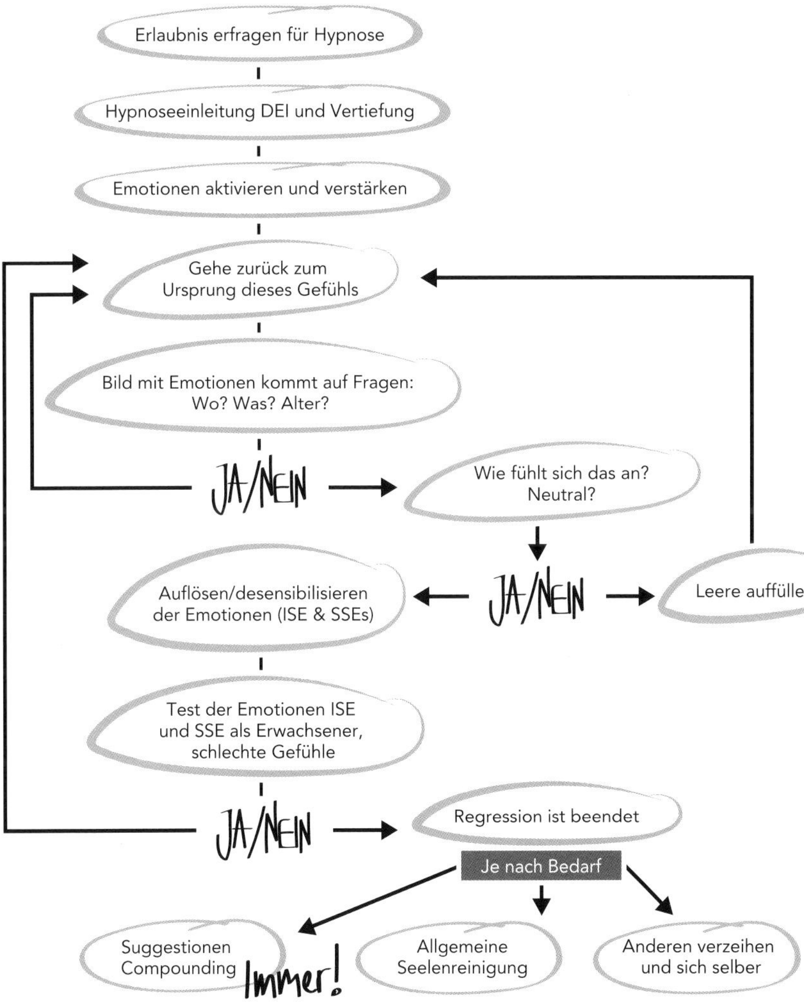

Quelle: Hansperer Ricklin · Grafik: Andrea Ricklin

Vor der Sitzung

Informationen über die Hypnose geben. Ich verschicke dazu den Link zu meiner Webseite [185] und meinem Podcast [186]. Das baut Ängste und Vorurteile ab, macht locker und öffnet den Horizont für die Hypnose.

Vorgespräch: Rapport aufbauen [187]

Arbeitsschritt 1: Erklären, wie der Termin abläuft.

Arbeitsschritt 2: Fragen beantworten, zum Beispiel zur Hypnose.

Arbeitsschritt 3: Erklären, dass der Klient nichts falsch machen kann und er einfach nur mitmachen und zulassen soll. Dann wird alles gut.

Arbeitsschritt 4: Probleme und Symptome des Klienten erklären lassen.

Arbeitsschritt 5: Die Geschichte des Klienten, Familie und so weiter abfragen, Anamnesebogen ausfüllen.

Arbeitsschritt 6: Abklären, ob noch Fragen offen sind.

Arbeitsschritt 7: Mit den Klienten Zielvereinbarung treffen.

Arbeitsschritt 8: Sekundären Krankheitsgewinn prüfen.

Arbeitsschritt 9: Darüber aufklären, wie sich nach der Sitzung die Besserung manifestiert und spürbar sein wird. Wie zeigt sich, dass es gewirkt haben wird?

Arbeitsschritt 10: Vom Klienten die Erlaubnis für die Sitzung einholen. Wichtig! Diese sollte in der Du-Form erfolgen.

Arbeitsschritt 11: Erlaubnis zur Berührung an Arm und Stirn geben lassen.

Arbeitsschritt 12: Darüber aufklären beziehungsweise ankündigen, dass Sie häufig die Frage stellen werden, wie stark das Gefühl auf einer Skala von 0 bis 10 ist. Null drückt dabei „neutral, nicht vorhanden“ aus, zehn bedeutet höchste Alarmstufe.

Arbeitsschritt 13: Ankündigen, das Sie ab und zu fragen werden: „Was für ein Gefühl ist das?“ Darauf hinweisen, dass die Antwort am besten einfach spontan erfolgen sollte. „Manchmal ist es einfach ein Sch...gefühl. Wenn das so ist, dann sagst du das genau so.“

Arbeitsschritt 14: Darauf hinweisen, dass wenn in der Hypnose Fragen auftauchen sollten, der Klient diese einfach stellen soll.

---

185) https://www.besserung.ch/

186) http://hypnosetherapie.podspot.de/post/informationen-zur-hypnosetherapie/¸Dauer: ca. 45 Min.

187) s. Pkt. 1.4.3.1, S. 91

Arbeitsschritt 15: Darüber aufklären, dass es möglich ist, während der Sitzung auf die Toilette zu gehen: „Wenn du aufs WC musst, sagst du mir das einfach. Dann machen wir eine kurze Pause und danach einfach weiter."

Arbeitsschritt 16: Hinweis geben: „Wenn eine Suggestion für dich nicht ganz stimmt, auch wenn es nur ein Wort ist, dann sag mir das bitte. Die Suggestion muss für **dich** stimmen, nicht für mich. Knapp daneben ist auch vorbei."

Arbeitsschritt 17: Abschließender Hinweis: „Wenn irgendetwas für dich nicht stimmt oder du etwas nicht verstehst, bitte sag mir das. Wir können dies dann anpassen oder erklären."

Hauptteil: Die Hypnosetherapie

Arbeitsschritt 1: Erlaubnis abfragen: „Bist du einverstanden, dass wir Hypnose machen?" [188)]

Arbeitsschritt 2: Hypnose-**Einleitung und Vertiefungen**.

Arbeitsschritt 3: Vorbereitung zur **Regression**: „Beschäftige dich ganz bewusst mit deiner Angst/deinem schlechtem Gefühl/[hier das jeweilige Problem einsetzen]. Dein Unterbewusstsein verknüpft diese Gefühle zurück zum Ursprung, zur Wurzel ..."

Arbeitsschritt 4: **Schlechtes Gefühl/Angst aufrufen**: „Ich zähle von eins bis fünf. Bei fünf bist du in der Situation, in der du Panik/Angst/u. Ä. *[hier das konkrete schlechte Gefühl des jeweiligen Klienten einsetzen]* hattest. Die Angst wird so stark, wie sie im Moment sein kann."

Variante: *„Ich zähle von fünf bis eins. Bei eins kommt das Gefühl, das dich am meisten stresst oder stört. Welches Gefühl kommt?"*

Arbeitsschritt 5: **Stärke des Gefühls** auf einer Skala von 0 (sehr schwach/gar nicht) bis 10 (super stark) abfragen; sollte das Gefühl nur schwach spürbar sein: „Ich zähle von fünf bis eins. Bei eins ist das Gefühl so stark, wie es in dem Moment war, als du ..."

Arbeitsschritt 6: **Regression mit Affektbrücke** starten, um den Ursprung des Gefühls aufzuspüren: „Ich zähle von fünf bis eins. Bei eins tippe ich dir auf

188) Dieser Schritt sollte selbstverständlich sein. Sicher haben auch Sie in Ihrer Ausbildung gelernt, dass man, bevor man jemanden hypnotisiert und berührt, um Erlaubnis fragt. Erst danach sollten Sie mit der Hypnose-Einleitung beginnen.

die Stirn und du gehst diesem Gefühl nach zurück, zurück zum Ursprung, zur Wurzel dieses Gefühls. 5, 4, 3, 2, 1, ich tippe dir auf die Stirn, du gehst zurück, zurück zum Ursprung, vielleicht ist es ein Name, ein Satz, ein Gedanke, daraus wird ein Bild und plötzlich ist dir ganz klar, wo und wann das ist. Ist es drinnen oder draußen? Hell oder dunkel? Bist du alleine oder hat es Leute?"; Details erzählen lassen; Alter und Gefühlsstärke abfragen.

Arbeitsschritt 7: Den Regressionsvorgang mit dem Gefühl, das der Klient in der Situation spürt, so oft wiederholen, bis kein Bild mehr kommt.

Arbeitsschritt 8: Wenn kein Bild mehr kommt – in der Regel sagen die Klienten, dass es einfach nur dunkel oder hell ist –, abfragen, wie es sich hier anfühlt.

➜ Wenn es keine schlechten Gefühle mehr gibt, es sich für den Klienten also neutral anfühlt, können Sie mit dem Auflösen des ISE und der SSEs beginnen.

➜ Manchmal sagen die Klienten, dass es sich leer anfühlt; dann fragen: „Was fehlt in dieser Leere?"

a) Leere mit dem entsprechenden Gefühl füllen

b) weiter in der/tiefer in die Regression gehen

c) ermitteln, ob wir schon in der Kindheit angekommen sind. Ist der Klient in der betreffenden Szene jünger als fünf oder sechs Jahre? Meist liegt der Ursprung der Probleme in diesem frühen Alter. Das ist aber abhängig vom Thema.

d) weiter in der/tiefer in die Regression gehen

e) abfragen: „Kennst du dieses Gefühl schon von früher?"

➜ wenn ja: Regression

➜ wenn nein: siehe c); Leere füllen, Gefühle auflösen

Arbeitsschritt 9: Auflösen des ISE und der SSEs.

Arbeitsschritt 10: Nach Auflösung der Situationen und Neutralisieren der Gefühle zur Überprüfung des Empfindens **Testfragen stellen**, wenn nötig mehrfach: „Kannst du das Gefühl, das du in diesem Moment hattest, wieder finden?" Diese beim ISE ebenso anwenden wie bei allen SSEs und auch bei der Situation, die beim Arbeitsschritt 4 auftauchte.

Arbeitsschritt 11: Wenn das schlechte Gefühl wie zum Beispiel Angst oder Panik
➜ **nicht mehr zu finden** ist, zum nächsten Arbeitsschritt übergehen, das nächste Problem auflösen, verzeihen lassen oder Suggestionen geben, Compounding o. Ä.
➜ **noch da ist**, erneute Regression
➜ falls der Klient von Stimmen oder Teilen im Kopf spricht, direkt in die Parts-Therapie-Technik wechseln.

Arbeitsschritt 12: Abfragen, ob beziehungsweise bestätigen lassen, dass das gut ist, wenn das betreffende Gefühl nun weg ist; dazu zum Beispiel fragen: „Würde jemand darunter leiden, wenn du keine Angst mehr hast?" Mit dem Klienten verschiedene Situationen aus der Vergangenheit einschließlich seiner Kindheit, die er erlebt hat, als Erwachsener retroperspektivisch testen und das schlechte Gefühl/die Angst suchen lassen.

Arbeitsschritt 13: Progression: Den Klienten als Erwachsenen verschiedene Situationen in der Zukunft testen und genießen lassen.

Arbeitsschritt 14: Je nach Thema: Klienten verzeihen/vergeben lassen (situationsbeziehungsweise problemabhängig, also nur insoweit es notwendig ist).
➜ Anderen, Lebenden oder Verstorbenen
➜ sich selbst

Arbeitsschritt 15: Auflösen der Hypnose.

Arbeitsschritt 16: Gespräch und erneuter Test der Emotionen.

Arbeitsschritt 17: Rückmeldung per E-Mail vereinbaren.

2.1.1 Troubleshooting: Weitere Techniken, die Sie bei Bedarf einsetzen können

Die folgende Aufzählung ist nicht als fixe, bestimmte Reihenfolge zu verstehen, die man systematisch Schritt für Schritt abarbeiten kann. Es ist lediglich ein Baukasten mit weiteren Möglichkeiten, aus denen Sie je nach Problem auswählen können.

➜ erneuter Test und nach Emotionen suchen
➜ erneute Progression
➜ je nach Thema: erneute, allgemeine Seelenreinigung (verzeihen etc.)

- ➜ Convincer, zum Beispiel Armkatalepsie, -levitation, Hand, die festklebt, oder Ähnliches
- ➜ Suggestionen, Compounding; mindestens 14-mal wiederholen, erneute Progression, erneut Anker setzen.

2.2 Best practice So lösen Sie Emotionen auf und stärken die Klienten

Mögliche Techniken, die Sie zu diesem Zweck anwenden können:

- ➜ Kind im Klienten aufrufen; **Informiertes-Kind-Technik** anwenden.
- ➜ **vereinfachte Kinotechnik** anwenden
- ➜ Gefühl oder Bilder **wegschieben** lassen
- ➜ Frage „Was ist so schlimm daran? Wer würde darunter leiden, wenn ...?"
- ➜ mit **Suggestionen** überschreiben
- ➜ **Progression** durch Wecken positiver Vorstellungen vom Leben ohne das aufgelöste Problem oder durch eine Erlaubnis, die sich Klienten geben („Wäre das okay für dich?")
- ➜ positive Wendung durch **Metaphern** aus dem eigenen Leben verstärken – vertrauenserweckendes Motto: „Ich kenne das, weiß, wovon ich rede."
- ➜ **positive Wendung verfestigen** durch weitere Progression: Tage, Wochen, Jahre.

2.3 Entspannen Sie sich!

Meine Hypnose-Einleitung (nach Dave Elman)

Dave Elman[189)] hat seinen guten Ruf vor allem der Entwicklung der nach ihm benannten, einfachen Dave Elman Induktion (DEI) zu verdanken. Diese wende ich in der Regel auch an und werde Ihnen gleich anschließend zeigen, wie diese Schritt für Schritt funktioniert.[190)]

Effektives Werkzeug: Warum ich die DEI anwende

Die DEI funktioniert meist sehr schnell und sehr zuverlässig. Sie werden es, wenn Sie die Handlungsanleitung lesen, kaum glauben, aber ein geübter Hypnosetherapeut braucht keine drei

---

189) s. Pkt. 1.2.7.3, S. 57

190) Wenn Sie über meine ausführliche Anleitung hinaus noch mehr über Theorie und die praktische Arbeit von Elman wissen wollen, empfehle ich Ihnen sein Buch „Hypnotherapy". Im Büchlein seines Sohnes Larry Elman, „Blueprint oft he Dave Elman Induction", wird diese ebenfalls hervorragend beschrieben und erklärt.

Minuten, um seine Klienten in den Somnambulismus zu begleiten und hat die Convincer und Tests trotzdem standardmäßig bereits eingebaut. In jedem Fall sollte diese Einleitung nicht länger als vier Minuten dauern. Doch wie lange brauchen Sie, um die Schritt-für-Schritt-Anleitung alleine zu lesen? Sollten Sie wesentlich länger brauchen, so ärgern Sie sich nicht und lassen Sie sich nicht entmutigen! Auch Sie werden das mit ein wenig Übung und Routine locker in dieser Zeit hinbekommen. Das garantiere ich Ihnen.

Fünf Schritte in drei Minuten

Die Dave Elman Induktion lässt sich grob in fünf Kategorien einteilen. Diese wiederum unterteilen sich in mehrere Schritte.

Kategorie 1:	Katalepsie einer Gruppe von kleinen Muskeln – durch Suggestionen
Kategorie 2:	vertiefen
Kategorie 3:	fraktionieren: 3-mal Augen öffnen und schließen
Kategorie 4:	Katalepsie einer Gruppe von großen Muskeln – durch Suggestionen
Kategorie 5:	Amnesie durch Suggestionen (Übertritt in den bzw. Erreichen des Somnambulismus)

2.3.1 DEI im Detail

Von A(tmen) bis Z(ählen)

In der konkreten Praxis läuft es dann so ab:

➜ „Beginnen wir mit einer uralten Technik" („Du kennst das ja" – dieser Satz nimmt Angst und Nervosität, wirkt beruhigend, klingt bekannt und vertraut).

➜ „Mache einen **Atemzug**. Atme richtig tief ein, halte oft die Luft für ein paar Sekunden an und beim Ausatmen schließt du die Augen, atme langsam aus, wenn es für dich richtig ist und genieß es einfach, so tief zu sinken und dich so tief zu entspannen, wie es dir möglich ist, *für den Moment nichts zu müssen, sondern einfach sein zu können.*"; kursiv gesetzten Satzteil wiederholen.

➜ **1. Test/Convincer mit Augenschluss-Katalepsie:**
„Ich möchte, dass du dich jetzt auf deine **Augen** konzentrierst. Auf deine Augenlider, um genau zu sein. Entspanne alle deine Muskeln um die Augen, bis sie dir nicht mehr gehorchen und es dir nicht mehr gelingt, deine Augen zu öffnen. Und wenn du sicher bist, dass du deine Augenmuskulatur so entspannt hast, dass dir die Augenlider für den Moment nicht mehr gehorchen und nicht mehr funktionieren wollen, dann halte an deiner Entspannung fest und teste deine Augenlider, um sicher zu sein, dass du sie für den Moment wirklich nicht mehr öffnen kannst."

➜ Den Test kurz abwarten und erst dann mit einem „Gut so, bitte nicht mehr testen" weitermachen.

➜ **Vertiefung:**
„Lass dich in den Stuhl, die Liege sinken. Nimm die Entspannung, die du um deine Augen spürst, und lasse sie durch deinen ganzen Körper fließen – vom Kopf bis zu den Zehenspitzen und den Haarwurzeln – und genieße einfach die Entspannung, die durch den ganzen Körper fließt – vom Kopf bis zu den Zehenspitzen und den Haarwurzeln. Entspanne deinen Körper, deine Muskeln so gut es geht. Lass das angenehme Gefühl der Entspannung durch deinen ganzen Körper fließen, vom Kopf bis zu deinen Zehenspitzen bis in die Fingerspitzen."

➜ **1. Fraktionierung:**
„Wir werden diese **Entspannung** nun noch mehr **vertiefen**: Im nächsten Augenblick werde ich dich bitten, die Augen zu öffnen und gleich wieder zu schließen. Sobald deine Augen wieder geschlossen sind, lässt du dich einfach 10-mal tiefer sinken. Du musst es einfach nur wollen und zulassen, dann wird es einfach geschehen."

➜ **2. Fraktionierung:**
„Okay, öffne jetzt deine Augen, schließe sie und spüre, wie diese warme, wohltuende Entspannung durch deinen ganzen Körper fließt und dich noch viel tiefer sinken lässt. Du lässt dich einfach 2-mal tiefer sinken, gibst der Entspannung so richtig Platz in deinem ganzen Körper, vom Kopf, den Haarwurzeln bis zu den Zehenspitzen und zurück zu den Haarwurzeln. Du lässt dich tiefer sinken, entspannst dich mehr. Genießt es, einfach nur zu sein. Und es fühlt sich einfach gut an zu spüren, wie sich all deine Muskeln ein bisschen besser, ein bisschen mehr entspannen. Nutze deine wunderbare Phantasie

und stell dir vor, dass dein ganzer Körper von oben bis unten in eine bequeme Decke der Entspannung sanft eingewickelt ist. Vielleicht kannst du dir erlauben, es zu genießen und zu spüren, wie sich alle Muskeln in deinem Körper noch etwas mehr entspannen.

➜ 3. Fraktionierung:

„Mach die Augen auf … und zu … Du lässt dich einfach noch viel tiefer sinken, so tief wie du noch nie warst, aber es für dich richtig ist. Gibst der Entspannung so richtig Platz in deinem ganzen Körper, vom Kopf, den Haarwurzeln bis zu den Zehenspitzen und zurück zu den Haarwurzeln. Du lässt dich tiefer sinken, entspannst dich mehr. Genießt es, einfach nur zu sein. Und es fühlt sich einfach gut an zu spüren, wie sich all deine Muskeln ein bisschen besser, ein bisschen mehr entspannen. Und es fühlt sich einfach unbeschwert an, im Moment nichts zu müssen und sich total zu entspannen, vom Kopf, den Haarwurzeln bis zu den Zehenspitzen und zurück zu den Haarwurzeln. Gut so."

➜ 2. Test /Convincer 191),

zum Beispiel mit Hilfe der Hand des Klienten: „Und nun nehme ich für einen kurzen Moment deine … (linke oder rechte) Hand (je nachdem, auf welcher Seite des Klienten ich sitze) am Handgelenk, hebe sie ein bisschen hoch und lasse sie dann fallen. Wenn du bis jetzt meinen Anweisungen gefolgt bist, werden Arm und Hand ganz locker und entspannt sein, so dass sie einfach herunterplumpsen wie ein nasser Lappen oder weich gekochte Spaghetti."

Verwenden Sie Bilder (nasser Lappen, weichgekochte Spaghetti), um die Vorstellungskraft zu wecken und die Fantasie anzuregen. Das erleichtert das Immer-tiefer- und später Immer-weiter-Zurückgehen. Sollte der Klient trotzdem helfen wollen, dann sagen Sie: „Nein, lass mich das machen. Hilf mir bitte nicht dabei. Lass deine Hand ganz schwer werden, hilf mir nicht dabei." Sehr oft wirkt es auch, die Hand am Daumen oder Handgelenk hochzuheben und vorsichtig zu schütteln, bis sie entspannt ist.

„… und du lässt dich einfach noch tiefer sinken."

Jetzt die Hand nehmen, loslassen, Hand plumpst herunter. Kommentar dazu: „Du bist tiefer entspannt, perfekt. Super, das ist die körperliche Entspannung, die wir brauchen."

191) Dieses Mal durch Katalepsie einer Gruppe größerer Muskeln

➜ Hinweis auf die zwei Arten der Entspannung:
„Ich möchte, dass du weißt, dass der Mensch sich auf zwei Arten entspannen kann: körperlich und mental. Du hast jetzt bewiesen, dass du dich körperlich sehr gut/gut entspannen kannst. Erlaube mir, dir nun zu zeigen, wie man sich auch mental entspannen kann. Das ist der Teil, der sich am besten anfühlt."

Erlaubnis einholen und damit Akzeptanz schaffen; Versprechen geben, positive Perspektive schaffen („wird sich gut anfühlen.")

➜ Jetzt geht es weiter mit der Original-Variante:
„Ich werde dich gleich **auffordern, langsam von 100 abwärts zu zählen** – und zwar so, dass ich dich hören kann. Das ist der Schlüssel zur mentalen Entspannung und kein normales Zählen, denn mit jeder Zahl, die du sagst, verdoppelt sich deine körperliche und mentale Entspannung. Mit jeder Zahl, die du sagst, lässt du deinen Körper 2-mal tiefer entspannen als zuvor. Es ist kein normales Zählen. Mit jeder Zahl, die du sagst, verdoppelt sich deine mentale Entspannung 1-mal mehr. Wenn du das tust und bei der Zahl 98 angekommen bist – oder vielleicht sogar schon vorher – wirst du so entspannt sein, dass der Rest aller Zahlen, welche nach 98 kommen, einfach aus deinem Kopf verschwunden sind. Da sind einfach keine Zahlen mehr. Das kannst aber nur du machen, ich kann es nicht für dich tun. Die Zahlen werden verschwinden, wenn du das willst und wenn sie weg sind, nickst du (oder es geht dein Zeigfinger hoch)."

Amnesie durch Suggestion wird in vielen Fachbüchern als Stufe 4 und damit Schwelle zum Somnambulismus (Threshold of somnambulism) definiert. Wenn der Klient die Zahlen loslassen kann, sie für ihn nicht mehr vorhanden sind, dann hat er diese Stufe 4 erreicht. Diese Tiefe benötigen wir, um mit Regression besser arbeiten zu können und schnell Erfolge zu haben. Die meisten Menschen können ohne Probleme „Zahlen vergessen". Natürlich können Sie anstelle von Zahlen zum Beispiel auch die Wochentage, den Namen, die Telefonnummer oder Ähnliches vergessen lassen.

➜ „Beginne jetzt mit dem Gedanken, dass es genauso geschehen wird, und es wird dir ganz leicht fallen, sie aus deinem Kopf zu verdrängen."

➜ „Sag jetzt die erste Zahl und verdopple dadurch deine mentale Entspannung." Dabei nach jeder Zahl Klienten tiefer sinken lassen. Begleitsatz: „Und sie werden unwichtiger und unwichtiger, sie verschwinden."
Klient: ***„100"***
„Verdopple noch einmal deine mentale Entspannung. Lass sie verblassen, lass sie verschwinden."
Klient (mit sanfter Stimme): ***„99"***
„Verdopple deine mentale Entspannung ein weiteres Mal. Sie werden dadurch verblassen. Sie werden verschwinden, wenn du das willst."
Klient (mit sanfter Stimme): ***„98"***
„Lass sie alle verblassen. Verbanne sie, lass sie verschwinden. Mach es, du kannst das. Ich kann es nicht für dich tun. Verdränge sie. Lass es einfach geschehen."

Wenn ein Klient etwas Hilfe braucht

Die meisten Klienten „vergessen" die Zahlen zwischen 98 – 95. Wenn nicht, unterstützen Sie das Zahlenvergessen einfach jeweils noch etwas mit Suggestionen. Ich helfe bei Bedarf nach, indem ich die betreffenden Klienten zum Beispiel die **Zahlen in Gedanken wegschieben** lasse. Konkret und wörtlich geht das dann so:

> *„Schiebe die Zahlen von dir weg – ins Dunkle oder Helle – oder putze sie von der Wandtafel oder blase sie weg. Sie sind so leicht wie Daunenfedern, sie verblassen, sie werden für den Moment total unwichtig. Es ist ganz leicht, sie gehen zu lassen. Du brauchst sie im Moment nicht. Wenn du sie wieder brauchst, dann sind sie wieder da. Du kannst sie gehen lassen. Lass sie verblassen und wenn sie weg sind, nickst du (oder es geht dein Zeigfinger hoch). Wenn aber eine noch wichtig ist, dann sagst du sie einfach und lässt dich tiefer sinken. Danke."*

2.3.2 Meine kleine Nachhilfe: Zahlenblock-Variante Ricklin

Natürlich kann man im Hypnose-Alltag die DEI etwas abändern. Eine Variante, die sehr gut funktioniert, ist folgende:

> *„Stell dir den Zahlenblock, die Zahlen von 100 rückwärts vor, so gut es geht.Wenn du die Zahlen siehst, gibst du mir ein Zeichen. Danke. Schiebe die Zahlen von dir weg – ins Dunkle oder Helle – oder putze sie von der Wandtafel oder blase sie weg. Sie sind so leicht wie Daunenfedern, sie verblassen, sie werden für den Moment total unwichtig. Es ist ganz leicht, sie gehen zu lassen. Du brauchst sie im Moment nicht. Wenn du sie wieder brauchst, dann sind sie wieder da. Du kannst sie gehen lassen. Lass sie verblassen und wenn sie weg sind, nickst du (oder es geht dein Zeigfinger hoch). Wenn aber eine noch wichtig ist, dann sagst du sie einfach und lässt dich tiefer sinken. Danke.“*

An dieser Stelle ist die Dave Elman-Einleitung zu Ende und ich beginne übergangslos mit der Vertiefung der Hypnose. Ich wende dabei in der Regel zwei bis drei Vertiefungstechniken hintereinander an, um die Tiefe für die Regressionsarbeit zu stabilisieren.

2.4 Im Fahrstuhl zu sich selbst: Meine Vertiefungstechniken

2.4.1 Vertiefung und Compounding in der Vertiefungstechnik

➔Tiefer sinken lassen und tiefer. Runterzählen von 10 bis 1.

➔**Perspektivwechsel:**

„Mit jeder Zahl, die ICH sage, verdoppelt sich deine körperliche und mentale Entspannung. 10. Tiefer entspannt. 9: Mit jedem Ausatmen während dieser Sitzung lässt du dich tiefer und tiefer sinken.“

Satz 2-mal wiederholen.

„Und 8, 7 und 6: Wenn du ein Geräusch hörst hier drinnen oder draußen, machst du das zu einem Zeichen für dich, das dich tiefer und tiefer sinken lässt.“

Diesen Satz 2- bis 3-mal wiederholen.

„ 5, 4, 3: Mit jedem Herzschlag während dieser Sitzung lässt du dich tiefer sinken.“

Diesen Satz 2-mal wiederholen.

„Und 2 und 1: immer tiefer und tiefer. Während dieser Sitzung lässt du dich mit jedem Ausatmen tiefer sinken. Mit jedem Herzschlag lässt du dich tiefer sinken. Und jedes Geräusch, das du hörst, lässt dich während dieser Sitzung tiefer sinken."

2.4.2 Vertiefungen kombinieren und weitere Klischees erfüllen

➔Klient an einen wunderschönen Ort führen, wo es ihm gefällt:
„N.N., ich könnte mir vorstellen, dass es einen wunderschönen Ort gibt, ein Sandstrand am Meer zum Beispiel, wo es warm ist."
Verständnisfrage stellen: *„Ist das ein guter Ort für dich?"*

Wenn ja: Klienten sich diesen „Privatstrand" konkret vorstellen lassen.
„Niemand ist da außer dir. Du hast dort alles, was du brauchst. Und du gehst da entlang. Du fühlst den Sand unter den Füßen, die Sonne auf deiner Haut."

Um die Vertiefung effektiver herbeiführen zu können, rege ich die Fantasie an, mache dafür also so wenig Vorgaben wie möglich und nur so viele, wie mir sinnvoll erscheint:
„Und wenn du da so läufst, spürst du den Sand unter den Füßen, spürst die Sonne auf der Haut. Vielleicht gehst du da, wo der Sand, frisch vom Meer geglättet ist. Du siehst die wunderschöne Spur deiner Fußabdrücke hinter dir."

> ***Vorgriff:***
> *Damit wird an dieser Stelle bereits indirekt die Regression vorbereitet, also das Aufspüren der früheren, problematischen Ereignisse.*

„Und du läufst da." Satz wiederholen (*„Sonne auf der Haut"*, *„Sand unter den Füßen"* etc.).

„Vielleicht spürst du eine leichte Brise vom Meer her und den Wind. Vielleicht hörst du die Brandung, riechst das Meer, die Vegetation."

➔Name in den Sand schreiben lassen.
„Gehe nun in Richtung Meer, da wo das Wasser den Strand ganz frisch geglättet hat und schreibe deinen Namen in den Sand. Und wenn du ihn geschrieben hast und ihn siehst, dann geht dein dominanter Zeigefinger hoch."

Fingersignale/ideomotorische Signale benutze ich hier, um zweierlei zu sehen:

1. Tiefenkontrolle:

Sind es ideomotorische Bewegungen? An der ideomotorischen Reaktion kann man sehen/spüren, ob weitere Vertiefungen notwendig sind.

2. Die **Geschwindigkeit**, mit der der Klient reagiert.

Ab hier lerne ich, wie schnell der Klient reagiert, Bilder aufbauen kann etc.

Ich möchte

1. dass sie/er sich nicht langweilt, nicht auf mich warten muss, da ich sie/ihn sonst quasi verlieren würde.
2. die Hypnose effizient gestalten, damit ich mit einer Sitzung das Problem lösen kann.

„Nun siehst du, wie die Wellen mit etwas mehr Energie kommen und das Meereswasser über den Schriftzug fließt. Nach zwei, drei oder vier Wellen ist er verschwunden, nicht mehr zu sehen, der Sand ist wieder ganz glatt."

➜ Wenn es so weit ist, wieder durch den Zeigefinger anzeigen lassen.

> *Den Namen verschwinden zu lassen, ist eine weitere Amnesie durch Suggestion, mindestens aber eine schwächere Variante davon.*

➜ **Persönliches Plätzchen** an diesem wunderschönen Strand **aussuchen lassen**.

„Vielleicht gibt es einen Felsen, eine Hängematte, Liege, ein Badetuch."

Klient soll sich dort entspannt und gemütlich niederlassen, genießen, dass er nichts muss, sondern einfach nur ist, sein kann.

➜ Wenn es so weit ist, wieder durch Fingersignal anzeigen lassen.

2.4.3 Weitere Vertiefung in der Vertiefung

➜ *„Ich möchte, dass du weißt: „Ich muss nichts machen, ich kann einfach sein." Dass du tiefer und tiefer sinkst, noch mehr entspannst. Je tiefer du sinkst, desto besser fühlst du dich. Und je besser du dich fühlst, umso tiefer sinkst du, entspannst dich und genießt einfach."*

Genießen, nichts müssen, immer tiefer und tiefer sinken, das angenehme Gefühl spüren, sich tiefer sinken lassen – das sind die Elemente:
„Und während du tiefer und tiefer sinkst, entspannst du immer mehr."

➜ Jetzt **zu den Problemfeldern kommen**:
„Ich möchte, dass du dich jetzt ganz bewusst mit deinen Themen beschäftigst (zum Beispiel deine Angst oder deine Essattacken und dein Selbstbild). Währenddessen hat das Unterbewusstsein damit bereits begonnen und verknüpft die schlechten Gefühle, wegen denen du zu mir gekommen bist, zurück, zurück, zurück in deiner Geschichte zu dem Ursprung dieser Gefühle, geht zu den Wurzeln dieser Gefühle – und das Unterbewusstsein verknüpft diese Gefühle – zurück, zurück, zurück in deiner Geschichte – mit jedem Moment, indem diese Gefühle je da waren, dahin, wo der Ursprung, die Wurzel dieser Gefühle ist – und baut dahin eine Brücke, eine Brücke, über die wir – zurück, zurück, zurück – in deiner Geschichte gehen können, dahin, wo der Ursprung deiner Gefühle ist, dahin wo wir hin müssen, um die Probleme, die Gefühle aufzulösen. Und du wirst zu deiner Überraschung feststellen, wie einfach das geht …"

2.4.4.4 Vertiefung

„…und dann lässt du dich tiefer sinken, entspannst dich mehr, genießt es, einfach zu entspannen, nichts machen zu müssen, an deinem wunderschönen Strand. Tiefer und tiefer …"

Die Hypnose-Einleitung und die Vertiefungen gehen an dieser Stelle fließend in den Hauptteil, die **Regression**, über.[192)]

„… und dann zähle ich von 3 bis 1. Und wenn ich bei 1 bin, tippe ich dir auf die Stirn. Und es kommt das Gefühl, dass dich in deinem Leben am meisten stresst, am meisten stört, am meisten davon abhält, glücklich zu sein, frei zu sein, gesund zu sein, Spaß zu haben, erfolgreich zu sein. „3, 2, 1, ich tipp dir auf die Stirn." Wiederholen: *„Und es kommt das Gefühl, dass dich in deinem Leben am meisten stresst, am meisten stört. Und wenn das Gefühl da ist, geht dein …* (rechter/linker) *Zeigefinger hoch."*

192) s. Pkt. 2.1, S. 199 (Handlungsanleitung)

➜ **Jetzt abfragen:**
„Welches Gefühl ist das?"

…

(zum Beispiel) *„Wie stark ist die Angst?"*

…

➜ Wir sind beim **dominanten, schlechten Gefühl**. Daher werde ich den „vertieften" Klienten jetzt über die Affektbrücke zum Ursprung dieses schlechten Gefühls zurückspringen lassen:

„Dann zähle ich von 5 bis 1. *Und wenn ich bei 1 bin, tippe ich dir auf die Stirn. Und du gehst zurück zum Ursprung dieses Gefühls. 5, 4, 3, 2, 1. Ich tipp dir auf die Stirn. Das Unterbewusstsein erlaubt uns, dahin zu gehen, wo das Gefühl entstanden ist. Vielleicht kommt ein Name, ein Satz, ein Gedanke, ein Bild, eine Erinnerung. Es wird dir klarer und klarer, wo es ist und wann es ist. Ist es drinnen oder draußen? Hell oder dunkel? Bist du allein oder hat es Leute? Wohin bringt dich das? Was fließt durch deinen Kopf?"*

„Wenn nichts mehr hilft, hilft Hypnose!"

Dr. James Braid (Arzt, 1795 – 1860)

2.5 Fälle aus meiner Praxis

So hilft Hypnose wirklich

Wenn Sie dieses Buch von Anfang an bis hierher gelesen haben, wissen Sie nun bereits sehr viel über die Hypnose. Doch grau ist alle Theorie. Entscheidend ist letztendlich, was am Ende im Praxis-Alltag geschieht. Um Ihnen den Zugang zur Hypnosetherapie zu erleichtern, eventuelle Berührungsängste abzubauen und die Wahrscheinlichkeit zu minimieren, dass Sie von Anfänger-Pech heimgesucht werden, möchte ich Sie nun im übertragenen Sinne an die Hand nehmen. Einige konkrete Beispiele aus meiner Praxis sollen Ihnen Schritt für Schritt zeigen, wie man eine Hypnose erfolgreich aufbaut.

Selbstverständlich kann ich auch Klienten mit Hypnose helfen, die nicht Deutsch oder Schweizerisch als Muttersprache sprechen. Es ist jedoch schon so, dass die Therapie bei mir auf Deutsch oder in Schwyzerdütsch stattfindet. Generell gilt: Die Deutschkenntnisse sollten schon insoweit ausreichen, dass Sie die/den Klientin/Klienten verstehen und umgekehrt. Erstere sollten ihre Gefühle und Eindrücke, die Bilder, die sie sehen beziehungsweise die Erlebnisse in Hypnose auf Deutsch schildern können. Wenn die Sprachbarriere zu hoch ist, gibt es Schwierigkeiten, einen guten Rapport aufzubauen sowie die nötige Tiefe und Eindrücklichkeit zu erreichen. Es wird schlicht der Rapport fehlen.

„Ich habe in diesen Situationen keinerlei Gefühl dafür, wann es genug ist."

Das Problem von Isabelle

2.5.1 Fall 1: Isabelle (21) – Essattacken, geringes Selbstwertgefühl

Schlank von innen statt kugelrund

Die 21 Jahre junge, ledige Sozialversicherungsangestellte und begeisterte Turnerin schrieb mich über mein Webseiten-Formular[193)] an, weil sie dermaßen unter Essattacken litt, dass ihr Selbstwertgefühl mittlerweile vollkommen im Keller war. Typischerweise überfielen diese Isabelle besonders gerne am Abend. „Durch den Tag kann ich mich sehr gut an eine gesunde Ernährung halten, jedoch übertreibe ich es sofort, wenn ich am Abend zu Hause bin", beschrieb sie mir ihr Problem. Meistens stopfe sie dann wie wild Süßigkeiten in sich hinein. Die Essattacken weiteten sich bisweilen aber auch auf alle anderen Nahrungsmittel aus, die sie zu sich nahm. „Ich habe in diesen Situationen keinerlei Gefühl dafür, wann es genug ist", klagte sie. Erschwerend kam hinzu, dass die Essattacken ihr hinterher regelmäßig leidtaten. Vom schlechten Gewissen geplagt, versuchte sie am folgenden Tag dann die Esssünde auszugleichen und sich besonders bewusst zu ernähren. Doch der Wille war nie stark genug: Kaum zu Hause, ging die Völlerei wieder von vorne los. Ein Teufelskreis!

Alles versucht, nichts verbessert

Sport, schilderte Isabelle weiter, treibe sie fast jeden Tag. Das täte ihr zwar gut, habe die Fressmonster aber bislang ebenso wenig eindämmen können wie diverse Diät-Versuche. Ein vierwöchiger Zucker- und Kohlenhydrate-Verzicht brachte nur kurzzeitig Besserung. Und nun auch noch das: Isabelle wollte demnächst für mehrere Monate in die USA fliegen: „Da werde ich kugelrund heimkommen." Wirklich? Die Hypnosetherapie bei mir sollte dem jedenfalls vorbeugen, damit sie künftig von den Essattacken verschont bliebe und ein besseres Verhältnis zu sich selbst bekommen konnte. Denn wer das hat, braucht sich um sein Gewicht künftig nicht mehr zu sorgen. Lesen Sie im Folgenden, wie Isabelle mit meiner Hilfe ihr Problem losbekommen hat.

193) https://www.besserung.ch/termine-buchen/

Wir sind da: Der verbotene Süßigkeiten-Schrank

Isabelle erinnerte sich in der Regression zunächst an die alte Küche aus ihrer Kindheit mit einem Schrank, in dem Süßigkeiten gelagert waren. Das damals fünf- oder sechsjährige Mädchen fühlte in diesem Moment Neugier und Freude.

„Was macht Freude?"

„*Dass ich den Schrank aufmachen und mich über die Süßigkeiten hermachen kann.*"

„Aber warum dann Angst?

„*Vor dem Erwischt werden.*"

Ob wir damit einen ESE oder gar den ISE gefunden hatten, musste sich erst noch herausstellen. Weiter zurück kamen wir jedenfalls zunächst nicht. Isabelle blieb vor dem Schrank. Ich machte ihr klar, dass sie deshalb nichts falsch gemacht hat, dass wir immer soweit zurückgehen, bis nichts mehr kommt. Also konnten wir nun ans Bearbeiten der Problemsituation gehen:

„Was bedeutet der Schrank für dich? Das Paradies? Was denkst du als erwachsene Frau heute darüber? Warum darfst du nicht an den Schrank?"

„*Weil der Inhalt nicht gesund ist.*"

„Wer sagt das?"

„*Mami*"

Wir diskutierten über die generelle gesundheitliche Problematik von Süßigkeiten, ich fragte aber:

„Wann darfst du denn Süßes essen? Was ist – aus heutiger Sicht – schlimm daran?"

Die Klientin sollte sich als kleines Mädchen erlauben, etwas Süßes zu essen, etwas, das ihr besonders gut schmeckt. Ich fragte sie danach, ob ihre Mutter ihr dieses Naschen trotz Verbotes je verzeihen würde und nutzte Isabelles Ja dazu, ein positives Feedback zu erhalten:

„Wenn du so darüber nachdenkst: Wie fühlt sich die Szene vor dem verbotenen Süßigkeiten-Schrank jetzt an?"

„*Gut.*"

„Wie stark stresst dich die Situation?"

„*Eigentlich gar nicht.*"

Dies war der Punkt, an dem wir die positive Wendung verfestigen konnten.
„Wenn du das jetzt für dich so anschaust: Was hat sich verändert seit dem ersten Mal, als du das Bild mit dem Schrank gesehen hast?“

> ***„Ich durfte dieses Mal etwas Süßes rausnehmen.“***

Das Negative (Verbot) hatten wir ins Gegenteil („ich darf“) verkehrt. Wir verstärkten das, indem ich Isabelle erzählte, dass meine Eltern ein Restaurant gehabt hatten und es mir verboten war, Süßgetränke zu trinken.
„Es trotzdem zu tun, war für mich das Größte. Und heute, wo ich so viel davon trinken darf, wie ich möchte, habe ich keine Lust mehr darauf.“
Isabelle bestätigte, dass es ihr eigentlich auch so gehe:

> ***„Das stimmt.“***

Um die Wendung ins Positive zu finalisieren, konstruierten wir auch im Fall von Isabelle eine hypothetische Situation im Kindesalter (inner child):
„Wenn du nun der kleinen Isabelle das mit dem Schrank vorher so erklärst, dass der Inhalt tabu ist, die Mutter es gut meint, aber es okay ist, mal was daraus zu stibitzen und das einfach genießt: Was würdest du ihr sagen? Musst du der Mutter unbedingt absolut gehorchen?“
Natürlich verneinte die Klientin und erlaubte dem kleinen Kind ein Stückchen Süßes.

Hilfreich:
Alltags- oder bekannte Situationen aufrufen: Wenn es ums Abnehmen gehen soll, etwa die Fernseh- oder Spitzenköche, die extrem kleine, extrem leckere Portionen servieren. „Nicht die Menge macht's, sondern der Geschmack.“ Zweck beziehungsweise Ziel ist es, dem Unterbewusstsein einzubläuen, dass man nicht viel essen muss, wenn man genießen kann. Ohne schlechtes Gewissen. Und mit der Gewissheit: „Ich spüre genau, wenn ich genug habe.“ Ich gebe daher die Regel vor: „Meistens reicht eins von den süßen Stückchen oder der Schokolade.“ Dann frage ich nach: „Was würde wohl deine Mutter dazu sagen?“ Natürlich, sie wäre einverstanden … Das eventuell schlechte Gewissen wegen der kleinen, eigentlich verbotenen Nascherei beruhigen wir, indem ich durch rhetorische Fragen klarmache: „Wärst du, wenn du das machen würdest, deshalb ein schlechter Mensch?“

Nun ließ ich Isabelle das Gefühl noch einmal erspüren, dass sie in dem Moment hatte, als sie sich die Szene vor dem verbotenen Schrank noch einmal vorstellte. Die anfängliche Angst davor, erwischt zu werden, war weg, Freude und kindliche Neugier pur. Aus dem Verbot wurde ein *„Ich erlaube es mir"*. Ein großer Unterschied, nicht wahr?

Zur Festigung wiederholte ich die positive Suggestion:
„Stell dir noch einmal die kleine Isabelle vor. Sie darf Süßigkeiten in einer vernünftigen Menge essen. Das ist auch gut so."

Die Verbotsszene vor dem Schrank hatte also nun einen positiven Dreh bekommen.
„Isabelle ist 21. Sie hatte ein kleines Problem mit Süßigkeiten, aber ansonsten geht es ihr gut. Sie hat einen Freund, fliegt demnächst nach Amerika und fühlt sich frei. Stimmt's?"

Die rhetorische Frage im Nachgang festigte die Überzeugung, dass es tatsächlich so ist. Ja, und überhaupt, es könne ja durchaus sein, dass die einstmals so gestrenge Mama zwischenzeitlich toleranter geworden ist.

„Doch, doch."

Nun, auch Eltern machen Fehler, können aber auch dazulernen ...

Noch einmal kamen wir auf die kleine Isabelle zurück, die Spaß haben, genießen darf.
„Fühlt sich das gut an?"
Wieder erhielt ich ein

***„Ja"*.**

Also zeichnete ich erneut ein positives Bild der Klientin:
„Die junge, attraktive Frau mit einem tollen Freund,
Freundinnen, Kolleginnen, Bekannten – läuft doch alles gut, oder?"
Doch das ***„Ja"*** kam dieses Mal eher wenig überzeugend.

„Irgendetwas in deinem Gesicht zeigt mir, dass du nicht wirklich einverstanden bist."
Also fragte ich, was sie denn störe. Isabelle konnte es mir nicht sagen. Also bat ich sie, diesem Gefühl nachzugehen:
„5, 4, 3, 2, 1 ..."

Isabelles Fahrstuhl zur Seele stockte. Die Worte bleiben ihr sichtlich im Halse stecken. Also musste ich ihr auf die Sprünge helfen.
„Kannst du mal einen tiefen Atemzug machen und die Bilder, die du im Kopf hast, beim Ausatmen wegschieben?“
Ich wiederholte den Satz leise.
„Besser?“
Die Klientin hatte einen dicken Kloß im Hals, fand noch immer nicht die richtigen Worte. Ihr kamen die Tränen.

„Ist es so schlimm?“

„Nein, aber ich weiß nicht, warum es mich gerade so gebeutelt hat.“

Das spielte keine Rolle. Wichtig war nur, dass es Isabelle hinterher besser ging. Tränen reinigen.

Spieglein, Spieglein, an der Wand ...: Prinzessin versus Muskeln
Isabelle fing sich wieder und begann zu erzählen:

„Ich habe meine beste Freundin vor mir gesehen. Sie ist gleichzeitig meine Cousine.“

Die Szene spielte sich ab, als Isabelle 15 oder 16 Jahre alt war. In dieser noch einmal mitten drin zu sein, habe Traurigkeit und Verwirrtheit bei ihr verursacht, schildert sie. Weil ich merkte, dass da noch etwas war, was es der Klientin schwer machte, sich auszudrücken, gingen wir noch weiter zurück. Isabelle sah ihre Cousine nun als fünfjähriges Mädchen. Beide waren gleich alt und beim Geräteturnen, das Isabelle bis heute so wichtig ist. Die Cousine hörte später mit dem Turnen auf. Eigentlich wären diese Bilder kein Problem für Isabelle gewesen, wenn es da nicht dieses ständigen Vergleichen der beiden Mädchen durch die Eltern gegeben hätte.

„Das finde ich unmöglich“, sagte ich Isabelle ganz unverblümt: „Warum muss man dich mit jemandem anderen oder umgekehrt jemand mit dir vergleichen? Was soll das? Du bist doch ein selbstständiger Mensch.“

Die Cousine sei eben sehr mädchenhaft gewesen. Die kleine Prinzessin!

„Und Du?“,

wollte ich wissen.
Isabelle antwortete mit Tränen erstickter Stimme.

„Ich war von Anfang an muskulös.“

Es mag ein wenig zynisch klingen, aber das sind die besonders spannenden Momente bei der Arbeit eines Hypnosetherapeuten, wenn wir an diesen Punkt kommen.

„Was ist denn so schlimm daran, muskulös und sportlich zu sein?", fragte ich.

„Das ist nicht mädchenhaft."

Ich gab dem Ganzen flugs und salopp einen anderen Dreh:

„Oder nicht tussihaft."

Und das sei im Sport doch von Vorteil.

Wichtig ist an dieser Stelle und überhaupt, darauf hinzuweisen, dass man eine Sache, ein Ereignis immer auch aus einer anderen Perspektive, positiv oder negativ, eine Flasche halbleer oder eben halbvoll sehen kann.

Deshalb ergänzte ich:

„Geräteturnen ist spektakulär. Und funktioniert nur mit Muskeln, nicht durch Mädchenhaftigkeit."

Was also soll schlecht an Muskeln sein? Eben.

Die Tränen der Klientin trockneten rasch, der Trost hatte gewirkt.

Wir setzten uns in den virtuellen Hubschrauber.

„Wenn du das mal aus der Distanz betrachtest und euch beide vergleichst: Vielleicht wirst du dir dann bewusst, dass ihr einfach zwei äußerlich völlig verschiedene Menschen seid, mit anderen Zielen, anderen Genen. Und du bist vollkommen okay."

Wann und wo ihr Körperbau denn nachteilig gewesen sei, wollte ich von Isabelle an dieser Stelle wissen.

Derartige Fragen mögen komisch, unpassend, negativ wirken, sie bauen aber meistens Distanz zu den im Unterbewusstsein fest verankerten negativen Glaubenssätzen und Emotionen auf, weil sie zum nüchternen Betrachten der Sache anregen. Oder sie bringen die Klienten weiter auf dem Weg zum Ursprung des Problems.

Ich erhielt prompt die erwartete Antwort:

„Eigentlich nie und nirgends."

Deshalb überspitzte ich nun und nutzte Ironie, allerdings – wegen Gefahr des Missverständnisses – letztere nur mit Ansage:

„Ich werde jetzt ein bisschen frech und sage: Ja klar, weil du so muskulös bist, hat dich auch noch nie ein Mann angeschaut und du hattest noch nie einen Freund. Ich behaupte: Diese Aussage stimmt definitiv nicht, oder?"

Nein, natürlich nicht.

… der werfe den ersten Stein: Wer ist perfekt? Eigenbild verändern

Wir wechselten daraufhin ins Jetzt. Ich machte der Klientin am Beispiel Eltern klar, dass niemand perfekt sein muss:

„Sie sind fehlerlos, oder?"

Natürlich nicht.

„Siehst du, und du liebst sie trotzdem. Man muss nicht perfekt sein, um geliebt zu werden"

Natürlich nicht. Ich holte mir wieder die Bestätigung:

„Einverstanden?"

Der perfekte Bruder, der perfekte Freund – oder doch nicht ganz?

„Könnte es sein, dass er doch den einen oder anderen Makel hat?"

Natürlich.

„Siehst du, und du liebst ihn trotzdem. Du, die perfekte Freundin? Kein Fehler? Man muss nicht perfekt sein, um geliebt zu werden."

(Wiederholung).

Ich nutzte die Zustimmung der Klientin an dieser Stelle, um die Fantasie mit einer etwas absonderlichen Diskussion anzuregen:

„Also, Isabelle, ich weiß ja nicht, wie der perfekte Mensch aussieht. Wirklich keine Ahnung. Weißt du warum? Weil sich die Vorstellung davon im Laufe meines Lebens immer wieder verändert hat."

Wie denn der perfekte junge Mann für sie in der Oberstufe am Gymnasium ausgesehen habe und wie er heute aussehe, welche Eigenschaften er im Gegensatz zu damals heute haben müsse, wollte ich von Isabelle wissen, ihr die Antwort teilweise abnehmend:

„Vermutlich gibt es da Unterschiede, oder? Das wird sich auch weiter verändern. Und wenn du 100 Männer fragen würdest, wie die perfekte Frau sei und aussehe, würdest du vermutlich 100 verschiedene Antworten bekommen."

Wieder holte ich bei der Klientin das Einverständnis ein, um anschließend das Thema zu wechseln.

„Ich kenne deine Eltern nicht, aber es heißt ja „Schönheit ist vergänglich". Ich behaupte mal, das trifft auch auf sie zu."

„Auf Mami nicht",

fand die Klientin lachend.

Ich nahm das mit dem Hinweis zur Kenntnis, dass man mit zunehmendem Alter aber doch Falten bekomme. Dieser Hinweis war nötig, um das Ziel nicht zu gefährden: Isabelle ein positives und wohlwollendes Bild von sich zu vermitteln, die Bedeutung äußerlicher Schönheit zu schmälern, weniger im Außen zu sein:

„Vielleicht ist es wichtiger, jemanden gern zu haben oder umgekehrt gemocht zu werden, wichtiger, dass der Mensch innerlich und im Herzen gut ist. Einverstanden?"

➜ Einschränkende beziehungsweise in Frage stellende Wörter zu nutzen und das Einverständnis einzuholen ist besser als bloße Behauptungen aufzustellen, weil das die Bereitschaft des Adressaten erhöht, die Botschaft zu akzeptieren.

➜ „Ja, das kenn ich auch!" Alltagssituationen, Aha-Erlebnisse einbauen

Jetzt führte ich Isabelle zu diesem Thema noch ein Alltagsbild vor Augen:

„Wie oft fragen wir uns, wenn wir in Fußgängerzone verliebte Pärchen sehen, die äußerlich überhaupt nicht zusammenpassen: Mein Gott, wie haben die sich denn gefunden?"

Dies sollte der Klientin klarmachen, dass es auf Äußerlichkeiten eben nicht ankommt – und ihr auf diese Weise helfen, sich und ihren Körper zu akzeptieren. Damit Isabelle das alles leichter annehmen konnte und ihrem boykottierenden Unterbewusstsein vorsorglich argumentativ den Wind aus den Segeln zu nehmen, fügte ich hinzu:

„Trotzdem wollen wir natürlich alle attraktiv sein. Und sind es erstaunlicherweise auch für jemanden, der uns gern hat."

Es ging in diesem Fall um eine Fokussierung des eigenen Selbstbildes auf innere und individuelle Schönheit. Motto: „Du musst nicht allen gefallen, sondern nur dir und den Menschen, die dich gern haben. Schönheit liegt im Auge des Betrachters."

Nachdem die Klientin dem zugestimmt hatte, spannten wir den Bogen zurück zum Anfang, zur für sie so sehr demütigenden und verletzenden, Tränen verursachenden Szene beim Geräteturnen: *„Und deine Cousine war eben immer die Mädchenhafte und du die Kräftigere und Stärkere."*
Die Klientin stimmte dem zu.

Ich verstärkte dies mit einer weiteren rhetorischen Frage
„Ist eine von Euch beiden deshalb von vorn herein ein schlechterer Mensch?"
und mit der Aussage, wie langweilig und doof es doch wäre, wenn alle Menschen gleich aussehen würden wie geklonte Schafe.
„Wenn alle Männer gleich wären und aussehen würden, für welchen würdest du dich dann entscheiden?"

Natürlich hatte die Klientin darauf keine andere Antwort als ein verlegenes ***„Mhm"***. Deshalb konnte sie mir auch bei der folgenden Aussage nur zustimmen:
„Ich denke, Natur und Evolution haben das schon ganz geschickt gemacht, dass jeder von uns anders als andere ist, ein Unikum. Individuum. Spannend für sich."

- ➜ *Es geht bei solcher Art Suggestion nicht darum, den Klienten Worte in den Mund zu legen, sie mit fremdem Kopf denken zu lassen oder gar ihr Gehirn zu waschen. Es geht um unwiderlegbare Argumentation und nüchterne Fakten, die die emotionsgeladenen Ansichten des Unterbewusstseins entemotionalisieren, also neu bewerten, und damit einen klaren und wohlwollenden Blick auf sich selbst ermöglichen sollen.*

- ➜ *Machen Sie zwischen Wiederholungen durch Synonyme und Bekräftigungen („Unikum. Individuum. Spannend für sich.") jeweils kurze Pausen, um dem Klienten die Möglichkeit zu geben zuzustimmen und Ja zu sagen.*

Barbiepuppen haben's auch nicht besser: Arbeiten am Selbstbewusstsein

Nun bat ich die Klientin, wieder mit sich als Kind, also mit der kleinen Isabelle zu sprechen, um ihr klar zu machen, dass sie anders sein darf als ihre mädchenhafte Cousine, dass das vollkommen in Ordnung und sie genauso liebenswert ist. Wie immer schloss ich mit der rhetorischen Frage *„Stimmt's?"* ab, um das Unterbewusstsein der Klientin von der Richtigkeit dieser Aussage zu überzeugen. Wir konnten nun das positive Selbstbild Isabelles festigen, indem ich – durchaus und bewusst spekulativ-provokativ – sagte:

„Ich weiß ja nicht, wer besser mit Jungs konnte. Ich schätze du, Isabelle. Und vielleicht konnte deine Cousine besser mit Barbie-Puppen spielen oder hat sich mehr fürs Schminken interessiert, keine Ahnung, aber ich möchte, dass du dir bewusst wird, dass du doch eigentlich keinerlei Nachteile hattest, nur weil ***du halt Muskeln hattest.*** *"*

Die letzten vier Worte sprach ich dabei besonders betont aus. Isabelle stimmte zu. Natürlich war sie deshalb nicht benachteiligt. Das hatte ihr das emotional behaftete und reagierende Unterbewusstsein wegen der Demütigung nur eingeredet.

Wir arbeiteten auf der nun gelegten, gesunden Basis weiter am positiven Selbstbild Isabelles, indem ich sie aufforderte, doch mal aus heutiger Sicht auf sich selbst, auf diese junge, attraktive Frau zu blicken, vielleicht, wie sie in einem Straßencafé sitzt oder durch die Fußgängerzone schlendert:

„Was würdest du über Isabelle denken?"

***„Nichts Spezielles, nichts Schlechtes"*,**

war Isabelles Antwort.

Eben: eine junge, attraktive, ganz normale Frau. Punkt. Nichts zu mäkeln, nichts zu lästern, kein Grund zur Besorgnis.

„Ich möchte, dass du dir einfach bewusst bist, dass du attraktiv bist, so wie du bist und dass Attraktivität von ganz tief drinnen kommt. So wie ich mich fühle, so strahle ich nach außen."

> *Belegen Sie Klienten immer mit positiven Attributen (attraktiv, dynamisch, jung, frisch etc.). Das hilft ihnen, sich als Mensch wohlwollend zu betrachten und so zu akzeptieren, wie sie nun mal sind. Wecken und animieren Sie zu positiven Vorstellungen/ Bildern/ Fantasien.*

Die positive Abrundung der Persönlichkeit konnte beginnen; letzte Striche am hellen, farbigen Selbstbild von Isabelle.

„Stell dich jetzt mal mit einem Lachen im Gesicht vor, weil es dir einfach gut geht, und all jene Menschen, die dich gern haben, genießen das. Ihnen geht es besser, weil sie dich okay finden – ebenso wie du dich."

Zum Abschluss dieser Hypnose-Sequenz spulten wir noch einmal im Zeitraffer zurück, und ich fragte das Gefühl ab:
„Wenn du das für dich noch einmal anschaust und sagen kannst: „Jawohl, ich bin attraktiv und sportlich, das Leben macht mir Spaß, ich fühle mich gut." Und wenn du mal überlegst, wie viele Bekannte deinen Sport auch gerne ausgeübt hätten, sich aber eingestehen mussten, dass sie das nicht können; wenn du dir weiter überlegst, dass das Turnen dein Körpergefühl fördert, die Körperbeherrschung, das ist doch nun wirklich nicht schlecht, oder? Wenn du dir jetzt vorstellst, wie die Erwachsenen dich und deine Cousine vergleichen, die sportliche Muskulöse und die grazile Kleinmädchenhafte – wenn du dir das alles durch den Kopf gehen lässt:
Wie geht es dir dabei? Welche Sätze gehen dir durch den Kopf?"

Entscheidung für sich selbst: neue Prioritäten
Dass man das nicht vergleichen könne, antwortete Isabelle, was ich gleich einschränkte:
„Doch, das könne man schon, aber es ist sinnlos, nicht aussagekräftig und nicht relevant."

Das bestätigten prompt auch Nachfragen: Isabelle war weder beruflich noch privat und schon gar nicht sportlich hinter ihrer außerdem noch immer partnerlosen Cousine zurückgeblieben. Wenn man das mal so bedenke, fühle sich das gut an, bestätigte die Klientin. Ich nahm das zum Anlass, die Barrieren weiter abzubauen:
„Ihr müsst euch nicht vergleichen, könnt beide essen, was ihr wollt, gegenseitig voneinander profitieren, euch helfen und ergänzen. Was die eine nicht weiß, weiß vielleicht die andere. Und wahrscheinlich seid ihr in vielem einer Meinung. Und trotzdem ist die wichtigste Erkenntnis, dass man nur ein Leben leben kann: das eigene. Ansonsten wird es ziemlich anstrengend."

Klar, dass ich auch Isabelle an dieser Stelle die obligatorische Frage stellte:
„Wer ist der wichtigste Mensch in deinem Leben?"

Ich habe in all den Jahren als Hypnosetherapeut noch nie die Antwort gehört, die Klienten eigentlich geben sollten, auch nicht von Isabelle:

***„Mein Bruder"*,**

antwortete sie wie aus der Pistole geschossen.

„Warum nicht du selbst?",
fragte ich sie – ebenfalls obligatorisch – zurück.

Der wichtigste Mensch im Leben

Es ist offensichtlich, dass die Klienten nicht zu mir kommen würden, wenn die Antwort auf die Frage nach dem wichtigsten Menschen im eigenen Leben tatsächlich „Ich" lauten würde. Denn dann wären sie im negativen Falle Narzissten mit krankhafter Selbstverliebtheit (diese machen leider eher keine Hypnosetherapie, so dringend erforderlich eine solche auch oft für sie wäre). Oder sie wären im Gegenteil und damit im positiven Falle schlank von innen, mit sich selbst im Reinen, das Original, der Mensch, der sie selber sind. Solchen Menschen kann ich als Hypnosetherapeut nur gratulieren: Sie müssen nicht im übertragenen Sinne über „LOS" gehen wie im Brettspiel Monopoly. Nein, sie sind bereits an dem Ziel, an das ich all meine Klienten führen will.

Meistens werden die Klienten an dieser Stelle etwas verlegen.

> ***„Ja, warum eigentlich nicht?"***

Meine an diesem Punkt in der Regel folgenden, rhetorischen Fragen sollen ihnen zeigen, dass diese Frage mehr als berechtigt ist:

> ***Warum bin ich eigentlich nicht der wichtigste Mensch in meinem Leben?***

„Kannst du das Leben deines Bruders leben, dessen Gefühle spüren? Im besten Fall kannst du sie vielleicht erahnen. Und wenn du als alter Mensch zurückdenkst, um ein Resümee zu ziehen: Um wessen Leben wird es dann wohl gehen?"

Die wenig überraschende Antwort von Isabelle war:

> ***„Um meines."***

Damit war die Flanke offen und wir konnten dem Unterbewusstsein klarmachen:

„Das ist aber doch ein sehr starkes Zeichen, ein sehr starkes Indiz dafür, dass du ziemlich wichtig bist in deinem Leben."

Noch einmal wiederholten wir, dass wenn sie mit einem Lächeln durchs Leben gehe, dies auch die Menschen genießen würden, die sie gerne hätten.
„Und nur wenn du dir selbst wichtig bist, kannst du es auch für andere sein und ihnen helfen."

„Sehr richtig"

fühle sich das an, bestätigte mir Isabelle umgehend:

„Aber auch egoistisch."

Das sei es auch tatsächlich, sagte ich der Klientin:
„Es ist für mich aber ein gesunder Egoismus, der dir hilft herauszufinden, was für dich wichtig und gut ist. Dieser Egoismus hat den Vorteil, dass du nicht auf einen Dank warten musst, wenn du jemandem geholfen hast. Denn du hast es ja für dich selbst getan."
Dann gab ich ihr noch den Tipp:
„Entscheide für dich."

Böser Süßigkeiten-Schrank, guter Süßigkeiten-Schrank

Das, so verdeutlichte ich, bedeutet nicht, ein Super-Egoist zu sein, sondern einfach nur bewusst zu leben:
„Ich mache es für mich oder für die andere Person, weil es mir wichtig ist, wie es dieser geht."

Wieder stellte ich eine rhetorische Frage:
„Würde jemand darunter leiden, wenn du sagen würdest, in meinem Leben bin ich der wichtigste Mensch?"

Natürlich nicht.

„Also kann es doch gar nicht so schlecht sein, oder?"

Mit dieser Schlussfolgerung führte ich Isabelle zurück zu dem Bild, das sie so traurig hatte werden lassen, dass sie weinen musste: der Turntag mit den vergleichenden Erwachsenen. Gut fühle sich das jetzt an, stellte Isabelle fest. Die Traurigkeit – wie weggeblasen. Und der Süßigkeiten-Schrank in der alten Küche? Als schön beschrieb Isabelle diese Bilder jetzt.

Weitenangst und Steckenbleiben

Mit *„3, 2, 1, ich tipp dir auf die Stirn, zurück, zurück, zurück"* ging ich nun zu der anfangs von Isabelle geäußerten Angst, beim unerlaubten Naschen erwischt zu werden.
„Wie stark ist die noch?"
Ohne großes Nachdenken antwortet Isabelle:

„3".

Sicher, eine deutliche Verringerung der Stärke von Stufe acht, aber eben immer noch da. Deshalb ging ich mit ihr – 5, 4, 3, 2, 1 – noch ein Stück weiter zurück, um auch die letzten Reste davon aufzulösen. Die Klientin landete am Meer. Sie ist so alt wie jetzt. Angst mache ihr die Weite, schilderte sie. Ich fragte Isabelle daher, woher sie dieses negative Gefühl der Angst vor der Weite kenne. 5, 4, 3, 2, 1: Nach kurzer Zeit nennt Isabelle den Schwimmunterricht und ein Skilager. Nun musste ich noch die zeitliche Abfolge kennen, was also zuerst kam: Schwimmen oder Ski fahren? Letzteres. Damals sei sie elf Jahre alt gewesen, schildert Isabelle. Das Gefühl bei den Bildern vom Schwimmunterricht zirka zwei Jahre später empfand sie aber als doppelt so negativ (4 gegenüber 2).

Es stellte sich heraus, dass eine Mitschülerin Isabelle damals aus Spaß einen steilen Hang hinuntergestoßen hatte. Sie blieb für einige Sekunden kopfüber im Schnee stecken und bekam keine Luft mehr. Wir ließen sie die Szene nachempfinden, nachdem sie sich selber aus der misslichen Lage befreit hatte:
„Du kannst atmen, dich bewegen – und deine Mitschülerin mal ordentlich zusammenfalten."

Das gerade in der Hypnose getan zu haben, habe sich wie eine Befreiung angefühlt, schilderte mir Isabelle danach. Im weiteren Verlauf der Sitzung wollte ich herausfinden, ob Isabelle nicht doch schon früher mit dem Gefühl des Steckenbleibens oder des Erstickens in Berührung gekommen war. Ohne Ergebnis. Nur Schnee und das Gefühl, aktuell keine Luft zu bekommen, nichts zu sehen und nicht zu wissen, wie sie sich aus der bedrohlichen Lage befreien kann. Panik!

Deshalb haben wir das Ereignis entdramatisiert, denn auch hier schien im Unterbewusstsein das Verhältnis zwischen dem, was tatsächlich passiert war, und dem, was Isabelle fühlte, in keinem vernünftigen Verhältnis zu stehen – ganz so, wie es der Titel des melodramatischen Films „Angst essen Seele auf" von Rainer Werner Fassbinder ausdrückt.

„War es wirklich so schlimm?",

fragte ich also Isabelle zurück.

Die Klientin erzählte, dass ihr der Moment des kopfüber im Schnee Steckens wohl länger vorgekommen sei als er tatsächlich war. Wir sandten deshalb eine Nachricht an ihr Unterbewusstsein:
„Meistens ist es gar nicht so schlimm wie man meint."

Ich ließ Isabelle die Szene noch einmal nachspüren:
„Du hast dich befreit, bekommst wieder Luft, genießt das."

Dann überspitzte ich erneut bewusst:
„Ich bin jetzt mal frech und behaupte: Es ist überhaupt nichts passiert."
Ja, das sei eher frech als dass es stimme, fand Isabelle.
„Es hat sich für dich sehr schlecht angefühlt. Und doch hast du eine Lösung gefunden. Das könnte dir doch Sicherheit geben, Gewissheit: Ich kann mich in solchen Situationen befreien."

Tatsächlich bestätigte Isabelle auf meine Nachfrage hin, dass sich die Szene am verschneiten Berg jetzt gar nicht mehr schlimm anfühle.

„Die Angst ist weg."

Das war der Moment, an dem wir diese Szene endgültig auflösen konnten:
„Ich möchte, dass du diesen Moment im Skilager wie einen alten Schwarz-Weiß-Film betrachtest und die Bilder wegschiebst. Und während du das tust, werden sie immer kleiner und kleiner, sind am Schluss nur noch ein schwarzer Punkt, mit dem du keine Emotionen verbindest. Er ist losgelöst von allen Emotionen. Emotionslos. Nur noch ein Punkt in der Erinnerung. Wenn es so weit ist, sagst du mir bitte Bescheid."

Alles dunkel? Demaskierung der Angstmonster

Jetzt konnten wir daran gehen, das zweite Ereignis aufzulösen, das Isabelle mit Angst vor Weite verband: den Schwimmunterricht. Es ging wohl darum, dass sie vom Sprungbrett ins Wasser gesprungen war, das sie als dunkel wahrnahm. In diesem Gefühl gingen wir nun zurück. Isabelle landete in ihrem achten Lebensjahr: ein dunkles Zimmer, die Tür ein Spalt breit offen. Gefühlsstärke 3. Also versuchten wir noch ein Stück weiter zurückzugehen, um herauszufinden, ob dies wirklich der Ursprung der Angst vor dem Dunkeln war. Doch wir kamen nicht weiter. Isabelle sah nichts, war angeblich total stressfrei. Deshalb kam ich zurück auf das dunkle Zimmer: „Was löst das bei dir aus? Was könnte da denn passieren?" Isabelle befürchtete ungebetene Gäste – unter dem Bett, im Schrank, wo auch immer. „Und wie willst du überprüfen, ob wirklich jemand da ist?" Isabelle schlug vor, einfach das Licht anzuschalten. Ich fragte sie, ob sie das machen könne, um nachzuschauen, was Sache ist.
„Macht das Angst? Findest du jemand?"
Isabelle verneinte beides. Wir führten die absurden Angstmonster, die in den Tiefen ihres Unterbewusstseins ihr Unwesen trieben, weiter vor.

„Hat sich vielleicht dein Bruder einen Scherz erlaubt?"
Und: *„Wie groß ist die Wahrscheinlichkeit, dass jemand im Zimmer ist?"*
Tendenz gegen Null.

Erneut schlug ich der Klientin vor, bevor etwas passiert mit der „kleinen Isabelle“ zu sprechen; dieses Mal über ihre Angst und warum überhaupt jemand ins Zimmer kommen sollte.
„Gäbe es einen guten Grund, sich im Schrank oder unter dem Tisch aufzuhalten?“

Außerdem könne sie, wie gesagt, ja das Licht anmachen, nachschauen.
„Wo ist das Problem? Du musst keine Angst haben. Glaubt dir das die kleine Isabelle?“
Die Klientin bleibt skeptisch:

> ***„Für diesen Moment schon.“***

Also arbeiteten wir uns noch ein wenig weiter vor.
„Was kannst du der kleinen Isabelle für einen Tipp, für eine Bestätigung geben?“
Isabelle fiel sofort etwas ein:

> ***„Dass es so etwas doch gar nicht gibt.“***

Ich riet ihr schließlich, der kleinen Isabelle zu sagen, dass sie bis zum 21. Lebensjahr, also bis heute, nie eine entsprechende Entdeckung gemacht haben wird, kein Fabelwesen im Schrank und unter dem Bett, schon gar kein Bösewicht.
„Wird sie das glauben?“
Isabelle nahm an:

> ***„Ja.“***

„Das wäre der Beweis, denn irgendwann müsste der ungebetene Gast ja mal auftauchen, wenn es ihn tatsächlich gäbe.“

Ich gab der Klientin vor, dass kein Grund dazu bestehe, im Dunkeln Angst zu haben:
„Sage der kleinen Isabelle, dass sie vertrauen kann, keine Angst zu haben braucht, auch nicht im Dunkeln. Das Dunkle kann nämlich auch schützen. Wenn ich niemand sehen kann, gilt das umgekehrt auch: Ich kann dann auch nicht gesehen werden.“

Und wer, bitte, solle ausgerechnet ihr etwas antun wollen, fragte ich Isabelle.
„Was hast du so Schlimmes gemacht?“
– und erhielt die erwartete Antwort:

> ***„Nichts.“***

Natürlich nicht.

Formulieren Sie rhetorische Fragen und einleuchtende Gedanken und Thesen, so einleuchtend, dass man diesen nur zustimmen kann.

Damit schien das Problem von Isabelle aufgelöst. Ich konnte also das Gefühl abfragen:
„Wie schlimm fühlt es sich im dunklen Zimmer jetzt an?"

„Beruhigend."

Wir hatten das Gefühl also ins Gegenteil verkehrt. Aus Angst wurde Beruhigung. Trotzdem wiederholte ich zur Sicherheit noch einmal:
„Du darfst das Licht anmachen, du kannst das Licht anmachen."

Zudem bemerkte ich lapidar, dass es selten so dunkel sei, dass man gar nichts mehr sehe. Mit derartigen Binsenweisheiten nahm ich der Situation den Schrecken. Dann fragte ich noch einmal nach:
„Wenn du in ein dunkles Zimmer gehst, so, wie du es heute zum ersten Mal wieder gesehen hast: Wie stark stresst dich das im Moment?"
Die Neubeurteilung bestätigte sich:

„Gar nicht."

Wir konnten also nun im Zeitraffer weiter in die „Zukunft" gehen, also zum anderen „schwarzen Bild": dunkles Wasser im Schwimmunterricht.
„Wie fühlt sich das jetzt an?"
Dieses Mal war es **„nichts Spezielles"**.

Ich wollte das verfestigen:
„Wenn du mal mit dem Verstand von heute überlegst: Was kann dir da überhaupt passieren?"
Auch jetzt erhielt ich wieder die erwartete Antwort:

„Nichts."

„Wie fühlt sich das an, wenn du durch das dunkle Wasser schwimmst?"

„Kein Problem, es kann ja nichts passieren."

„Und das Meer?"

„Es ist einfach nur schön."

Vor wenigen Minuten hatte Isabelle noch Angst vor dessen Weite. Beeindruckend, nicht?

„Und wenn du das jetzt mal genießt, Strand, Meer, das Wasser hat die Temperatur, die du als so besonders angenehm empfindest; wenn du dich anfreundest mit dem Meer – dann möchte ich, dass du die alten Ängste suchst. Wie stark empfindest du diese im Moment?"
Allein sei sie, berichtete Isabelle. Und sie genoss es tatsächlich.

„Ich weiß ja nicht, ob du zu den Menschen gehörst, die sich im Wasser auf den Rücken legen und sich einfach treiben lassen. Kannst du das mal machen und einfach genießen? Total entspannt, total bei dir. Und wenn es für dich richtig ist, schwimmst du wieder Richtung Strand."

Legen Sie Anker, wecken Sie positive Vorstellungen.

Als Isabelle dort angekommen war, tippte ich ihr – 3, 2, 1 – auf die Stirn, um zu überprüfen, ob die alte Angst noch zu finden war.

„Die ist überhaupt nicht da",

meldete Isabelle. Wir konnten damit zurückgehen zum Anfang: den allabendlichen Essattacken.

„Wie stark empfindest du das Gefühl noch?"
5 bis 6. Ziemlich stark. Es gab also – 5, 4, 3, 2, 1, zurück – noch etwas zu tun. Isabelle landete im ersten Lehrjahr. Sie kauft Bonbons. Und fühlt sich gut dabei.

„Aber damals hat es angefangen."

Ich wollte von der Klientin wissen, warum sie in den Laden gegangen sei. Langeweile sei es gewesen.

Alles nur eingebildet schlimm: Sabotage aus dem Unterbewusstsein

Also gingen wir wieder weiter zurück. Isabelle sah sich an einem Bürotisch. Sie ist zirka neun Jahre alt und malt ein Bild. Wieder ist ihr langweilig, weil sie etwas tut, was ihr nicht gefällt. Stufe 7 auf der Negativ-Gefühlsskala. Wir mussten also noch weiter zurück und landeten schließlich bei der 4- bis 5-jährigen Isabelle, die im Wohnzimmer mit Lego spielt.
„Hat das was mit Langeweile zu tun?"
Es sei immer das Gleiche, beklagt Isabelle.
„Wie könntest du das ändern?",
fragte ich sie unvermittelt und erhielt die ebenso unvermittelte Antwort:

„Na ja, was anderes spielen."

Klar, was denn auch sonst? Wir versuchten nun, das Gefühl näher einzukreisen:
„Ist es wirklich Langeweile oder doch eher Einsamkeit? Oder beides?“
Isabelle entschied sich für die Einsamkeit. Wie sie diese ändern könne, fragte ich auch hier.

„Ich kann zu meinen Brüdern gehen.“

So einfach ist das ...

Ich machte Isabelle klar, dass Einsamkeit zwar kein schönes Gefühl sei, dass es aber durchaus gut sein könne. Und man könne es ändern. Etwa, indem man zu seinen Brüdern gehe, zu Vater oder Mutter.
„Darfst du das?“
Isabelle gab sich die Erlaubnis – und fand, dass sich das gut anfühle. Ich wies sie erneut darauf hin, dass sie das selbst entscheiden könne:
„Wer ist der wichtigste Mensch in deinem Leben?“

Die Klientin hatte es nicht vergessen.

Deshalb konnte ich nun weitere Suggestionen nachschieben:
„Ich möchte, dass du dir bewusst wirst, dass du für dich entscheiden kannst. Fühlst du dich einsam, kannst du etwas dagegen tun: jemanden anrufen, ausgehen, jemanden treffen, auf jemanden zugehen.“

Damit konnten wir nun auf das ursprüngliche Gefühl zurückkommen:
„Die Szene, in der du mit Legos im Wohnzimmer spielst – wie fühlt sich das jetzt an?“

Gut, antwortete Isabelle nun:

„Denn jetzt bin ich ja nicht mehr alleine.“

Das Problem war aufgelöst, die ursprüngliche, Angst machende Szene neu bewertet. Ich verfestigte das, indem ich Isabelle erklärte, dass sie auf jemanden zugehen darf, und indem ich sie abermals fragte, was denn überhaupt das Schlimmste sei, was passieren könne.

„Dass der Mensch, zu dem ich gehe, keine Zeit hat.“

Das könne sie aber nur herausfinden, wenn sie das Risiko eingehe zu fragen:
„Tust du das nicht, hast du vorn herein verloren.“

Wir gingen bei der Neubeurteilung sogar noch einen Schritt weiter:
„Wie schlimm wäre es, wenn derjenige tatsächlich keine Zeit hätte?“

Sie könne dann doch jemand anderen fragen, antwortete Isabelle.

Eben.
„Du kannst und darfst selbst entscheiden.“

Zwischenzeitlich hatte durch diese Suggestionen auch die andere Einsamkeitsszene einen positiven Dreh bekommen: Die Klientin in ihrem Zimmer am Pult sitzend beim Zeichnen – und gar nicht einsam:

„Ich bin eigentlich ganz froh darüber, dass ich mal was alleine machen kann."

Ich verstärkte das noch, indem ich darauf bestand, dass Isabelle, wann immer ihr es richtig erscheint, aufhören soll und etwas anderes macht.

„Ich kann raus. Stimmt das?"

„Ja."

„Fühlt es sich gut an?"

„Ja."

Beim nächsten Bild, auf das wir nun zurückkamen, hatte Isabelle noch ein bisschen Probleme: verbotenerweise Bonbons kaufen und essen. Sie musste relativ lange überlegen, um die Frage beantworten zu können, wie sich das noch anfühle:

„Es ist immer noch gleich."

Dann wurde klar, warum: Sie tat sich ein wenig schwer, das einzuordnen, jetzt, wo sie selbstständig war und mit ihrem Geld machen durfte, was sie will. Deshalb sicherte ich noch einmal ab:

„Ich möchte, dass dir bewusst wird, dass du nicht musst, sondern darfst, dass du Optionen hast, dass du dir keine Vorschriften machst, sondern dass du Bonbons kaufst, wenn es für dich im Moment richtig ist. Ich behaupte, dass von einem Bonbon noch niemand dick geworden ist. Einverstanden?"

Wichtig:

Holen Sie immer wieder die Erlaubnis ein. Lassen Sie sich die Suggestionen bestätigen!

Jetzt gingen wir – 5, 4, 3, 2, 1 – zurück zum Anfang: dem Gefühl, das Isabelle bei den allabendlichen Essattacken hatte. Es war weg. Ich ließ sie es trotzdem imaginär wegschieben und wiederholte dann die Suggestion:

„Ich darf etwas Süßes essen, wenn mir danach ist. Ich muss es mir nicht verbieten und es ist auch nicht verboten. Und wenn ich Lust auf ein Schokoladen-Ei habe, dann esse ich eins. Ohne schlechtes Gewissen. Und den Rest der Eier packe ich wieder weg und esse eins, wenn ich wieder Lust darauf habe."

Ich ließ Isabelle diese Szene auf sich wirken, genießen:
„Du bist alleine zu Hause. Ist es tatsächlich so langweilig?“

„Nein, ich habe genug zu tun.“

Falsche Antwort.

„Müssen, Zwang, das meine ich nicht. Aber wie wäre es damit, den Freund oder eine Freundin anzurufen?“
Selbstverständlich könne sie trotzdem die Angelegenheiten erledigen, die zu erledigen seien, schob ich nach.
„Manchmal ist es aber auch okay, einfach gar nichts zu machen. Darfst du das?“

Jetzt erinnerte ich Isabelle noch daran, dass gerade bei Sportlern Erholung ein wichtiger Teil des Trainingsplans sei.
„Wer ist der wichtigste Mensch in deinem Leben?“

„Ich.“

„Fühlt es sich auch so an?“

„Ja.“

Die junge, sportliche Isabelle: neues Selbstbild

Noch einmal tauchte ich mit Isabelle ab in die Gefühlswelt der abendlichen Essattacken („Ich muss den Schrank ausrauben!“). Situation für Situation. Die negativen Gefühle waren verschwunden, die Angst auch. Ich konnte deshalb nun das neue Selbstbild abfragen: die junge, sportliche Isabelle. Auch das stimmte für die Klientin. Ihr Unterbewusstsein hatte sich korrigiert und sie angenommen, so, wie sie nun mal von Natur aus ist. Im Vorgespräch hatte sie noch darüber geklagt, nicht weiblich genug zu sein. Ich wies deshalb abschließend darauf hin, dass sie doch eine tolle Frau sei. Nichts spreche dagegen, dass sie sich so annehme, wie sie ist. Und auf Menschen, die nur auf Äußerlichkeiten schauen, könne sie ohnehin verzichten.

„Ich möchte, dass du dir bewusst wirst, dass du attraktiv bist, dass du dich genießen kannst.“
Ich wiederholte das noch in Varianten.

Erzählen Sie ruhig Geschichten, die das von Ihnen Gesagte bestätigen. Erzählen Sie, was Sie diesbezüglich erlebt, gesehen, gelesen haben.

„Ich bin okay": Die Schlusssuggestion

Ein letztes Mal konfrontierten wir Isabelles Unterbewusstsein mit der „Ich-bin-okay"-Suggestion: *„Wenn du dir das mal so anschaust und dir klarmachst: „So bin ich, mich gibt's nicht anders" und das genießt, dass dich dein Freund gern hat, deine Familie, deine Freundin, deine Kolleginnen und Kollegen, von denen manche vielleicht gerne so schlank wären wie du, dass es gut ist zu wissen, dass es gut ist, wie du bist."*

Das fühle sich gut an,

bestätigte Isabelle.

„Ich wünsche dir, dass du frei und glücklich leben kannst, denn darum geht es im Leben."

In der Klientin erzeugte diese Suggestion ein Glücksgefühl, weswegen ich ihr empfahl, diesem Raum zu geben, die Freiheit zu genießen, zu tun, was sie wolle.

Zum Abschluss bat ich die Klientin, den Tresor mit ihren geheimsten Wünschen zu öffnen, den verrücktesten Traum herauszunehmen, ohne mir zu erzählen, welcher das konkret ist, und sich vorzustellen, dass sie sich diesen erfüllt.

„Wie fühlt sich das an?"

„Gut."

„Muss jemand darunter leiden?"

„Nein."

„Wieso machst du es dann nicht?"

Eine Antwort erwartete ich nicht, denn diese Frage sollte lediglich zum Nachdenken anregen. Ich ließ Isabelle sich noch einmal frei und glücklich fühlen, es genießen, machen zu können, was sie möchte – und ein letztes Mal sicherheitshalber das allabendliche Gefühl suchen, wenn sie wieder etwas essen musste. Sie fand es nicht mehr. Deshalb machte ich mit der Klientin nun den letzten Schritt.

„Kannst du dir verzeihen, die Essattacken gehabt zu haben?"

Nach kurzer Denkpause sagte sie klar und vernehmlich

„Ja".

Sie war offensichtlich nun mit sich im Reinen.

„Ich fühle mich befreit",

war ihr letzter Satz, bevor ich sie wieder aus der Hypnose herausbegleitete.

„Wenn ich auf dem Boden stehe, ekelt es mich.“

Inge, Hypnosetherapie wegen Waschzwang

2.5.2 Fall 2: Inge (23): Waschzwang

Wenn Sauberkeit zum Martyrium wird

Wieso haben Psycho- und Verhaltenstherapie so oft keine Chance zu helfen? Das zeigt der Fall von Inge. Sie buchte über das Kontaktformular auf meiner Webseite eine Hypnosesitzung, weil sie unerträglich unter ihrem Waschzwang litt.

Hinter jedem Zwang stehen meist ganz einfache Ängste und Ekel. Der Zwang, die Zwangshandlung sind nur das letzte Symptom in der Angstkette!

Daher gilt:

Behandle nie den Zwang an sich, behandle das Gefühl davor: Das Gefühl, das die Zwangshandlung auslöst!

Wenige Minuten nach ihrer Anmeldung meldete sich Inge auch noch per E-Mail bei mir. Sie schilderte, dass sie nun schon seit nahezu zwölf Jahren gegen ihren Waschzwang ankämpfe und auch bereits seit zwölf Jahren in psychiatrischer Behandlung sei, ohne bis dato auch nur den geringsten Erfolg zu bemerken. Seit mehreren Monaten versuche sie einen Hypnose-Termin bei jemanden zu bekommen, der sich mit Zwangsstörungen auskennt, doch leider sei sie überall zurückgewiesen und oder auf unendlich lange Wartelisten gesetzt worden. Doch warten wolle sie nicht mehr: „Ich kann nicht mehr alle ein bis zwei Stunden meine Hände waschen und dazu jedes Mal eine Toilette aufsuchen. Es kostet Nerven und Zeit.“ Sie arbeite Vollzeit und wolle nicht vor lauter Hände waschen keine Freizeit mehr haben. „Es gibt schlechte Phasen und bessere, jedoch keine Heilung“, vermutete sie.

Keine Heilung: Angst ist nicht krank

Das Wort „Heilung" habe ich an dieser Stelle nicht wegredigiert, weil Inge es in ihrer E-Mail so ausdrückte und ich korrekt zitieren möchte. Die Klientin ist kein Einzelfall. Ich höre und lese dieses Wort sehr oft, habe aber – ehrlich gesagt – persönlich ein Problem damit. Grund: Wer zu mir kommt, ist nicht krank im eigentlichen Sinne, sondern hat ein Problem. Meistens sind, wie wir gesehen haben, tief verankerte Ängste die Ursache. Angst ist aber keine Krankheit. Speziell für Deutschland kommt noch hinzu, dass Sie hier eine Heilerlaubnis brauchen, um praktizieren zu können, obwohl es streng genommen gar nichts zu „heilen" gibt. Ich spreche daher lieber von Neutralisierung, Problemauflösung oder Befreiung.

Deshalb befürchtete Inge, mit dieser Zwangsstörung bis zum Tod leben zu müssen. Gleichzeitig zeigte sie sich aber auch zuversichtlich und kämpferisch.

Zuversicht, Bereitschaft und Wille sind wichtige Voraussetzungen für die Hypnose, weil diese eine Veränderung im Leben herbeiführen soll. Dies kann aber – unabhängig davon – auch bei angeblich und gefühlt hoffnungslosen Fällen gelingen .

„Ich will so viele Schlachten wie möglich gewinnen, denn mein oberstes Ziel ist es, ein mehr oder weniger normales Leben zu leben" schrieb Inge. Wie groß ihr Leidensdruck war, machte ihr Hinweis klar, dass der Waschzwang seit geraumer Zeit geradezu überhandgenommen habe – so sehr, dass sogar der Familienfrieden dadurch gestört sei. Die Eltern und ihre Schwester seien ebenfalls mittlerweile der Verzweiflung nahe. Sie habe deshalb zwar nun diesen Termin reserviert, wenn ich aber schon vorher Zeit hätte, sie von ihrem Waschzwang zu befreien, würde sie selbstverständlich auch gerne schon früher kommen; ob in meine Praxis nach Zürich oder Bad Zurzach, sei ihr einerlei, auch Zeit spiele keine Rolle: „Ich nehme liebend gerne einen halbe Tag Urlaub, wenn sie mir helfen können. Ich wäre Ihnen unendlich dankbar dafür."

Selbstverständlich machte ich einen früheren Termin möglich.

Zu diesem kam Inge in Begleitung ihres Vaters. Er sollte während der Hypnosetherapie dabei sein.

Mit Begleitung? Es spricht nichts dagegen, eine Person seines Vertrauens mit zur Hypnose zu bringen, solange diese die Klientin oder den Klienten nicht quasi zum Jagen getragen hat. Wenn jemand zur Hypnose kommt, weil er geschickt wurde oder nur, um einem vertrauten Menschen einen Gefallen zu tun, ihn nicht zu kränken, wird es schwierig. Denn ohne Überzeugung, dass die Hypnosetherapie etwas bewirken könnte, ohne den Willen, sich auf diese Weise helfen zu lassen, sind die Besserungschancen gering. Wenn sich ein Klient dagegen Befreiung von seinem Leiden verspricht, aber aus Angst vor der Ungewissheit, Nervosität, zur Sicherheit, als Fahrer oder einfach nur so wie Inge „zu zweit" erscheint, ist das immer noch besser als deswegen gar keine Hypnosetherapie zu machen. Ich rate daher, Klienten auf diese Möglichkeit hinzuweisen, wenn Sie das Gefühl haben, dass sie aus den eben genannten Gründen möglicherweise den Termin absagen werden.

Schmutzige und saubere Zonen: Waschzwang extrem

Inges Vita zeigte, dass sie sich der Geisel ihres Waschzwang-Martyriums nie unterworfen hat: Die intelligente, attraktive, junge Frau hatte den an den Nerven zehrenden Einschränkungen zum Trotz erfolgreich eine Lehre abgeschlossen, wie überhaupt aus ihren Schilderungen herauszulesen war, dass sie sich immer wieder und mit viel Aufwand dem quälenden Zwang entgegenstellte, dem ständigen Waschen zum Trotz ihr Leben meisterte.

Inges Waschzwang hatte zwei Ausprägungen: Zum einen schloss das ständige Hände waschen Arme und Schulter mit ein. Zum anderen hatte der Reinigungszwang ihrer Schilderung nach mit dem Ausland zu tun. Das ging so weit, dass der Vater, wenn er von seinen Dienstreisen und Hotelübernachtungen nach Hause kam, sich sofort gründlich duschen und umziehen musste. Bei Inge ging der Zwang so weit, dass sie sich nach Rückkehr aus dem Ausland nicht nur unter die Dusche stellte, sondern auch die Augen mit Seife auswusch, ja die Seifenlauge sogar trank, weil sie glaubte, auf diese Weise auch die inneren Organe säubern zu müssen. Das ist natürlich vollkommener Unsinn. Das Haus teilte Inge wie die meisten anderen derartig Zwangserkrankten in saubere und schmutzige Zonen ein, sehr zum Missfallen der restlichen Familie.

Zum Wasch- gesellte sich später noch ein Zählzwang, was den ersteren noch verschlimmerte. Dazu kam autoaggressives Verhalten: Inge begann sich zu ritzen. Medikamente (Zoloft/ Sertralin/ SSRI)[194] halfen ebenso wenig nachhaltig wie zwei stationäre Aufenthalte von insgesamt fast einjähriger Dauer. Dadurch konnte der Waschzwang lediglich von den ganzen Armen auf die Hände eingegrenzt werden. Auch die negative Konnotation mit dem Ausland war geblieben.

Eine eventuelle Medikamenteneinnahme ist im Vorgespräch unbedingt abzufragen, auch wenn Unverträglichkeiten mit der Hypnose nicht bekannt sind. Dadurch lässt sich die gesundheitliche Verfassung der Klienten besser einschätzen und bei der Therapie berücksichtigen. Bei Inge war es ein Antidepressivum.

Als ob das alles noch nicht schon kompliziert genug wäre, vor allem für die Psychologen, kam als Rucksack aus der frühen Kindheit noch Bettnässen als Folge eines Problems mit der Niere hinzu. Dieses wurde aber operativ behoben, als Inge zirka acht Jahre alt war.

In ihren Therapien hatte die junge Frau progressive Muskelentspannung, Meditation, Achtsamkeit und ähnliche Techniken gelernt.

So etwas erleichtert natürlich die Arbeit in Hypnose sehr, da solche Menschen mit Trance-Zuständen vertraut sind und dadurch leichter und gegebenenfalls tiefer hypnotisierbar sind .

Kuriosum am Rande:
Im Vorgespräch erzählte mir Inge auch noch, dass sie zurzeit auf dem Boden schlafe; warum, konnte sie nicht sagen.

Auf all diese „Baustellen" gingen wir im Vorgespräch allerdings nicht ein. Erstens hätte dieses dann viel zu lange gedauert.

---

194) Sertralin ist ein Antidepressivum aus der Gruppe der selektiven Serotonin–Wiederaufnahme–Hemmer (SSRI) und wird laut Beipackzettel bei starker Depression, zur Vorbeugung gegen deren Wiederauftreten, bei Panikzuständen, Zwangserkrankung, Soziophobie und bei Posttraumatischer Belastungsstörung verschrieben. Zoloft ist ein mittlerweile nicht mehr erhältliches Medikament mit diesem Wirkstoff.

Zweitens gilt:

Es ist es viel sinnvoller, mit den Klienten in Hypnose zu arbeiten als über deren Problematik mit ihrem Verstand und subjektivem Empfinden zu sprechen. Ziehen Sie das Vorgespräch daher nicht zu sehr in die Länge, versuchen Sie aber trotzdem, ein möglichst genaues Bild der Lage zu bekommen. Hören Sie also im Vorgespräch einfach nur zu. Machen Sie sich Notizen, analysieren Sie und erstellen Sie einen Anamnesebogen mit den Problemen der Klienten. Das Vorgespräch dient dazu, sich kennenzulernen und eventuelle Vorerkrankungen abzuklären. Es sollte daher auf keinen Fall in ein psychotherapeutisches Gespräch „ausarten". Den Anamnesebogen können Sie später während der Hypnose systematisch abarbeiten, bis die negativen Gefühle der Klienten gleich null sind .

Im Vorgespräch konnte ich Inge davon überzeugen, die Hypnosesitzung mit mir alleine im Therapieraum zu machen, also ihren Vater im Warteraum zurückzulassen. Zuvor hatten wir als Ziel festgelegt, den Waschzwang zumindest abzuschwächen, im besten Fall diesen aber ganz weg zu bekommen.

2.5.2.1 Tote Kuh und gelbes Eis: Inges 1. Hypnosesitzung

Nach der obligatorischen Hypnoseeinleitung und Vertiefung begannen wir direkt an ihrem Zwang zu arbeiten. Wir ließen in Inge dieses Gefühl, das sie jeweils vor dem Waschen hatte, aufkommen. Sie beschrieb es als „dreckig bis zum Unterarm" und eklig. Überraschenderweise schätzte Inge es nur als eine Drei ein. Um mit diesem Gefühl arbeiten zu können, mussten wir es verstärken. Ich zählte daher von eins bis fünf und gab ihr die Suggestion vor, dass bei fünf der Ekel, das Gefühl „ich bin schmutzig" so stark sei, wie es überhaupt möglich sein könne. Daraufhin stieg das Gefühl auf die höchste Stufe 10. Jetzt war das das Gefühl stark genug, um seinen Ursprung aufspüren zu können.

Ergebnis: Inge sah eine tote Kuh (!!). Ekel!

Ich forderte Inge auf, noch weiter zurück zu gehen. Und siehe da! Es taten sich erstaunliche Zusammenhänge auf. Inge schilderte an dieser Stelle eine Szene, in der sie als kleines Mädchen, zirka sieben- oder achtjährig, zusammen mit ihrer Cousine ein eigentlich lustiges Video ansieht. In diesem muss ein junger Mann als Mutprobe ein Eis aus gefrorenem Schnee essen, auf das er vorher uriniert hatte. Das Eis war deshalb ganz gelb.

Wir gingen auf dieser heißen Spur nun weiter, allerdings sah Inge auf dieser nichts mehr: alles schwarz, kein Gefühl. Somit wusste ich, dass wir den ersten Gefühlsstrang durch hatten. Wir lösten diese beiden Erlebnisse (tote Kuh, gelbes Eis) auf, bis es keine schlechten Gefühle mehr gab. Ich testete daraufhin den aktuellen Stand, indem ich zum ursprünglichen Zwangsgefühl ging: jenem, dreckig zu sein in ekliger Umgebung. Zu meiner erneuten Überraschung schätzte Inge dieses nun auf Stärke zehn. Also mussten wir einem weiteren Gefühlsstrang folgen.

Gerüchte werden zur Wahrheit: Verkettungen im Unterbewusstsein

Als wir diesem nachspürten, kam – in Kurzform zusammengefasst – folgendes heraus: Inge sah unter anderem eine TV-Dokusoap mit Nicole Richie und Paris Hilton auf dem Bauernhof. Hier muss eine der beiden dabei helfen, ein Kalb auf die Welt zu bringen und zieht sich deshalb einen langen Handschuh an, der bis zur Schulter reicht, weil sie der Mutterkuh in den After greifen muss, um das Kalb an den Beinen herauszuziehen. Des Weiteren gab es noch eine Szene mit Inge als kleines Mädchen und einer toten Maus. Ein weiteres Schlüsselbild war, dass sie mit ihrer Cousine über eine Straße ging und ihr die Cousine dabei erklärte, was Hygiene ist, das Händewaschen sehr wichtig sei, dass nach dem Toilettengang ein Tropfen Urin an ihrer Hand sein könnte, sie diesen, wenn sie jemand begrüße, weiter gebe und dies ganz viele Menschen kontaminiere. In der Tat eine abenteuerlich-grausige Story!

Nachdem wir all diese Bilder und Erinnerungen aufgelöst (neutralisiert) hatten, schätzte Inge die Stärke des Gefühls „grausig, eklig, dreckig" nur noch als „null bis eins" ein.

Wir konnten damit der nächsten, negativen Emotion nachspüren: der Überzeugung, dass alles, was aus dem Ausland kommt, schmutzig sei. Inge landete bei einer Ess- und Trinkpause auf einem Rastplatz in Italien, der ihr extrem schmutzig erschien. Auch dieses Ereignis konnten wir auflösen. Es ist damit zwar immer noch im Unterbewusstsein verankert, löst aber keine Emotionen oder Reaktionen mehr aus. [195)]

---

195) s. Pkt. 1.4.4, S. 109

Gut für die Psyche, schlecht für den Psychiater?

Ich habe mir erlaubt, Inge am Schluss der Sitzung die Frage zu stellen, wer denn darunter leiden würde, wenn sie den Waschzwang nicht mehr hätte. Ihre spontane wie kuriose, vielleicht auch ironische Antwort gab sie lachend: „Meine Psychiaterin." Nach Progressionen, die zeigen sollten, wie es wäre beziehungsweise ist, die Hände nur einmal zu waschen, gingen wir zum obligatorischen Final-Prozedere mit dem Armkatalepsie-Test, Anker setzen und Compounding der positiven Suggestion über.[196)]

Einige Tage später meldete sie sich per E-Mail, um mir ein kurzes Feedback über ihr Befinden zu geben:

> *Guten Abend Herr Ricklin,*
>
> *zunächst möchte ich Ihnen ganz herzlich für Ihre Bemühungen danken. Es geht mir im Moment so gut wie in den vergangenen, vom Waschzwang geprägten zwölf Jahren kaum jemals. Meine Zwänge sind auf ein Minimum reduziert. Es ist ein unglaubliches Gefühl, Zeit für anderes zu haben. Ich fühle mich freier, kann wieder pünktlich zur Arbeit oder Terminen erscheinen beziehungsweise ohne vorher eine Stunde einzuplanen, bloß um meine Hände zu waschen. Umso schöner wäre es natürlich, diesen fürchterlichen Zwang ganz loszubekommen. Das ist mein Wunsch für die Zukunft. Fürs erste freue ich mich aber nun zunächst darüber, nicht nur den kleinen Finger, sondern die ganze Hand und somit mein Leben wieder selbst bestimmen können – vor allem, da ich nun weiß, dass es auch anders als in den zurückliegenden Leidensjahren geht, nämlich ohne jahrelange, stressige*
> *Expositions- und sonstige Therapien und haufenweise Medikamente.*
>
> *In diesem Sinne hoffe ich, Sie können mir so bald wie möglich einen weiteren Termin geben, um diesem Monster namens Zwang endgültig zu Leibe zu rücken.*
>
> *Liebe Grüße*
>
> *Inge*

---

196) s. Pkt. 1.4.9, ab S. 137

Es ist natürlich immer schön, ein Feedback zu bekommen. Umso schöner, wenn es derart positiv ist.

Hypnose wirkt nicht immer sofort. Meiner Erfahrung nach machen sich die positiven Effekte erst Tage oder Wochen später bemerkbar. Umgekehrt kann es auch vorkommen, dass die Erleichterung, die totale Leichtigkeit, wie sie Inge in diesem Moment spürte, zunächst nicht von Dauer ist. Das liegt daran, dass die Verschachtelungen und Verknüpfungen des Unterbewusstseins sich so tief festsetzen wie Efeu an der Häuserfassade oder Pilze unter der Erde. Deshalb kann ich nicht immer alles auf Anhieb finden und auflösen. Es bleiben sozusagen Wurzelstücke zurück, die sich nach Wochen oder Monaten dann plötzlich schmerzhaft bemerkbar machen.

2.5.2.2 Satansbraten aus dem Ausland: Inges 2. Hypnosesitzung

So war es auch bei Inge. Sie buchte noch zwei weitere Termine: einen etwa zwei Wochen später, einen dritten weitere drei Monate später – letzteren, weil der Waschzwang wieder ausgebrochen war, wenn auch sozusagen nur noch in einer Art Light-Version.

Wieder kam sie mit ihrem Vater in die Praxis – warum auch immer. Die junge Klientin schien durchaus frohgemut zu sein, erzählte mir abermals von ihrer Verbesserung, berichtete aber auch von Rückschlägen und -schritten. „Es ist wieder schlechter geworden." Ich erfuhr, das sie eigentlich zwei Zwänge hatte: einen großen und einen kleinen. Alles, was mit dem Ausland zu tun hat, schien noch immer besonders problematisch zu sein. Inge hielt das für ihre größte Baustelle: „Wenn wir dieses Problem lösen könnten, ginge es mir wirklich gut."

Vor dem Hintergrund dieser Verfasstheit hatte sich ein gut gemeintes Geschenk von Inges Freundin als kontraproduktiv erwiesen: ausgerechnet ein Mitbringsel und Andenken aus dem Ausland! Sofort seien das schlechte Gefühl und der Ekel zurück gewesen, schilderte Inge. „Das war extrem schlimm!" Der Fluch der guten Tat. Aber das konnte die bedauernswerte Freundin ja nicht ahnen, dass sie Inge quasi ein abermaliges Rendezvous mit dem Teufel beschert hatte. Die Klientin jedenfalls hätte gerne darauf verzichtet. Das ließ sie sich deutlich anmerken.

Auch die rigorose Aufteilung ihres Zuhauses in schmutzige und saubere Zonen hielt Inge immer noch aufrecht. Im Vorgespräch war ich deshalb zum Schluss gekommen, dass es noch einen Auslöser (ISE) im Ausland mit der Kombination aus „Ausland, duschen/waschen und zählen“ [197) geben müsse.

Ein positives Indiz gab es auch noch. Inge bemerkte nebenbei, dass wenn ihr Vater ihr ihre Sauberkeit bestätigte, sie aufhören konnte sich zu waschen. Das freilich empfand sie verständlicherweise nicht als Lösung ihres Problems. Als Ziel der zweiten Sitzung vereinbarten wir daher, den Zustand unmittelbar nach der letzten Hypnose anzustreben, dieses Mal jedoch ohne Rückfall, andauernd und ohne mühsames Zählen. Zudem wollte ich ihr Selbstwertgefühl steigern.

Ich entschloss mich, die Hypnose mit einer gekürzten Induktion nach Elman [198) und mit einer kurzen Vertiefung einzuleiten. Wir begannen die zweite Reise durchs Unterbewusstsein von Inge damit, dem Gefühl nachzugehen, das sie hatte, als sie das Geschenk ihrer Freundin aus dem Ausland auspackte. Alarmstufe rot, Stärke zehn!

Also gingen wir weiter zurück. [199) Inge kehrte im Geiste an die Raststätte in Italien zurück. Die negativen Gefühle empfand sie an dieser Stelle allerdings nur noch als mittelstark: Level sechs – Tendenz fallend. In Inge kamen die Eindrücke hoch, die ein Fernsehbild vom Meer ausgelöst hatten. Sie sah eine immer größere Menge Schlamm, Abfall und Schmutz, die im Meer trieb. Weiter ging's auf der Fahrt durchs Unterbewusstsein: Schwimmunterricht im Hallenbad der Schule. Es stinkt nach Urin. Sie musste auf Anordnung der Lehrerin trotzdem ins Wasser. Stinkende Brühe, Gefühl Stärke zehn!

Toter Vogel und putzende Oma

Inge sah noch weitere, allerdings weniger intensive Bilder: Die Mutter, die damit droht zu rauchen, sollte sie sich wieder waschen; die Großmutter, die das WC ohne schützende Gummi-Handschuhe putzt; ein toter Vogel in der Kindheit, eine Flugzeugtoilette, Gran Canaria und Ibiza sowie – zu guter Letzt: Füße: „Wenn ich auf dem Boden stehe, ekelt es mich.“

Wir konnten zusammen mit Inge alle mit diesen Bildern und Eindrücken verbundenen, schlechten Gefühle Schritt für Schritt neutralisieren und verständlich machen.

---

197) Mit der Eselsbrücke „zählen“ wollte Inge die Dauer der einzelnen Handwaschvorgänge eindämmen.

198) s. Pkt. 2.3, S. 204

199) s. Pkt. 2.1, S. 201, Hauptteil der Hypnosetherapie, Arbeitsschritt 5: Wenn das Gefühl stark genug ist, dessen Ursprung aufspüren;

Durch das Überprüfen der Situationen und Gefühle bestätigt sich die Besserung. Das gibt beiden Seiten Sicherheit.

Kurz zusammengefasst ging das so:

- *„Kannst das Gefühl, das du hattest, als du das Geschenk aus dem Ausland bekamst, wieder finden?"* Das Gefühl war am Ende weg!
- Progression mit „Dusch-Test": *„Kannst du dir vorstellen, dich abzuduschen, die Haare zu waschen, dich kurz einzuschamponieren, abzuspülen, abzutrocknen, mit Lotion einzucremen und dann die Dusche einfach so zu verlassen?"* Nein, kann sie nicht! Deshalb habe ich noch überprüft, ob das wirklich noch der Waschzwang war oder ob Inge sich das einfach nach den vielen Jahren nicht mehr vorstellen konnte. Es zeigte sich, dass Letzteres der Fall war. Also haben wir diese Szene Schritt für Schritt einige Male und so lange durchgespielt, bis Inge sich es genau so vorstellen konnte, ohne Ängste, ohne schlechtes Gefühl, ohne zählen zu müssen.
- das Gleiche dann noch mit Händewaschen und den „Schmutz-Zonen" zu Hause. Angst und Ekel waren weg!
- noch etwas mehr Progression: Tage, Wochen, Jahre.
- 15-mal Compounding; die Wunschsuggestion von Inge war: ***„Ich bin sauber."***
- noch einmal gute Gefühle verankern

Inge verließ meine Praxis müde und noch etwas ungläubig, aber zuversichtlich.[200] Wenige Tage später hakte ich per E-Mail nach[201] und erfuhr erfreut, dass die Hypnosetherapie offenbar gewirkt hatte.

Inges Antwort:

„Ich habe ja gar keinen Zwang mehr!"

> *Guten Abend Herr Ricklin,*
> *DANKE, DANKE, DANKE! Es geht mir sehr gut. Mein Leben hat sich komplett verändert. Seit der zweiten Sitzung kann ich keine Zwänge mehr wahrnehmen. Wenn doch welche auftauchen, kann ich sie immer wegschieben und mir sagen „Ich habe nun keinen Zwang mehr». Mitbringsel aus dem oder Gedanken ans Ausland stressen mich nicht mehr. Ich zeige normale Reaktionen*

200) Inges Hypnose im Protokoll: s. 2.6, ab Seite ???

201) Das mache ich bei allen Klienten so. Selbstverständlich habe ich mir von Inge die Erlaubnis für eine Ausnahme eingeholt. Sie hat mir ausdrücklich gestattet, ihr Feedback in diesem Buch zu veröffentlichen.

darauf. Das Händewaschen dauert keine 30 Sekunden mehr. Ich probiere vieles aus und hatte bisher nur nach dem Schwimmbad ein kleines Problem. Ich duschte zuhause, konnte danach meine Kleider nicht wieder anziehen, musste sie also in die Wäsche geben. Wenn dies jedoch mein einziges Restproblem bleiben sollte, kann ich sehr gut damit leben. Ich fühle mich befreit und habe mehr Lebensqualität."

Wie ist die Sitzung aus deiner Sicht verlaufen? Hast du dich bei mir gut aufgehoben gefühlt?

Ja, beide Sitzungen waren sehr angenehm. Ich konnte Ihnen schnell mein Vertrauen schenken und Sie haben mir ebenso schnell meine Bedenken und Ängste nehmen können. Bereits nach der ersten Sitzung hatten wir ja große Erfolge verbuchen können. Nun, nach der zweiten, fühle ich mich endlich sozusagen wieder komplett normal. Ich werde mir sicherlich nach dem Toiletten-Gang weiterhin immer meine Hände waschen, aber nie mehr zwanghaft.
Noch einmal möchte ich mich herzlich bei Ihnen bedanken, dass Sie mir geholfen haben, diesen aufreibenden, lebenszerstörenden Kampf zu beenden, den ich fast zwölf Jahren in mir ausgefochten habe. Ich empfehle jedem, es mir gleich zu tun und ebenfalls eine Hypnosetherapie zu machen, auch wenn man zweifelt oder Angst hat. Mir hat sie hat mehr geholfen als alle Medikamente, sonstige Therapien und Hilfsmittel, die ich ausprobiert habe, zusammen.

Die besten Wünsche für die Zukunft!
Inge

2.5.2.3 Der Stuhl der Tante: „Hässlich, aber bequem"
Inges 3. Hypnosesitzung

Auch zur dritten Sitzung brachte Inge wieder ihren Vater mit. Im Vorgespräch berichtete sie mir von einem kleinen Rückfall. Sie führte diesen auf den Urlaub zurück: Schon zwei Wochen vor Abflug habe sie den Waschzwang wieder gespürt. Reisestress und vor Ort rund um die Uhr mit ihrer Familie zusammensitzen zu müssen, sei nicht gut für sie gewesen. Ich vermutete als tatsächlichen Grund aber vielmehr, dass noch Ereignisse aus der Kindheit in ihrem Unterbewusstsein gespeichert waren, die sich mit ihrem Wasch-Problem verknüpft hatten. Diese mussten wir noch auflösen. Vermutlich hatten die vielen Medikamente, die Inge eingenommen hatte, einen dichten Schleier über bestimmte Bereiche des Unterbewusstseins gelegt. Das erschwerte ihr den Zugang zu sich selbst – und ließ verstreute Reste ihres Problems zurückbleiben.

Inge nahm also erneut auf dem schwarzen Liegestuhl in meiner Praxis Platz. Sie ging spontan in den Esdaile State. Sie kannte das ja schon. Die Suche nach dem Ursprung ihres negativen

Urlaubs-Gefühls sorgte bei ihr zunächst für Verwirrung. Dann sah sie Farben. Violett dominierte. „Wie wenn man die Finger auf die Augen drückt." Es stellte sich heraus, dass sie das als Kind gerne zum Spaß gemacht hatte. In diesem Moment sah sie sich bei ihrer Tante. „Die hatte einen komischen Sessel, uralt, hässlich, aber megabequem", erinnerte sie sich. Wir erkundeten die Szenerie weiter („Was siehst du da noch?"). Einen Weihnachtsbaum. Der Fernseher läuft. Langeweile. Einsamkeit. Leise sein müssen, nicht stören dürfen. Ich stellte die Kinderfrage: „Was würdest du jetzt, als die heutige Inge, zu dem kleinen Mädchen von damals sagen?" Spontan schoss es aus der Klientin heraus: „Sei leise und froh, dass du Fernseher schauen kannst", sagte sie lachend. Zu Hause sei das nämlich nicht möglich gewesen. Ich ließ sie der kleinen Inge erklären, warum sie Farben, Sterne, verwirrende Farben sieht, wenn sie die Augen eindrückt. Das löste die Verwirrung auf.

Wir konnten auf den aktuellen Auslöser zurückkommen: den Urlaub auf Hawaii, die Probleme, die Dusche mit ihrer Schwester zu teilen. Das Auslandsproblem an sich schien bereits komplett gelöst: Die Koffer, die Inge im Urlaub dabei hatte, waren in ihrem Zimmer. Sie störten sie nicht (mehr). Im Verlauf der weiteren Sitzung ging es daher nur noch um eine eigentliche Lappalie: Duschflaschen, die nass werden, weil sie nach Inges Empfinden am falschen Ort standen, nämlich auf dem Boden und auf dem Lavabo[202] anstatt in dem dafür vorgesehenen Behältnis. Warum das ein Problem war, werde ich Ihnen im Folgenden kurz schildern. Vorab nur so viel: In der Regression kam wieder Inges Mutter ins Spiel.

Mutters Ordnungsfimmel: Immer Ärger mit den Duschflaschen

„Was ist so schlimm daran?"

Wir versuchten, das für diese negative Emotion verantwortliche Moment, den ISE, aufzuspüren. Vor Inges Augen tauchte ihre Mutter auf. Sie räumt herumstehende Sachen weg. „Sie hatte es gern ordentlich." Sie setze dagegen eher auf Chaos mit System, scherzte Inge, gab aber zu: „Aber es macht schon Sinn aufzuräumen." Wir bewerteten das Aufräumen neu, gaben diesem Vorgang eine positive Bedeutung. Dass die Mutter ihr zeige, wie man aufräumt, empfinde sie nicht als schlimm:

> ***„Mami ist genervt."***

„Ist das dein Problem?"

> ***„Wenn sie mich anmotzt, dann schon."***

202) Schweizerdeutsch für Waschbecken

„Aber das geht vorbei. Ist die Mami deshalb schlecht?“

„Nein.“

„Machst du wirklich etwas so Schlimmes falsch?“

„Nein.“

„Du hast etwas nicht versorgt, die Mutter ärgert sich. Bist du deshalb ein schlechter Mensch?“

„Nein“

Wieder die Kinderfrage:

„Was würdest du der kleinen Inge für einen Tipp geben?“

„Räum es auf, dann hast du Ruhe vor der Mami.“

Zurück nach Hawaii, Duschmittel auf dem Lavabo anstatt in der Dusche. Inge empfand das jetzt gar nicht mehr als schlimm. Sie könne es ja wegräumen und gut ist, meinte sie. Sie bleibt aber dabei:

„Die Sachen gehören da nicht hin.“

„Was ist so schlimm daran?“

„Sie werden nass.“

„Und dann lösen sie sich auf, oder was?“

„Neiiin. Ich hasse es einfach, wenn die Sachen oben auf dem Lavabo stehen.“

Diesen Satz wiederholte ich zwei Mal – und ließ Inge wieder den Ursprung dieser negativen Emotion suchen. Sie fand ihre bunte Kinderzahnbürste, die auf dem Waschbecken steht und runterfällt – ins Wasser. Ein mechanisches Teil im Inneren bekommt dadurch Feuchtigkeit ab, weicht auf und verschmutze den Bürstenkopf.

„Deshalb stellt man keine Sachen auf dem Waschbecken ab“,

so der Glaubenssatz von Inge.

Das ist ein typischer Fall von in frühester Kindheit eingetrichtertem Glaubenssatz, initiiert und verfestigt durch die schimpfende Mutter. Dieser ist aber nicht durch Fakten gedeckt, vielmehr emotional belegt: Die Klientin hat diesen Glaubenssatz in der Kindheit verinnerlicht und als Tatsache akzeptiert, um der Mutter Genüge zu tun, nicht geschimpft zu werden, ihre Ruhe zu haben. Aus dem Wille, der Ansicht, der Ordnungssystematik der Mutter wurde erst Gewohnheit, dann ein Fakt.

Die Lebensfreude ist zurück

Ich entgegnete, dass man den Bürstenkopf ja waschen könne und wiederholte die Suggestion aus der ersten Sitzung: „Wir Menschen sind sehr widerstandsfähig." Und weil dieser Glaubenssatz auch immer mit Kindheitserinnerungen unter der Dusche verbunden war – sie und ihre jüngere Schwester urinieren rein – überzeugte ich Inge davon, dass das ja möglicherweise ein Spaß, ein Abenteuer war, Urin steril sei und sich ja sofort mit viel Wasser vermische und abfließe.

„Was also ist so schlimm daran?"

Wieder kam die Mutter ins Spiel:

„Dass Mami schimpfen könnte."

Auch diese Angst entkräftete ich.

> *Hier verbindet sich der Glaubenssatz mit Angst, in diesem Fall davor, die Mutter zu verärgern. Auch dies ist nicht durch Fakten gedeckt, eher vorauseilend gehorsam. Denn es war ja keinesfalls sicher, dass die Mutter deswegen schimpft, sondern nur, dass man es laut Vorgabe der Mutter „nicht darf".*

Ich ließ die Klientin sich alle möglichen Bilder unter der Dusche vorstellen. Sie lehnte das zunächst brüsk ab („Das will ich gar nicht wissen"). Ich stellte deshalb die Sauberkeit in den Vordergrund: *„Die Dusche wird gespült, gereinigt, mit viel Wasser."* Inge blockte noch immer ab, bezeichnete Hände waschen als mühsam: ***„Da wird alles nass."*** Und nass hieß für Inge: schmutzig. Also mussten wir den Ursprung dieses Gefühls, dieses Glaubenssatzes finden. Inge fielen Schlammspritzer am Arm ein.

„Nicht schlimm, aber ich muss sie wegwaschen."

„Warum?

„Mami staucht mich sonst zusammen."

Da war er wieder, der Angst besetzte, negative Glaubenssatz.

Aber vielleicht hat das Spielen im Dreck ja Spaß gemacht …

„Bist du deshalb wirklich schmutzig?"

„Nein."

„Bist du deshalb ein schlechter Mensch?"

„Nein."

Ich ließ Inge sich vorstellen, wie es ist, wenn sie sich als kleines Mädchen so richtig hemmungslos wäscht und duscht, ohne Rücksicht auf die Mutter zu nehmen – und das genießt. Sie sollte sich zudem vorstellen, dass sich die Mutter zwar aufregt und es ihr sicher keinen Spaß macht, ihr hinterher zu putzen, dass das aber nicht halb so schlimm sei wie die Mutter behauptet. Wieder brachte ich Vergebung ins Spiel:
„Kannst du deiner Mutter verzeihen?"

„Ja."

Müde würden sie diese Bilder machen, bekannte Inge. Wir gingen deshalb mit ihr noch ein wenig tiefer, um sie dort unten die Sache im wahrsten Sinne des Wortes bereinigen und neu bewerten zu lassen. Wie das funktioniert (**„Schmutz ist Vergangenheit, genießen, „ich bin sauber", „Ich fühle mich gut", „Ich bin frei"**) habe ich bereits oben protokollarisch geschildert.

Das Korrekturprogramm von Inge zur Neubewertung der kritischen Szenen dauerte etliche Minuten. Fast schien es so, als wolle sie aus ihrer Entspannung gar nicht mehr herauskommen – ein Zeichen, wie tief eingegraben in ihr der mütterlich bedingte Waschzwang war. Jedenfalls wäre mir fast der Rapport verloren gegangen, weil sie wieder in den Esdaile State ging.

Solche Hypnosetiefen und Korrekturabläufe sind in der Tat völlig ungefährlich. Die Klienten können dabei komplett abstellen. Dadurch ist der Rapport tatsächlich vorübergehend weg. Sollte das passieren, sollten Sie die Ruhe bewahren und den betreffenden Klienten am besten mit der „Komadrohung" zurück in den tiefen Somnabulismus begleiten.

Etliche Male musste ich Inge dazu auffordern, nun aus dem Esdaile State bewusst zurückzukommen, die „Komadrohung" aber nicht anwenden. Danach fühlte sie sich einfach nur müde. Ich gab ihr zum Schluss als Anker und Codewort „deep" vor. Damit kann sich die Klientin selbst jederzeit in den angenehmen, entspannten Esdaile State bringen, den sie zuletzt in der Hypnose hatte. Übrigens: Der anschließende Test in meiner Praxis verlief positiv: Das Händewaschen dauerte nur zehn bis 20 Sekunden. Zwölf Jahre Qual waren endgültig überwunden. Inge hatte endlich wieder Freude am Leben.

2.5.2.4 Vom (Ende des) Leben(s) mit Zwangsneurose: Inges Resümee

Befreiung aus dem Gedankengefängnis

Zwölf Jahre lang habe ich nicht wirklich gelebt. Ich war da – nicht weniger, aber auch nicht mehr. Im Prinzip vegetierte ich in meinem Gedankengefängnis vor mich hin. Körperlich präsent, mental weit weg. Ständig am Planen des nächsten Schrittes, ohne den vorherigen überhaupt gegangen zu sein. Wie das eben ist, wenn man den ganzen Tag grübelt. Haufenweise Fragen, keine Antworten: „Was kommt nun? Was, wenn dies oder jenes passiert? Was, wenn ich krank wäre und es noch nicht wüsste? Was, wenn ich zu viel tränke an diesem heißen Sommertag? Was, wenn meine Kollegin diese Schokolade jenseits der Grenze in Deutschland gekauft hätte? Was, wenn das kleine Mädchen seine Hände nach dem Besuch auf der Toilette nicht gewaschen hätte?"

Solche Gedanken plagten mich jede Sekunde meines Alltages, verfolgten mich bis in meine Träume. Ich erinnere mich, wie ich einmal mitten in der Nacht erwacht bin und mich 20 Minuten gewaschen habe – bis ich merkte, dass ich das nur (schlecht) geträumt hatte.

Behinderte berührt man nicht: Absurde Waschneurotiker-Logik

Alles Folgen einer Zwangsneurose. Seit dem 10. Lebensjahr musste ich mich ständig waschen. Einfache, normale und alltägliche Aktivitäten wie in den Urlaub fahren wurden zum Horror. Alles, was ich dabei hatte, und sämtliche Mitbringsel, habe ich nach der Rückkehr gewaschen, weggeworfen oder im Kellerschrank verstaut und erst für den nächsten Urlaub wieder hervorgeholt. Die alte Brille und das alte Handy habe ich nur im Urlaub benutzt, weil man sie nicht in die Waschmaschine werfen konnte. Eine Nutzung auch in der Heimat war damit ausgeschlossen. Denn im Alltag zu Hause konnte ich nur quasi klinisch Reines anfassen. Vor dem Urlaub habe ich für die Zwangshandlungen akribische Vorbereitungen getroffen, also zum Beispiel genau aufgelistet, was man alles braucht, um die Hände zu waschen. Teilweise standen die merkwürdigsten Dinge auf dem Zettel, Haarspray zum Beispiel oder Nagellackentferner. Da fragen sich andere doch unwillkürlich, was das eigentlich mit Waschen zu tun hat …

Meine Neurose war so schlimm, dass ich meine eigenen Großeltern nicht berühren konnte. Sie sind dement und ich bildete mir ein, sie könnten deshalb vergessen haben, ihre Hände zu waschen. Menschen mit einer geistigen oder körperlichen Behinderung wie mein Onkel eine hatte, wich ich aus demselben Grund aus. Das schränkte meine sozialen Kontakte stark ein. Einfache und eigentlich wohlwollende Sätze wie „Schau mal, was ich dir aus dem Urlaub mitgebracht habe" versetzten mich in Panik.

Ist das ätzend! Wenn man tut, was keinen Sinn macht

Wissen Sie, was das Schlimmste an dieser Situation ist? Zu jedem Zeitpunkt ist einem bewusst, dass das, was man tut, keinen Sinn hat. Es wird besser und wieder schlechter, aber es ist niemals weg. Ich hatte meinen Zwang vor der Hypnose soweit im Griff, dass ich mir meine Hände nicht mehr wegätzte mit Aceton, aber ich war weit entfernt davon, von meinem Zwang restefrei befreit zu sein.

Egal, was ich versucht hatte: Der Zwang überlebte – unter anderem zwei insgesamt 11-monatige Psychiatrie-Aufenthalte, wöchentliche Therapiesitzungen bei unterschiedlichen Psychologen und Psychiatern, traditionelle chinesische Medizin, Handauflegen, verschiedene Medikamente (einzeln oder kombiniert). Ich schreckte vor keiner Zwangsgegenmaßnahme zurück – mit einer Ausnahme: Hypnose. Ich soll jemanden in meinen Kopf lassen? In meine Gedanken? Mein Unterbewusstsein? Einen Ort, den ich selber nicht kontrollieren kann? Kontrolle ist wichtig, ohne Kontrolle kommen die Zwänge wieder, so war meine Überzeugung. Also musste ich alles wissen, alles kontrollieren. Sonst könnte es ja schmutzig sein. Nein, ich konnte niemanden in meinen Kopf lassen. Unmöglich! Wo kämen wir denn da hin? Am Ende würde ich noch wie ein Huhn gackern, weil mir das so ein Scharlatan vorgegeben hat.

Hätte ich mir solche Fragen nicht gestellt und solche Gedanken nicht gehabt, wäre ich stattdessen gleich zu Hanspeter Ricklin gegangen, mir wäre mir viel Leid erspart geblieben. Aber hinterher ist man bekanntlich immer schlauer…

Podcast & App: Mein Weg zur Hypnose

Nach Jahren des Kampfes mit vielen Siegen, ebenso vielen Niederlagen und etwas Druck von meinen Eltern, meldete ich mich bei Herrn Ricklin für eine Hypnosesitzung an. Ich erinnere mich gut an die Fahrt in seine Praxis. Zuvor hatte ich mir seinen Podcast [203)] angehört, was mir zumindest die schlimmsten Befürchtungen nahm. Ich wusste dadurch mehr über das, was bei einer Hypnosetherapie auf mich zukommen sollte. Dennoch hatte ich Angst und meditierte mit meiner App auf dem Weg dahin. Mein bester Freund schrieb mir unterwegs und machte mir Mut. Das Vorgespräch tat ein Übriges. Hier sprach auch mein Vater einige Punkte an, die ihm wichtig waren. Meine Angst war nun weg. Ich wusste, dass ich Herrn Ricklin vertrauen konnte, dass Hypnose auch dann wirken kann, wenn ich selbst nicht so recht daran glaube oder skeptisch bin. Das ist gut, denn – ich wusste wirklich nicht, was ich von dieser Art der Therapie halten sollte, und wunderte mich, dass Hypnose tatsächlich so einfach funktioniert.

---

203) http://hypnosetherapie.podspot.de/post/informationen-zur-hypnosetherapie/

Ich setzte mich also im „Behandlungszimmer“ auf einen gemütlichen Stuhl, bekam eine Decke angeboten, die ich dankend ablehnte. Was Hanspeter Ricklin mir im Vorfeld der Sitzung immer wieder versichert hatte, war mein Mantra: „Ich habe die Kontrolle, ich werde alles mitbekommen und nichts kann gegen meinen Willen passieren.“ Das war wirklich gut zu wissen.

Zuhause im Sonnenraum: Wie sich die Hypnose anfühlte

Was dann passierte, ist schwer zu beschreiben. Bestätigen kann ich aber, dass man während der Hypnose jederzeit vollkommen da ist, wacher als sonst und trotzdem abgeschnitten von der Welt. Man ist an einem Ort in seinem Kopf, der sonst verschlossen ist. Ich empfand es so, als hätte ich nach 21 Jahren in einem Haus eine versteckte Türe zu einem leicht verstaubten, sonnendurchfluteten Raum gefunden, in dem ich mich einfach wohl und zuhause fühle. Völlig tiefenentspannt konnte ich meine Erinnerungen durchforsten, erinnerte mich an Dinge oder Begebenheiten, von denen ich bis dato nichts wusste oder die ich als vollkommen banal einstufte. Ich konnte die Erinnerung verändern, meinem jüngeren, kindlichen Selbst erklären, was es zu dem Zeitpunkt nicht verstand. Alles, was ich mir vorstellte, wurde zu einer Art richtigen Erinnerung. Ich konnte es verankern und ablegen. In der Hypnose ist es tatsächlich die vollkommen eigene Entscheidung, was man erzählt oder lieber für sich behält.

Ich wollte die Decke nun doch noch haben, weil ich mich geborgen und wohl fühlte. Die ruhige Stimme von Herr Ricklin führte mich an verschiedene Stellen meiner Vergangenheit, welche mich offenbar unterbewusst beeinflusst hatten. Es fühle sich auf einmal so an, als ob ich eingeschlafen wäre und nun wieder wach werde.[204)] Es fühlte sich an, als seien meine Gedanken geordnet und Knöpfe gelöst worden; Knöpfe, die ich bis dahin nicht gesehen hatte und von denen ich auch nicht wusste, dass es sie überhaupt gab.

Nach zirka zwei Stunden endete meine erste Sitzung. Ich kann rückblickend sagen, dass die Reise durch die eigene Vergangenheit anstrengend und erleichternd zugleich ist: Ich fühlte mich gut, war aber sehr müde.

Willkommen in der Normalität: Wie die Hypnose wirkte

Zuhause angekommen, hatte ich Angst davor, auf die Toilette zu gehen. Der Gedanke daran machte mich regelrecht panisch. Doch dringende Bedürfnisse müssen irgendwann eben befriedigt werden. Ich war völlig durcheinander. Hanspeter Ricklin hatte mir vorgegeben, beim Waschen

---

204) Hier haben wir es ganz klar mit einem Fall von Esdaile State zu tun, jenem Zustand, den man ganz grob und allgemein als kurzweiliges Nickerchen während der Hypnose beschreiben kann. Klienten sind in diesem Hypnosekoma völlig entspannt und ohne jegliche Erinnerungen; s. dazu auch Pkt. 1.2.6.2, S. 52 und Pkt. 1.4.3.3.4, S. 104

nichts so zu tun wie vorher. Aber ich konnte fortan ja nicht einfach die Toilette verlassen, ohne die Hände zu reinigen. Ich tat also, was ich immer tue, wenn ich nicht weiter weiß: Ich schrieb meiner besten Freundin und bat sie, mir eine doofe Frage zu beantworten:

„Wie, verdammt nochmal, wäscht sich ein normaler Mensch die Hände?“

Meine Freundin riet mir als Fachfrau für Gesundheit schlicht zu lauwarmem Wasser, Seife und gegebenenfalls Desinfektionsmittel. Alles andere wanderte noch am selben Tag in den Mülleimer.

Nach einigen Tagen bemerkte ich jedoch, wie sich alte Gewohnheiten und Zwänge wieder einschlichen. Ich schrieb meine Erfahrungen in einer ersten Rückmeldung an Herr Ricklin auf und bat um einen zweiten Termin.

Der zweite Termin verlief nicht viel anders als der erste. Weitere Erinnerungen tauchten auf. Danach fühlte ich mich zum ersten Mal seit zwölf Jahren „zwangsfrei“. Ich genoss die Zeit enorm, ging zum ersten Mal in meinem Leben in die benachbarte deutsche Stadt, konnte dort ohne Probleme ein Parfüm kaufen und nach Hause nehmen, ohne dort ein Riesen-Theater zu haben, weil ich im „Ausland“ war. Meine Familie freute sich ebenfalls und meine beste Freundin, welche mich beim Stadtbummel in Deutschland begleitet hatte, äußerte, stolz auf mich zu sein – und darauf, dass sie mich nun nicht mehr aus dem Auto werfen müsse, weil ich „durchdrehte“. Und, ja, sie hätte mich tatsächlich ohne zu zögern vor der Grenze ausgesetzt. Davon bin ich überzeugt.

Auch im lange geplanten Familien-Urlaub hatte ich viel weniger Probleme als sonst. Leider kämpfte ich immer noch mit meinen Zwängen, hauptsächlich, denke ich, weil man nach so vielen Jahren seine Denkweise nicht einfach ändern kann und weil ich das Psychopharmakon (Zoloft)[205] abgesetzt hatte, das ich von Zwangsbeginn an eingenommen hatte. Der Medikamententenentzug ist keine einfache Sache, weder psychisch noch physisch.

Ein paar letzte, kleine Zwänge …

In der dritten Sitzung hatte ich Probleme, mich zu öffnen, da mein Vater wollte, dass wir das Thema mit der Dusche zuhause abhandeln sollten. Ich benutze dort die Gästedusche. Ich wehrte mich aber dagegen. Ich weiß nicht warum. Vielleicht, weil ich darin schlicht noch immer kein Problem sehe und meine Gründe dafür, die Gästedusche zu nutzen, für akzeptabel halte. Damit

205) s. FN 182, Seite XXX

stehe ich offenbar alleine gegen meine gesamte Familie. Ich blockte also ab und die Konsequenz daraus war, dass die Hypnose mir dieses Mal weniger half. Ich nehme bis heute keine Medikamente mehr und mein Körper hat sich langsam, aber sicher daran gewöhnt. Bald werde ich ein weiteres und letztes Mal zu Herrn Ricklin gehen. Danach gehören meine Zwänge der Vergangenheit an. Ganz bestimmt.

„Ich habe das Gefühl, es lastet auf meinen Schultern."

Nicole, Pflegekraft

2.5.3 Flugangst und verkorkste Beziehungen: Weitere Beispiele aus meiner Praxis

2.5.3.1 Belogen und betrogen: Das Männerpech von Nicole

Stress, Unsicherheit und unglückliche Beziehungen mit untreuen Männern: Die 35-jährige Pflegekraft Nicole kam mit einem ganzen Rucksack voller Probleme in meine Praxis. Besonders schwer wog dabei die schreckliche Erfahrung, die sie mit ihrem Vater machen musste: Erst hatte er seiner Familie das Leben als Alkoholiker zur Hölle gemacht, seine Frau geschlagen und sich dann selbst umgebracht. Das, so die Klientin im Vorgespräch, sei die größte Enttäuschung ihres bisherigen Lebens. Trotzdem gab sie sich die Schuld am Schicksal des Vaters. Wenig erstaunlich also, dass sie als Ziel der Hypnose angab, endlich wieder Freude empfinden zu können.

Ich machte ihr zunächst klar, dass sie ein Kind der Liebe und Leidenschaft sei. Das mache frei und gebe doch ein gutes Gefühl. Ich nahm ihr außerdem die massiven Schuldgefühle, indem ich ihr sagte, dass ein Kind nicht für das Glück der Eltern zuständig sei und dass die Probleme des Vaters nichts, aber auch gar nichts mit ihr zu tun hätten: „Du bist die Leidtragende, aber nicht schuld." Im Vorgespräch hatte sie von einem unverschuldeten Autounfall mit 23 Jahren erzählt. Dieser war dann auch prompt das erste Ereignis, bei dem sie bei der Fahrt durch ihr Inneres landete. Beim Ausweichen vor dem Gegenverkehr war sie gegen einen Baum gekracht und hatte sich den Kopf verletzt. Ein starkes Gefühl, alles breche zusammen, kam hoch. Angst, nicht mehr aussteigen zu können. Panik. Rauch im Auto.

Alles halb so schlimm! Nicoles Neubewertung

Wir arbeiteten uns mit der üblichen Methode zur Neubewertung („Ist ja eigentlich gar nichts Schlimmes passiert", „Das Auto ersetzt die Versicherung") an diesem Ereignis ab, indem wir zum Beispiel den Unfall wie einen Film[206)] bis genau zum Zeitpunkt vor dem Unfall zurückspulten –

206) Kinotechnik aus NLP, s. Pkt. 1.4.4.2.6, S. 121

und dann noch mal erleben und gut werden ließ: „Du machst die Tür auf, steigst selbst aus. Es sind Leute da, die dir helfen. Heute weißt du, dass alles wieder in Ordnung ist, keine bleibenden Schäden entstanden sind, denn das Auto ist nur ein Gebrauchsgegenstand, den man wieder ersetzen kann." Auch ihr machte ich klar, dass sie der wichtigste Mensch in ihrem Leben ist.

Als wir noch etwas tiefer gingen, traf Nicole auf der Suche nach der Ursache ihres emotionalen Stresses auf ihren Ex-Freund. Stufe 10 auf der Negativ-Gefühlsskala. Alarmstufe rot! Wut, Hass, Hintergehen, Lüge. Ich machte der Klientin zunächst klar, dass Letzteres ja auch als Kompliment aufgefasst werden kann: „Du warst ihm nicht egal, sonst hätte er die Beziehung einfach beendet. Vielleicht wollte er dich einfach auch nicht verletzten – und hat's nur schlimmer gemacht." Ich verstärkte das mit zwei rhetorischen Fragen: „Hatte der Mann dich überhaupt verdient? Und was hättest du überhaupt tun können, damit er nicht fremdgeht?" Nichts. „Vielleicht braucht er andere Sachen", vermutete Nicole. Eben. Dann passt es am Ende sowieso nicht, auch wenn es manchmal Jahre dauert, bis man merkt, dass etwas nicht stimmt. „Deshalb bist du kein schlechter Mensch." Ich riet ihr, sich auf eine neue Liebe einzulassen, wenn es sich für sie gut anfühlt, aber mit dem Wissen, dass auch diese wieder zerbrechen kann. Fühle es sich nicht mehr gut an, müsse man sich eben entscheiden. „Es geht allein um dich." Und ich riet ihr auch, die Beziehung zum Ex-Freund nicht von hinten zu betrachten: „Du hast jetzt die Szenen vom bitteren Ende im Kopf. Aber es gab auch schöne Zeiten. Und diese hättest du nicht erlebt, wenn du dich nicht darauf eingelassen hättest." Das negative Gefühl hatte sich immerhin zwischenzeitlich abgeschwächt auf Stärke 6. Wir machten daher weiter: „Von 10 Männern, die du kennengelernt hast, sind doch sicher acht in Ordnung, oder? Die schönen Momente hättest du sonst nicht erlebt. Ich denke also, das Risiko, dass es nicht gut ausgeht, muss man einfach eingehen. Wichtig ist nur, selber und bewusst zu entscheiden."

Selbstmord des Vaters: „Schmerzen mit Symbolkraft"

Auch bei Nicole verstärkte ich diese Suggestion, indem ich ihr sagte, dass sie gut und okay sei, so wie sie ist, dass sie offen sei für eine neue Beziehung und das auch genieße: „Wenn es für den Rest des Lebens hält, ist es super. Wenn nicht, habe ich eine schöne Zeit erlebt." Ich fragte wie üblich ab, ob diese Sicht auf die Dinge für die Klientin okay sei, was sie bejahte: „Dann kannst du viel lockerer an die Sache herangehen. Wenn du von Anfang an der Ansicht bist, dass es ein Leben lang halten muss, kannst du nicht mehr Nein sagen."

Dann kamen wir auf die Situation mit Nicoles Mutter zusprechen: „Sie hat deinen Vater sicher auch am Anfang als sehr netten Mann kennengelernt. Irgendwann ist dann halt etwas passiert, was ihn sich negativ verändert hat.“ Wieder nutzte ich die „Du-bist-der-wichtigste-Mensch-in-deinem-Leben“-Suggestion. Als wir noch tiefer gingen, erlebte Nicole den Selbstmord ihres Vaters noch einmal nach. Auch in diesem sehr traumatischen Fall machte ich klar, dass das nicht Schuld der Klientin sei. Immer wieder forderte ich sie auch auf, mit einem tiefen Atemzug die schrecklichen Bilder wegzuschieben.[207] Nicole klagte in der Folge über starke Schmerzen in der Schulter. Ein solches Problem versuche ich zu lösen, indem ich die Klienten dann in den Schmerz eintauchen und zum Ursprung desselben zurückgehen lasse. Es ergab sich in diesem Fall, dass die Schmerzen durchaus Symbolkraft hatten. Sie standen als pars pro toto für das ganze Schicksal der Klientin: „Ich habe das Gefühl, es lastet auf meinen Schultern.“ Ich fragte daher, ob sie diese Last nicht mal neben sich hinstellen und sich mit dieser beschäftigen könne. Und dann wieder die rhetorische Frage: „Hättest du die ganze Situation verhindern oder verändern können?“ Durch weitere Wiederholungen und besprechen der Situation arbeiteten wir Nicoles Trauma weiter ab. Dabei kamen wir wieder auf das schreckliche Bild nach dem Selbstmord des Vaters zurück. Ich fragte die Stärke des Negativgefühls ab und als es nahezu neutral war, schoben wir die traumatischen Ereignisse erneut weg.

Draußen im Wald: „Jetzt rede ich!“

Zur Hilfe nahmen wir auch noch die Suggestion vom schönsten Ort. Bei Nicole war es ganz einfach „draußen im Wald“. Dorthin ließ ich sie mit ihrem Vater vorstellen. Die „Jetzt-rede-ich“-Technik (Verzeihen)[208]: Der Vater kann nichts sagen, nicht einmal eine Miene verziehen. Die Tochter geigt ihm so richtig die Meinung. Das Ganze 2-mal. Weil es sich gut anfühlte, ein drittes Mal – dann fragte ich die Reaktion des Vaters ab: „Es tut ihm leid.“ Ich bat Nicole, sich die ganze Geschichte vom Zeitpunkt, als alles noch gut war, bis zu dem Moment, als es wieder gut war, als Schwarz-Weiß-Film anzuschauen und dann den Film wegzuschieben zu einem Punkt in der Erinnerung, der losgelöst von schlechten Emotionen ist. Das sollte ermöglichen, auch Letztere beiseitezuschieben und aufzulösen. Schließlich sprachen wir über Verzeihen: „Wenn du verzeihst, dann nicht, weil du gut findest, was passiert ist, sondern um einen Schlussstrich zu ziehen, damit es sich für dich besser anfühlt. Und ich bestimme, wie nahe mir jemand auch in Gedanken kommt und wie nahe er mir geht.“ „Sehr gut“, fand Nicole diesen Gedanken: „Als ob eine Last von mir fällt.“ Oder sich die Schulter entspannt. Wir schoben die Szene einmal mehr weg, bis sie schwarz-weiß und schließlich nur noch ein Punkt war.

---

207) OMNI-Technik: „Nimm einen tiefen Atemzug und beim Ausatmen schiebst du die Bilder und die Gefühle einfach weg.“
208) Vergeben/Verzeihen, Stuhltherapie/Totenbett-Technik nach OMNI; s. Pkt. 1.4.6.1, S. 133ff

Donnerwetter! Ohrfeige für den Ex-Freund

Nun war die Mutter an der Reihe. Als „schwer" empfand Nicole die Gedanken daran. Auch hier spielten wir die „Jetzt-rede-ich"-Szene ab, auf Wunsch der Klientin in den Ferien am Strand. Auch wieder 2-mal. Wichtig war auch an dieser Stelle wieder das Nachfühlen. Wie stark ist die Last noch? Letztlich war noch der Ex-Freund auf diese Weise dran. Keine Nettigkeiten, richtiges Donnerwetter, sogar eine Ohrfeige wollte Nicole ihm verpassen. Es ging letztendlich darum, dass die Klientin die Kontrolle über die Situation und auch ihr Leben insgesamt bekam. Selber wehren, selber bestimmen, sich selber annehmen und vertrauen.

Im weiteren Verlauf der Hypnose kamen auch noch enorme berufliche Probleme zur Sprache: schnelles Gestresstsein, Unsicherheit, die rechthaberische, respektlose Vorgesetzte des anderen Teams, die ihr mit Misstrauen und Neid begegnet. Weil das mit einem Gefühl der Bodenlosigkeit verbunden war, sollte sich Nicole, um hier ans Ziel zu kommen, einfach mal im übertragenen Sinne fallen lassen. Sie sah sich tatsächlich auf dem Boden landen. Ohne Schmerzen, die Landung war ganz sanft! Ich ließ sie aufstehen, was ohne Probleme gelang. Ihr Weg konnte also weitergehen. Auch bei Nicole wandte ich die Technik „Wenn dich die kleine Nicole heute sehen könnte, wäre sie stolz auf dich" an. Sie war tatsächlich stolz auf sich selbst. Diese Technik ist immer dann besonders hilfreich, wenn es darum geht, Selbstachtung, -vertrauen, Freude über die eigene Leistung, Stolz in Anbetracht des Erreichten zu fördern und Zuversicht zu wecken: „Du hast schon so viel erlebt und mitgemacht. Was kann dir schon Schlimmes passieren?" Eben, eigentlich nichts. Nicole gab ich nun noch eine andere Strategie im Berufsleben vor mit dem Kernbaustein: „Die anderen nicht ignorieren, aber nicht alles so persönlich nehmen."

Neue Liebe? Seriös, aber nicht todernst

Damit kamen wir noch einmal zurück auf das die Beziehungsprobleme von Nicole: „Ich möchte, dass du dir in deiner wunderbaren Fantasie vorstellst, dass du einen attraktiven, lieben, sympathischen Mann kennenlernst und einfach nur den Moment genießt und erst dann entscheidest, ob es der Richtige ist. Solange es sich gut anfühlt, ist es gut für dich. Seriös, aber nicht todernst nehmen." Danach wandte ich noch einmal die „Ich-entscheide-selbst"-Suggestion an und kehrte mit Nicole an deren Lieblingsstrand zurück: Hawaii. Dort sollte sie sich in einer rund zehnminütigen Schlusssuggestion vorstellen, wie sie ihren ganzen Körper wäscht[209)], wie dadurch alle alten Wunden „im unendlichen Ozean" weggespült werden und dadurch die schönen Momente auftauchen. Und diese sollte sie einfach nur genießen. „Ich darf ..." Schließlich gab ich ihr noch

---

209) allgemeine Seelenreinigung, s. Pkt. 1.4.8, S. 136

einen Anker mit: Zeigefinger und Daumen der rechten Hand zusammendrücken (Taucher-Ok): „Wenn du das tust, kommt das gute Gefühl – immer schneller, immer intensiver, immer besser." Das Ganze wiederholte ich mehrfach und ließ sie mindestens 5-mal die Finger als Training zusammendrücken.

Am Ende der Sitzung bestätigt mir Nicole, das sei richtig gut gewesen: „Anstrengend, sehr intensiv. Ich habe das am ganzen Körper gespürt." Und sie fühle jetzt ganz anders: „Rundum positiv."

„Meine Lebensenergie hängt irgendwo. Der Mangel wird größer und größer."

Claudia, Lehrerin

2.5.3.2 Claudia im Überlebensmodus: Mit Hypnose gegen die Angst

„Gerne wüsste ich, ob Sie mir vielleicht weiterhelfen können." Die Anfrage von Claudia über das Anmelde-Formular auf meiner Homepage wirkte verzweifelt. Kein Wunder, war der Symptome-Katalog doch ziemlich dick: Die Mittdreißigerin mit zwei kleinen Kindern gab Schlafstörungen, Angst davor, die Kontrolle abzugeben, Depression, Erschöpfung, Energiemangel und das Gefühl, emotional in der Vergangenheit festzustecken, als ihre Probleme an. „Meine Lebensenergie hängt irgendwo. Der Mangel wird größer und größer", beschrieb Claudia, von Beruf Lehrerin. Seit einer gefühlten Ewigkeit könne sie kaum noch schlafen, daher sei sie nur noch im Überlebensmodus, wie Claudia ihre alltägliche Situation nannte. Sie hoffte nun, dass Hypnose an ihrem Zustand etwas ändern könne und wollte zudem wissen:
„Ist eine Hypnosetherapie auch parallel zu einer homöopathischen Behandlung möglich?"

Beides zusammen ist kein Problem, das eine schadet dem anderen nicht .[210)]

Als Claudia in meine Praxis kam, merkte ich sehr schnell, dass sie eigentlich eine offene, neugierige und lebenslustige Person ist. Vor mir saß sie aber eher wie ein Häuflein Elend. Das personifizierte Leiden Christi. Bei der langen Leidensgeschichte dieser Klientin kann das aber kaum verwundern. Spätestens im Jahr 2003, so berichtete Claudia, erkrankte sie an Morbus Cushing[211)] als Folge einer sekundären partiellen Nebenniereninsuffizienz. „Die folgenden Jahre waren für mich sehr schwierig, veränderte sich doch mein ganzes Wesen, Empfinden, äußeres

210) Zu Kontraindikationen und Paralleltherapien s. Pkt. 1.9.2, S. 175 und Pkt. 1.9.3, S. 182

211) Bei Morbus Cushing wird im Körper zu viel des Hormons Kortisol produziert. Ursache dafür ist häufig ein Tumor in der Hirnanhangdrüse. Häufiger sind Frauen betroffen. Sie leiden dann unter anderem an Übergewicht, Kräfteverlust und erhöhter Infektanfälligkeit; s. auch Fußnote 212 auf der folgenden Seite.

Erscheinungsbild", berichtete die Lehrerin. Es habe mit einem leichten Tremor in den Händen, Schlafstörungen und innerer Unruhe begonnen. Dazu gekommen seien nach und nach verschiedene Allergien, Stammadipositas, Akne, Unfruchtbarkeit, Depressionen, Angst-/Panikstörungen, blaue Flecken am ganzen Körper, ständiger Durst, Schwitzen, Muskelschwund, Wortfindungsstörungen etc. Claudia rannte von Arzt zu Arzt. Weder ein stationärer Aufenthalt in der Psychiatrie noch Psychotherapien und komplementär-medizinische Behandlungen brachten auch nur den geringsten Erfolg. Am Ende gab sie resigniert sogar ihren Beruf als Lehrerin auf. „Ich hatte schlicht die Energie dafür nicht mehr." Claudia sattelte auf einen, wie sie sagte, „etwas weniger fordernden Beruf" um, arbeitet aber auch dort nur halbtags. „Am Schluss war ich nicht mal mehr im Stande, Auto zu fahren, da mir die Konzentration dafür fehlte."

Verzweiflung pur: „Ich verlor den Glauben an die Gesundheit"

Leider erhielt Claudia erst nach einem achtjährigen Martyrium eine stimmige Diagnose. Kurze Zeit später wurde das Adenom an der Hypophyse[212] entfernt. Erfolgreich, wie man zunächst annahm. Claudia kehrte daher in ihren Beruf, an ihre Wunscharbeitsstelle zurück. Eineinhalb Jahre später dann der Schock: ein Rezidiv. „Für mich brach eine Welt zusammen. Ich verlor den Glauben an die Gesundheit und nach einer weiteren OP kam ich nicht mehr auf die Beine." Weil sie wegen ACTH[213]-Mangel Cortisol substituieren musste, lief Claudia ständig am Limit. Schlafen konnte sie schon seit Jahren nur noch schlecht, doch nun verloren auch die Psychopharmaka, die sie einnahm, komplett ihre Wirkung. Sie schlief im Schnitt nur noch ein bis drei Stunden pro Nacht. Innere Ruhelosigkeit sorgte dafür, dass sie tagsüber trotzdem nicht müde war. „Im Nachhinein gesehen funktionierte ich zwar, ein Leben war es aber nicht."

Während dieser Zeit und trotz diagnostizierter Infertilität wurde Claudia zwei Mal schwanger. Zwei Wunschkinder zwar, doch die Schwangerschaften raubten ihr jeweils die letzten Kräfte, „aber irgendwie ging es trotzdem weiter": „Ich wollte nicht all meine Träume dieser verdammten Krankheit opfern." Auch war da tief in Claudia das Wissen, dass irgendwann alles wieder gut werde. „Dieses Wissen hatte mich all die Jahre durch getragen."

---

212) Hirnanhangdrüse und zentrales Steuerorgan für viele hormonelle Funktionen im Körper. Sie kann eine Über- oder Unterversorgung mit gewissen Hormonen verursachen, wenn zum Beispiel ein Tumor auf sie drückt. Die Symptome sind unterschiedlichster Art und reichen von Gewichtsverlust über Müdigkeit und Depression bis zu Konzentrationsstörungen und Wesensveränderungen.

213) ACTH ist ein Hormon, das in den Zellen des Hypophysenvorderlappens unter Einfluss des CRH (Corticotropin–Releasing-Hormon) gebildet wird. Es steuert die Biosynthese und die Ausschüttung der Hormone der Nebennierenrinde.
http://www.gesundheits-lexikon.com

Hypnose – drum prüfe, wer sich bindet...

Eineinhalb Jahre vor dem Besuch in meiner Praxis begann Claudia schließlich noch Behandlungen auf orthomolekularer[214] und homöopathischer Basis. Von verschiedenen Ärzten hatte sie hören müssen, dass schulmedizinisch nichts mehr zu machen sei. Immerhin: Nun ging es vorwärts. Ihr war das aber nicht genug, weswegen sie zunehmend ungeduldiger wurde. Es ging ihr alles zu langsam:

„Ich wollte wieder Lebensqualität, wieder genießen, leben. Der Überlebensmodus reichte mir nicht mehr. Zu lange hatte ich in diesem ausgeharrt."

Wenn Leidensdruck und Verzweiflung groß genug sind, kommen die Menschen zu mir in die Hypnose-Praxis. „Wenn nichts mehr hilft, hilft Hypnose», soll schon James Braid[215] gesagt haben. So war es auch bei Claudia. Im Bewusstsein, nichts mehr zu verlieren zu haben und mit dem Mute der Verzweiflung entschied sie sich dafür, das Experiment „Hypnosetherapie" zu wagen: „ Es fiel mir auch schlicht nichts anderes mehr ein, was ich nach all den Jahren des Herumexperimentierens noch hätte ausprobieren können."

Da sie diesbezüglich nicht auf Erfahrungen aus ihrem Umfeld schöpfen konnte, andererseits aber trotzdem auf Nummer sicher gehen wollte, anstatt einfach nur zu irgendjemandem zu gehen, entschied sich Claudia nach längerer Online-Recherche dafür, es mit mir als Therapeuten zu versuchen. „Ein Riesenglücksgriff" sei das gewesen, wisse sie heute. Von ungefähr kam dieser freilich nicht: Um herauszufinden, ob ich wirklich der Richtige für ihr Problem sei, rief sie mich an, um mir eine völlig banale Frage zu stellen (ich wusste das natürlich nicht). „Herr Ricklins Stimme war mir sympathisch und die Antwort auch." Also meldete sich Claudia für einen Termin an. Zu diesem Zeitpunkt war sie nicht arbeitsfähig, litt unter Depressionen, Angstattacken und Schlaflosigkeit.

Was Claudia fühlte: Erfahrungsbericht einer Klientin

> *„Vor der ersten Sitzung war ich aufgeregt. Sie fand einen Tag vor meinem 37. Geburtstag statt und somit beinahe auf den Tag genau fünf Jahre nach der zweiten OP. Im Erstgespräch lernte ich Hanspeter Ricklin etwas besser kennen. Das Eis war gebrochen und ich begab mich vertrauensvoll in den schwarzen Liegesessel. Von der Tatsache, dass ich in Trance war, merkte ich selber gar nichts. Es fühlte sich alles an wie immer.*

---

214) orthomolekular = Medizin der richtigen Nährstoffe
https://www.naturheilkunde.de/naturheilverfahren/orthomolekulare-medizin.html

215) s. Pkt. 1.2.6.3, S. 53

Die kommenden Stunden verliefen wie im Fluge. Mein Zeitgefühl war komplett weg. Es begann eine spannende Reise in meine Vergangenheit. Angst hatte ich während der Behandlung keine. Selbst dann nicht, wenn wenig schöne/angenehme Bilder vor meinem inneren Auge auftauchten. Hanspeter Ricklin führte mich gut und sicher. Teilweise ging die Reise unglaublich schnell: Gerade war ich noch dabei, ein Bild zu beschreiben, schon verschwand dieses und das nächste tauchte auf. Nach, wie sich herausstellte, knapp vier (!!) Stunden in Trance – in Hypnose hast du kein Gefühl für Raum und Zeit – war ich mit meiner Energie am Ende, Hanspeter Ricklin ebenfalls. Er beendete die Sitzung. Eine gute Freundin, die mich begleitet hatte, fuhr mich nach Hause, wo ich müde in mein Bett sank und endlich mal wieder einfach schlafen konnte, als hätte es nie etwas anderes gegeben. Auch die Ängste und Depressionen waren wie weggeblasen. Ich konnte es kaum glauben.

Den Geburtstag am nächsten Tag feierte ich mit Freunden und, statt wie sonst um neun Uhr in mein Bett zu verschwinden, weil die Energie weg war, feierte ich bis in den nächsten Tag hinein, ging dann ins Bett und schlief wieder friedlich ein. Dies hielt einige Tage so an. Dann gab es jedoch einen heftigen Streit mit meiner Schwester. Dadurch kamen wieder die altbekannten Angstgefühle und die Schlafstörungen zurück.

Ich schrieb Herrn Ricklin eine Mail und bereits eine Woche später konnte ich nochmals zu ihm. Auch dieses Mal war es eine sehr intensive und lange Sitzung und erneut ging ich als veränderter Mensch zur Tür hinaus. Und dieses Mal war die Veränderung von Dauer. Zwei Wochen nach der zweiten Sitzung konnte ich wieder arbeiten gehen, ich schlafe bis heute ziemlich gut, Depressionen und Angststörungen sind weg.

Und nun noch das Beste: Am Ende „behandelten" wir noch kurz meine Hypophyse. Ehrlich: Ich war nicht überzeugt und hätte beim besten Willen nicht gedacht, dass das wirklich etwas ändern würde. Es hat aber: Zwölf Tage nach der zweiten Sitzung bemerkte ich Veränderungen in meinem Kortison-Bedarf. Plötzlich ging es zackig. Aktuell benötige ich gar kein Kortison mehr. Exakt fünf Jahre, zwei Monate und elf Tage nach der Rezidiv-OP. Meine Hypophyse produziert seither wieder eigenständig die nötige Menge des Hormons ACTH. Ein neues Leben hat begonnen.

Momentan muss ich mich noch daran gewöhnen, wieder gesund zu sein, aber ich genieße meine neuen Freiheiten unendlich und ertappe mich immer mal wieder beim Weinen von Freudentränen über mein zurückgewonnenes Leben."

„Ich war nonstop 16 Stunden pro Tag engagiert – und am Ende ganz unten.“

Barbara aus dem Berner Oberland

2.5.3.3 Mit Hypnose gegen die Schuldgefühle

Gedemütigt, gelähmt, zerstört! Barbara und der Narzisst

Drei Jahre lang war Barbara völlig ahnungslos. Hätte ihr jemand gesagt, dass ihr Ex-Freund ein Psychopath mit narzisstischer Persönlichkeitsstörung sei – sadistische, dominante und antisoziale Verhaltensweisen inklusive – sie hätte es nicht geglaubt. Der Co-Narzisst sieht den Wald vor lauter Bäumen nicht. Barbaras Fall ist typisch für eine solche „Co-Narzissten-Karriere“. Diese beginnt immer im siebten Himmel: Das künftige Opfer wird umgarnt und auf ein Podest gehoben – nur, um es später von dort herunterzustoßen.

Ein Jahr nach dem Kennenlernen zog Barbaras Freund bei ihr ein, lebte dort zwei Jahre. Anfangs erlebte sie das als eine Traumbeziehung, „wie im romantischen Hollywoodfilm“: „Er idealisierte mich, ich war sein Juwel.“ Doch bald ging es los mit den unmerklichen Abwertungen, Terror durch Kontrollzwang, Grandiositätswahn, eisige Gefühlskälte breitete sich aus, ein teuflischer Mix aus Neid, Eifersucht, Wut auf Barbaras gutes Leben, ihren Erfolg und ihre Talente.

Barbara erlitt zwei Fehlgeburten, mit 43 und 44 Jahren. Während der Schwangerschaft half sie ihm, von seinen hohen Schulden runterzukommen. Sie wollte ja eine gute, gemeinsame Familien-Zukunft! Und er sprach von heiraten. „Alles war eine von ihm perfekt manipulierte und inszenierte Illusion und Lügengeschichte“, schilderte Barbara. Ihr Partner führte eine Parallelbeziehung zu einer ihr bekannten Frau. Sie war sozusagen im „Hold“-Modus, wurde warm gehalten. Bald schlug Barbaras Körper Alarm: Die Rückenschmerzen kamen wieder – unmittelbar nach, der Rückkehr von einer Traumreise nach Kenia.

Emotionale Ausbeutung bis zur Depression

Wie sich später herausstellte, spielten sich die Rückenprobleme unterbewusst ab – als Folge der Lügen, des Betrugs und der Manipulation durch den Lebenspartner. Barbara erfuhr schmerzlich, wie es ist, an Narzissten zu geraten: Zuerst planen sie eine gemeinsame Zukunft, dann lähmen sie ihre Opfer. Schließlich zerstören sie sie. Barbara schilderte mir, wie ihr Partner sie emotional ausbeutete und durch seine zwei Hunde und mit einem Riesenaquarium permanent beschäftigte: „Ich war nonstop 16 Stunden pro Tag engagiert."

Barbara ist die totale psychische und physische Zerstörung erspart geblieben, weil eine ehrliche Kollegin sie mit der Wahrheit konfrontierte. Zu dritt stellten sie den Narzissten zur Rede. Ohne Übermacht hätte er geleugnet … Er habe bei der Aussprache keine große Reaktion gezeigt, sich auch nicht entschuldigte, so Barbara. Sie brach unter der Belastung schließlich zusammen: Herzrasen, Heulkrämpfe, Erbrechen: „Ich konnte nicht mehr in meine Wohnung zurück, weil all sein Kram, plus ein lieber, alter Hund, an dem ich sehr hing, plus die von mir geliebten Fische noch dort waren." Barbara hatte Rachegefühle, dachte sogar an Selbstmord. Sie wies sich deshalb selbst via Hausarzt in eine psychiatrische Klinik ein, bekam Beruhigungsmedikamente. „Ich war ganz unten." Diagnose: posttraumatische Belastungsstörung.

Barbara schilderte mir ihr ununterbrochenes Gedanken-Kreisen, wie sich das Trauma sogar zu einer Depression entwickelte. „Es war die Hölle, viele Wochen lang." Trotzdem arbeitete sie weiter. Sie wollte, wie sie sagte, einen neuen Kopf- und Gefühlsinhalt, war völlig verzweifelt, schaffte es selber einfach nicht mehr, trotz großem Willen und guter Intelligenz. Die Gesprächstherapie bei der Psychologin half nur kurzfristig, zu tief waren ihre innerlichen Verletzungen: „Ich heulte ständig, war kraftlos, hatte Konzentrationsstörungen, konnte nicht schlafen, zog mich zurück, aß kaum mehr, hatte über sieben Kilo abgenommen, war abgemagert, ausgelaugt." Hinzu kam, dass sie „den Kerl" mit seiner Neuen öfter sah, weil die Geographie an ihrem Wohnort leicht überschaubar ist.

Die Psychologin riet zu einem Antidepressivum. Barbara hatte ein ungutes Gefühl dabei – und begann auf Zuruf ihrer inneren Stimme nach Hypnose zu googeln. Sie fand mich …

Nach der Hypnose schrieb sie mir Folgendes:

„Lieber Herr Ricklin!

Ich habe nach wenigen Stunden bei Ihnen ein neues Leben angefangen! Sie sind ein außergewöhnlich hoch kompetenter Mensch, der einem wirklich effizient hilft. Und Sie haben mich sanft geführt während der Hypnose! Und nichts ist bei Ihnen peinlich. Ich merkte, wie ich rasch zu Ihnen das Vertrauen fand. Welch' ein Glück, dass ich Sie gefunden habe! Ich empfand die Hypnose so, als wäre ich noch gar nie „so tief in mir" gewesen. Ich bin doch nur geschätzte 25 Zentimeter tief von Brust bis hinten zum Rücken und nur zirka 80 Zentimeter breit um die Brust! Aber mein Körper war sozusagen wie ein großes Zimmer, die Wände waren meine Haut und ich war mehrere Meter weit von meiner Haut entfernt – ganz tief in der Mitte, irgendwo in mir. Und schaute von tief innen heraus.

Ich redete tiefer und langsamer als sonst und weiß noch alles. Es war sehr emotional, doch alles löste sich auf! Jetzt weiß ich, dass es das Unterbewusstsein gibt. Ich war dort, ich erlebte mein tiefstes inneres Wesen. Es war eindeutig das beste Erlebnis meines Lebens. Jedenfalls war ich mir selbst noch nie so nahe wie in dieser Hypnose. Am liebsten wäre ich immer so tief in mir drinnen, auch wenn es manchmal hart wurde!

Ich bin eine neue Frau. Obwohl ich trotz größter Entspannung auch nachher recht müde war. Zum Glück hatte ich in Bad Zurzach ein nahe gelegenes Hotel gebucht.

Es ist mir einfach von ganzem Herzen ernst, wenn ich Ihnen sage: Könnte ich wählen zwischen einer Weekend-Traum-Kurzreise ins 4-Sterne Hotel all inklusive in einer Wunschstadt oder einer 3-stündigen Hypnose bei Ihnen – ich würde mich für Letztere entscheiden. Das bringt so viel mehr, weil diese Reise nach tief innen geht. Das hat mein Weltbild tatsächlich verändert! Das vergesse ich Ihnen nicht.

Ich wünsche mir für alle, welche ein wirkliches Problem haben, diese wunderbare Hilfe, durch eine Hypnose bei Ihnen! Sie packen das Übel an der Wurzel im Unterbewusstsein an und damit verschwindet all das Negative!

Danke, danke danke!"

2.6
LEHRHYPNOSE

2.6 Hypnose komplett: Sitzungsprotokoll zur Übung und Analyse

Wie ich Inge vom Waschzwang befreite

Bei dem im Folgenden wiedergegebenen Protokoll handelt es sich um die zweite Hypnosesitzung von Inge, die ich in insgesamt drei Sitzungen weitgehend von ihrem Waschzwang befreien konnte. Eine vierte und aller Wahrscheinlichkeit nach letzte Sitzung war bei Redaktionsschluss dieses Buches noch ausstehend.[216)]

Dieses Protokoll drucke ich bewusst in voller Länge ab. Es soll eine Art Lehr- oder Übungshypnose sein, mit der Sie das in diesem Buch erworbene Wissen überprüfen und verfestigen können. Hier finden Sie alles abgedruckt, was nach meiner Meinung zu einer guten Hypnosesitzung gehört und vor allem auch wie. Ich verzichte dabei bewusst auf Unterteilungen und Gliederungen wie etwa Zwischenüberschriften. Aus Gründen der Lesbarkeit mache ich aber Absätze. Diese bedeuten aber nicht zwingend, dass hier ein neuer Abschnitt der Hypnose beginnt.

Erkennen Sie die einzelnen Teile/Bausteine/Module? Finden Sie alle Schritte zur Problemauflösung? Können Sie erkennen, wo die Einleitung endet, wo die Vertiefungen enden und in die Regression übergehen? Erkennen Sie die einzelnen Suggestionen, Tricks und Stilmittel? Testen Sie sich! Machen Sie sich Notizen, arbeiten Sie richtiggehend mit dem folgenden Text.
Viel Spaß dabei!

Wichtige Bemerkung vorab: Inge hatte im Vorgespräch bekundet, nicht nur kein Selbstvertrauen mehr zu haben, sondern ab und zu auch Gedanken daran, aufzugeben, wenn sie völlig verzweifelt sei.

216) „Fälle aus der Praxis, Fall 2", ab S. 238

Derartige Gedanken sind im Vorgespräch tatsächlich und dringend abzuklären. Gegebenenfalls sind die betreffenden Klienten aber dann darauf hinzuweisen, dass Hypnosetherapeuten sich mit suizidalen Menschen nicht beschäftigen sollten, da dies allein in die Zuständigkeit von Ärzten beziehungsweise Psychotherapeuten fällt.

Doch nun Konzentration. Die Hypnose von Inge beginnt.
Sie dauert zirka zweieinhalb Stunden.

„Bist du einverstanden, dass wir jetzt hier eine Hypnose machen?"

„Ja."

„Okay, gut, dann fangen wir jetzt mit dem Gleichen an wie beim letzten Mal: einen tiefen Atemzug, Luft anhalten, Augen schließen. Und wenn es für dich richtig ist, langsam ausatmen. Und tief sinken. Vielleicht kannst du dich daran erinnern, wie tief und entspannt du das letzte Mal gewesen bist. Entspannt, so tief, noch ein bisschen tiefer. Du lässt dieses Gefühl einfach sinken und durch den ganzen Körper fließen. Wir werden dieses Gefühl noch ein wenig mehr vertiefen. Ich möchte, dass du dich auf deine Augen konzentrierst. Deine Augenlider besser gesagt. Entspanne all deine Muskeln rund um die Augen, bis es dir nicht mehr gelingt, deine Augen zu öffnen. Und wenn du dir ganz sicher bist, dass du deine Augenmuskulatur so entspannt hast, dass sie dir für den Moment einfach nicht mehr gehorchen wollen, hältst du an der Entspannung fest und testest deine Augenlider, um sicher zu sein, dass du sie für den Moment wirklich nicht mehr öffnen kannst. Perfekt! Dann lass dich tiefer sinken. Entspanne dich mehr und genieß es einfach, gib der Entspannung richtig Platz, vom Kopf, den Haarwurzeln bis zu den Zehenspitzen, Fingerspitzen. Und es fühlt sich einfach gut an. Spüre, wie das warme Gefühl der totalen Entspannung durch den ganzen Körper fließt. Und du kannst dir erlauben zu spüren, wie sich all deine Muskeln im ganzen Körper immer noch ein wenig mehr entspannen.

Wir werden die Entspannung jetzt noch mehr vertiefen. Im nächsten Augenblick werde ich dich bitten, die Augen zu öffnen und dann sofort wieder zu schließen. Und wenn du sie wieder geschlossen hast, lässt du dich einfach noch viel, viel tiefer sinken. Am besten 10-mal so tief wie du jetzt bist. Und du genießt einfach, dich so tief sinken zu lassen. Du machst die Augen auf und zu – und lässt dich einfach tiefer sinken. Du entspannst dich mehr und genießt es, der Entspannung so richtig Platz zu geben. Vom Kopf, den Haarwurzeln bis zu den Zehenspitzen, Fingerspitzen. Und es fühlt sich einfach gut an, für den Moment nichts zu machen, einfach nur sein zu können; zu spüren, wie sich jeder einzelne Muskel des Körpers noch ein bisschen mehr entspannt. Es fühlt sich einfach gut an. Total entspannt. Total relaxt.

Wir werden diese Entspannung jetzt noch ein wenig mehr vertiefen. Ich werde dich im nächsten Moment noch einmal bitten, die Augen zu öffnen und gleich wieder zu schließen. Und wenn du sie wieder geschlossen hast, lässt du dich einfach noch ein Stück tiefer sinken. So tief, wie du tatsächlich noch nie

warst, so tief, wie es für dich aber richtig ist. Und du machst deine Augen auf und zu. Und du lässt dich einfach tiefer sinken, entspannst dich mehr. Du genießt es, dieser Entspannung so richtig Platz zu geben und erlaubst dir dieses Gefühl, total entspannt zu sein am ganzen Körper, zu spüren, wie der ganze Körper, jeder Muskel noch ein bisschen mehr entspannt. Es fühlt sich einfach gut an, total entspannt, total relaxt zu sein. Und da aller guten Dinge drei sind, machst du die Augen auf und wieder zu und lässt dich einfach noch ein wenig tiefer sinken, entspannst dich noch ein bisschen mehr, genießt es einfach, diesem Gefühl so richtig Platz zu geben. Vom Kopf und den Haarwurzeln bis zu den Zehenspitzen. Und es fühlt sich einfach gut an, dass du im Moment so gar nichts machen musst.
Nun möchte ich, dass du dir Zahlen von 100 abwärts vorstellst. Und wenn du diese Zahlen von 100 abwärts so vor dir siehst, dann schiebst du diese weg ins Helle oder Dunkle. Und wenn du diese Zahlen so vor dir siehst, so vor dir siehst, dann nickst du. Und dann schiebst du sie weg ins Helle oder Dunkle. Und wenn sie unwichtig sind, nickst du. Wenn sie dir aber noch wichtig sind, dann sagst du es mir. Und lässt dich tiefer sinken. Besten Dank! Und dann möchte ich, dass wir wieder an den wunderschönen Strand am Meer gehen. Du läufst ihn entlang, genießt, spürst deine Füße im warmen Sand, die Sonne auf der Haut. Du genießt das. Und wenn du da so läufst, die wunderschöne Spur hinter dir so langsam geglättet vom Meer, spürst du den Sand an den Füßen und du spürst die Sonne auf der Haut.“

„Kies.“

„Was ist?“

„Kies.“

„Kies. Du spürst Kies unter den Füßen. Und wenn du so läufst, spürst du auch die leichte Prise des Windes vom Meer her, du spürst die Brandung. Vielleicht riechst du das Meer und seine Vegetation sogar.“

Ein paar Sekunden Pause, dann weiter:
„Du gehst da und hälst nach einem schönen Plätzchen Ausschau, machst es dir dort bequem, genießt es einfach, zu sein. Und wenn du da so tiefer und tiefer sinkst, immer mehr entspannst, kannst du einfach die Lichter löschen, und noch tiefer und tiefer sinken, einfach genießen, spüren, wie das ist, noch viel tiefer zu gehen“

Ein paar Sekunden Pause, dann weiter:
„Und während du tiefer und tiefer sinkst, genießt du das einfach, dazusitzen und -zu liegen und einfach sein zu können. Und dann zähle ich von 3 auf 1 und bei 1 tippe ich dir auf die Stirn. Und es kommt das Gefühl, das dich in deinem Leben am meisten stresst, am meisten stört, am meisten davon abhält glücklich zu sein, Spaß zu haben. 3, 2, 1, ich tippe dir auf die Stirn, und es kommt das Gefühl, das dich in deinem Leben momentan am meisten stresst, belastet, stört und am Glücklichsein hindert und daran, Spaß zu haben. Welches Gefühl kommt da, Inge?“

„Ich fühle mich schmutzig vom Ausland.“

„Wie stark ist das auf einer Skala von 0 bis 10?"

„10."

„Und 5, 4, 3, 2, 1. Wir gehen genau dem Gefühl „Ich bin schmutzig vom Ausland" nach. Und nochmal zurück. 5, 4, 3, 2, 1, ich tippe dir auf die Stirn. Wir gehen genau diesem Gefühl nach. Zurück, zurück, zurück in deiner Geschichte, dahin, wo das Gefühl entstanden, wo der Ursprung dieses Gefühls ist. Und es bringt dich zurück, zurück, zurück in deiner Geschichte, dahin, wo das Gefühl entstanden ist, wo der Ursprung dieses Gefühls ist. Wohin bringt dich das, Inge?"

„An eine Raststätte."

„Sitzt du im Auto?

„Ja!"

„Wenn wir diesem Gefühl noch viel weiter nachgehen, 5, 4, 3, 2, 1, ich tipp dir auf die Stirn. Zurück, zurück, zurück. In diesem Gefühl weiter zurück, zurück, zurück. Wohin führt dich das?

„Ans Meer."

„Ans Meer, okay! Was passiert am Meer?"

„Nichts weiter. Einfach nur das Meer.

„Und wenn du in diesem Gefühl am Meer noch weiter zurückgehst, 5, 4, 3, 2, 1, ich tipp dir auf die Stirn. Zurück, zurück, zurück in dieser Geschichte. Dahin, wo du dieses Gefühl viel früher einmal hattest. Zurück, zurück, zurück in dieser Geschichte: Wohin bringt dich das, Inge? Was fließt durch deinen Kopf?"

„Swimmingpool. Schwimmbad."

„Schwimmbad. Wie alt fühlst du dich da?"

„Schwierig zu sagen. Da ist nur das Erlebnis im Schulschwimmbad.
Ich weiß, dass ich damals so 13 oder 14 Jahre alt gewesen bin."

„Und wie stark fühlt sich das an?"

„Es ist fürchterlich. Es hat an diesem Tag überall nach Urin gestunken"

„Was siehst du?"

„Viele kleine Kinder, die gesamte Nachbarschaft. Es riecht nach Urin. Wie im Gülleloch. Ich wollte da nicht ins Wasser, ging aber unter dem Druck der Lehrerin trotzdem rein."

„Durftest du nicht mehr raus?

„Nein, aber nach drei Minuten bin ich trotzdem rausgegangen."

„Okay. Inge, das finde ich eigentlich gut und mutig."

„Meinst du wirklich? Mir war kotzübel. Das hat keinen Spaß gemacht."

„Wenn du dir das noch einmal so anschaust, damals, im Schulschwimmbad. Es ist sicher nicht die angenehmste Situation, dass wir uns da recht verstehen."

„Nein, ist es wirklich nicht. Die Haare stehen einem da zu Berge.
Glasscherben, Gestank nach Urin."

„Weißt du was mich wundert? Es ist überhaupt nichts passiert."

„Das stimmt."

„Wir haben beim letzten Mal schon darüber geredet, dass wir eine extrem widerstandsfähige Spezies sind."

„Hmh."

„Wir können das überleben."

„Das stimmt."

„Wir können auch nicht ohne Dreck leben. Und wenn du dir das für dich noch einmal so anschaust. Man muss sich einfach bewusst werden, dass das alles gar nicht so tragisch ist wie man immer gemeint hat. Es hat fürchterlich gestunken, aber man kann sich abduschen – und gut ist."

„Das stimmt."

„Was geht dir durch den Kopf im Moment, wenn du in diesem Bad bist?"

„Ich schiebe einen Hass!"

„Auf wen? Die Lehrerin?"

„Ja, weil sie mich ins stinkende Wasser geschickt hat, dass ich deshalb Schule und Schwimmbad immer so fürchterlich finde. Und das niemand etwas dagegen macht."

„Da müssen wir ja politisch aktiv werden."

„Hmh, schwer, mit 14. Ich hab mal einen Aufsatz drüber geschrieben."

„Aber Lehrer sind nicht dazu da, Freund zu sein, sondern etwas zu lehren. Und wenn du nun an das Schwimmbad denkst: Wie schlimm fühlt sich das unterdessen noch an?

„Ich würde sagen: normal schlimm."

„Normal schlimm. Wie schlimm ist das?"

„Vielleicht Stufe 5. Fürchterlich halt. Alle waren da drin und es hat gestunken."

„Aber es ist keinem was passiert. Es haben alle geduscht. Und gut ist es gewesen."

„Stimmt."

„Abgesehen davon, Inge: Du wirst vermutlich nicht einverstanden sein mit meiner Aussage, aber Urin ist ja ziemlich steril."

„Ich weiß. Aber er riecht fürchterlich."

„Ja, aber ich denke, man wird ihn ja nicht zum Baden brauchen, oder?"

„Er ist recht steril, aber es fängt an zu stinken, wenn er rausläuft."

„Nein, wenn er mit Wasser in Berührung kommt."

„Wieso haben wir dann Wasser in den WCs?"

„Das war ein Missverständnis von früher, dass man gedacht hat, man müsste den Urin runterspülen."

„Ach je, die Römer!"

„Haben die die Toiletten-Spülung erfunden? Ich weiß es nicht, aber sicher haben die Engländer mit Wasser wie wir heute gespült."

„Aber die Kanalisation kommt von den Römern."

„Das schon, aber ich weiß nicht, ob die schon WC-Spülungen gehabt haben. Keine Ahnung! Aber wenn du

das noch einmal anschaust: Die Szene am Meer war eines deiner Themen. Du hast doch das Meer gesehen. Was geht dir da durch den Kopf?"

„Weniger Strand, mehr Abfall."

„Wo hast du das gesehen?"

„Im Fernsehen wahrscheinlich. Das macht mich wütend."

„Das ist doch die richtige Haltung."

„Schon, ich finde aber die Vorstellung furchtbar, dass da alle Tiere reinurinieren, überall rumschwimmen – und dass manche Leute auf die Idee kommen, dass man ihre Asche ins Meer kippen solle. Also bitte!"

„Entschuldige, dass ich jetzt lache."

„Schon gut. Ich weiß, auch Asche ist steril, aber sie stinkt furchtbar.
Asche gehört irgendwo hin, aber nicht ins Meer."

„Da sind aber manche ganz anderer Ansicht. Die lassen sich nach dem Verbrennen im Wasser bestatten."

„Ich finde es aber eklig und möchte nicht in der Asche eines toten Menschen schwimmen. Egal, wie steril das Ganze ist: Ich finde die Vorstellung eklig."

„Man könnte es doch spannend finden, oder?"

„Ich find's eklig."

„Okay, aber abgesehen davon: Was ist denn so schlimm daran?"

„Das ist ein toter Mensch."

„Eben, er ist doch tot."

„Das ist egal. Ich find's gleich eklig wie tote Tiere.
Man muss ja keine Toten ins Meer schmeißen."

„Wer wirft sie denn ins Meer?"

„Die Hawaiianer. Oder jemand, der versucht, die Spuren in einem Mord zu verwischen."

„Das sind aber doch herzlich wenig im Vergleich zur Zahl aller Menschen und zur Größe des Meeres, oder?"

„Das stimmt. Es bleiben aber immer noch die toten Tiere im Meer, die an Land gespült werden"

„Ja, ja, aber übrigens: Die meisten dieser toten Tiere werden vorher gefressen. Die Natur ist da ziemlich super. Verwertet alles."

„Und dann wird's wieder ausgeschissen. Und das ist dann eklig."

„Und auch das wird wiederverwertet."

„Jaja"

„Okay, ich sehe schon: Es ist schwierig, dich davon zu überzeugen, dass das nur halb so schlimm ist.

„Das ist so eklig wie die Kläranlagen, von denen die Brühe direkt in einen See fließt. Trotzdem bin ich lieber in einem See oder Fluss als in einem Schwimmbad. Bei beiden kommt wenigstens ab und zu frisches Wasser dazu, im Schwimmbad nicht."

„Okay, nehmen wir uns mal eins nach dem anderen vor. Kläranlagen..."

„Ich weiß, das mit den Kläranlagen klingt abstrus, aber ich find's eklig."

„Das heißt, es wäre dir lieber, wir würden Abwasser gar nicht klären?"

„Doch, natürlich schon, aber es sollte einfach nur ins Grundwasser gehen und dort gefiltert werden."

„Also, ich finde es so gesehen dann doch interessant, dass nichts passiert, dass unser Wasser so sauber ist. Zum Glück. Und weißt du, Inge, was phantastisch ist? Dass die Tausende von Jahren, seitdem es Menschen gibt, es die Spezies überlebt hat. Sonst würde es uns nicht geben."

„Es wäre gut, wenn es die Menschheit nicht gäbe. Wir sind das einzige Lebewesen, dass es fertigbringt, nicht nur sich selbst, sondern auch die Umwelt kaputt zu machen. "

„Oh! Keine Ahnung, ob das gut oder schlecht wäre, wenn es die Menschen nicht gäbe. Aber da siehst du mal, wie intelligent wir sind. Deshalb können wir die Umwelt auch retten. Und wir arbeiten daran – zwar langsam, aber immerhin. Ich bin da der gleichen Meinung wie du. Das ist die positive Seite und Überlebensstrategie. Nur die Spezies, die sich anpassen kann, überlebt. Wenn wir uns nicht mehr anpassen, haben wir Pech gehabt."

„Das stimmt. Das stimmt."

„Wenn wir jetzt noch mal zurückgehen: Meer, Seen, baden: Was geht dir da durch den Kopf im Moment?"

„Ungefiltertes Wasser, auch wenn es eigentlich keinen Sinn macht, weil das Wasser in der Schweiz ja gefiltert wird."

„Okay, und wenn wir jetzt ins Ausland gehen, was ja ein Problem für dich ist: Da ist es ja zum Teil wirklich ungefiltert. In Entwicklungsländern sicher."

„Schon in Italien unten nicht. Dort ist auch nicht alles so generalstabsmäßig organisiert wie in der Schweiz."

„Möglich, dass sie im Süden diesbezüglich toleranter sind. Aber ist das Filtern denn überhaupt notwendig?"

„Natürlich, wir hier in der Schweiz haben saubere Flüsse."

„Das war aber nicht immer so. Als ich so alt war wie du jetzt, hieß es immer: Ins Rhein-Wasser solltest du nicht gehen."

„Weswegen?"

„Zu viel Chemiedreck. Also, wenn etwas getan wird, ist meist auch ein Stück Eigennutz dabei. Denn man wusste ja, dass man den Dreck über das Grundwasser letztendlich wieder trinkt. Das wollte man dann doch nicht, hat eine Änderung beschlossen und die dann durchgezogen. Die Bequemlichkeit gehört zu den natürlichen Eigenschaften des Menschen. Wir sind eben so, dass wir erst zu schwimmen beginnen, wenn uns das Wasser bis zum Hals steht, erst dann tätig werden, wenn der Leidensdruck groß genug ist. Wir reagieren erst, wenn es wirklich schlimm ist, wenn wir die Gefahr unmittelbar am eigenen Leib spüren, aber selten prophylaktisch im Voraus."

„Mhm."

„Einverstanden?"

„Ja."

„Übrigens sind unsere Fischer gar nicht gut auf die Kläranlagen zu sprechen, weil wenn das Wasser zu sauber ist, es zu wenig Fische gibt."

„Wirklich?"

„Ja, schlecht für dich, nicht wahr? Es hat eben alles Vor- und Nachteile. Und auch wenn etwas für uns nachteilig scheint, muss das nicht unbedingt etwas heißen. Wenn wir uns das nun so anschauen: Nimm das ungefilterte Wasser im Ausland, auf das du gerade hingewiesen hast: Interessant ist doch, dass trotzdem überraschend wenig passiert. Wir müssen in so einem Bach oder Fluss mit ungefiltertem Wasser ja nicht unbedingt baden. Und wenn doch, können wir uns hinterher duschen und waschen – und gut ist's."

„Das stimmt. Das stimmt. Das stimmt."

„Und wenn du dir das mit dem Meer noch mal so überlegst, okay, die toten Tieren werden gefressen, das ist ein Kreislauf, der schon seit ein paar Milliarden Jahren funktioniert, in einer quasi sich selbst erhaltenden Balance."

„Das stimmt."

„Gut, das Wasser ist salzig, aber sonst ist alles gut. Ich kann mich noch gut daran erinnern, wie das damals war, als ich als kleiner Junge zum ersten Mal im Meer war, den Mund voller Salzwasser. Ich habe das auch eklig gefunden."

„Igitt".

„Aber man lernt daraus – und schluckt weniger Wasser."

„Guter Plan."

„Wenn du das nun so anschaust mit dem Meer: Ich weiß, das Wasser ist sauber und dass es Strände gibt, von denen man weiß, dass das Wasser sauber ist ..."

„Klingt gut."

„... und wenn du dir vorstellst, du bist da drin im Wasser."

„Ich bleibe drin."

„..., weil es so schön ist, nicht? Ich gehöre durchaus auch zu den Menschen, die darauf schauen, ob das Wasser sauber ist. Das hat für mich auch eine politische Komponente. Wenn ich nicht dahin gehe, wo die Qualität der Strände und des Wassers schlecht ist, machen die Verantwortlichen dort eher etwas, weil der Tourismus leidet. Und wenn ich die fördere, die etwas tun, werden die anderen vielleicht davon lernen. Und wenn du dir jetzt noch mal durch den Kopf gehen lässt: Okay, Wasser, Flüsse, Kläranlage, aus der sauberes, klares Wasser fließt. Das Meer ist grundsätzlich sauber und regeneriert sich selber über all die Mikroorganismen, die es da gibt, alles wird wiederverwertet. Ich finde, es ist wirklich ein Wunder der Natur, wie alles wiederverwertet wird."

„Schon spannend, ja."

„Und wenn du das mit dem Meer noch mal auf dich wirken lässt: Wie fühlt sich das im Moment an?

„Level 2. Das Wasser ist sauber. Es fühlt sich super an, sich da zu waschen."

„Da bietet sich Salzwasser doch ohnehin an, oder?"

„Das stimmt."

„Ich weiß nicht, wie es dir geht, aber mir geht es echt so. Man kann es auch so sehen: Salz verhindert Bakterienbildung, wird eingesetzt, um Lebensmittel haltbar zu machen."

„Das stimmt."

„Was bedeutet, dass durch das Salz im Meer viele Bakterien, viele für uns schädliche Mikroorganismen gar nicht leben können. Was einen Selbstschutz ergibt. Und wenn du das so betrachtend von hier aus noch einmal zurückblickst auf die Szene im Schul-Schwimmbad, dann möchte ich, dass du dir erlaubst, dass du zu der Lehrerin sagst: „Ich will da nicht rein, es stinkt." Darfst du das?"

„Ja."

„Wie fühlt sich das an?"

„Gut."

„Ich möchte, dass du weißt, dass du für dich hinstehen und deine Meinung sagen darfst, nicht tun musst, was die Lehrerin sagst, dass du selbst für dich entscheiden kannst."

„Das stimmt."

„Und wenn du das auf dich wirken lässt und noch einmal zurückschaust auf diese Szene: Wie fühlt sich das an im Moment?"

„Besser."

„Darf ich eine Zahl haben?"

„Stufe 4."

„Und wenn wir jetzt zurückgehen an die Raststätte. Ich hatte gehofft, du sitzt im Kofferraum oder auf der hinteren Sitzbank ..."

„Da haben wir die Sachen fürs Picknick."

„... und du siehst dich um und siehst den wunderschönen Rastplatz."

„Das ist nur ein Not-Parkplatz gewesen."

„Der bestens gepflegt wurde."

„Um Gottes willen! Dreckig war er, eklig."

„Gut, wir können jetzt auf diejenigen schimpfen, die ihr Zeug einfach da in der Landschaft abladen und auf diejenigen, die das nicht wegräumen. Aber wenn du das nochmal so anschaust: Was hat das mit dir zu tun?"

„Mich stört's!"

„Mag sein, aber was hat es mit dir tatsächlich zu tun? Bist du deshalb gefährdet? Das einzige, was man kritisch anmerken könnte, wäre, dass dein Vater auch einen schöneren und vor allem sauberen Parkplatz hätte aussuchen können, mit sauberen Toiletten. Und du hättest vielleicht auch zum Vater sagen können: „Hast aber einen blöden Parkplatz rausgesucht.
Wie war das eigentlich in Florenz? War's da auch so dreckig?"

„Je nachdem, wo du gerade bist. Es gibt dort viele Penner, die in schmuddeligen Ecken hausen."

„Aber die haben sich ihren Platz selber rausgesucht da. Was ist eigentlich deine Meinung zu Pennern?"

„Sie tun mir leid, aber in der Schweiz sind sie ja auch selber schuld. Meistens jedenfalls. Es gibt eigentlich immer eine andere Möglichkeit."

„Ich würde behaupten: in Italien auch."

„Ich weiß nur von Schweden, dass sie dasselbe soziale System haben wie die Schweiz."

„Okay, wenn du dir das noch mal durch den Kopf gehen lässt: Sie leben in der Schmuddel-Ecke – und trotzdem leben sie. Im Dreck. Und trotzdem sind sie überraschenderweise relativ gesund. Ich will nicht sagen, dass das was für uns wäre. Sie trinken ein bisschen viel, und sie desinfizieren vielleicht mit Schnaps. Keine Ahnung. Aber scheinbar funktioniert's. Und wenn du dir das jetzt noch einmal so anschaust: das Picknick auf diesem Notparkplatz; wie fühlt sich das jetzt an?"

„Es stört mich, aber nicht so, dass ich aufstehen muss. Oder ich kann mich ins Auto setzen"

„Und du könntest zum Vater sagen: „Was hast du da für einen Sch...Parkplatz ausgesucht?"

„Und wie fühlt es sich an, dort zu essen?"

„Eklig, unangenehm."

„Was ist so schlimm daran?"

„Da ist Müll. Und es stinkt."

„Du hast scheinbar eine gute Nase, okay, schön! Und wenn du die ganze Geschichte mit der Raststätte noch mal auf dich wirken lässt: Was würdest du der kleinen Inge sagen, dass sie es nicht so schlimm empfindet?"

„Ich würde ihr sagen, dass wenn es ihr bewusst ist, wo sie hingeht, alles in Ordnung ist."

„Okay, hilft ihr das was?"

„Ja."

„Okay. Und wenn du dir jetzt mal bewusst wirst: Da liegt Müll, aber der hat nichts mit dir zu tun. Und er macht dir auch nichts. Stimmt das?"

„Ja."

„Ich habe neulich im Fernsehen die Dokumentation über eine kleine Stadt gesehen, die auf Müll gebaut wurde und vom Müll lebt. Die verwerten dort alles, was andere wegwerfen, sammeln Wertstoffe fürs Recycling. Weißt du, was interessant ist? Die sind gar nicht so krank wie man denken würde. Ich sage nicht, dass sie die gesündesten Menschen der Welt sind, dass wir uns da recht verstehen."

„Das Immunsystem wird besser."

„Das ist so. Aber auch das Wissen: Wir Menschen halten viel mehr aus, als wir meinen."

„Wie lange warst du eigentlich in Florenz? Drei Monate? Bist du dort krank geworden? Nicht wirklich, oder?“

„Ich bin nie zum Arzt gegangen.“

„Und wenn du so überlegst: Florenz; Millionen Menschen, Millionen Touristen. Du hast es bestens überstanden.“

„Ja.“

„Das nimmt einem doch ziemlich viel Angst. Diese Erfahrung kannst du doch speichern und sagen: Okay, mir ist nichts passiert. Ich halte das aus. Stimmt's oder mache ich einen Denkfehler? Nein? Okay … Und wenn du nun nochmal zu der Raststätte zurückgehst, die Originalbilder abrufst: Wie fühlen die sich im Moment an? Wie schlimm fühlt sich das noch an? Raststätte. Halt. Autobahn. Parkplatz. Wie stark ist das schlechte Gefühl?“

„Zwei.“

„Und wenn wir jetzt noch mal so zurückgehen ans Meer. Flüsse sagtest du. Wie fühlt sich das an?“

„Kein Problem.“

„Okay. Und wenn du dir jetzt vorstellst, dass du da baden gehst, schwimmen, vielleicht Windsurfen. Oder Kitesurfen. Wie fühlt sich das an, ins Meer zu gehen?“

„Angenehm.“

„Und wenn du das so genießt, dich wohlfühlst, dich auf den Rücken legst und treiben lässt? Wie fühlt sich das an? Ist das eine Option für dich? Was ist dir dort jetzt durch den Kopf gegangen?“

„Es war schlimm.“

„Schlimm, okay. Wie ist das Meer? Du kannst es genießen. Fühlt es sich gut an? Oder wo bist du überhaupt im Moment?“

„Was?“

„Wer taucht auf im Moment? Wo bist du?“

„Keine Ahnung. Nirgendwo und überall.“

„Wie fühlt es sich an?“

„Angenehm.“

„Angenehm, okay. Und wenn wir jetzt noch einmal zurückgehen zur Raststätte. Wenn du dir überlegst: Da kommt jemand zum Aufräumen. Stimmt das für dich?“

„Ja.“

„Welchen Eindruck hast du da davon?“

„Cool.“

„Wenn du dir deine Original-Geschichte noch mal in Erinnerung rufst: Die Autofahrt, die Ausfahrt auf den Notparkplatz, ihr esst etwas. Wie fühlt sich das an? Wie stark stresst das? Gar nicht? Okay!
Und wenn du dir mal vorstellst für dich: Ich weiß nicht, ob das für dich eine gute Metapher ist, dass die Sonne alles sauber macht, desinfiziert und reinigt. Im Ausland, egal, wo du gewesen bist und bist und andere Menschen sind. Dass die Sonne überall eine gute Arbeit macht, der Regen hilft, der Wind auch. Und dass du einfach sauber bist, sagen kannst: „Ich bin sauber. Ich bin sauber." Und wenn du mit diesem Gefühl mal zurückgehst zu dem Satz, den du gesagt hast: „Ich fühle mich dreckig vom Ausland." Wie stark fühlt sich das jetzt an?
Was geht dir da durch den Kopf? Wie fühlt sich das an? Das Gefühl „Ich bin dreckig im Ausland"? Kannst du das Gefühl mal suchen? 3, 2, 1. Ich tipp dir auf die Stirn. Und das stärkste Gefühl überhaupt kommt. „Ich bin dreckig vom Ausland" Wie stark findest du das Gefühl?"

„Nicht stark."

„Kannst du mir eine Zahl nennen?"

„Zurück zu dem Gefühl. 5, 4, 3, 2, 1 – ich tipp dir auf die Stirn. Zurück, zurück, zurück. Dem Gefühl nach. Zurück, zurück, zurück zu dieser Geschichte, dorthin, wo dieses Gefühl entstanden, wo dessen Ursprung ist, diese Angst „Ich bin dreckig": Wohin bringt dich das?"

„Nirgendwohin."

„Nirgendwohin? Okay! Und wenn du so für dich deine Gefühlswelt noch einmal durchforstest. Und, 3, 2, 1, ich tipp dir auf die Stirn und es kommt das Gefühl, dass dich in deinem Leben am meisten stresst, am meisten stört, dich am meisten davon abhält, glücklich zu sein, Spaß zu haben, erfolgreich zu sein? Welches Gefühl kommt da?
Inge, was geht dir durch den Kopf und den Körper?"

„Inge, kannst du mal tiefer sinken? So richtig tief, tiefer, so tief wie du noch nie gesunken bist? So tief … wie du noch nie gewesen bist. So tief. Und noch viel tiefer. Und nun durchforste deine Gefühlswelt. Suche das Problem. Die Ängste. Und wenn du es gefunden hast, sagst du es mir. Der Koffer, der zuhause ist, wie du gesagt hast. Das Büro deines Vaters. Das Geschenk aus dem Ausland.
Wie fühlt sich das an im Moment? Wie stark stresst das?
„Wie stark stresst das im Moment alles?"

„Nicht groß"

„Als Zahl?"

„3 oder 4"

„Und wenn du dem Gefühl, dieser Angst jetzt nachgehst: 5, 4, 3, 2, 1, ich tipp dir auf die Stirn. Zurück, zurück, zurück, dahin, wo die Geschichte, diese negativen Gefühle, die du jetzt noch hast, die Angst, dieses Unwohlsein entstanden sind. Von dort aus gehst du zurück, zurück, zurück. Was fließt dir durch den Kopf?"

„Die Mami."

„Die Mami – was macht die Mami? Und wo ist sie?"

„Sie raucht."

„Sie raucht, okay."

„Und sie hat keinen Aschenbecher."

„Und wie fühlt sich das an?"

„Komisch."

„Komisch., okay. Was ist so schlimm daran?"

„Dass die glühende Asche auf den Boden fällt."

„Okay. Und was löst das bei dir aus?"

„Wut und Enttäuschung."

„Wut. Und was enttäuscht dich so?"

„Dass die glühende Zigarettenasche einfach auf den Boden fliegt."

„Was ist das für eine Enttäuschung? Kannst deiner Mutter ja sagen: „Das macht man nicht." Was hätte sie deiner Meinung nach tun sollen?

„Warten, bis die Zigarette ausgeht."

„Wenn du zurückdenkst und rückblickend bewertest: Wie schlimm ist es tatsächlich?"

„Nicht schlimm."

Kannst du das verzeihen?"

„Ja."

„Eine Mutter kann auch Fehler machen. Du hast sicher selber auch schon Fehler gemacht? Ich meine jetzt nicht rauchen. Und deine Mutter und Rauchen – was geht dir da durch den Kopf, was ärgert dich da so?"

„Es ist ungesund und stinkt."

„Es stinkt, klar. Wieso, denkst du, raucht sie?"

„Ich weiß es."

„Du weißt es? Woher?"

„Ich habe gefragt."

„Und was hat sie geantwortet?"

„Gruppenzwang."

„Gruppenzwang. Könnte sein, ja. Ist auch ein guter Grund."

„Wie man's nimmt."

„Wenn du so überlegst: Es ist sicher nicht das Beste, was man im Leben machen kann, aber – ein bisschen plakativ ausgedrückt – das Leben ist einfach gefährlich. Es endet mit dem Tod. Und Rauchen ist halt einfach noch eine Zusatzgefahr. Einverstanden? Es ist nicht klug, ich weiß, aber Alkohol trinken ist es auch nicht."

„Aber es stinkt nicht so extrem, jedenfalls meistens."

„Da können wir drüber diskutieren. Schnaps schmeckt auch nicht immer sehr gut.“

„Das stimmt.“

„Wenn du so mal drüber nachdenkst, dass deine Mutter raucht. Wie fühlt sich das an?“

„Das regt mich so auf.“

„Aber was hat es mit dir zu tun? Muss deine Mutter perfekt sein?“

„Nein.“

„Okay. Ist sie hoffentlich auch nicht, denn perfekt ist ziemlich langweilig, oder? Und wenn wir jetzt noch einmal zurückgehen, noch einmal deine Gefühlswelt durchforsten, die Angst, das Büro des Vaters, der Koffer, das Mitbringsel aus dem Ausland, das du bekommen hast – wie fühlt sich das im Moment an?“

„Es bringt mich ins Nirgendwo.“

„Darf ich fragen, wenn du ins Nirgendwo abtauchst: Spürst du dann deinen Körper noch? Oder gar nichts mehr?“

„Letzteres. Ich will dann nur noch schlafen, mir ist alles egal.“

„Okay, gut. Was ich gefragt hatte: Wenn du so an den Koffer denkst, das Geschenk aus dem Ausland, das Büro deines Vater: Wie fühlt sich das im Moment an? Wie stark stresst das?“

„3.“

„3, okay. Und was stresst dich da so?“

„Die Geschenke muss man waschen.“

„Was ist so schlimm daran?“

„Ich weiß nicht.“

„Dieses Gefühl, zurück, zurück, zurück, in der Geschichte, zurück, zurück, zurück. Dahin, wo der Ursprung dieses Gefühls ist, der Angst, der Unsicherheit. Zurück, zurück, zurück, in dieser Geschichte. Wohin bringt dich das?“

„Zur Mami, die die Kleider wäscht, die wir gekauft haben.“

„Okay. Das ist doch vernünftig, oder? Und weißt du, warum sie wäscht? Nicht, weil die neuen Sachen dreckig sind.“

„Weil sie muffeln.“

„Das wäre ein anderer Gedanke. Ich meine, weil sie chemisch behandelt wurden. Sie haben sozusagen eine Besserfühl-Oberfläche bekommen, damit sie sich weicher anfühlen, gut geglättet sind. Und das wäscht man dann weg.

„Deshalb sind die meisten Pullis nicht mehr so flauschig, wenn du sie zum ersten Mal gewaschen hast.“

„Das könnte durchaus sein. Könnte sein. Deine Mutter hat die Pullis nicht gewaschen, weil sie dreckig, sondern weil sie von der Produktion chemisch behandelt sind. Und sie sind chemisch behandelt, dass man sie besser bearbeiten kann, dass sie sich besser anfühlen, weniger fuseln und auf der Haut kratzen. Und was sollen wir auch machen mit den vielen Chemikalien, die wir produzieren?“

„Das macht Sinn."

„Und die Kläranlagen brauchen ja auch was zu tun."

„Genau!"

„Und wenn du dir so anschaust: Deine Mutter wäscht die Sachen, aber nicht, weil sie dreckig sind. Sie haben die Reise von irgendwoher auf der Welt gut überstanden, sahen im Laden gut aus, fühlen sich flauschig an. Stimmt das für dich? Wie fühlt sich das an für dich, wenn du siehst, wie die Mutter die Sachen wäscht?"

„Gut."

„Das ist auch vernünftig, oder?

„Mhm."

„Und wenn du so die Szene anschaust mit den Kolleginnen? Wie fühlt sich das jetzt an?
Was passiert da in deinem Kopf, wenn du darüber nachdenkst?
Und, Inge, wenn du jetzt tiefer und tiefer und noch viel tiefer sinkst und so tief, wie es vorher gewesen ist, nur noch tiefer, so tief, dass der Körper, wie du vorher schon gesagt hast, völlig unwichtig wird; wenn du dir also diesen Zustand erlaubst, ihn genießt, du total dich selber bist, dann fühlt sich das gut an, ich weiß. Und dann möchte ich, dass, wenn du dort angekommen bist, du dir erlaubst, den Körper einfach zurückzulassen und nur die Gedanken, den Geist zuzulassen, aus dem Körper zu gehen, den Körper zu verlassen und dass du weitergehst. Ein angenehmer Lichtstrahl geht dir auf. Und 1: immer weiter. Und 2 und 3: alles Körperliche zurücklässt. Und 4. und 5: der angenehme Lichtstrahl, der dir aufgeht, fühlt sich immer besser an, immer angenehmer. Und 6, 7, 8 und viel weiter. 9. und 10. Dass du dort nun eine Pause machst, mit dem guten Gefühl, im Licht vor allem, ein angenehmer Ort. Und dass du das dort einfach genießt, dich erst mal neu orientierst. Und wenn es für dich richtig ist, können wir weitergehen, dem Lichtstrahl nach, treiben lassen, 1, 2, und immer weiter, 3, 4 und 5. Es fühlt sich immer besser an. Und 6: Du bist total frei. Und 7: Es fühlt sich einfach gut an, frei und unbeschwert. 8, 9 und 10: Du genießt es einfach, bist für den Moment einfach. Und wenn es für dich richtig ist, machst du eine Pause, genießt es, dort zu sein; genießt es einfach, total bei dir zu sein. Total frei. Alles ist möglich. Du genießt es, dort zu sein. Und ich denke, jetzt kannst du ruhig eine Stufe weitergehen. Wir sagen ins Überbewusstsein. Wie du dich so hochtreiben lässt im Licht.
Und 1 und 2: immer weiter. 3 und 4: Du genießt es einfach. Und 5 und 6, 7 und 8, 9 und 10. Wenn du dort bist, dort bist, mit dem Gefühl der absoluten Freiheit und Unbeschwertheit, es einfach genießen kannst – und dich mit deinem Problem beschäftigst, das dich im Alltag so stört: die Angst, das Gefühl, du seist dreckig vom Ausland, aber auch das Gefühl, dass es dreckig ist, du dich waschen musst. Und wenn du da so bist, möchte ich, dass du dich intensiv mit dem Thema beschäftigst, dem Unterbewusstsein, dem Geist, sie finden eine Lösung für das Problem, einen Helfer, den du dort fragen kannst, der dir hilft, das Problem zu lösen.
Und wenn du das dort mal für dich analysierst, in dieser Sphäre nach Hilfe suchst, mit dem Wissen,

dass ich das Problem nicht brauche, dass es mir nichts nützt, dass ich ohne es frei und unbeschwert leben könnte – und vermutlich würdest du auch gerne frei und unbeschwert leben. Und im Unterbewusstsein, indem du jetzt bist, eine Lösung suchen für das Thema. Und vielleicht wird dir das an diesem Ort ganz bewusst, was eigentlich das Problem ist. Und wenn es dir ganz klar und bewusst ist, dann sagst du mir einfach „Ich weiß es".

Und vielleicht wird dir bewusst, wie du das Problem lösen kannst, was du machen musst, ändern musst in dir selber, dass du für dich weißt: „Ich bin sauber, so wie ich bin. Ich bin gut, so wie ich bin. Ich bin perfekt, so wie ich bin. Ich bin liebenswert, so wie ich bin. Ich darf glücklich sein, so wie ich bin. Und wenn du den Lösungsweg für dich gefunden hast, dann wäre es schön, du würdest diesen Weg einfach gehen, um das Problem für dich zu lösen; für dich allein mit dem Wissen, dass du frei leben darfst, dass du unbeschwert leben darfst, gesund leben darfst, dass du glücklich sein darfst, frei sein darfst, Spaß haben darfst, glücklich und erfolgreich sein darfst ... und dass das Unterbewusstsein ganz automatisch an einer Lösung arbeitet, wo immer du bist, und auch eine Lösung findet, dass du frei und unbeschwert leben kannst. Wenn du es jetzt lösen kannst, dann lös es!

Und so gehst du, wenn du das Problem gelöst hast, einfach zurück in deinen Körper. Und wenn du zurück in deinem Körper bist und das Problem gelöst hast, machst du einfach deine Augen auf und bist hellwach. Und voll da.

Du gehst zurück in deinen Körper und nimmst das gute Gefühl mit; nimmst es mit, das gute Gefühl. Und wenn du zurück in deinem Körper bist und das Problem gelöst hast, machst du einfach deine Augen auf..."

„Inge."

„Ja?"

„Nun mach mal deine Augen auf. Und: Wie fühlt sich das an?"

„Komisch."

„Komisch. Dann mach deine Augen wieder zu. Und wenn du so deine Angst suchst, dieses Gefühl dreckig zu sein, dreckig vom Ausland – wie fühlt sich das an?"

„Speziell, aber nicht schlimm."

„Okay. Bist du dreckig vom Ausland?"

„Nein."

„Wenn du dich mal erinnerst: „Ich bin nicht dreckig vom Ausland. Ich kann nicht dreckig werden vom Ausland."

„Das macht Sinn."

„Ich bin sauber, so wie ich bin. Ich bin sauber, so wie ich bin. Ich wasche mich regelmäßig, im vernünftigen Abstand, auf vernünftige Art. Und ich bin sauber. Ich bin sauber. Und ich weiß es ganz tief in mir drin, dass ich sauber bin. Und wenn du jetzt noch mal die Situationen in Erinnerung rufst bei Euch zu Hause oder wo auch immer; kannst du das mal machen für mich, dich erinnern, die alte Angst suchen."

„Wie stark empfindest du diese Angst, Inge?"

„Nicht stark."

„Das heißt?"

„Ich kann's nicht richtig beschreiben. Keine Ahnung."

„Wenn du noch einmal eintauchst in die Situation, die Gefühle, an das, was sich dir entgegenstellt und sich so sträubt, wenn du da noch einmal zurückgehst 5, 4, 3, 2, 1, die Angst, die Gedanken, die du hast, die Gedanken, die es gibt: Wohin bringt dich das?"

„Was ist dir durch den Kopf geflossen?"

„Ich weiß nicht."

„Wie fühlt es sich an?"

„Gut."

„Gut, okay. Und wenn du für dich noch einmal die Situationen zu Hause und in dem Hotel mit der rauchenden Mutter wirken lässt, die Geschenke und Koffer aus dem Ausland, das Büro des Vaters – wie fühlt sich das jetzt an?"

„Gut, nein: nicht gut, aber besser."

„Wie schlecht ist es noch?"

„2."

„2. Okay. Und was geht dir noch Schlechtes durch den Kopf?"

„Ich weiß nicht!"

„Kannst du dem Gefühl, der 2, noch einmal nachgehen. 5, 4, 3, 2, 1, zurück, zurück, zurück in dieser Geschichte, zum Ursprung dieses Gefühls, dass du jetzt noch hast. Wohin bringt dich das?

„Nirgendwo hin. Schwarz."

„Schwarz, okay. Wie fühlt sich „schwarz" an? Entspannt, leer, gestresst?"

„Entspannt."

„Entspannt, okay! Und wenn du jetzt von hier aus weiter gehst in die Situation und anschaust: Ich bin sauber, es kann mir gar nichts passieren. Und wenn du gesagt hast, dass die Mutter alles, was ihr neu gekauft habt, erst mal gewaschen hat: Wie fühlt sich das alles an?"

„Übertrieben."

„Okay. Und wenn du deine Angst nun suchst. Wie fühlt sich das an? Wie stark ist die Angst?"

„Nicht stark."

„Mehr als 2?"

„Nein."

„Okay. Gibt's Gedanken dazu? Gedanken zu diesen Gefühlen?"

„Nein."

„Jetzt mal ein ganz anderes Thema: Wer ist der wichtigste Mensch in deinem Leben? ... Was ist dir spontan gekommen?"

„Meine Schwester."

„Und warum ist deine Schwester der wichtigste Mensch in deinem Leben?“

„Ich wäre mir blöd vorgekommen, wenn ich „ich“ gesagt hätte.“

„Was wäre so schlecht daran, wenn es du bist?“

„Es hört sich egoistisch an.“

„Das hört sich nicht nur so an, es ist egoistisch. Und wenn wir mal ganz ehrlich sind, Inge, du kannst nur dein Leben leben, nicht das deiner Schwester, Mutter oder deines Vaters. Oder einer Freundin.“

„Das stimmt.“

„Ich weiß, das klingt langweilig für dich, aber wenn du dir mal so überlegst, wer würde denn darunter leiden, wenn du tatsächlich der wichtigste Mensch wärst in deinem Leben?“

„Niemand.“

„Was wäre da so schlimm dran?“

„Es klingt egoistisch.“

„Es ist egoistisch. Und soll auch egoistisch sein. Ich möchte, dass du dir bewusst wirst, dass ein gesunder Egoismus total gesund ist – und richtig. Ich darf für mich sorgen, ich darf auf mich schauen. Einverstanden? Und nur wenn es dir gut geht, kannst du auch für andere sorgen.“

„Das ist wahr.“

„Du wirst nie das Leben deiner Schwester, deiner Eltern leben können. Du kannst nur deines leben. Und wenn du in 80, 90 Jahren mal von dieser Welt abtrittst, könnte es ja sein, dass du über dein Leben nachdenkst. Mit größter Wahrscheinlichkeit. Einverstanden?“

„Ja.“

„Wäre doch ein ziemlich ein starkes Indiz, dass du wichtig bist in deinem Leben.“

„Macht Sinn, ja.“

„Und wenn wir noch ein bisschen weitergehen. Ich kenne dein Glaubensmodell nicht, ist auch nicht wichtig, aber in den meisten Religionen gibt es so etwas wie eine Beurteilung nach dem Tod. Und das bedeutet doch, dass wir uns ziemlich wichtig sind und sein sollen. Und nicht die anderen.“

„Das stimmt.“

„Das heißt ja nicht, dass wir auf andere keine Rücksicht nehmen sollen. Aber es heißt, dass wir zuerst auf uns hören. Ich habe vor vielen Jahren einen Priester getroffen. Er war Entwicklungshelfer in Asien. Der hatte ein ganz banales Motto: „Ich kann anderen nur helfen, wenn Ihr mir auch helft.“ Mir muss es gutgehen. Ich muss genug Reis haben, dass ich welchen verteilen kann. Wenn ich keinen Reis habe, kann ich keinen verteilen. Gesunder Egoismus.
Wieso ist deine Schwester so wichtig für dich?

„Mhm, ich weiß nicht.“

„Also, ich finde es ja schön, dass wir uns da recht verstehen. Aber wenn du dir so überlegst: Okay, in meinem Leben bin ich der wichtigste Mensch. Ich helfe anderen, ich schaue nach ihnen. Aber in meinem

Leben bin ich der wichtigste Mensch. Da geht es um mich. Es kommt darauf an, was ich schlussendlich daraus mache. Ich kann Ja oder Nein sagen, aber wichtig ist, auf mich zu schauen.“

„Das stimmt.“

„Und wenn du dir mal so anschaust, Inge, mal so ganz einfach gefragt: Was hat Inge in ihrem Leben so Schlimmes gemacht, dass sie in ihrem Leben nicht der wichtigste Mensch sein darf?“

„Was geht dir durch den Kopf?“

„Nicht wirklich etwas.“

„Nicht wirklich etwas, okay. Überraschend, oder?“

„Mhmh!“

„Und wenn du dir jetzt noch überlegst, was Inge alles schon Gutes getan hat in ihrem Leben, Spannendes, Interessantes, dass sie lachen kann, andere zum Lachen bringt, da gibt es vielleicht ganz viel, oder?“

„Mhm!“

„Momente, wo sie glücklich gewesen ist. Okay? Und wenn du dir jetzt mal den Satz durch den Kopf gehen lässt: „In meinem Leben bin ich der wichtigste Mensch. In meinem Leben bin ich der wichtigste Mensch“ – wie fühlt sich das an?“

„Gut.“

„Du hast gesagt, dein Selbstvertrauen sei nicht so wahnsinnig groß. Wo hast du es denn verloren?“

„In der Schule.“

„Was ist da so Schlimmes passiert? Was hat du Schlimmes gemacht?“

„Nichts.“

„Ich frage ja nur. Ich weiß. Wenn du so überlegst, was waren das für Momente, wo dir das Selbstbewusstsein verloren ging? Was fließt dir da durch den Kopf?“

„Ich bin alleine. Traurig.“

„Alleine. Traurig. Okay. Wieso alleine und traurig? Wie alt bist du da ungefähr? Welche Klasse?“

„8.“

„Wieso bist du da gemobbt worden?“

„Wenn ich das wüsste, würde ich es anders machen.“

„Wie hat das Mobbing ausgesehen?“

„Hinter meinem Rücken wurde geredet.“

„Inge, es wird dich jetzt überraschen: Wieso bist du den Menschen, die du gemocht hast, so wichtig gewesen? Mobben ist anstrengend. Warum haben sie dich schlecht gemacht? Du warst in ihrem Kopf. Und das heißt: Du bist ihnen ziemlich wichtig gewesen. Sonst wäre es ihnen egal gewesen, was du machst.“

„Das stimmt. Und jetzt muss ich aufs WC.“

„Gut, dann machst du deine Augen auf, bist scheinbar hellwach und gehst aufs WC.“

Auch das geht: einfach Aufstehen und aufs WC gehen. Oder nach Hause. Im Fahrstuhl von 10 auf 0, ohne Anhalten. Ohne „Aufwach-“ beziehungsweise Zurückholphase!

Leserinfo: MP3-Aufnahme wurde leider zu spät gestartet, daher fehlt ein Teil des Protokolls.

[Nach dem Toilettengang machen wir einfach weiter.]

„Trägst du eine Duschhaube, damit die Haare nicht nass werden?“

„Nein.“

„Du bindest sie nur zusammen.“

„Auch nicht. Ich dusche eigentlich sowieso nur noch alle drei Tage. Und da wasche ich die Haare gleich mit.“

„Und wenn du die Haare gleich mitwäschst, genieße das Wasser auf der Haut, wie du die Haare wäschst, den Körper wäschst, abduschen, rausgehen aus der Dusche oder in der Dusche sich abtrocknen, auf den Fliesen stehen …“

„Nein, ich lege einen Teppich vorne hin.“

„Und dann eincremen, Haare föhnen – und gehen.“

„Komische Vorstellung.“

„Und wenn du so aus der Dusche gehst: Wie fühlt sich das an? Was sträubt sich dagegen?“

„Nichts.“

„Und wenn du draußen aus der Dusche bist und einfach mal so das Gefühl spürst, du bist gewaschen, kannst alles machen: Fühlt sich das gut an?“

„Mhm!“

„Kannst du dir es 2- bis 3-mal vorstellen, dass es so abläuft?

„Können wir das noch einmal zusammen machen?“

„Selbstverständlich können wir.“

„Ich gehe rein, mache das Wasser an und stell mich direkt unter die Dusche.“

„Nass, was? Ich weiß nicht, ob du zuerst die Haare wäscht.“

„Ja, und dann schäume ich den ganzen Körper ein.“

„Und dann abduschen.“

„Genau. Und rasieren.“

„Ich weiß das nicht.“

„Das wäre auch komisch.“

„Radfahrer machen das übrigens auch."

„Und die Schwimmer auch."

„Und dann so weiter ..."

„Ich nehme die Haarspülung, gehe aus der Duschkabine raus und mache noch ein bisschen Haaröl rein."

„Föhnen, kämmen, vielleicht Körperlotion, wenn du's brauchst."

„Stimmt, ja."

„Ich meine, es muss nicht unbedingt sein. Ich bin 64 Jahre alt geworden ohne. Bei Frauen ist das ganz anders, ich weiß."

„Die Haut trocknet sonst aus."

„Wie fühlt sich das an? Gut?"

„Ja."

„Und wenn du das jetzt einfach genießt und weißt: „Okay, ich kann das." Einfach ganz normal waschen und sein."

„Klingt gut."

„Ja, natürlich. Und wenn du dir das jetzt noch einmal vorstellst: abduschen, Körper und Haare waschen, einseifen, schamponieren, Haarspülung auftragen, abtrocken, Haare ölen, Föhnen, den ganzen Körper abduschen, Dusche verlassen und abtrocknen. Haare ölen, Haare föhnen."

„Das klingt gut."

„Und wenn du so durch die Händewasch-Situationen gehst."

„An diesen bin ich gerade noch dran. Die stören mich immer noch."

„Die spürst du immer noch? Okay, was spürst du noch?"

„Druck und Zwang, mich zu waschen."

„Okay. Kannst du dem Gefühl – 5, 4, 3, 2, 1, zurück, zurück, zurück – genau diesem Gefühl nachgehen? Dem Druck und Zwang, der jetzt noch da ist? Was geht dir durch den Kopf? Wohin bringt dich das?"

„Verwirrende Bilder, verschiedene Dinge, aber nichts Konkretes."

„Kannst du den verwirrenden Bildern einmal nachgehen? Wo der Ursprung ist?"

„Ich muss einfach nur Hände waschen, wenn ich auf dem WC bin."

„Okay. Und wenn du dir mal überlegst: Wie schlimm ist es?"

„Nicht schlimm. Das macht ja absolut Sinn. Ich sage das den Kindern heute ja auch."

„Dass du deine Hände wäschst?"

„Gut."

„Und wenn du die anderen Bilder mal auf dich wirken lässt: Was passiert auf den anderen Bildern, die dir durch den Kopf rasen, die verschiedensten? Was passiert da alles?"

„Ich stelle mir die Frage, was los wäre, wenn alle Menschen ihre Hände nicht waschen würden."

„Okay. Und wenn du das mal tatsächlich machst: die Hände nicht waschen. Es ist sicher nicht die angenehmste Vorstellung, aber wenn das wirklich so ein großes Problem wäre, wie wir meinen …"

„… dann würde es die Menschheit nicht mehr geben, ich weiß, ich weiß."

„… dann hätte es die Menschheit tatsächlich nicht bis heute geschafft zu überleben. Schon seit Zehntausenden von Jahren nicht."

„Dann hätten wir die Evolution nicht geschafft."

„Auch eine Katze wäscht sich ihre Pfoten."

„Meine Katze macht das sogar sehr oft."

„Aber nicht mit Seife."

„Nein, sie schleckt sie ab."

„Wenn du das mal so anschaust, okay, Hände waschen ist okay, aber stell dir mal vor, es würde niemand tun. Ich behaupte: Das wäre sicher nicht optimal, dass wir uns da recht verstehen, aber so schlimm wäre es auch nicht. Ich sag mal, für Chirurgen empfiehlt es sich nicht, ihre Erfolgsrate wäre sonst ziemlich klein."

„Genau."

„… aber im Alltag wäre es kein Problem."

„Es ist gerade eine Studie herausgekommen, der zufolge sich jeder Zweite die Hände nach dem Toilettengang nicht wäscht und die meisten es nur tun, weil ihnen jemand zuschaut."

„Okay, spannend, ja, trotzdem überleben wir es."

„Ja."

„Spannend, oder?"

„Bakterienschleuder."

„Wenn du dir überlegst, wie viel Bakterien wir brauchen, um überhaupt leben zu können …"

„Ich weiß."

„Macht auch nicht glücklich, oder? Aber es ist so. Das ist eine Symbiose."

„Sym, was?"

„Symbiose."

„Ist das was im Gehirn?"

„Das wären Synapsen. Symbiose ist Zusammenarbeit, Ergänzung, einer lebt vom andern. Und wenn du für dich jetzt nochmal so zurückgehst zu den Bildern. Hände waschen. Deine Cousine erzählt dir: „Stell dir vor, niemand würde sich die Hände waschen." Das musst du dir jetzt nicht vorstellen. Das ist nicht die schönste Vorstellung, Aber wenn du dir mal überlegst: Es würde auch nicht so viel passieren, wie du meinst."

„Die Bauarbeiter in Indien überleben es nicht."

„Also, als ich vor 40 Jahren dort war, haben sie morgens und abends die Hände gewaschen, wenn sie Wasser gehabt haben. Das ist Luxus."

„Zum Glück lebe ich nicht in Indien."

„Wenn du dir mal den Satz deiner Cousine noch einmal durch den Kopf gehen lässt. Wie schlimm ist das im Moment?"

„Was ich nicht weiß, macht mich nicht heiß. Ein altes Motto."

„Richtig, die Frage ist: Wie schlimm ist es tatsächlich?"

„Nicht so schlimm."

„Ich mach es verträglich. Ich muss es nicht lässig finden, aber ich halte es aus, ich überlebe es. Es schadet mir nicht. Es könnte sein, dass dich das sogar stärker macht." „What doesn't kill you, makes you stronger." „Und wenn du jetzt noch mal diesen Zwang anschaust."

„Ich habe ihn immer noch."

„Du hast ihn immer noch? Okay. Und wenn du diesem Gefühl noch einmal nachspürst – und 5, 4, 3, 2, 1, zurück, zurück, zurück, ich tipp dir auf die Stirn, dem Gefühl, genau dem Gefühl nach zurückgehst bis dahin, wo es, dieser Zwang entstanden ist: Wohin bringt dich das? Welches Ereignis?"

„Großmutter beim WC putzen."

„Okay."

„Und da verbinde ich noch etwas damit, aber ist mir gerade wieder entfallen."

„Okay. Wie alt ist deine Großmutter geworden?"

„80."

„Na, das ist doch gar nicht schlecht, oder? Wie hast du vorhin auf Englisch sinngemäß gesagt: Was dich nicht umbringt, das macht dich stärker. Ich bin mir aber sicher, sie hat ihre Hände danach gewaschen."

„Da bin ich mir auch ziemlich sicher, auch wenn ich mich nicht daran erinnern kann, das gesehen zu haben."

„Was bedeutet das für dich, dass die Großmutter das WC geputzt hat?"

„Dass sie mich kennt – und dass sie auf einem Bauernhof aufgewachsen ist."

„Die Großmutter musste mit bloßen Händen das WC putzen. Gummihandschuhe gibt es noch nicht so lange – und sie waren damals noch superteuer."

„Das war vor meiner Zeit."

„Okay. Was geht dir durch den Kopf im Moment? Wie fühlt sich das an, wenn du die Bilder siehst? Ist das wirklich so eklig?

„Ja, das ist eklig, aber das ist ja eh das Problem."

„Vor allem finde ich es bemerkenswert, dass es der Großmutter ja ganz offenbar nichts gemacht hat, sie nicht krank davon wurde, geschweige denn daran gestorben wäre."

„Nein. Die Oma hat ja auch selber Kälber geschachtet."

„Wenn sie es nicht gemacht hätte, hätten alle nichts zu essen gehabt. Das ist ganz banal. Also wenn du dir das Bild noch einmal anschaust: Wenn du bedenkst, wie alt sie geworden ist und dass sie vermutlich Zeit ihres Lebens recht gesund war: Ist es wirklich so schlimm?“

„Ich sehe gerade vor mir, wie Großmutter mit dem Küchenmesser Jagd auf Schnecken macht.“

„Das ist auch nicht gerade die feine Art. Andere machen das mit Salz.“

„Das kommt doch aufs Selbe raus: Die Viecher sind dann tot.“

„Und wie geht es dem Zwang im Moment?“

„Ich spüre ihn immer noch.“

„Wie stark spürst du ihn?“

„4. Ich suche die ganze Zeit nach Sätzchen, die ich sagen und wiederholen könnte, wenn der Zwang kommt.“

„Mach das nicht. 5, 4, 3, 2, 1, wir gehen genau dem Gefühl noch einmal mal nach, dem Zwang, dort wo er entstanden ist. Inge, wohin bringt dich das?“

„Ins Nichts.“

„Wie fühlt sich das Nichts an?“

„Komisch.“

„Komisch was? Komisch gestresst, komisch entspannt? Komisch?“

„Komisch, weil es sich so anfühlt, als seien meine Hände immer noch schmutzig. Ja, es ist, als ob du weißt, dass etwas megadreckig ist und du wäscht es ab und weißt, dass es nun sauber ist, du aber trotzdem das Gefühl hast, es sei noch immer schmutzig. Irgendwie so.“

„Verstehe. Wenn du mal so überlegst: Was ist überhaupt so furchtbar an deinen Händen?“

„Ich habe sie gewaschen, dann eingecremt, weil sie so trocken sind.“

„Und wenn du dir vorstellst: Was war denn vorher so schlimm an ihnen?“

„Bakterien von der Klobrille wahrscheinlich.“

„Bakterien von der Klobrille, okaaaay.“

„Ich weiß, am Handy sind mehr Bakterien. Oder auf Computertastaturen und in Küchenspülen. Okay, ist halt das Risiko.“

„Und wenn du deine Hände jetzt nochmal spürst. Wie stark ist das Gefühl noch?“

„Vielleicht 3“.

„Okay. 5, 4, 3, 2, 1, diesem Gefühl nach, zurück, zurück, zurück, diesem Gefühl der Hände, die gewaschen, aber trotzdem nicht ganz sauber sind. Wohin bringt dich das?“

„Toter Vogel.“

„Und wenn du den toten Vogel auf dich wirken lässt: Was passiert dann?“

„Den hab ich mal irgendwo gefunden."

„Was ist so schlimm an dem toten Vogel?"

„Ich kann ihn nicht anfassen, da er schmutzig ist. Ich habe ihn vergraben."

„Toter Vogel, okay. Ich denke mal: So schlimm kann das doch auch nicht sein, oder? Was ist so schlimm an toten Tieren?"

„Ich finde auch tote Menschen irgendwie nicht sexy."

„Das hat auch niemand behauptet – und es wäre ein wenig arg schräg, wenn es anders wäre. Sieh es doch einfach so: Tote Tiere sind einfach tot. Punkt. Und du hast durch das Vergraben des Vogels einigen anderen Tieren ein Festessen bereitet. Und die haben es genossen. Also, was ist so schlimm daran?"

„Ich weiß nicht. Der Vogel wurde sicher von einer Katze angefressen. Er sah nicht mehr „ganz" aus. "

„Wie fühlt sich das im Moment an?"

„4"

„Was ist so schlimm an einem toten Vogel?"

„Ja, er ist tot."

„Ja wenn er tot ist, brauchst du erst Recht keine Angst vor ihm zu haben."

„Mir sind lebende Sachen aber lieber als tote."

„Mir ist es aber lieber, wenn er fliegt und pickt."

„Ja, aber der Vogel bewegt sich nicht."

„Und wenn du das noch mal so anschaust: Du bist stolz, hast den Vogel begraben, eine kleine Zeremonie abgehalten, deine Hände gewaschen und gut war es. Bist du Schuld am Tod des Vogels?"

„Nein."

„Okay, gut."

„Auch nicht an dem der Mäuse, die meine Katze bringt, auch wenn ich die immer zu retten versuche, wenn sie noch am Leben sind – durch einfangen und aussetzen."

„Wie geht's dem Zwang im Moment?"

„Er ist immer noch da und ich habe immer noch das Bedürfnis, mein Sätzlein dagegen aufzusagen: Ich bin sauber!"

„Nicht machen, nicht machen! Ich möchte, dass es auch ohne Sätzlein gut ist. 5, 4, 3, 2, 1, zurück, zurück, zurück, immer dem Gefühl nach „Meine Hände sind noch nicht ganz sauber, ich muss sie noch einmal waschen." Wenn du diesem Gefühl noch einmal nachgehst, zurück, zurück, zurück, dahin, wo dieses Gefühl entstanden ist: Wohin bringt dich das?"

„Zum Stall des Meerschweinchens meiner Schwester, der ich beim Ausmisten helfe. Ich habe alles ausgeleert und sauber gemacht mit Putzmittel und so. Das haben wir so gründlich jedes halbe Jahr gemacht."

„Wie fühlt sich das an?"

„Ein bisschen eklig."

„Was ist so eklig daran?"

„Sie haben da reingepinkelt und gesch..."

„Okay, ja. Dass die Meerschweinchen das überlebt haben ..."

„Ja, es sind halt Meerschweinchen. Die hatten keine andere Wahl."

„Trotzdem haben sie es überlebt."

„Das stimmt."

„Und wenn du dir so überlegst: Wir haben geputzt, Hände gewaschen. Die Meerschweinchen kamen zurück in einen sauberen Stall und gut war's."

„Ja."

„Wie fühlt sich die Meerschweinchen-Geschichte im Moment an?"

„Nicht schlimm. Die Meerschweinchen haben sich jedenfalls immer gefreut, weil sie frisches Wasser und Heu bekommen haben."

„Das wissen wir nicht. Das ist nur eine Annahme."

„Sie sind jedenfalls immer gerannt."

„Wie geht's dem Zwang?

„Er ist noch da. Das ist schwierig zu erklären."

„5, 4, 3, 2, 1, zurück, zurück, zurück. Diesem Gefuhl nach. Zurück, zurück, zurück in deiner Geschichte, dahin, wo das Gefühl schon viel früher da war, zum Ursprung dieses Gefühls. Wohin bringt dich das?"

„Klebrige Hände."

„Und wenn du die klebrigen Hände mal auf dich wirken lässt: Wo ist das? Wieso sind sie klebrig?"

„Etwas Pinkenes. Ich habe Pink noch nie gemocht."

„Etwas Pinkenes, Klebriges also in deiner Hand. Wie bist du das denn losgeworden?" „Durch Hände waschen, aber es hat sich angefühlt, als ob es trotzdem noch da wäre." „Was war es? Leim? Honig kann es nicht gewesen sein, der ist nicht pinkfarben."

„Keine Ahnung. Honig hatten wir fast nie zu Hause."

„Was es auch immer ist: Wenn du es für dich noch einmal so anschaust: Du hast dir die Hände gewaschen. Wie weg ist es jetzt? Stimmt's überhaupt? Das Pink scheint weg zu sein, oder?"

„Es ist mehr so ein Gefühl."

„Wenn du deine Hände jetzt einfach mal abtrocknest, mit einem Tüchlein und wie sich das Trockenmachen anfühlt, das Gefühl von Leichtigkeit. Und dass du weißt, es ist gut. Also bei mir ist so, dass wenn ich die Hände lange und intensiv wasche, ich das Gefühl habe, die Haut wird weich und fühlt sich ein wenig klebrig an."

„Großmutterhände."

„Woher kennst du das?“

„Von der Badewanne.“

„Wie geht's dem Zwang?“

„Schwer zu sagen.“

„Schwer zu sagen, okay.“

„Ich versuche Kompromissverhandlungen mit ihm zu führen.“

„Mach das nicht. Stell dir lieber vor, dass deine Hände einfach sauber sind.“

„Ich darf mir das nicht sagen.“

„Nicht sagen, vorstellen! Das sind zwei paar Stiefel. Wie ist das bei dir: Wenn du es sagst, stellst du dir es dann auch vor?“

„Nein.“

„Und wenn du dir mal bewusst vorstellst, dass deine Hände sauber sind.“

„Ich sehe es nicht.“

„Du kannst ja einfach mal die Augen aufmachen und deine Hände begutachten.“

„Ich bring die Augen nicht auf.“

„Okay, 3, 2, 1, ich tipp dir auf die Stirn. Du kannst die Augen aufmachen.“

„Doch, jetzt geht's. Schaut sauber aus. Die Hände fühlen sich auch so an.“

„Sie sind sauber.“

„Das stimmt.“

„Du weißt, dass deine Hände nach dem Waschen sauber sind. Daran gibt es keinen Zweifel.“

„Das stimmt.“

„Jetzt schließe deine Augen wieder und lass dich tiefer sinken. „Es gibt keinen Zweifel, dass deine Hände nach dem Waschen sauber sind. Du kennst das Gefühl von Sauberkeit. Es fühlt sich gut an, saubere Hände zu haben. Sie sind nach dem Waschen einfach sauber. Abtrocknen, eincremen – es fühlt sich einfach gut an. Die Hände sind sauber, sie sind perfekt sauber.“

„Man kann aber immer etwas machen, dass sie wieder schmutzig sind.“

„Was kann man machen?“

„In die Haare greifen, beispielsweise.“

„Aber du bist doch gewaschen. Du kannst doch mit sauberen Händen dir ins Haar greifen.“

„Ja, schon.“

„Und wenn du einfach mal das Gefühl genießt, saubere Hände zu haben.“

„Sie schmecken sauber.“

„Sie schmecken nicht sauber, sie sind es.“

„Das stimmt. Dass immer das Wissen einfach da ist.“

„Sie sind sauber.“

„Wenn du das für dich einfach noch einmal so anschaust. Waschen. Einfach normal die Hände waschen. Nicht Finger für Finger für Finger und Falte für Falte."

„Falten? Ich habe doch keine Falten."

„Die Linien. Mach die Augen auf. Siehst du? Da sind doch, wenn man die Hände einknickt, so Falten."

„Aha, ja. Das ist ja faszinierend."

„Und wenn du den Zwang suchst: Wie stark ist der im Moment?"

„Es ist so ein Gefühl, als ob ich mich an das Gefühl erinnere. Und dann ist es, als ob es wieder aufkommt. Aber es ist nicht wirklich da."

„Aber es ist nicht wirklich da. So ist es richtig. Gut. Du kannst dich nicht mehr genau daran erinnern, wie es gewesen ist. Das wäre komisch."

„Ja, ich hasse Erinnerungslücken. Ich habe nur eine in meinem Leben. Ich kann sie auf den Tod nicht ausstehen."

„Hast du zu viel getrunken gehabt?"

„Nein."

„Nein? Was dann?"

„Ich habe eine Beruhigungstablette bekommen vor einer Nierenoperation. Ich hatte deswegen einen Filmriss."

„Das haben wir alle in dieser Situation."'

„Ich weiß, aber ich finde einen Filmriss einfach unangenehm."

„Ich auch, weil ich mal einen Filmriss hatte, da bin ich dann neben einer Frau aufgewacht, die ich nicht kannte."

„Das ist auch doof."

„Und wenn du dir das mal so vorstellst: Okay, du bist eingeschlafen, aufgewacht und alles war gut."

„Ja, ich konnte meine Niere anschauen."

„Spannend, ich habe meine Niere noch nie gesehen. Und wenn du dir das mit dem Waschen noch einmal so vorstellst, dass du dir die Hände wäschst, ganz normal, nicht Finger für Finger, sondern die ganze Hand, überall einreibst, innen und außen, ein, zwei Minuten, wie von den Spezialisten empfohlen, was schon ziemlich lang ist. Dass du dann aufhörst, die Hände spürst, abtrocknest und rausgehst: Wie fühlt sich das an?"

„Komisch, ungewohnt."

„Ungewohnt, okay. Und wenn du so draußen bist: Kannst du es genießen?"

„Jaah."

„Und wenn du jetzt weißt, voller Überzeugung: Ich bin nach dem Hände waschen sauber. Daran gibt es keinen Zweifel. Ich weiß das mit dem Verstand, ich weiß das mit dem Unterbewusstsein, ich weiß das mit jedem Körperhaar, mit dem ganzen Ich. Ich kann mich waschen, ich kann mich duschen und ich bin sauber und gesund. Fühlt sich das gut an?"

„Ja.“

„Und wenn du dir mal so vorstellst, Inge, so durchs Leben zu gehen.“

„Das machen wir doch!“

„Machen wir doch, okay! Und wenn du jetzt mal so zurückgehst zu den zwei Auslandsgeschenken deiner Freundinnen. Wie fühlt sich das an?“

„Komisch.“

„Komisch? Und wie stark stresst es dich? Zwischen komisch und stressig ist für mich ein Unterschied.“

„Es stresst mich.“

„Wie stark stresst es dich?“

„Nicht stark.“

„Und 5, 4, 3, 2, 1, ich tipp dir auf die Stirn, genau dem Gefühl nach, zurück, zurück, zurück in einer Geschichte, dahin, wo der Stress, das Gefühl, die Angst ihren Ursprung haben: Wohin bringt dich das?“

„Flugzeug.“

„Flugzeug, okay. Welches und wohin geht der Flug?“

„ **Keine Ahnung. Das WC ist schmutzig.“**

„Wieso weißt du das?“

„Weil ich es benutzt habe.“

„Ich find es vor allem sehr eng. Aber das ist eine andere Geschichte.“

„Eng geht ja noch, aber das Toilettenpapier war auf dem Boden und es war dreckig.“

„Gut, dass das nicht auf jedem Flug so ist.“

„Nein.“

„Und außerdem kannst du auf dem WC mit Seife die Hände waschen und mit Papier abtrocknen. Und gut ist.“

„Genau.“

„Bist du deswegen schmutzig?“

„Nein.“

„Wenn du jetzt das für dich noch einmal durch den Kopf gehen lässt: die beiden Päckchen der Freundinnen. Wie fühlt sich das an?“

„Anders.“

„Anders, okay. Anders heißt: schlechter oder besser?“

„Besser. Aber es stresst mich immer noch.“

„Es stresst dich immer noch. Was stresst dich?“

„Ich weiß nicht.“

„Und wenn du in dem Stress noch einmal zurückgehst, 5, 4, 3, 2, 1, zurück, zurück, zurück, in dieser Geschichte, dahin, wo dieser Stress entstanden ist. Wohin bringt dich das, Inge?“

„Ibiza, Gran Canaria, irgendeine Insel.“

„Was passiert da?“

„Ich kann dort das Wasser aus dem Hahn nicht trinken, weil es nicht sauber genug ist.“

„Was bedeutet das für dich?“

„Das Wasser ist schmutzig. Nicht so sauber wie daheim.“

„Was sagt dein Verstand denn dazu?“

„Käse. Wasser ist Wasser. Du musst es nicht trinken, aber zum Hände waschen reicht's.“

„Ich würde sagen, solange du eine Seife hast, ist es ohnehin gut.“

„Genau.“

„Der Unterschied ist nicht groß, aber er ist da. Und wenn du dir die Geschichte noch einmal anschaust: Okay, du hast es überlebt.“

„Ja, sonst wäre ich ja nicht da.“

„Du wärst sonst nicht da, okay. Du hast meine Argumente schon ganz gut verinnerlicht. Und wenn wir noch einmal zurückgehen zu der Geschichte mit den beiden Paketen. Wie fühlt sich das an?“

„Anders.“

„Anders, okay. Und wenn du die beiden Pakete nun entgegennimmst und das einfach genießt, dich darüber freust, dass du sie bekommen hast: Stimmt das für dich?“

„Ja. Und wenn sie schmutzig wären, könnte ich sie ja abputzen und die Hände waschen.“

„Wenn sie schmutzig wären, könnte ich sie ja abputzen und die Hände waschen, ja klar. Darf ich fragen, was deine Freundinnen dir so Leckeres geschenkt haben?“

„Ein I-love-Rio-T-Shirt.“

„Und wenn du dir so überlegst: Okay, im besten Fall ist es in Rio nicht einmal ausgepackt worden.“

„Doch, aber ich kann es ja waschen – und meine Hände auch.“

„Und gut ist's. Und fühlt sich das jetzt auch so unkompliziert an?“

„Ja.“

„Okay. Und wenn du das Geschenk in Empfang nimmst für deine Sammlung und dich freust? Wie fühlt sich das an? Gut?“

„Ja.“

„Und wenn du jetzt noch die „Zonen zu Hause“ testest: das Büro des Vaters, den Koffer: Wie fühlt sich das an?“

„Ungewohnt, ich spüre es in den Beinen.“

„Du spürst es in den Beinen, okay. Und 5, 4, 3, 2, 1, genau dem Gefühl nach, zurück, zurück, zurück, dahin, wo das Gefühl herkommt, das du in den Füßen spürst. Was spürst du in den Füßen? Wohin bringt dich das?“

„Keine Ahnung. Es erinnert mich an das Gefühl, wenn ich im Dreck, Schlamm stehe.“

„Wo bist du denn im Schlamm gestanden?

„Ach, schon überall, bis ich zehn Jahre alt war."

„Okay, wenn du so überlegst: Du bist zehn Jahre alt geworden? Das überrascht mich jetzt ... So alt, trotz des ganzen Schlamms? Ich weiß nicht, wie es für dich ist, aber das fühlt sich doch angenehm an. Das hat Spaß gemacht. Und wenn du dir so überlegst: Kinder wühlen doch gerne im Schlamm herum."

„Na ja, Vater hat mir die Beine mit dem Schlauch abgespritzt. Das war kalt."

„Das kann ich mir vorstellen, ja. Und wenn du dir mal überlegst, okay: Das ist doch gar nicht so schlecht, denn der Dreck war weg."

„Ja, das sagt mein Verstand."

„Und dein Unterbewusstsein weiß, dass du starke Abwehrkräfte hast. Beide können dir Sicherheit geben. Du hast es x-mal gemacht, x-mal überlebt. Wie fühlt sich das im Moment an?"

„Gut."

„Und wenn du jetzt noch mal zurückgehst in die Zonen daheim: Wie fühlt sich das in den Beinen an?"

„Normal. Oder fast normal. Verblasst."

„Und wenn du das jetzt mal genießt und ... mir geht einfach ein Gedanke durch den Kopf: Hast du im Moment einen Freund?"

„Nein."

„Einen gehabt?"

„Ja."

„Wie ist das gewesen mit ihm?"

„Inwiefern?"

„Ja bezüglich deines Waschzwangs."

„Er hat es gewusst."

„Das nehme ich an."

„Keine Ahnung. Das ist ewig her."

„Und wenn du für dich jetzt noch einmal zurückgehst, so wie vorher, erinnerst du dich? Als du auf dem WC gewesen bist und die Hände gewaschen hast. Ganz einfach kurz die Hände waschen, abtrocknen, rausgehen: Wie fühlt sich das jetzt an? Ohne einzeln die Finger, jede einzelne Falte extra zu waschen?"

„Gut. Sehr gut."

„Okay. Und wenn du das jetzt so anschaust und genießt: Zuhause. Die „Zonen", die es da gibt. Dass sie ohne Macht sind, dass du die Erinnerung daran einfach löschen und vergessen kannst. Dass du dich überall im Haus frei bewegen kannst, frei bist, dass du dich aber auch waschen kannst: Wie fühlt sich das im Moment an?"

„Entspannt."

„Und wenn du mal ganz bewusst alle deine Zwänge beiseitelässt, dich einfach wäschst, pflegst und gehst: Wie fühlt sich das an?"

„Ich kann es mir nicht vorstellen."

„Einfach waschen, abtrocknen, mit der Creme einschmieren, rausgehen."

„Ich stelle mir das anstrengend vor, zunächst, dann aber entspannt."

„Entspannt, okay. Und wie fühlt sich das Duschen jetzt an? Entspannt?"

„Ja."

„Und wenn wir das mit dem Händewaschen noch einmal durchexerzieren: waschen, seifen, du machst die Hände nass, einseifen, waschen, innen und außen, zwischen den Fingern, die Handgelenke; dann spülst du ab, trocknest ab, cremst die Hände ein, verlässt das Bad: Was passiert da bei dir??"

„Sehr gut."

„Und wenn du morgens aufstehst. Das ist ja unterschiedlich. Manche bleiben bis zum letzten Augenblick liegen. Wie ist das bei dir? Du gehst ins Bad, wäschst dich, Hände waschen. Wie sieht dein Morgenritual aus?"

„Was?"

„Dein Morgenritual im Bad?"

„Ach so. Liegen bleiben, bis es nicht mehr geht, dann aufs WC und schließlich auf den Bus rennen."

„Ja, das kenn ich. Ich habe vier Kinder. Da gab es im Bad immer Hektik."

„Wie viele Frauen?"

„Drei."

„Ja gut, dann wundert mich das nicht."

„Und wenn du dir es noch einmal anschaust: waschen, kurz und bündig, dann gehen. Fühlt sich das richtig an? Oder wie stark fühlst du den Stress?"

„Was passiert bei dir, Inge?"

„Ich bin gerade abgedriftet."

„Ich habe es dir angesehen. Und wenn du so bedenkst: waschen, einseifen, abtrocknen, gehen: Wie fühlt sich das an?

„Sehr gut."

„Und wenn du das für dich jetzt machst, und gehst … Wer ist der wichtigste Mensch in deinem Leben?"

„Ich."

„Fühlt sich das auch so an?"

„Mhmh."

„Ziemlich gut, gell?"

„Ja."

„Okay. Ich möchte dich damit nicht zum Super-Egoisten machen, sondern dir einfach bewusst machen, dass du dein eigenes Leben leben darfst. Alles andere wäre ziemlich anstrengend.“

„Ja.“

„Okay. Und wenn du, Inge, das jetzt noch einmal so anschaust, dir deine Gefühlswelt durch den Kopf gehen lässt: Wie fühlt sich das an?“

„Ausgeglichen – und müde.“

„Ich frage dich jetzt ganz banal: Kannst du dir verzeihen, dass du einen Waschzwang gehabt hast?“

„Ja, ich kann es.“

„Ich habe noch ein Thema im Kopf, von dem du gesprochen hast: verlorenes Selbstbewusstsein durch Mobbing in der Schule. Wenn du dir das mal so anschaust: Was machen die Kollegen von damals heute?

„Es tut ihnen leid.“

„Geht es denen besser als dir?“

„Nein.“

„Komisch, oder?“

„Sie sind zwischenzeitlich erwachsen geworden.“

„Sie haben sich verändert.“

Mobben ist ja ein recht großer Aufwand. Ich möchte, dass du dir bewusst wirst, dass du zwar das Opfer, ihnen aber wichtig gewesen bist, sonst hätten sie diesen Aufwand nicht betrieben.“

„Ich hätte mich ab und zu wehren können. Aber es ist okay – und vorbei.“

„Und wenn du so anschaust, was du alles geschafft hast in deinem Leben.“

„Dann bin ich stolz.“

„Gar nicht so schlecht, oder?“

„Nein. Es ist nicht nur nicht schlecht, sondern gut.“

„Und wenn du dir so anschaust, dir bewusst wirst: Ich bin eine tolle, attraktive, junge Frau, die frei ist und ihr Leben genießen darf, in ihrem Leben der wichtigste Mensch ist.“

„Das ist richtig so.“

„In meinem Leben bin ich der wichtigste Mensch. Kannst du deiner Mutter verzeihen?“

„Habe ich schon lange.“

„Vater? Schwester sowieso, oder? Und wenn du deinen Zwang nicht ausführst: Wie fühlt sich das an?“

„Who cares? Wen interessiert's?“

„Dann möchte ich, dass du dich tiefer sinken lässt, ganz tief; dass du weißt, ganz tief in dir drin, in jedem Haar, in jeder Zelle, Faser, in jedem Gen: „Ich bin sauber. Ich bleibe sauber. Ich bin perfekt, so wie ich

bin, gut, liebenswert. Und du weißt: Du bist sauber und du bleibst sauber, du darfst dein Leben leben, unbeschwert. Du bist in deinem Leben der wichtigste Mensch. Und ganz tief in dir drin spürst du, weißt du, dass du sauber bist, dass es dir gut geht. Du bist sauber. Du bist gut, so wie du bist. Du bist perfekt, so wie du bist. Du bist liebenswert, so wie du bist. Du bist ganz normal.“

„Normal? Nein.“

„Das habe ich fast vermutet. Du bist normal.“

„Ich bin nicht normal, aber meinen Zwang brauche ich nicht.“

„Und dann zähle ich von 3 auf 1 und bei eins tippe ich dir auf die Stirn, du machst deine Augen auf, bist hellwach, entspannt, fühlst dich gut. 3, 2, 1, ich tipp dir auf die Stirn. Du machst deine Augen auf, bist hellwach, voll entspannt, relaxt, voller guter Gefühle und du weißt, dass du sauber bist. Du bist einfach sauber und du weißt: Einmal waschen reicht. Ich vergesse meinen Zwang, vergesse die ganzen Rituale. Ich brauche sie nicht mehr. Ich bin frei.“

„Klingt gut.“

„Es ist gut.“

2.7 Bericht eines Klienten

Stefan (50): Lähmende, unbestimmte Ängste

Fliegen ist ja so einfach!

Zugegeben, ich bin sicher nicht der typische Klient. Obwohl, typischer Klient: Wer oder was soll das schon sein für einen so routinierten Hypnosetherapeuten wie Hanspeter? Nach so vielen Hypnosen, wie er sie schon gemacht hat, gibt es nichts mehr, was es nicht gibt. Typisch ist da sicher irgendwie alles. Oder eben nichts.

Jedenfalls war die Hypnosesitzung bei Hanspeter nicht meine erste. Ich hatte schon ein paar Sitzungen bei einer seiner Kolleginnen hinter mir. Sie waren wirksam und hilfreich bei meinem damaligen Problem: mittelschwere Depressionen nach beruflichem und privatem Scheitern. Ich kam wieder auf die Beine, doch mit der Zeit hatte sich gezeigt, dass irgendwas zurückgeblieben sein musste. Alte Ängste schlichen sich wieder ein, fraßen sich durch meinen Körper wie die Raupe Nimmersatt aus der Kindergeschichte, die ich als kleiner Junge so sehr geliebt habe. Ängste, die den Alltag belasteten, mich lähmten, regelrecht verschnürten, das Kopfkino befeuerten und am Laufen hielten.

Ich machte also wieder einen Hypnose-Termin – dieses Mal bei Hanspeter. Seine Praxis in Bad Zurzach liegt unscheinbar in einer ruhigen, gepflegten Wohngegend mit schicken Einfamilienhäusern. Rosarotes, helles Haus. Oben wohnt Hanspeter mit seiner Frau. Unten im Souterrain praktiziert er. Das Vorgespräch konnten wir kurz halten. Ich wusste ja schon, wie Hypnose funktioniert, dass mir nichts passieren kann. Ich erzählte meine Geschichte, beschrieb mein aktuelles Problem – ich wusste ja schon, worauf es ankam. Hanspeter schrieb fleißig mit wie ein Journalist beim Interview, der sein Aufnahmegerät vergessen hat. Ein bisschen nervös war ich trotzdem. Also, noch einmal kurz aufs WC...

Ich schließe die Augen – ich kann nicht anders

Der Therapieraum von Hanspeter ist mir in angenehmer Erinnerung: hell, freundlich, Bilder an der Wand und eine Uhr, die unaufhörlich tickt – und die mich während meiner nun folgenden Reise ins Unterbewusstsein begleiten sollte. Ich lege mich auf die schwarze Liege. Nein, danke, keine Decke. Es geht so. Hanspeter beginnt mit der „wichtigsten Frage für heute":

„Bist du einverstanden damit, dass wir jetzt eine Hypnose machen?"

Ich bejahe. Hanspeter bestätigt der Vollständigkeit halber noch einmal:

„Du kannst nichts falsch machen, aber mitmachen."

Er lässt mich tief einatmen, die Augen schließen, wieder tief einatmen, langsam ausatmen, immer tiefer – „wie es für dich richtig ist“:

> *„Du kannst dich vielleicht daran erinnern, wie tief entspannt du das vorige Mal warst. Total entspannt. Du kannst dieses Gefühl wieder abrufen, dieses in dich hineinversinken lassen, für den Moment durch den Kopf gehen lassen: „Ich muss ja gar nicht. Ich kann einfach sein.“ Und dann möchte ich, dass du dich mal auf deine Augen konzentrierst. Auf deine Augenlider, um genau zu sein.“*

Das Wort „Augen“ betont Hanspeter stark, er senkt dazu die Stimme. Diese wird fest, bestimmt. Ich kann deshalb gar nicht anders, als mich auf meine Augen zu konzentrieren. Suggestion durch Überzeugungskraft. So überzeugend, dass ich mich noch Tage nach der Sitzung genau daran erinnern kann, was Hanspeter zu mir gesagt hatte. Das beeindruckt mich noch heute: Man liegt da, als ob man schliefe, spürt nichts, bekommt nichts mit und weiß doch hinterher alles. Ich habe die ganze Sitzung lang nur die tickende Uhr gehört – und Hanspeters Stimme. Er fährt fort:

> *„Bitte entspann all deine Muskeln rund um deine Augen, bis du deine Augen nicht mehr öffnen kannst. Und wenn du sicher bist, dass du die Muskeln soweit entspannt hast, dass sie dir nicht mehr folgen wollen, dann testest du deine Augenlider, um sicher zu sein, dass du sie nicht mehr öffnen kannst.“*

Ich versuche, die Augen zu öffnen. Mehr als ein leichtes Blinzeln gelingt mir nicht. Die Augen wollen mir nicht folgen. Sie bleiben geschlossen.

Wer drückt denn da? Ich fühle Hypnose

Hanspeter lässt mich tiefer sinken, genießen, entspannen. Ich glaube, ich war sehr schnell sehr tief. Und es fühlt sich auch dieses Mal an wie – ja wie eigentlich? Gut auf jeden Fall, angenehm. Ich bin von Wärme und positiver Energie durchflossen. Fühle mich einerseits leicht, so, als ob ich über den Wolken schweben würde, andererseits aber auch schwer, so, als ob mich jemand in die schwarze Liege drücken würde. Ich sinke tiefer. Kein Problem, ich will ja gar nicht aufstehen. Denn, ja, ich genieße es einfach, denn ich will es zulassen, lasse es einfach geschehen. Ich mach meine Augen auf und wieder zu. Und lasse mich tiefer sinken, entspanne mich weiter – wie Hanspeter sagt: vom Kopf bis zu den Zehenspitzen. Ja, es fühlt sich einfach nur gut an.

Dann greift Hanspeter nach meiner linken Hand, hebt sie ein bisschen hoch:

> *„Ich möchte schauen, wie entspannt dein Arm, wie entspannt du bist. Lass es mich machen. Wenn ich die Hand loslasse, wird sie herunterfallen wie ein nasser Lappen. Oder wie zu weich gekochte*

Spaghetti. Ich mach es noch einmal. Du hilfst mir nicht. Perfekt! Wir haben die körperliche Entspannung, die wir brauchen.“

Nun macht Hanspeter unvermittelt ein wenig Aufklärungsunterricht:

„Ich möchte, dass du weißt, dass der Mensch sich auf zwei Arten entspannen kann: körperlich und mental.“

Warum er mir das sagen will? Ich denke in diesem Moment nicht darüber nach. Überhaupt denke ich nicht. Nichts. Ich bin einfach nur fokussiert und schwebe irgendwie über den Dingen. Nicht von dieser Welt.

„Du hast bereits bewiesen, dass du körperlich sehr gut entspannen kannst.“

Auch über diesen Satz des Therapeuten mache ich mir gar keine Gedanken. In diesem Moment bin ich einfach nur Geist. Oder ich selber.

„Erlaube mir nun, dass ich dir zeige, wie du mental entspannst.“

Diese Erlaubnis erteile ich natürlich. Ich will es erfahren, schließlich fühlt sich die körperliche Entspannung schon mal sehr gut und richtig an. Und wie? Das soll sich sogar noch besser anfühlen? Das suggeriert mir Hanspeter zumindest. Ich denke auch darüber nicht nach und lasse es einfach geschehen – so, wie mir es der Hypnosetherapeut geraten hatte.

Gleich wird er mich auffordern herunterzuzählen: 100.

„Mit jeder Zahl, die du sagst, verdoppelt sich deine körperliche und mentale Entspannung.“

Hanspeter betont das 3-mal. Ein viertes Mal. Und er rät mir, unwichtige Zahlen zu überspringen. 81. Nichts weiter. Jetzt wartet er ein paar Sekunden. Nichts. Bereits zu entspannt, um etwas zu sagen? Der Therapeut dreht den Spieß um.

„Mit jeder Zahl, die ich sage, wirst du doppelt so entspannt sein als bislang.“

Kurze Pause.

„10, 9. Mit jedem Ausatmen lässt du dich einfach ein wenig tiefer sinken. Mit jedem Ausatmen während der Sitzung sinkst du tiefer und tiefer.“

Hanspeter spricht auch diesen Satz, leicht variiert, ein drittes Mal.

„8…7…6.“

Er verstärkt meine Fokussierung, indem er nun auch die Außenwelt miteinbezieht in die Entspannung:

„Durch jedes Geräusch während der Sitzung wirst du tiefer und tiefer sinken. Oder anders ausgedrückt: Du machst jedes Geräusch zu einem Zeichen, mit dem du tiefer sinkst.“

Die tickende Uhr hilft mir dabei.

Auch diesen Satz sagt Hanspeter 2-mal. Dann:

„5…4…3…Jeder Herzschlag lässt dich tiefer sinken."

Und den Satz noch einmal:

„2…1…und tiefer und tiefer."

Ich genieße es ganz einfach, total entspannt zu sein. Je tiefer ich sinke, desto besser fühle ich mich. Und je besser ich mich fühle, desto tiefer sinke ich.

Tickende Uhr ohne Zeit

Wie lange das jetzt gedauert hat? Ich weiß es nicht. Und frage mich das auch erst jetzt beim Schreiben, denn auf Hanspeters Liege war das kein Thema. Zeit ist da keine Dimension. Ich habe erst hinterher beim Blick auf die tickende Wanduhr gesehen: Insgesamt war es zirka eine Stunde. Ich dachte, es waren vielleicht zehn Minuten. Wie man sich doch irren kann…

Ich erreiche auf der Reise in mein Innerstes ein erstes Ziel:

„Nun, Stefan, könnte ich mir vorstellen, dass auch du einen wunderschönen Sandstrand am Meer genießen kannst, dein privater Strand, niemand ist da außer dir. Und wenn du diesen Sandstrand siehst vor deinem inneren Auge, dann gib mir ein Zeichen mit deinem dominanten Zeigefinger."

Ich lande… auf Sardinien. Hanspeters Sätze führen mich zurück an einen Strand, an dem ich im Sommer zuvor war: Palau. Weißer Sand, Wärme trotz Mistral. Dort gehe ich im Geiste nun spazieren. Mein rechter Zeigefinger geht hoch…

Am Strand von Palau kommen die Emotionen

Hanspeter führt mich nun über den Strand:

„Du spürst den Sand unter deinen Füßen. Du spürst die Sonne auf der Haut. Und wenn du da so gehst bis dahin, wo die Wasserkante ist, das Meer beginnt, der Sand ganz frisch geglättet wurde, schreibst du deinen Namen in den Sand. Und dann siehst du, wie die Wellen kommen, mit ein bisschen mehr Kraft, ein bisschen mehr Kraft. Sie wischen gerade so über den Schriftzug, verwässern ihn, lassen ihn nach 2- bis 3-mal ganz verschwinden. Und wenn du dich dann mal umschaust an diesem Strand, wo es ein wunderschönes Plätzchen für dich gibt, vielleicht einen Felsen, auf den du dich setzen oder hinter den du dich legen kannst…"

Oh ja, den gibt es, ich sehe ihn auch wieder vor mir. Leicht abseits, in einer kleinen Bucht.

„… eine Hängematte, eine Liege, ein Sessel, ein Handtuch, was immer auch wichtig ist für dich… Mach es dir richtig bequem. Genieß es. Und wenn du da so tiefer und tiefer sinkst, möchte ich, dass du dich mit deinen Emotionen beschäftigst. Dieses Grübeln. Diese Lähmung in dir…"

Wir sind beim Thema: meine Ängste.

„Wenn du dich also mit deinen Emotionen beschäftigst, diesen negativen Gefühlen, hat sich dein Unterbewusstsein bereits eingeschaltet und führt dich zurück, zurück, zurück, in deine Geschichte, dahin, wo der Ursprung, die Wurzel dieser Gefühle ist – und verknüpft sie zu einer Brücke. Und über diese Brücke können wir direkt dahin zurückgehen, wo der Ursprung dieser Gefühle ist. Und du wirst mit neugieriger, freudiger Überraschung feststellen, wie einfach das geht.“

Hanspeter beginnt zu zählen: 3, 2, 1. Dann tippt er mir auf die Stirn.

„Welches Gefühl kommt da?“

Meine Antwort entsteht nur zögerlich in mir:

„Ähmm...Kindheit.“

Ich ringe nach Worten, kann nur schwer beschreiben, was ich sehe: Helligkeit, das Treppenhaus des alten Schulhauses, in dem wir mal gewohnt haben.

Neu auf der Welt, im Spital – und so alleine!

„Ich fühle Ohnmacht.“

„Was passiert da? Wie stark ist dieses Gefühl?“

„Es wird überdeckt durch die Mutter, die vor mir steht. Deshalb ist es nicht ganz so hell.“

Ich bin in dieser Szene zirka sechs Jahre alt. Und eigentlich passiert darin rein gar nichts. Und ich sehe eigentlich auch gar nichts. Auch die Mutter ist nicht klar zu erkennen. Die Szenerie wirkt eher wie ein Schattenspiel, alles schwarz-weiß. Als mich Hanspeter weiter zurück führt – „vielleicht ist dieses Gefühl schon viel früher entstanden, zurück, zurück“ – sehe ich Bilder aus einem Krankenhaus. Unmittelbar nach meiner Geburt. Wieder Helligkeit, Dieses Mal grell, verursacht durch das Deckenlicht eines fensterlosen Zimmers. Sieht eher aus wie in einem Kellerbüro oder einer Fabrikhalle. Jedenfalls ein unwirtlicher Ort. Ein technokratischer, optisch kalter Raum. Ich schaue neugierig direkt in das Licht.

„Und wie fühlt sich das an?“,

will Hanspeter wissen.

„Das Licht eigentlich ganz gut, aber der Blick, wie soll ich sagen, ist eine Mischung aus ängstlich und doch neugierig.“

Weil wir nicht weiter zurückkommen, bleibt Hanspeter beim kleinen Stefan:

„Ich denke, er ist im Spital. Was glaubst du, warum ist er alleine?“

Ich überlege kurz:

„Vielleicht, weil ich nichts sage, ruhig bin und nur daliege.“

„Und wenn du nun weiter überlegst und sagst, „Okay, das gefällt mir so nicht, ich könnte mich ja mal melden, schreien“ – darfst du das?“

Ich frage überrascht zurück, nicht sicher, ob ich Hanspeter wirklich richtig verstanden habe:

„Ob ich das darf? Sicherlich."

Der kleine Stefan beginnt zu schreien, aus voller Kehle, fast schon aggressiv. Ich stöhne.

„Ein unglaublicher Raum. Technokratisch."

Hanspeter lacht:

„Okay, aber das hat nichts mit dir zu tun. Deine Mutter wollte dir ein wenig Ruhe gönnen, nehme ich an. Und wenn du aus dieser Sicht heraus mal den Sprung machst ins Heute als 50-jähriger junger Mann, der, ich behaupte mal, bestens unterwegs ist. Stimmt's?"

Ich bejahe. Tolle Freundin, tolles Leben. Hanspeter hat Recht: Das muss mir nun wirklich keine Angst machen. Es ist gut geworden. Alles halb so wild. Und die Mutter hat doch immer für mich gesorgt. Sie war rührig. Der technokratische Raum ist schon deutlich weniger furchtbar. Die Umgebung wirkt aber immer noch kalt und anonym auf mich. Es ist aber nun jemand da, holt mich aus dem Bettchen und nimmt mich in den Arm. Ohne diese Person habe ich mich schon sehr fremd gefühlt. Aber jetzt, wo ein Mensch da ist, ist es zwar besser, ich habe aber noch das Bedürfnis, aus diesem Raum rauszukommen. Und ich bin ungeduldig.

Hanspeter stellt nun eine naheliegende Frage:

„Wurdest du geliebt? Warst du ein Wunschkind?"

Ich kann diese Frage in diesem Moment aus dem heraus, was ich sehe, nicht beantworten. Es tauchen weder Mutter noch Vater in der Szenerie auf:

„Ich glaube, meine Mutter war auch voll von Ängsten. Dass sie sich zu viel zumutet, die Angst, es nicht zu schaffen mit dem 3. Kind, das ich war. Und ein Jahr zuvor hatte sie eine Frühgeburt erlitten, das Kind starb kurz nach der Geburt."

„Sie hat Angst um dich?"

Wahrscheinlich auch das, ja. Hanspeter findet auch dazu eine positive Wendung.

„Stefan, Kompliment!"

„Äh, wieso?"

„Na, das ist doch besser, als wenn es ihr egal gewesen wäre."

Hanspeter lacht, freut sich mit mir und fordert mich auf, das Kompliment anzunehmen. Noch einmal kommt er auf die Szene im „technokratischen Klinikzimmer" zurück:

„Wenn du das so überlegst, dass man dich dort hingebracht hat, um die Mutter zu beruhigen und damit du deine Ruhe hast, du möchtest diese Ruhephase aber gar nicht, sondern nichts wie raus hier: Wie fühlt sich das dann an im Moment?"

Ich brauche wieder einige Sekunden, bis ich antworten kann:

„Na, eigentlich schon in Ordnung, weil ich auch schon draußen bin, vor dem Eingang der Klinik."

Auch diesen Stein fängt Hanspeter gekonnt auf:

> *„Aha, und wenn du nun schaust, was dich so alles erwartet da draußen in der Welt, wo du ja hin wolltest, wie spannend das ist – und ich behaupte jetzt mal, dass du ein spannendes Leben bislang gehabt hast, Stefan..."*

Da widerspreche ich nicht: viel erlebt, viel gesehen, okay. Ich gehe noch Mal zurück in den Raum. Es hat keine Wirkung mehr, ich empfinde ihn als „neutral". Hanspeter geht deshalb zur ersten Szene zurück: die Treppe im Schulhaus, die Mutter als Schattenbild:
„Wie fühlt sich das im Moment an?"

> ***„Auch schon besser, weil ich an den Seiten jetzt Helligkeit sehe."***

Ob es ein Schultag war, will Hanspeter wissen, doch ich sehe keinen Schulranzen auf meinem Rücken. War also wahrscheinlich eher kurz vor der Schulzeit. Bedrohlich finde ich die Situation.

Gefangen im dunklen Schacht, die Seele in Guantanamo

Bingo! Da ist was. Alarm bei Hanspeter:
„Und 5,4,3,2,1, ich tipp dir auf die Stirn. Wir gehen zurück, zurück, zurück."

Lange Pause. Bin ich im Zug nach Nirgendwo? Es sieht aus wie ein dunkler Schacht. Bin ich in der Falle? Furchtbar. Ich bin zirka acht Jahre alt. Immerhin sehe ich von oben ein allerdings eher schummeriges Licht in den Schacht einfallen, als ob mich jemand mit einer Funzel anleuchtet. Sonst würde ich mich ja selber auch nicht sehen.
„Spürst du die Wände rund herum?"

> ***„Nur hinten am Rücken."***

Ich bin zusammengekauert wie ein Kind, das „seh' ich dich nicht, siehst du mich nicht" spielt. Die Arme über dem Kopf. Hoffentlich sieht mich hier keiner.

> *„Sag mal, wie bist du eigentlich da reingekommen?"*,

will Hanspeter wissen.

Gute Frage. Bin ich eine Fledermaus? Ich sehe mich jedenfalls hereinschweben in das dunkle, schwarze Loch. Könnte man da rausschwimmen? Geht nicht, weil kein Wasser drin ist. Und schweben? Ja, das wäre die einzige Möglichkeit, um da wieder herauszukommen: So, wie ich reingekommen bin.

Hanspeter fragt mich, warum ich da überhaupt runtergegangen sei.

> ***„Das ist einfach so passiert."***

Der Therapeut lässt sich diesen Satz buchstäblich auf der Zunge zergehen:

„Das ist einfach so passiert. Und was passiert da?"

Nichts. Rundum alles zu, alles betoniert. Keine Fluchttüre, kein Ausgang; mein Leben, mein Körper im Gefängnis. Die Seele in Guantanamo.

„Kannst du mal aufstehen? Und dir klar machen, dass du da runter gesegelt bist? Musst du deshalb Angst haben?"

Nein, wirklich nicht. Das muss ich offen zugeben. Wer reinkommt, geht auch wieder raus. Und ich sehe ja über mir diesen Lichtstrahl.

„Es ist also so hell, dass du da wieder hochsegeln könntest", schlägt Hanspeter vor. *„Oder du könntest um Hilfe rufen. Immerhin könnte dich ja jemand hören."*

Die entstehenden Bilder liefern eine andere Lösung: Ich sehe plötzlich in den Beton gegossene Stahlträger wie in einem Silo. Oder wie Treppen am Badesteg. Kein Grund zur Sorge also. Wieso hatte ich bloß solche Angst?

„Kannst du mal hochgehen?"

Hanspeter nimmt mir die Suche nach einer Antwort ab. Doch, oh weh, ich falle immer wieder zurück.

„Wieso?"

„Keine Ahnung!"

Hanspeter versucht mir im wahrsten Sinne des Wortes auf die Sprünge zu helfen:

„Wenn du einfach mal kurz da unten bleibst: Was für Gedanken gehen dir dann durch den Kopf? Warum willst du zurück? Könnte es nicht sein, dass dieser Ort dich auch beschützt?"

Mich beginnt die Frage zu beschäftigen, wie ich überhaupt hier in dieses Loch hineinkam und was ich hier eigentlich suche: ***„Warum fühle ich mich unwohl? Und was macht mir Angst?"***

„Kannst du diese Angst beschreiben?"

Wieder hat Hanspeter Lunte gerochen.

„Kannst du in dieser Angst mal noch ein Stück weiter zurückgehen? 5, 4, 3, 2, 1. Zurück, zurück, zurück. In dieser Angst noch weiter zurück. Zurück, zurück...Stefan, wohin bringt dich das?"

Doch ich komme nicht weiter. Nicht runter, nicht hoch. Alles zubetoniert. Ich stecke noch immer im Schacht fest. Hanspeter sorgt wieder für einen anderen gedanklichen Dreh:

„Die Frage ist doch, wie du da reingekommen bist?"

Ja, das wüsste ich auch zu gerne. Bin ich in der Hypnose zu Batman mutiert? Oder zu einer Unke? Batman kann klettern, die Unke nicht. Plötzlich sehe ich einen unterirdischen Gang. Ob es hier rausgeht? Ich versuche mich – Hänfling, der ich bin – durchzuzwängen. Ich scheitere. Ich komm nicht weiter. Angekommen in der Sackgasse des Lebens. Buchstäblich. Und ich sitze da wie der Hase vor der Schlange.

Der Weg nach oben: Ich lerne fliegen

Erneut muss Hanspeter nachhelfen:

> *„Wie wär's, wenn du mal um Hilfe rufen würdest?"*

Doch niemand taucht auf. Hanspeter setzt weiter auf Selbsthilfe. Aktion statt Reaktion, kauern und verstecken:

> *„Du bist runtergekommen, also muss es auch einen Weg nach oben geben, oder?"*

Er schlägt mir vor, es mir zu erlauben, wieder rauszukommen.

> *„Vielleicht machst du einfach mal ein kleines Gedankenexperiment und stellst dir vor, dass du fliegen kannst."*

Toller Vorschlag, wirklich. Vögel sind meine Lieblingstiere. Gerne wäre ich als junges Fliegengewicht Skispringer geworden, aber niemand hat mich zur Schanze gefahren. Ausgerechnet in der bildlichen Sackgasse des Lebens einfach abheben, wie Phönix aus der Asche aufsteigen? Was für ein Traum! Wo bin ich hier?

> *„Muss sich dieser Moment nicht gut anfühlen, wenn du da oben rausfliegst?"*

Was für eine rhetorische Frage: Das ist – natürlich – ein Top-Gefühl. Und dann die Sonne auf den Flügeln zu spüren, getragen zu werden durch die Lüfte. Blauer Himmel, leichte, warme Brise, große Freiheit. Also doch Phönix?

> *„Ich weiß nicht, wo du dich hinsetzen oder legen kannst und einfach diesen Moment genießen."*

Wieder oben am Tageslicht zu sein, dem dunklen Betonschacht entkommen; zu wissen: *„Ich bin hier draußen frei, ich darf das genießen"*; zu wissen, dass ich rein- und rausfliegen kann. Toll! Hanspeter hat Recht: Wenn ich es für mich richtig halte, mich da unten noch mal zu verstecken, dann tue ich es halt. Aber nicht mehr als alter Hasenfuß. Denn ab sofort komm ich ja wieder raus. Und ich habe auch die Wahl, von nun an draußen zu bleiben, wenn es mir da besser gefällt. Fliegen macht es einfach! Und ist so einfach!

Doch dann kommt doch wieder die alte Angst hoch, der alte Bedenkenträger zeigt sich wieder:

> *„So lange oben kein Deckel drauf kommt."*

Hanspeter wischt diese Bemerkungen sofort weg:

„Wieso sollte das passieren? Wer sollte dich da einsperren wollen?"

Kann ich natürlich nicht sagen. Wie das eben so ist mit den unbegründeten, diffusen Ängsten. Hauptsache, mal fakten- und sinnfrei eine Befürchtung geäußert. Wird schon stimmen. Und ich kann weiter in der Ecke kauern...

Wieder muss Hanspeter mich an meine Wahlfreiheit erinnern:

„Wenn du mal überlegst: Darfst du dich freilassen? Darfst du da rausgehen?"

Wieder muss ich zugeben:

„Ja, ich kann es."

Fliegenderweise und über die Eisendrähte. Der Schacht hat schließlich keinen Deckel.

„Du hast die Wahl, da selbst rein- und rauszugehen. Du bist frei. Rein oder raus. Du kannst wählen, ob du weiter da unten sitzen und Trübsal blasen oder aufstehen und rausgehen willst, denn es könnte ja sein, dass es sich draußen besser anfühlt. Freier."

Ich merke alsbald: Mit jedem Flug rein und raus wird der Unterschied größer zwischen Wohlsein draußen und mulmiger Angst drinnen. Die Suggestion scheint zu wirken. Das geht aber schnell. Hanspeter verstärkt diese weiter, betont noch einmal:

„Du kannst entscheiden, wo du sein willst. Du darfst dieses gute Gefühl genießen. Es gehört mir. Gott, die Natur, das Universum hat mir das geschenkt. Ich darf es genießen. Hin und her – ich kann entscheiden. Stimmt's?"

Hanspeter lässt seine Worte einige Sekunden wirken – und fragt dann nach:

„Wie fühlt sich das jetzt an?"

Noch ist bei mir nicht alles in Butter. Ängste können hartnäckig sein, sich festbeißen:

„Noch ist ein kleiner Rest da", melde ich an den Therapeuten.

„Wie stark ist die Angst?"

„Zirka Level 3."

Aber vielleicht, so vermute ich, liegt das ja daran, dass es da unten eng, feucht und dunkel ist, während es, wenn ich hinausschwebe – schweben, so empfinde ich es in der Hypnose – keine Grenzen gibt. Schrankenloses Glück. Vollendete Leichtigkeit des Seins.

Erstaunliche Metamorphose: Ich sitze im Baumhaus

Aus dem dunklen Schacht wird plötzlich ein Baumhaus. Da habe ich Ruhe und fühle mich wie der abenteuerlustige, neugierige, naturbegeisterte, kleine Junge, der ich mal war. Erstaunliche Metamorphose. Das nimmt dem Schacht den Schrecken.

Jetzt will Hanspeter das Baumhaus-Bild und damit die Metamorphose verstärken.

> *„Wie groß ist das Baumhaus? Kannst du da liegen oder stehen? Du kannst da für dich sein, mit den Gedanken spielen, was man so alles anstellen könnte. Darfst du dich da erholen, einfach mal nichts tun?“*

Ja klar. Ich schaue mich um. Es fühlt sich rundum gut an. Hanspeter nimmt das zum Anlass, den Bogen ins Heute zu schlagen:

> *„Dein Leben, mit all den Auf und Abs, dein spannendes Leben, du kannst es genießen, du darfst es genießen: Wenn du das nun mitnimmst und von da aus noch mal zurückgehst in diese ungemütliche, bedrückende Atmosphäre, von der du nun mehrfach gesprochen hast – wie ist das denn jetzt?“*

Ich muss zugeben: nichts mehr da. Wie weggeblasen.

Hanspeter nimmt das zum Anlass, die letzten Reste meines Problems aufzulösen:

> *„Wenn du nun tiefer sinkst, dich entspannst, die Geschichte zum Beispiel im Schacht in schwarzweiß anschaust und von dir wegschiebst, diesen kleinen Punkt in der Erinnerung, der gelöst ist von Emotionen, von Ängsten – wenn du ihn weggeschoben hast, sagst du mir das. Besten Dank!“*

Erneut schickt mich Hanspeter tiefer und tiefer, damit ich mehr entspanne, zurück an den wunderschönen Strand von Palau. Dort liege ich nun wieder und ertaste nach Aufforderung Hanspeters meine Gefühlswelt. Der Therapeut möchte nun herausfinden, ob es noch ein Gefühl gibt, dass mich stresst, mich abhält vom Glücklich- und Gesundsein. Wieder zählt er 3, 2, 1 und tippt mir auf die Stirn. Zurück, zurück!

> ***„Der Magen!“,***

kommt es wie aus der Pistole geschossen aus meinem Mund.

> *„Wie stark ist das?“*
>
> ***„3.“***

Hanspeter fordert mich auf einzutauchen in dieses Gefühl.

> *„Wenn du drin bist, wird es ganz groß und du kannst dich treiben lassen wie durch einen Tunnel – zurück, zurück, da, wo dieses Gefühl entstanden ist, seinen Ursprung hat – wohin bringt dich das?“*

Stefan allein im Klassenraum

Ich lande in der Grundschule. Ich bin alleine im Klassenraum. Wieder dieses Gefühl, einsam und verlassen zu sein. Da ist nichts. Dabei galt ich doch immer als schlaues Bürschchen und bin eigentlich hier, um etwas zu lernen.

Hanspeter lacht.

> *„Stefan, da unterscheiden wir uns krass. Ich bin froh gewesen, wenn in der Schule nichts los war. Du hattest da offenbar mehr Motivation als ich.“*

Niemand da, von dem ich etwas lernen könnte.

> *„Was ist eigentlich so schlimm daran?“*,

will Hanspeter wissen.

Ich sage es ihm frank und frei:

> ***„Körperlich da, aber trotzdem nicht wirklich anwesend zu sein – und dadurch innerlich alleine zu bleiben.“***
>
> *„Bist du deswegen ein schlechter Mensch?“*

Hanspeter geht der inneren Einsamkeit auf die Spur. Zurück, zurück.

> *„Kennst du dieses Gefühl von früher? Wohin bringt dich das? Ich tipp dir auf die Stirn, 3, 2, 1, zurück, zurück.“*

Ich lande wieder im Obergeschoss des alten Schulhauses, in dem ich die ersten 13 Jahre meines Lebens gewohnt habe. Ich sitze als zirka vierjähriger Junge auf meinem rot-weißen Schaukelpferd und bin total gelangweilt. Niemand da, der mir die Welt zeigt, mit auf große Abenteuerfahrt nimmt. Nur eine emsig werkelnde Mutter in der Küche.

Hanspeter fragt nach:

> *„Was wäre denn an dieser Stelle das richtige Verhalten von dir?“*

Wenn das (Holz)Pferd tot ist, steig ab!

Gute Frage: absteigen vom toten Holzpferd, hinausgehen in die Welt, sich selbst Gesellschaft suchen? Aber ich bin ja noch so klein...Freiheitsdrang kann dir die Kehle abschnüren, dich innerlich töten, wenn er nicht befriedigt wird. Das weiß ich aber erst jetzt. Oder wie es Hanspeter mir nun eintrichtert:

> *„Einsamkeit ist ein blödes Gefühl, aber ein gutes Gefühl, wenn man darauf hört."*

Will heißen: Steig ab vom Pferd, steh auf, geh raus und mach was!

> *„Warum hast du nicht deine Mutter so lange genervt, bis sie sich mit dir abgibt?"*,

will Hanspeter wissen. Ich war und bin schlichtweg zu nett, zu rücksichtsvoll. Ich hätte hinterher ein schlechtes Gewissen bekommen.

> *„Aber du kannst ja etwas, was dir wichtig ist, besprechen, fragen, kannst dich umschauen, ob nicht doch jemand da ist."*

Ich nehme den Therapeuten beim Wort und verlasse in Gedanken das Haus, um auf den Bolzplatz vor dem Haus zu gehen, dort, wo ich mich später täglich stundenlang aufhalten sollte, um mich auszupowern, Spaß zu haben beim Kicken. In diesem Moment bin ich zum Mitspielen noch zu klein.

> *„Bist du sicher, dass du nicht mitspielen darfst? Du könntest doch fragen...Nur wer den Ball aufs Tor schießt, hat die Chance, ein Goal zu machen. Das ist im ganzen Leben so."*

Mein altes Problem. Im Tore schießen war ich immer schlecht. Vielleicht war ich aber bislang einfach zu mannschaftsdienlich und habe es nicht oft genug versucht oder den Ball noch mal abgespielt, statt aussichtsreich selber zu verwandeln. Hanspeter hat Recht, wenn er fragt:

> *„Was wäre eigentlich so schlimm daran, wenn der Stefan Tore schießt?"*

Weil ich mir dann egoistisch vorkäme. Meine gläubige Mutter hat mich häufig mit einem Satz konfrontiert, den Papst Johannes XXIII. vor dem Spiegel täglich zu sich gesagt haben soll:

> *„Nimm dich nicht so wichtig."*

Oder ich hätte ein schlechtes Gewissen und würde mit mir hart ins Gericht gehen, wenn ich das Tor verfehle.

> *„Aber nur wer sagt, was er will, hat die Chance, etwas zu bekommen. Auch als kleiner Junge. Mehr als ein Nein kannst du nicht bekommen."*

Warum mache ich das Tor nicht einfach selber?

Hanspeter hat offenbar den wunden Punkt getroffen. Die Suggestion wirkt an dieser Stelle nicht unmittelbar. Sie provoziert Widerspruch aus meinem Innersten, aus dem es bockig-widerspenstig tönt:

„Ein Nein wirft mich aber zurück!"

Hanspeter muss ob dieser Hartnäckigkeit tief durchatmen, lässt aber nicht locker.

„Falsch, ein Nein bringt dich allenfalls zurück zum Moment vor der Frage. Manchmal kommt das Ja dann später. Und zwischen Ja und Nein gibt es viele Varianten und Möglichkeiten."

Er kommt zurück zum Fußball. Natürlich, gibt er zu, das sei ein Mannschaftssport:

„Aber die Mannschaft dient demjenigen, der aufs Tor schießt. Es geht nicht darum, dass man den Ball nur weitergibt, sondern darum, ihn im Tor unterzubringen. Und das kann nur, wer den Mut hat und den Abschluss sucht. Und wenn's nicht klappt, ist das schlimm? Einen Versuch war es allemal wert. Und wenn ein anderer übers Tor schießt, nachdem du ihm den Ball zugespielt hast, hättest du es auch gleich selber machen können. Auch Profis verschießen Elfmeter. Sind das deshalb schlechte Fußballer? Die Kunst besteht darin, weiterzumachen, zu trainieren und beim nächsten Mal wieder anzutreten. Das Risiko einzugehen, auch wenn man keine hundertprozentige Chance hat, zu treffen. Nichts zu tun, ist der größere Fehler."

Mir fallen in diesem Moment zwei Elfmeter ein, die ich verwandelt habe, weil ich einfach nichts beim Anlaufen gedacht habe, außer unbedingt verwandeln zu wollen – egal wie.

„Und wer erzählt heute noch von den Schüssen, die du nicht verwandelst hast? An peinliche Dinge erinnert sich nur der, dem sie passiert sind."

Jetzt kommt Hanspeter zurück auf das Bild vom Schaukelpferd. Ich spüre jetzt kindliche Unbeschwertheit.

„Darf der Stefan so unbeschwert sein?",

will Hanspeter wissen. Offenbar, denn ich summe auf dem Schaukelpferd vor mich hin.

„Er weiß eben, dass er raus oder auch drinnen bleiben kann. Ist das okay für ihn?"

Ich bejahe. Hanspeter kommt zurück auf die Szene im leeren Klassenraum. Auch da ist nichts mehr, keine Emotion. Neutrales Empfinden.

Hanspeter resümiert:

„Du bist deinen Weg trotzdem erfolgreich gegangen. Ich behaupte, dass es dir einfach zu langweilig war. Ich weiß nicht, ob du jemals in deinem Leben abgetaucht bist in Welten, die dich faszinieren, interessieren. Ich behaupte nein."

Magenbitterkeit – ein Gefühl verschwindet

Hanspeter arbeitet sich weiter an meiner Angst-Liste ab. Jetzt ist der zusammengeschnürte Magen dran, jene üble Schaltzentrale meiner tagelangen Lähmungen und Gehirnkreise: *„Wie fühlt es sich dort jetzt an?“* Ich habe Mühe, diese Schaltzentrale zu lokalisieren. Das mulmige Gefühl scheint sich nach außen zu verlagern – und dann aufzulösen?

Also, nächster Punkt. Im Vorgespräch hatte ich Hanspeter von einigen Situationen erzählt, in der ich dem Angstmonster in sein großes, gefräßiges Maul geblickt habe. Da war jener Ägypten-Urlaub, den mir meine Freundin wohlmeinend buchen wollte, was ich ihr mit allen unmöglichen Argumenten (Terrorismus, arabisches Land, Flugzeugabsturz, Systemabbruch, Weltuntergang – und ich sitze in Ägypten fest) ausreden wollte – und wo ich beim Schnorcheln im Roten Meer dann zum ersten Mal seit Langem wieder Farben sah.

„Wie fühlt sich das im Moment an?“

Ich sehe sofort wieder die bunten Fische. Hanspeter will die Angst von damals trotzdem nicht ganz verurteilen.

„Es gibt Zeiten, da kann man in dieses Land gehen und solche, zu denen man es besser nicht tut. Das ist eine Vernunftentscheidung. Macht dir das Angst?“

Auch diese Angst ist weg – zumindest fürs Erste.

„Es gibt nicht nur den falschen Platz zur falschen Zeit, sondern auch den richtigen Platz im richtigen Moment“,

sage ich. Woher ich diese Gelassenheit plötzlich habe?

Bleibt nur noch ein Punkt, den ich im Vorgespräch erwähnt hatte: meine schwere Depression, der ich gerade erst entronnen war.

„Macht sie dir noch Angst?“

Meine Antwort dauert etwas.

„Hmh, also, das empfinde ich eher so, als ob ich im Theater auf einem Logenplatz sitze und eine Schwarz-Weiß-Aufführung ansehe.“

Wieder fordert mich Hanspeter auf, die Bilder beiseite zu schieben, bis sie nur noch ein kleiner, schwarzer Punkt sind, ohne Bindung an negative Gefühle. Damit kommt er zum dicken Ende: meine Ex-Ehefrau und der erbitterte Rosenkrieg, den sie angezettelt hatte.

„Wie fühlt sich das jetzt an?“

Mein Magen zieht sich zusammen, wenn auch nur kurz.

„Lass mal alle netten Worte weg“: Rendezvous mit der Ex

Hanspeter sieht deshalb noch Klärungsbedarf. Er bittet mich, mir einen Raum so groß wie seine Praxis vorzustellen, mit Tisch und zwei Stühlen. Auf einem der beiden soll meine Ex sitzen.

„Stell dir vor, sie kann nichts sagen, nicht aufstehen, nichts machen, nur zuhören.“

Ich soll ihr gegenüber sitzen:

„Ich möchte, dass du ihr mal so richtig die Meinung sagst. Mit deiner inneren Stimme und so, wie es da drin in dir sich wirklich anhört. Wenn du fertig bist, sagst du mir das.“

Die Salve, die ich innerlich abschieße, dauert zirka eine Minute.

„Wie fühlt sich das an?“

Meine Antwort bringt Hanspeter zum Lachen:

„Im ersten Moment, als du gesagt hast „die sitzt da, regungslos, und kann nichts machen“, habe ich mir nur gedacht: Das gibt es bei der Frau nicht.“

Hanspeter will, dass ich weitermache und komplett aus mir herausgehe:

„Ich möchte, dass du ihr all das hemmungslos an den Kopf wirfst, was dich verletzt hat, alle netten Worte weglässt.“

Geschätzt minutenlang hört Hanspeter nichts von mir.

„Was passiert bei dir?“

Ich spüre, dass es besser wird, aber noch nicht gut ist.

„Du kannst intern schreien, laut werden. Das geht“, erklärt Hanspeter: *„Sag ihr mal richtig die Meinung. Lass alle netten Worte weg.“*

Ich konnte das nie. Entsprechend schwer tut sich Hanspeters Suggestion an dieser Stelle, in mein Unterbewusstsein vorzudringen und sich dort auszubreiten.

„Vielleicht ist Gassensprache in diesem Moment genau richtig.“

In mir arbeitet es wie verrückt. Im Hintergrund tickt die Uhr weiter gleichmäßig im Sekundentakt. Ich höre sie nicht. Fast fünf Minuten vergehen. Das erfahre ich aber erst hinterher, denn die Dimension Zeit gibt es in der Hypnose nicht. Hanspeter fragt dazwischen:

„Wie fühlt sich das an?“

Es ist besser. Doch das ist nicht gut genug für den Therapeuten. Also noch einmal.

„Okay. Fühlt es sich gut an? Oder wie stark ist die Wut noch im Moment?“

Sie macht sich körperlich bemerkbar: Ich zittere. Was es denn sei, was mich so wütend macht, will Hanspeter wissen:

„Wie hat sie dich denn so verletzt?"

Ich sage es ihm. Und auch, dass ich mich nicht gewehrt habe.

„Jetzt bin ich ein bisschen gemein zu dir: Das war dein Fehler. In der Politik würde man sagen: Jedes Machtvakuum wird sofort ausgefüllt. Militärisch auch. Und wenn du nicht Stopp sagst, nimmt der andere eben alles, oder nicht? Weil: Die Liebe scheint vorbei gewesen zu sein von ihrer Seite aus."

Wenn sie denn jemals da war.

„Schön und edel": Ich sage Ja zu mir selbst

Warum ich mich nicht gewehrt habe, fragt mich Hanspeter. Konfliktscheue, Fokus auf das Außen, Ehefrau und Kinder. Sie waren mir wichtiger als ich selbst. Falsche Rücksichtnahme.

„Schön, edel. Aber nicht erfolgreich",

bewertet das Hanspeter.

Wieder fordert er mich auf, etwas zu überlegen:

„Was ist überhaupt schlimm daran, jemanden zu verletzen?"

Ich halte Konflikte nicht aus. Darum. Hanspeter lässt das nicht gelten.

„Der andere hält diese schlechten Gefühle aus, keine Sorge. Du hattest das übergroße Glück, dass deine Ehefrau deine Gefühle nicht so gespürt hat, wie du die ihren."

Für Hanspeter ist es damit okay. Er wechselt die Schiene:

„Wer ist der wichtigste Mensch in deinem Leben?"

Freundin, Mutter. Okay, gut. Trotzdem falsche Antwort. Oder falsch gewickelt:

„Wieso bist das nicht du?"

Gute Frage. Ich müsse darauf im Moment keine Antwort geben, sagt Hanspeter, und stellt mir eine rhetorische Frage:

„Kannst du die Gefühle deiner Freundin oder Mutter tatsächlich spüren?"

Er spricht von gesundem Egoismus und Ja-Sagen zu mir selber.

„Darfst du das"?

In diesem Moment stelle ich fest, dass ich keinen Groll mehr gegen meine Ex-Frau hege, eher so etwas wie Bedauern. Hanspeter nimmt das zum Anlass, mit mir über Verzeihung zu sprechen. Ja, ich hatte verschiedentlich gehört und gelesen, wie wichtig Verzeihung sei für die eigene Gesundheit.

„Bei mir heißt verzeihen nicht, dass man je gut findet, was schlecht gelaufen und Übles passiert ist, sondern einfach nur, einen Schlussstrich darunter zu ziehen."

Damit hatte ich als hochsensibler Mensch immer schon Schwierigkeiten, konnte nicht aufhören, mich aufzuregen, als zu groß empfand ich den Schmerz.

> *„Ich bestimme, wie nah mir eine Person kommt. Und ich werde das nie mehr zulassen. Ich werde mich wehren, so gut ich kann – das ist mein Paket für Verzeihung“,*

macht Hanspeter mir zur Vorgabe. Lehre für mein Leben? Die Ex-Frau ist Teil meiner Lebensgeschichte, aber dieser ist vorbei, abgeschlossen. Es ging nicht so gut aus, wie es angefangen hatte. Ich lerne daraus.

Hanspeter hat Recht:

> *„Zurückschauen ist ziemlich dämlich. Wenn ich das beim Fahrrad- oder Autofahren tun würde, käme ich nicht sehr weit.“*

Also: den Blickwinkel ändern. Die Emotionen auch.

> *„Hat die Ex das wirklich verdient, dass sie dir noch wichtig ist?“*

Eine rein rhetorische Frage zum Schluss. Ich fühl mich gerade gut.

Hanspeter kontrolliert nun den Erfolg der Hypnose: Er fordert mich auf, noch einmal zurückzugehen und die Ängste zu suchen, die schlechten Gefühle, das Drücken im Bauch. Ich quittiere das alles nur mit einem Lächeln. Nichts mehr da im Moment. Hanspeter gibt mir ein Motto für die unmittelbare Zukunft mit:

> *„Ich mach's seriös, aber ich mach's locker.“*

Lockeres Ernstnehmen also. Genießen – und leben nicht vergessen. Sich drauf freuen. Der Druck im Magen ist weg. Ja, ich kann das. Nach dem Zurückholen aus der Hypnose stellt mir Hanspeter ein letztes Mal die Frage:

„Und, Stefan, wie fühlt sich das an?“

> ***„Gut, ja.“***

Wenn es anders wäre, würde ich Nein sagen.

Ich bin jetzt ja so frei...

3.
SCHLUSS

„Erfolg hat drei Buchstaben: Tun."

Johann Wolfgang von Goethe

Was ist Hypnose? Wie funktioniert sie und warum wirkt sie so effektiv? Welche Techniken gibt es? Und wie kann ich selbst praktizieren? All das wissen Sie nun. Und Sie wissen nun auch, welche Möglichkeiten und Optionen eine Hypnosetherapie bietet, wie spannend eine Hypnosesitzung oder eine Reportage aus dem Inneren eines Menschen sein kann. Das hat nichts mit Sensationslust zu tun, ein gerüttelt Maß an Neugier kann in unserem Beruf als Hypnosetherapeut aber nicht schaden.

Bleiben Sie geduldig!

Diese sollten Sie sich, bei aller Routine und allem Alltagseinerlei, auch bewahren. Und dann können und dürfen Sie sich jedes Mal aufs Neue freuen, wenn ein Klient eine Verpflichtung mit sich selbst eingegangen ist und die gewünschte Veränderung eintritt. Sie haben in diesem Buch gelernt, dass eine Sitzung nicht immer ausreicht, um einen durchschlagenden Erfolg zu erzielen. Es hängt vom individuellen Problem ab. Jeder Mensch ist anders, hat eine andere Geschichte, steht an einem anderen Punkt in seinem Leben. Ich bin ja nur der Coach, die Veränderungen vollzieht jeder in sich selber. Aber meist reicht bei isolierten Ängsten eine Sitzung. Bei komplexeren Themen benötigen wir auch nicht mehr als maximal drei Sitzungen.

Das erste Mal durch eine Situation zu gehen, die über Jahre ein Problem war, bedeutet sich zu überwinden, neue Erfahrungen zu sammeln. Erfahrungsgemäß kann es etwas dauern, bis man das Vertrauen in sich selber wieder gefunden hat. Das vergeht mit der Zeit – normalerweise nach drei bis fünf positiven Erfahrungen.

Bewahren Sie also auf jeden Fall die Geduld und bitten Sie auch Ihre Klienten um die selbige. Denn was ist diese Zeit bis dahin angesichts des meist jahrelangen Leidens an dem Problem, das wir mit der Hypnosetherapie behoben haben? Und angesichts der Freude, der Erfüllung und des Lebensgenusses, die/der die Reise der Veränderung, der Verstärkung, des Lernens bringt? Diese

Reise zurück zu sich selbst, dieses Das-eigene-Leben-leben. Auch dieses hat Höhen und Tiefen, aber die Klienten geben all die Alibis auf und lassen all die Scheinargumente und Schutzbehauptungen fallen, die sie daran hindern, glücklich und auch innerlich erfolgreich zu sein, ihre sekundären Krankheitsgewinne aufzugeben, das Jammern und Lamentieren. Ich habe bewusst das Zitat des großen Dichters Johann Wolfgang von Goethe (1749 – 1832) als Motto über meine Schlussworte gestellt. Denn wer eine Hypnosetherapie macht, hat lange genug gelitten und deshalb nun beschlossen, aktiv die Weichen des eigenen Lebens neu zu stellen. Unsere Klienten haben erkannt, dass Erfolg tatsächlich drei Buchstaben hat. T, U und N. Wir helfen ihnen dabei, die therapeutischen Ergebnisse zu erzielen, die den Wandel einleiten.

Wie sich das dann anhört oder anfühlt, haben Sie eben in den Hypnose-Protokollen und dem Feedback meiner Klienten lesen können. Weil es so schön war und eine so tolle Bestätigung der Wirkung von Hypnose ist, möchte ich Ihnen zum Abschluss noch ein paar weitere Feedbacks von Klienten weitergeben:

V. M. aus D.: Panikattacken, Angst, Soziophobie
„Ich kann endlich wieder einkaufen gehen."
Die Klientin war für zwei Sitzungen bei mir. In der Anmeldung beschrieb sie ihre Probleme so: „Panikattacken vorwiegend morgens, wenn Unvorhergesehenes auf mich zukommt, mit Symptomen wie Schwindel, Herzrasen, Schwächegefühl und plötzliche Durchfallattacken."

> *„Hallo Hanspeter,*
> *nun ist einige Zeit vergangen seit meiner letzten Sitzung bei dir. Alle mir unangenehmen Situationen habe ich nun durchgespielt und siehe da, ich bin praktisch beschwerdefrei. Ich möchte dir dafür nochmals danken, war ich doch anfangs etwas misstrauisch, was den Erfolg angeht. Ich kann wieder Zug fahren, einkaufen gehen und in die Ferien fahren, ohne vorher Panik zu bekommen. Und die Höhenangst ist auch praktisch weg. Da frage ich mich, warum ich eigentlich so lange gewartet habe. In diesem Sinn wünsche ich dir weiterhin gutes Gelingen.*

E. (51): Trauma und Depressionen
„Ich fühle eine innerliche Freiheit und Ruhe."

Hallo Hanspeter,
erstmal muss ich dir sehr herzlich danken für die wunderbare Hilfe, die ich von dir erhalten habe. Die Hypnosetherapie hat mir sehr geholfen und sehr gut getan. Ich war bei der Rückfahrt todmüde, hätte nicht allein zurückfahren können. Die ganze Fahrt über habe ich geschlafen. Ich bin noch mal zu meiner Psychologin zurück, ich hatte ja noch einen Termin bei ihr. Sie war sehr begeistert und hat mir gesagt, ich würde mich anders anhören, positiver, und ich hätte eine sonnigere Ausstrahlung. In meinem Bekanntenkreis hörte ich dasselbe.

Hanspeter, ich fasse es noch immer nicht, aber es stimmt wirklich: Es geht mir blendend. Ich fühle eine innerliche Freiheit und Ruhe, bin ausgeglichen und rege mich über gar nichts mehr auf. Das Problem mit meiner Tochter und ihrem Freund – einfach weg. Das Thema „Ex-Mann" – ebenfalls einfach weg; auch die anderen Sachen, die wir besprochen haben. Wow! Sobald ich in eine Stress-Situation komme, mache ich diese Übung mit dem Finger und sage mir den wunderbaren Satz: „Schließe die Augen und entspanne total." Ich konnte es, als ich diesen das erste Mal gebraucht habe, ehrlich gesagt, nicht glauben, dass mir so etwas helfen würde.

Ich bin so stolz auf mich, dass ich den Weg zu dir gegangen bin. Ich bin sehr stolz darauf, das erreicht zu haben im Leben, was immer ich bis jetzt erreicht habe und was ich in Zukunft noch erreichen werde.

Eine Sache noch: Die erste Woche nach der Hypnosetherapie habe ich sehr viel geträumt und wunderbar fest geschlafen. Ich bin jetzt viel gelassener und ruhiger, nehme viel mehr alles positiv auf und sehe nicht mehr schwarz.

Nochmal großen Dank!

S. (27 Jahre): Zwangsstörung, -gedanken und -handlungen

„Ich bin wie von einer schweren Last befreit."

Seit zirka fünf Jahren in psychiatrischer/ambulanter Behandlung, kaum Fortschritte.

Hallo Hanspeter,
nochmals vielen herzlichen Dank, dass ich zu dir in die Hypnosesitzung kommen durfte. Du hast mir sehr geholfen und seither fühle ich mich wie von einer schweren Last befreit.

Was hat sich verändert? Was den Zwang betrifft, fast alles. Ich konnte bereits sehr viel erreichen, was ich in den Jahren Therapie nicht geschafft habe. Um einige Beispiele zu nennen:

- *Ich kann nach der Arbeit auch wieder ohne duschen zu Hause sein.*
- *Ich kann wieder öffentliche Verkehrsmittel benutzten, ohne hinterher immer die Klamotten wechseln zu müssen.*
- *Die Gedanken, die ich früher als Zwangsgedanken empfunden habe, kommen immer noch, allerdings stören sie mich nicht mehr.*
- *Ich habe wieder viel mehr Energie als früher und bin viel fröhlicher.*
- *Ich konnte wieder mit Sport anfangen, da ich täglich viel Zeit einsparen kann.*
- *Ich konnte die Führerschein-Theorieprüfung machen und werde demnächst mit Fahrstunden beginnen.*

Da sich bei mir in letzter Zeit bereits so viel geändert hat, muss ich mich zuerst einmal an die neuen Lebensumstände und Möglichkeiten gewöhnen.

Ich fand dich schon nach dem Anfangsgespräch sympathisch und vertrauenswürdig. Dies hat mir während des weiteren Verlaufs der Sitzung sehr geholfen, mich völlig auf die Hypnose einzulassen und konzentrieren zu können. Ich konnte mich gut mit deinen Beispielen während der Hypnose identifizieren.

Ein großes Kompliment für deine Arbeit!

Später stellte sich heraus, dass S. doch noch mit einigen Themen Schwierigkeiten hatte. Wir haben daher noch einen zweiten Termin ausgemacht.

A., Schlafstörungen, Gewichtsprobleme
„Ich darf mir im Sommer eine neue Garderobe kaufen.“

„Hallo Hanspeter,
momentan schlafe ich prima. Nur wenn mich etwas sehr stark beschäftigt, wache ich gelegentlich kurz auf, um aber sofort wieder weiter zu schlafen. Kürzlich habe ich zum ersten Mal wieder acht Stunden am Stück geschlafen!

Mittlerweile habe ich gut 6, 5 kg abgenommen, ohne deshalb hungern zu müssen. Ich esse abends und zwischendurch nichts mehr, nehme kleinere Portionen zu mir. Den Hometrainer nutze ich nur noch etwa 2-mal pro Woche. Das Gute an meiner Gewichtsabnahme ist, dass sie langsam, aber stetig verläuft. Ich habe noch viel vor mir. Aber etwa einen Drittel habe ich bereits geschafft. Wenn es so weiter geht, muss/darf ich mir im Sommer eine komplett neue Garderobe kaufen : =)

Ich habe mich bei Dir sehr wohlgefühlt. Deine Lebenserfahrung und Ruhe haben mir gut getan und Vertrauen geschaffen.

Herzlichen Dank!“

T. F., Platzangst; Panik vor dem Essen, wenn zu viel im Teller ist
„Ich steige jetzt auch in den vollen Bus ein.“

„Lieber Hanspeter,
Ich komme soeben von einer kleineren Balkanreise zurück. Die Sitzung bei Dir ist sehr gut verlaufen und ich habe auch schon einige Verbesserungen festgestellt. Ich habe mich sehr gut aufgehoben gefühlt und ich ging gestärkt aus der Sitzung heraus. Nun habe ich auch schon Änderungen bemerkt: Zum Beispiel in der vollen Tram, nach der Landung im Flugzeug, wenn die Leute aufstehen, und im vollen Flughafenbus zum Bahnhof. Beim Bus war es früher so, dass ich ausstieg, wenn ich sah, dass der Bus voll wird! Wohl denke ich bei all diesen Ereignissen noch daran, dass eine Panikattacke kommen könnte, aber es kam bislang keine mehr. Beim Essen ist das Gefühl, es könnte mir nach dem Essen schlecht werden, immer noch da, aber viel weniger stark als früher.“

J. B.(18), Spitzensportler: Asthma
„Ich kann jetzt ohne Asthma-Spray trainieren.“

„Hallo Hanspeter,
tatsächlich hat sich bei den nächsten Trainings etwas getan! Ich kann mittlerweile ohne Asthma-Spray laufen gehen. Mir wurde klar, dass viel durch den Kopf geschieht. Früher sah ich mich selber als sehr anfällig für Krankheiten. Ich stempelte mich richtiggehend damit ab. Mir wurde bewusst, dass sich meine Verletzungsanfälligkeit durch Selbstvertrauen minimierte. Heute versuche ich völlig anders zu denken. Das hilft mir im Alltag und im Sport.“

M. (26), Angst vor Sex
Wenn der Klient mit einer Frau schlafen wollte, wurde er so nervös und verkrampft, dass sämtliche Lustgefühle verschwanden. Medizinisch war alles in bester Ordnung, offensichtliche Gründe für das Problem lagen ebenfalls nicht vor.

Eine Woche nach der Hypnosesitzung:
„Leider konnte ich keine Verbesserung oder Lösung meines Problems erzielen.“

Einen Monat nach der Hypnosesitzung:
„Die Geduld hat sich gelohnt. Die Angst ist weg und alles ist in Ordnung!“

N., Angst, vor fremden Leuten zu sprechen, Prüfungsangst
„Das Leben macht mir wieder viel mehr Freude.“
Die Klientin errötete bereits, wenn sie sich in einem Kurs den anderen Teilnehmern vorstellen sollte. In Anwesenheit anderer Menschen (außer Familie) schwitzte sie stark unter den Armen. Sie traute sich deshalb kaum noch aus dem Haus. Sie wollte wieder mehr sozialen Kontakt, denn eigentlich ist sie sehr lebenslustig.

Lieber Hanspeter,
ich spüre noch eine gewisse Unsicherheit. Auch schwitze ich immer noch in einigen Situationen unter Leuten, aber deutlich weniger. Das Leben macht mir wieder viel mehr Freude. Eine so positive Wendung habe ich mir zwar gewünscht, aber konnte es kaum glauben, dass dies mit nur einer Sitzung möglich ist. Die ganze Situation hat sich um mindestens 70 Prozent verbessert. Nochmals vielen Dank!

N., sexueller Missbrauch, Ängste

„Ich bin selbstbewusster, nicht mehr das graue Mäuschen."

Die Klientin war seit ihrem 15. Lebensjahr in psychologischer Behandlung, da sie vom Babyalter bis ins 16. Lebensjahr hinein sexuell missbraucht wurde. Sie hatte keinerlei Selbstwertgefühl mehr, dachte häufig an Suizid, war aber, wie sie sagte, zu feige, um zu sterben. Sie betäubte sich mit allen möglichen Mitteln. Auf sexuelle Beziehungen konnte sie sich nicht einlassen. Komplimente führten bei der attraktiven, jungen Frau zu noch mehr Selbsthass. Mit der beruflichen Selbstständigkeit kamen Angst- und Panikattacken dazu. Die Klientin konnte mit dem Druck nicht umgehen, war nicht belastbar. Telefonanrufe empfand sie als Horror („Was will die Person von mir?"). Psychisch wurde sie immer als Borderliner behandelt.

> *„Lieber Hanspeter,*
> *wie du weißt, bin ich eine Person, die auf andere Menschen schaut, ob es ihnen gut geht oder nicht. Ich habe viele Hypnosepraxen ausprobiert und vieles andere, was mich viel, viel Geld gekostet habt. Menschen, die meine Probleme ausgenutzt haben, um Profit zu machen. Das wäre nicht nötig gewesen, wenn ich dich vorher kennengelernt hätte. Du hast mir meine Ängste komplett genommen. Ich weiß nicht, wie du mir in einer Sitzung helfen konntest, wo andere es in Jahren nicht geschafft haben... Ich konnte mit deiner Hilfe meine Vergangenheit bewältigen und kann nun ein normales Leben führen. Mein Geschäft läuft super und ich genieße meine selbstständige Arbeit. Ich habe einen wunderbaren Partner gefunden. Wunderbar.*
>
> *Ich bin selbstbewusster, nicht mehr das graue Mäuschen, das zu allem ja gesagt hat. Meine psychischen Probleme habe ich nicht mehr. Nur normale Tiefs, die jeder Mensch mal hat. Heute mach ich das, was mir gut tut. Natürlich bin ich immer noch hilfsbereit gegenüber anderen Menschen, aber mit Grenzen: geben und nehmen.*
>
> *Tausend Dank, Hanspeter Ricklin.*
> *Du bist ehrlich und korrekt und machst keine leeren Versprechen!"*

Fleisch an den Knochen des Lebens

Nun möchte ich ganz kurz den Fall von Peter H. (66) erwähnen. Seit einer Chemotherapie drei Jahren zuvor aß dieser Klient kein Fleisch mehr und auch kaum noch Gemüse. Er verlor so drastisch an Gewicht, dass er teilweise künstlich ernährt wurde. Weder die Schulmedizin noch Naturheilkunde oder TCM hatten geholfen. Der Hausarzt empfahl ihm schließlich Hypnose.

Peter H. schrieb mir nach der Sitzung:

> *„In nur einer Behandlung haben Sie mir die Lust an Fleisch nachhaltig zurückgeholt und ich bedanke mich dafür bei Ihnen ganz herzlich."*

Zu guter Letzt...

Jetzt haben Sie eine Menge Wissen zur und über die Hypnose. Daher, zu guter Letzt, noch etwas aus der Kategorie „unnützes Wissen": Ich habe beim Siegmund-Freud-Museum mal angefragt, wie viele Menschen Dr. S. Freud denn eigentlich mit Hypnose behandelt hat. Schließlich galt sein am Ende vernichtendes Urteil über diese Therapieform ja als gewichtig.[217)] Tatsächlich dürften es nicht sehr viele gewesen sein. Das Museum konnte auf die Schnelle keine konkreten Zahlen liefern, verwies mich jedoch auf einen Patientenkalender beziehungsweise eine diesbezügliche Publikation von Ulrike May über den Zeitraum von 1910 – 1920, in der sie den Verlauf von bereits 36 Analysen darlegt. (U. May. Freud bei der Arbeit. Zur Entstehungsgeschichte der psychoanalytischen Theorie und Praxis, mit einer Auswertung von Freuds Patientenkalender, 2015).[218)]

In diesem Sinne: Bleiben Sie geduldig und tun Sie!

Ihr Hanspeter Ricklin

217) s. Pkt. 1.2.6.6, S. 55

218) Leseprobe unter: http://www.psychosozial-verlag.de/2445

4.

APPENDIX I
DAVE-ELMAN-EINLEITUNG IM WORTLAUT

„Atme jetzt einmal richtig tief ein, halte den Atem an, und wenn es für dich richtig ist, atmest du aus und schließt deine Augen. Entspann jetzt deinen Körper und lass dich tiefer in die Liege sinken.

Konzentriere dich jetzt auf deine **Augenmuskulatur**, um genau zu sein deine Augenlider und entspanne alle deine Muskeln rund um deine Augen, bis es dir nicht mehr gelingt, die Augen zu öffnen. Wenn du dir sicher bist, dass du die Augenmuskulatur so entspannt hast, dass sie dir einfach nicht mehr gehorchen will, hältst du an dieser Entspannung fest und testest deine Augenlider, um sicher zu sein, dass du sie wirklich nicht mehr öffnen kannst.

Gut so, du kannst jetzt aufhören zu testen.

Ich möchte, dass die gleiche Entspannung, die du in deinen Augen verspürst, sich auf deinen ganzen Körper ausdehnt. Die gleiche Entspannung fließt durch deinen ganzen Körper, vom Kopf bis zu deinen Zehenspitzen, bis zu den Fingerspitzen. Jetzt werden wir die Entspannung noch mehr vertiefen. Im nächsten Augenblick werde ich dich bitten, die Augen zu öffnen und gleich wieder zu schließen. Sobald deine Augen wieder geschlossen sind, lässt du deine Entspannung 10-fach tiefer werden und du lässt dich noch viel tiefer sinken. Alles was du tun musst, ist es selber zu wollen und es zuzulassen und so wird es einfach geschehen.

Ok, öffne jetzt deine Augen ... und schließe sie jetzt gleich wieder und fühle, wie diese wohltuende Entspannung durch deinen ganzen Körper fließt und dich noch tiefer sinken lässt. Nutze deine wunderbare Fantasie und stell dir vor, dass dein Körper wie mit einer bequemen Decke der Entspannung sanft eingewickelt ist.

Wir können nun diese Entspannung noch mehr vertiefen. Ich werde dich im nächsten Moment einmal mehr bitten, deine Augen zu öffnen und sie dann gleich wieder zu schließen. Sobald deine Augen wieder geschlossen sind, lässt du dich einfach 2-mal tiefer sinken wie gerade jetzt. Du lässt dich 2-mal so tief gehen.

Ok. Öffne jetzt wieder deine Augen und schließe sie wieder, und du wirst dich dabei gleich doppelt so tief entspannen wie bisher. Genieße es, wie Entspannung durch deinen ganzen Körper fließt, vom Kopf bis zu deinen Zehenspitzen, bis zu den Fingerspitzen.

Da aller guten Dinge drei sind, werde ich dich bitten, deine Augen wieder zu öffnen und wenn du sie schließt, wird sich die Entspannung ein weiteres Mal verdoppeln.

Ok. Öffne jetzt deine· Augen und schließe sie gleich wieder und entspanne dich dabei doppelt so tief wie bisher, so tief wie du noch nie warst, so tief, wie es für dich richtig ist. Genieße es, wie Entspannung durch deinen ganzen Körper fließt, vom Kopf bis zu deinen Zehenspitzen, bis zu den Fingerspitzen.

In einem kurzen Moment werde ich deine (rechte oder linke) Hand am Handgelenk nur ein paar Zentimeter leicht hochheben und dann fallen lassen. Wenn ich sie loslasse, plumpst sie runter wie ein nasser Lappen oder ein weichgekochtes Spagetti.

Hilf mir nicht dabei, die Hand hochzuheben. Lass es mich für dich machen. Und wenn das geschieht, erlaubst du dir, noch einmal viel tiefer zu entspannen.

(Du merkst, dass Du alles hören kannst. Geräusche hier im Raum und Geräusche von draußen. Aber von jetzt an sind diese Geräusche überhaupt nicht mehr wichtig, im Gegenteil. Egal, welches Geräusch, egal, wie laut: Mach es zum Signal für Dich, mit dem Du noch viel tiefer in diesen angenehmen Zustand der Entspannung sinkst. Egal, welches Geräusch, egal, wie laut. Einzig meiner Stimme erlaube, tief in Dein Inneres zu dringen, solange meine Worte Deinem Wunsch und Willen entsprechen.)

Du hast jetzt die körperliche Entspannung, die wir brauchen. Ich möchte, dass du weißt, dass es zwei Formen gibt, wie ein Mensch sich entspannen kann. Er kann sich körperlich und er kann sich mental entspannen. Du hast bereits bewiesen, dass du dich körperlich gut/sehr gut entspannen kannst. Erlaube mir jetzt, dir zu zeigen, wie man sich mental entspannt. Das ist der Teil, der sich am besten anfühlt.

In einem kurzen Moment, sobald ich dich dazu auffordere, zählst du bitte ganz langsam von 100 rückwärts, sodass ich dich ich hören kann. Aber das ist kein normales Zählen. Nach jeder Zahl, die du sagst, verdoppelst du Deine geistige Entspannung. Denn hier liegt das Geheimnis zur mentalen Entspannung. Mit jeder Zahl, welche du sagst, verdoppelt sich deine mentale Entspannung. Mit jeder Zahl, die du sagst, lässt du deinen Kopf 2-mal tiefer entspannen als zuvor. Ich erinnere Dich daran, nach jeder Zahl. Und wenn man so zählt, kommt man nicht sehr weit. Denn schon nach ganz wenigen Zahlen beginnen sie unwichtig zu werden und verschwinden für den Moment.

Fang jetzt einfach an und sag die erste Zahl."

Klient sagt „100".

„Verdopple Deine geistige Entspannung, mach Deine geistige Entspannung doppelt so tief ... Wenn du weißt, dass Du sie doppelt so tief gemacht hast, dann kommt mit sanfter Stimme eine weitere Zahl..."

Klient sagt „99".

„Gut, ausgehend von dieser Tiefe mach Deine geistige Entspannung noch einmal doppelt so tief, verdopple Deine geistige Entspannung. Und dann kommt mit sanfter Stimme, gerade noch so, eine weitere Zahl..."

Klient sagt „98."

Sehr gut. Blend sie jetzt aus, nach Dunkel oder Hell. Lass sie gehen. Oder lass sie fortlaufen, oder jag sie fort. Oder blas sie von Deiner Handfläche so leicht wie Daunenfedern. Oder wisch sie von der Wandtafel, und wenn die Zahlen gegangen sind, dann nicke mit dem Kopf, so dass ich es sehen kann.

Mache es, du schaffst das. Ich kann das nicht für dich tun, lass es geschehen. Sind jetzt alle verschwunden?"

Und jetzt weiter mit den Vertiefungstechniken Ihrer Wahl.

5. LEXIKON

–

A

Abwesenheit/Entkopplung (Detachment):
Wenn eine Person ihre Umgebung zwar wahrnimmt, jedoch an den Ereignissen um sie herum nicht teilnimmt/teilnehmen möchte. In Hypnose ist dies ganz normal.

Abreaktion:
Eine sehr starke emotionale Reaktion, die reinigend wirkt und in der ein lange unterdrückter, emotionaler Moment wieder erlebt wird, um so eine Befreiung von negativen Gefühlen zu erreichen. Diese erfolgt durch direkte Konfrontation des Klienten mit einem verschollenen, tief innen vergrabenen, möglicherweise auch vergessenen, jedenfalls unterdrückten emotional belastenden Moment. Dieser wird in der Abreaktion von neuem er- und durchlebt.

Affektbrücke:
Ein schlechtes Gefühl, eine negative Emotion (Affekt), das/die in der Hypnose hochgekommen ist, aber willkürlich und im Zusammenhang unverständlich erscheint, wird zunächst verstärkt und dient als Brücke in die Vergangenheit, um dessen/deren Ursprung zu finden und aufzulösen.

Altersregression:
Zeitreise zurück in die Vergangenheit im jetzigen Leben.

Amnesie:
Temporärer Erinnerungsverlust durch Suggestion; gilt weithin als Schwelle zum → Somnambulismus/Threshold of Somnambulism)

Amnesie, posthypnotische:
Wird durch den Hypnosetherapeuten hervorgerufen. Der Klient kann sich meist für einige Zeit, bei ganz wenigen Menschen sogar dauerhaft, nicht an ein bestimmtes Ereignis erinnern.

Armkatalepsie:
Anspannung/Versteifung der Muskeln/des Arms durch Suggestion, bis sie sich nicht mehr willentlich durch den Klienten bewegen lassen.

Armlevitation (Armschwebe):
Durch den Hypnosetherapeuten suggerierte Leichtigkeit des Arms, bis ohne bewusste Aktionen, ohne jeglichen bewussten Aufwand ein Arm oder ein Bein hochgeht. Kann durch Suggestionen erreicht werden und als Convincer eingesetzt werden.

Augenschluss-Katalepsie:

Katalepsie ist eine Gliederstarre oder ein Erstarren von Körperteilen, in diesem Fall der Augenlider; als → Convincer Bestandteil der → Dave Elman Induktion (DEI)

B

Bewusstsein:

In unserem Erklärungsmodell derjenige Teil unseres Verstands, in dem mentale Prozesse ablaufen und rationale, analytische Entscheidungen fallen und der Wille zugeordnet wird.

C

Compounding:

Wiederholung einer oder mehrerer Suggestionen; dadurch soll die Verstärkung einer primären Suggestion erreicht werden. Dazu gibt man einfach in rascher Folge mehrere Suggestionen, die sich aufeinanderfolgend verstärken. Zum Beispiel: „Mit jedem Atemzug entspannst du dich mehr und tiefer. Und je tiefer du dich entspannst, desto besser fühlst du dich." Letztere Suggestion verstärkt die erste: Zur Entspannung kommt das Sich-besser-Fühlen.

Convincer:

Der Klient wird durch hypnotische Phänomene darin bestätigt und überzeugt, dass er im Zustand hypnotischer Trance ist.

Chevreul Pendel:

Ein nach dem französischen Chemiker M. E. Chevreul benannter Pendelversuch: Der Versuchsperson wird eine kreisende Bewegung mit einem Pendel suggeriert. Der Versuchsleiter instruiert sie gleichzeitig, das Pendel ruhig zu halten. Die maximale horizontale Pendelbewegung gilt als Maß für → Suggestibilität.

F

Faszination:

Eine altertümliche Hypnoseeinleitung, bei der dem Klienten ein glänzendes Objekt oberhalb seiner Augen gehalten wird. Dazu wird ihm suggeriert, dass die Augen schwer und schwerer werden und zufallen. Diese Methode wurde ursprünglich von Dr. James Braid[219] entwickelt.

219) s. Pkt. 1.2.6.3, S, 53

Fixierung:

Hypnotisieren durch Konzentration und Aufmerksamkeit auf eine einzige Empfindung oder ein Objekt. Dazu wird suggeriert, dass die Augen schwer und schwerer werden und zufallen.

FSE:

Final Sensitizing Event; der Moment, den einige Klienten in Erinnerung haben und von dem sie glauben, dass er etwas mit dem danach entstandenen Symptom zu tun hat; der Moment/Tropfen, der das Fass zum Überlaufen gebracht hat.[220]

Fraktionierung:

Eine der besten Methoden zur Vertiefung des hypnotischen Zustands. Man hypnotisiert den Klienten, lässt ihn die Augen öffnen und wieder schließen, er bleibt jedoch die ganze Zeit in Trance. Zusätzlich gibt man die Suggestion, dass er mit jedem Mal tiefer geht und entspannter wird. Die Fraktionierung hat den weiteren positiven Effekt, dass sie Vertrauen gibt und Angst nimmt, weil den Klienten dadurch glaubhaft vermittelt wird, dass sie jederzeit die Augen öffnen und gehen können.

220) s. auch Pkt. 1.4.3.3.6 S. 111

H

Halluzination:

Durch Suggestion wird im Gehirn des Klienten ein beliebiges Bild kreiert.[221]

Halluzination, negativ:

Durch Suggestion wird etwas, was wirklich da ist, zum Verschwinden gebracht, also unsichtbar/unhörbar etc. gemacht.

Halluzination, positiv:

Durch Suggestion wird etwas zum Vorschein gebracht, was in Wirklichkeit gar nicht da ist, also sichtbar/hörbar etc. gemacht

Heterohypnose:

Hypnose durch eine andere Person.

Hypersuggestibilität:

Sehr stark erhöhte Suggestibilität, hervorgerufen durch eine tiefe Hypnose.

Hypnoanalyse:

Hypnosetechniken, bei der durch Hypnose die Ursache eines Problems lokalisiert wird. Dies geschieht meistens durch Regression.

221) s. auch Pkt. 1. 4.3.3.2 S. 98

Hypnoid:
Erste Stufe der Hypnosetiefenskala, leichte Hypnose.

Hypnose / Hypnosetherapie:
Umgehung des kritischen Faktors des Bewusstseins und die Etablierung von akzeptablem, selektivem Denken. Sie legt einen starken Fokus auf ein Thema, einen Gedanken oder Zustand; die Umgehung des kritischen Faktors des Bewusstseins und die Etablierung von akzeptablem und selektivem Denken.[222]

Hypnosesiegel / Hypnoseverschluss:
Hypnotisch suggerierte Blockade: dem Klienten wird in Hypnose gesagt, dass er nur durch eine ganz spezifische Person und von sonst niemandem hypnotisiert werden kann.

Hypnosevertrag:
Zwingend! Das mündliche oder schriftliche Einverständnis, welches eine Person einer anderen gibt, sie zu hypnotisieren. Bei mir die wichtigste Frage überhaupt: „Ist es für dich in Ordnung, wenn wir nun einen Hypnose machen?"

222) s. Pkt. 1.1. Definition von Hypnose, ab S. 21

Ideomotor:
Durch eine Idee oder hypnotische Suggestion ausgelöste, unbeabsichtigte Bewegung von Muskeln.

Induktion:
Einleitung der Hypnose durch einen Prozess (DEI), Rituale, Bilderreisen oder Ähnliches.

Inneres-Kind-Technik:
Bei Arbeit mit dem inneren Kind wird davon ausgegangen, dass ein Mensch, der als Kind wenig Liebe und Anerkennung erfahren hat und häufig durch Missachtung, Liebesentzug, Verlassen werden oder Entwertung verletzt wurde, in seinem Selbstwertgefühl beschädigt wurde und dann als Erwachsener ein unangemessen großes Verlangen nach Zuwendung durch andere Menschen entwickelt – und dass bei einem solchen Menschen schon wenig Kritik alte Kindheitsverletzungen aufbrechen lassen kann, er also übermäßig kränkbar ist.

ISE:
Initial Sensitizing Event; das erste und ursprünglich problemauslösende Ereignis.[223] Es

223) s. auch Pkt. 1.4.3.3.6 S. 111

verursacht die Symptom. Passiert meist vor dem fünften oder sechsten Lebensjahr.

K

Kater (Hangover):
Meist leichte Kopfschmerzen, Schwindel oder sehr selten auch Übelkeit, hervorgerufen durch eine nicht fachgerechte, zu schnelle Auflösung der Hypnose; ist nicht weiter schlimm, da sich die Symptome rasch wieder verflüchtigen.

Katalepsie:
Die Muskeln einer Person sind am ganzen Körper oder an einer bestimmten Stelle entweder sehr starr oder sehr locker beziehungsweise entspannt; kann durch Suggestionen erreicht werden und als Convincer eingesetzt werden.

Kinotechnik:
In NLP nennt sich das „Fast Phobia cure" und ist ist eine Technik zur Auflösung von Phobien.

L

Lethargie:
ein häufiger Zustand der Hypnose, bei dem eine generelle Entspannung und Ruhe entsteht und sich die Person nur auf die Stimme des Hypnosetherapeuten konzentriert.

O

Obsession:
Als Obsession wird in der Psychologie eine mit Furcht verbundene Zwangsvorstellung oder -handlung bezeichnet. Im engeren medizinischen und psychologischen Sprachgebrauch wird dabei eine unangenehme bis quälende Zwangsvorstellung oder -handlung verstanden, die als zur eigenen Person gehörig erlebt/empfunden wird.

OMNI®:
Von Dave Elman entwickelte und von Gerald F. Kein[224] verfeinerte Hypnosemethoden; Hypnose wird hier als Prozess verstanden; in den vergangenen Jahren durch die intensive Marketingarbeit und die vielen Ausbildungen, die OMNI gemacht hat, sehr populär geworden ist; zwischenzeitlich weltweit aktiv. Seit 2012 ist Hansruedi Wipf Inhaber und CEO.

---

224) s. Pkt. 1.2.7.3, S. 57 und Pkt.1.2.8.1, S. 59

P

Parts-Therapie-Technik:
Auch Teile-Therapie genannt; geht davon aus, dass unser Geist aus vielen Anteilen besteht. Ein Anteil entsteht meist aufgrund traumatischer, manchmal aber auch nichttraumatischer Ereignisse im Leben eines Menschen. Im Anteil selber sind Emotionen und Wahrnehmung zum Zeitpunkt des Erlebens abgespeichert und können einen Menschen unbewusst in seinem Denken, Fühlen und Handeln beeinflussen. Die einzelnen Anteile haben verschiedenste Verhältnisse zueinander. Die Parts-Therapie spricht diese Anteile an, versöhnt sie miteinander und löst sie auf beziehungsweise fügt sie zusammen.

Pharsing (gespr. „Farsing"):
Einige Schulen gehen davon aus, dass das Unterbewusstsein die Tendenz, ein negatives Wort ausfallen zu lassen und dadurch einem Satz eine neue Bedeutung zu geben – mit ungewollten negativen Auswirkungen für den Klienten. Beispiel: „Sie trinken keinen Alkohol." Daraus wird das Gegenteil: „Sie trinken Alkohol."

Phobie:
Extreme Angst vor bestimmten Orten oder Situationen.

Pyramiding:
Der Gebrauch von verschiedenen Induktionsmethoden während derselben Hypnosetherapie; wird genutzt zur Verstärkung des Effektes, vor allem aber, wenn die gewählte Methode (zunächst) nicht richtig funktioniert, etwa weil der Klient starken Wert auf Kontrolle legt und nicht loslassen kann.

Psychosomatisch:
Körperliche Erkrankungen und Beschwerden, die durch psychische Belastungen oder Faktoren hervorgerufen werden.

R

Rapport:
Eine aktuell vertrauensvolle, von wechselseitiger empathischer Aufmerksamkeit getragene Beziehung, d. h. „guter Kontakt" zwischen zwei Menschen bzw. zwischen Klient und Therapeut.

Regress to Cause (R2C®):
Regression zurück zum auslösenden Ereignis.

Resistenz (Widerstand):
Durch Angst oder Bedenken vor der Hypnose ausgelöste Weigerung einer Person, den hypnotischen Prozess zuzulassen.

S

Schlüsselwort:
mit der Installation eines Schlüsselwortes konditionieren Sie eine bestimmte Reaktion, die dann sofort durch das Schlüsselwort ausgelöst werden kann.

Somnambulismus:
Ein tiefer bis sehr tiefer Zustand der Hypnose; wird heute allgemein als optimaler Zustand in der Therapie erachtet, um die besten und schnellsten Resultate für den Klienten zu erzielen.

Suggestibilität:
Die Bereitschaft oder Empfänglichkeit, suggestiv übermittelte Informationen über bestimmte Sachverhalte in die eigenen kognitiven Systeme (Wahrnehmen, Denken, Erinnern usw.) zu integrieren.

Suggestion:
Bewusste Beeinflussung eines Menschen; Vorstellung, -sgabe, die beziehungsweise Zielsatz, der im Hypnotisierten wirksam werden soll – jetzt oder zu einem festgesetzten Zeitpunkt. Angebote, Vorgaben, Gefühle und Bilder für die hypnotische Trance; Eingebungen, die im Unterbewusstsein verwurzelt werden sollen. Es sind einfache, positiv formulierte Sätze, die das Hypnoseziel wiederspiegeln, beispielsweise „Ich werde von Tag zu Tag gelassener". Die Eingebung wirkt dann besonders gut, wenn man Bilder, Gefühle, Geräusche, Gerüche und Geschmackserlebnisse im Kopf entstehen lässt, die man mit dem Erreichen des Ziels verbindet.

Suggestion, posthypnotisch:
Eine Suggestion, die zu einem späteren Zeitpunkt eintritt, nachdem die Hypnose bereits wieder aufgelöst wurde.

Suggestion, prähypnotische:
Suggestion, die vor dem formellen Einleiten der Hypnose gegeben wird und dann aktiviert wird, wenn eine Person in Hypnose ist.

SSE:
Subsequent Sensitizing Event – ein auf den ISE folgendes, sensibilisierendes und bestätigendes sowie verstärkendes/intensivierendes Ereignis.[225]

U

Unbewusstes:
In unserem Erklärungsmodell derjenige Teil unseres Verstandes, in dem die automatischen Körperfunktionen (Atmung, Verdauung, Herzschlag, etc.) und das Immunsystem gesteuert werden.

Unterbewusstsein:
In unserem Erklärungsmodell derjenige Teil unseres Verstandes, in dem mentale Prozesse und daraus resultierende Verhaltensmuster geprägt werden, unabhängig/unbemerkt vom Bewusstsein. Sitz unserer Emotionen, Gefühle, Gewohnheiten etc., wo unser wahres „Ich“ zuhause ist.

W

Wachhypnose:
Das Herbeiführen hypnotischer Effekte, die im Wachzustand einer Person akzeptiert und implementiert werden.

225) s. auch Pkt. 1.4.3.3.6 S. 111

6. STICHWORTVERZEICHNIS

–

A

B

C

D

E

F

G

H

I

J

K

L

M

N

O

P

R

S

T

U

V

W

Z

Grafikverzeichnis

7. LITERATUR-VERZEICHNIS

–

Banyan, Calvin/Kein, Gerald F.: Hypnosis and Hypnotherapy. Basic To Advance Techniques and Procedures for the Professional. – St. Paul (Minnesota) 2001.

Banyan, Calvin: The Secret Language of Feelings. – Dallas 2003.

Boyne, Gil: Transforming Therapy. A New Approach to Hypnotherapy. – Las Vegas 1989.

Elman, Dave: Hypnotherapy. – New edition, Glendale 1984.

Elman, Larry, H.: Blaupause der Dave Elman Induktion. – Zürich 2012.

Faith, Tom: Handbuch der Instant-Hypnose. – Münster 2015.

Freud, Dr. Siegmund: Gesammelte Werke. Bd. 1: Werke aus den Jahren 1892 – 1899. – Berlin 2001.

Gansel, Carsten (Hrsg.)/Gerlach, Heinrich: Durchbruch bei Stalingrad. – Berlin 2016.

Goulding, Joane: The Goulding Process, Formerly Sleep Talk. – 2011.

Habetha, Susanne et al.: Deutsche Traumakostenfolgestudie. Kein Kind mehr – kein(e) Trauma(kosten) mehr? – Kiel 2012.

Hunter, C. Roy: Mastering the Power of Self-Hypnosis – a practical guide to self-empowerment“, 2nd edition. – Bancyfelin 2011.

Hunter C. Roy: Hypnosis for Inner Conflict Resolution, Introducing Parts Therapy. – Bancyfelin 2005.

Jackson, S.E. et al.: Toward an Understanding of the Burnout Phenomenon. In: Journal of Applied Psychology 71. – 1986.

Mau, Fredric G. Dr.: A Different Reality, Watermark Counseling. – Columbia 2014.

May, U.: Freud bei der Arbeit. Zur Entstehungsgeschichte der psychoanalytischen Theorie und Praxis, mit einer Auswertung von Freuds Patientenkalender. – Gießen 2015.

Meinold, Werner J.: Das große Handbuch der Hypnose. – Kreuzlingen 2006.

Mietzel, Gerd: Pädagogische Psychologie des Lernens und Lehrens. – Göttingen 1998.

Levermann, Uta/Reiners Wolfram: Hypnose: Geschichte, Theorien, Effekte und deren Einsetzbarkeit bei ausgewählten verhaltenstherapeutischen Interventionstechniken. – Mannheim 1992.

Parkhil, Stephen C.: Answer Cancer. Miraculous Healings Explained. – Deerfield Beach 1995.

Preetz, Norbert Dr.: Nie wieder Angst. – Magdeburg 2012.

Revenstorf, Dirk/Burkhard, Peter (Hrsg.): Hypnose in Psychiatrie, Psychosomatik und Medizin, 2. Aufl. – Heidelberg 2009

Tiers, Melissa: Integrative Hypnosis. – NYC 2011.

Tiers, Melissa: Anti-Angst-Werkzeugkoffer. – NYC 2011.

Tischner, Rudolf: Franz Anton Mesmer: Leben, Werk und Wirkungen – München 1928.

Wittwer, Amrei/Folkers, Gerd: Schmerz. – Leipzig 2016.

Zwang, Moshe: PalmTherapy. – Tel Aviv 1995.

Online-Literatur

Bongartz, Bärbel und Walter: Die Geschichte der Hypnose. – Konstanz 2018

8. DANKSAGUNG

–

Ich konnte meine Berufung zu meinem Beruf machen. Dies verdanke ich zum größten Teil meiner Frau Ruth, die mich seit über 40 Jahre durch alle Hochs und Tiefs begleitet und mich immer unterstützt hat.

Meine Kinder Patricia, Christoph, Sarah und Andrea haben meinen doch sehr abrupten Berufswechsel vom Geschäftsmann zum Hypnosetherapeuten in einer schwierigen Zeit mitgetragen. Ich weiß, es war nicht ganz einfach für euch, Freunden und Kollegen zu erklären, was der Vater nun beruflich macht! Das habt ihr aber sehr gut hingekriegt!

Auch meine Eltern haben ihren wohl eher unbewussten Beitrag zu diesem Buch geleistet. Ich konnte mich immer auf sie verlassen und hatte dank ihrer Arbeit die finanzielle Absicherung im Hintergrund. Auch wenn ich sie nicht wirklich benötigte, gab es Sicherheit, um den kostspieligen, abrupten Berufswechsel zum Hypnosetherapeuten durchzuziehen.

Meine Schwester Vreni und ihr Mann Jan, die mich immer unterstützten und mir die Möglichkeit gaben, in Davos zu arbeiten.

Meine Klienten, die mir ihr Vertrauen schenkten, mir mit ihren Rückmeldungen halfen, besser zu werden. Jene Klienten, bei denen der durchschlagende Erfolg leider ausblieb, die mich jedoch zum Nachdenken brachten und anspornten, auch für solche Fälle eine Lösung zu finden.

Herzlichen Dank sagen möchte ich auch Inge, Isabelle und Stefan, die mir erlaubt haben, ihre Sitzungen aufzunehmen und ihre Fälle (unter anderem Namen) hier zu dokumentieren und die Erfahrungen weiter zu geben.

Danke Michael Gänzler! Du hast als Journalist dieses Buch in dieser bislang einzigartigen Form erst möglich gemacht, hast geschrieben, korrigiert, hinterfragt und besonders die Hypnoseregression verständlich ins richtige Licht gerückt. Die Zusammenarbeit war spannend und extrem angenehm.

Nicht zuletzt möchte ich mich auch bei allen Freunden und Kollegen bedanken, die mich auf dem Weg begleiteten, motiviert, auch mal kritisiert haben. Ich freue mich, den Weg noch lange mit Euch gehen zu können.

Der Autor und Therapeut

Hanspeter Ricklin wurde 1954 geboren, ist glücklich verheiratet und hat vier, mittlerweile erwachsene Kinder. Seine berufliche Laufbahn begann er als internationaler Ölhändler. Später ging er in die IT. Als sein beruflicher Erfolg unsanft durch CLL, also Blutkrebs, unterbrochen wurde, erinnerte er sich an seine alte Liebe aus Jugendzeiten: die tollen Möglichkeiten der Hypnose. Seit 2008 ist er ausschließlich Hypnosetherapeut. Er hat sein Hobby zum Beruf gemacht und damit seine Berufung gefunden. Dadurch konnte er bereits Tausende von Menschen mit den verschiedensten Problemen durch Hypnose von ihrem Leiden dauerhaft befreien.

Code:
Regressionshypnose-2018

2. Auflage November 2018

Verlag: PowerSearch Management Consulting
HP. Ricklin, 5330 Bad Zurzach, Schweiz
www.hypnoseportal.ch

Text-Beratung und -mitarbeit: Michael Gänzler
Titelgestaltung und Illustrationen: Andrea Ricklin
Gestaltung und Satz: Frau Dörr MEDIENDESIGN | www.fraudoerr.de
Autorenfoto: Claudia Larsen
Lektorat: Michael Gänzler
Druck und Bindung: UAB BALTO print | www.baltoprint.com

Broschiert, 364 Seiten

SBN 978-3-96111-829-8